# 아래로부터의 인권

지역사회개발을 통한 인권의 실현

# 아래로부터의 인권

지역사회개발을 통한 인권의 실현

짐 아이프 저

여지영 역

인간과복지

Human rights from below: achieving rights through community development.
ISBN 978-0-521-71108-1 paperback



* 이 책의 모든 각주는 역자 주입니다

# 차례

# 역자 서문

이제 우리 사회에서 '인권'이라는 단어는 흔히 사용되어 마치 누구나 그것에 대해 잘 알고 있고 또 깊이 공감하는 듯하다. 반세기 동안 눈부신 경제성장을 이루었고, 더불어 극한 인권침해를 한 독재정권에 항거하여 민주화를 쟁취했으며, 부당한 정치권력에 대해 온 세상이 놀랄만한 비폭력의 평화적 촛불시위로 정권교체도 이룬 바 있으니, 세계 어느 나라보다도 인권이 튼튼한 국가가 된 듯이 보인다. 하지만 과연 이러한 정치적·경제적 발전으로 우리 국민들에게 진정한 인권이 확보 되었는가 질문해 보면 막상 긍정적 답을 내리기 어렵다.

수년 전부터 우리 사회에 유행하는 용어들 중에 '갑질'이라는 단어가 있다. 이는 우월한 신분, 지위, 직급, 위치 등을 이용하여 상대적 약자에게 육체적·정신적·언어적 폭력을 가하거나 불리한 조치를 취하는 등 부당하게 괴롭히는 행태를 말하는 것으로서, 모 항공사 오너 가족의 승무원 폭행, 중견기업 회장의 운전기사에 대한 부당한 언어폭력, 대기업의 중소업체나 판매사에 대한 강제 물량 떠넘기기, 최저시급보다 적은 월급으로 청년노동을 착취하는 열정 페이 등 우리 사회의 다양한 사람과 현장, 조직들 사이에 광범위하게 존재하는 것으로 드러났다. 보다 최근에 확산되고 있는 '미투me too' 운동을 보면, 세계적으로 존경받을 만하다는 관심을 받았던 문인에서부터 교수, 영화감독, 음악가, 만화가,

배우 등 여러 유명인사의 권력을 이용한 성추행과 성폭력이 오랜 기간 만연했음을 보여주고 있다. 이러한 몇 가지 사례들만 보더라도 우리나라가 지난 역사적 변동기를 거치면서 인권을 국가의 중점과업으로 의제화했음에도 개인과 지역사회 단위에서 비인권 행위들이 만연하고 있었음을 알 수 있다. 인권을 단지 하나의 선언문이나 도덕교과서, 역사서에서 훑고 지나가는 추상어로서 간주하지 않는다면, 인권 관점이 모든 개인 삶의 행위에 투영될 수 있도록 인권을 우리의 실생활 속에서 좀 더 민감하게 다루고 의식적으로 고려하는 사회체제를 만들어야 할 것이다.

우리나라뿐만 아니라 세계 여러 곳에서도 인권은 위협받고 있다. 미국의 트럼프 정권의 탄생은 신 냉전과 자국 우선주의를 조장하며, 테러리즘 제거라는 명목 하에 개인의 자유를 제한하고 이민자에 대한 배제적 정책을 내세우며, 자국의 경제회복을 목적으로 반환경적 조치와 보호무역주의를 추구하고 있다. 이는 인권이 추구하는 다양성과 포용성, 범 세계주의를 거스르는 것으로서, 아마도 20세기에 등장한 인권의 가치가 21세기에 들어 내팽개쳐지는 것 같다. 또한 20세기 말 인류에게 인권이라는 대의를 각인시키고 감동을 주었던 미얀마의 아웅산 수치Aung San Suu Kyi는 군부가 무슬림 소수민족 로힝야족을 수천 명 사망케 하는데 방조함으로써 '인종청소ethnic cleansing'를 하고 있다는 국제적 비난을 받았다. 그녀 스스로 배타주의와 폭력으로 얼룩진 독재정권의 희생자이면서 그것을 무너뜨린 인권 옹호자였음에도 불구하고, 또 다른 억압과 인권유린의 행위자로 등장한 것은 실로 아이러니가 아닐 수 없다.

이처럼 인권은 우리 지구상의 모든 곳에서 여전히 어렵고 힘든 문제이다. 세계인권선언이 탄생한지 70년이 되어가지만 인권은 여러 가지 위기와 위협에 직면하고 있는 것 같다. 이 책은 이러한 인권의 위기가 지역사회community를 기반으로 하여 극복될 수 있으며, 그러한 지역사회는 인권의 원칙과 실천을 적용함으로써 미래 지구공동체의 생존에 매우 중요한 역할을 할 수 있음을 보여준다. 이는 인간적 지역사회공동체human community를 통해서만이 우리의 인간성humanity을 완전히 정의내리고, 찾아내고, 실현시킬 수 있으며, 또 우리의 인권을 달성할 수 있는 곳도 오로지 지역사회를 통해서라는 것을 전제한다.

2008년 미국의 리먼브라더스 사태로부터 촉발된 세계경제위기는 세계가 얼마나 상호의존적 위험에 노출되어 있는지를 여실히 보여주었다. 저자는 전 지구경제의 근본적 기초들foundations of global economy에 대해서 지속적 문제제기가 이루어지고 또 해법들이 제시되고 있지만, 분명한 성공적 방법이 있다면 그것은 바로 우리의 생활, 생산, 소비, 문화, 사회적 교류, 그리고 인간성 실현의 기초가 되는, 인간적 지역사회human community를 재확립하는 것이라고 주장한다. 특히 유한한 지구를 전제할 때, 생태학적으로 건전하고 지속가능한 세계가 되기 위해서는 강하고 생존력 있는 지역사회 개발이 필수적이라고 본다. 그래서 저자는 이를 위한 다양한 원칙들, 즉 상향식의 지역사회개발, '아래로부터의from below' 지식·지혜·기술의 가치, 자립적이고 생태적으로 지속가능한 지역사회, 다양성과 포용력, 과정과 참여, 합의와 협동, 유기적 변화를 강조하는 지역사회 등 관련 이슈들을 다룬다. 이런 이슈들은 우리의 지역사회들이 미래 한국이라는 공동체, 나아가 미래 지구공동체가 생존가능하기 위해 어떤 방향으로 또 어떤 과정으로 만들어지고 변화해나가야 하는지 많은 시사점을 제공한다.

이 책은 이 인간적 지역사회를 구축하는 데 핵심기초는 바로 인권이 되어야 한다는 주장 하에 다양한 인권 개념을 소개하고, 그 중에서 '구성되는 권리constructed rights'로서의 인권 개념을 강조한다. 이는 인권을 모든 시대의 어느 곳에서나 보편적인 고정된 개념으로서가 아니라 사회의 모든 단계마다 늘 타협되고, 정의되고, 다시 재정의 되는 것으로 보며, 우리가 인간이라는 것이 무엇을 의미하는지, 타인을 어떻게 대해야 하는지, 우리 스스로는 어떻게 대우받기를 기대하는지 등에 대해 지역사회 구성원이 함께 이해하고 타협하며 조정함으로써 형성되는 개념으로 본다. 이와 관련하여 저자는 '공통의 인간성common humanity'이라는 개념 대신 '공유하는 인간성shared humanity'이라는 개념을 제시하여, 사람들 사이의 고정된 공통점들보다는 실생활 속에서 탐구되고 확인될 수 있는, 즉 타인과의 만남을 통해 발견되는 중복된 공통점들overlapping commonalities을 찾는 것이 인권의 핵심임을 강조한다. 이 점은 우리 사회의 인권문제를 현 시점 전 세계가 직면한 공통의 보편성 속에서 바라보되, 우리 사회 구성원들이 처한 구체적 상황과 맥락 속에서 문제제기하고 토론하고 공감하며 해결해 나가야 하는 유기적 개념으로 바라볼 수 있게 한다.

이런 면에서 저자가 지역사회개발에서 특히 중시하는 것이 인권 문화a culture of human rights를 개발하는 것이다. 인권문화는 전체 사회 곳곳에서 인권에 대한 책임성을 확산시키고, 많은 사람들에게 주인의식을 불어넣을 수 있는 잠재력을 갖게 하는데, 이는 인권을 국가나 회사, 학교, 특정 전문가 등 위에서부터 내려오는 어떤 법령이나 규칙, 진단으로서가 아니라, 지역사회가 스스로의 권리를 정의할 권리the right to define one's rights로부터 스스로 인권을 정의할 수 있도록 하는 민주적이고 참여적인 과정을 강조하는 것이다. 우리나라처럼 예부터 국가나 관 주도의 권위주의적 통제 문화가 강하고 '위로부터의 인권'이 지배적일 수밖에 없던 사회는 저자의 입장에서 보면 그 자체가 비인권이며, 따라서 적극적 참여사회를 유도하여 '아래로부터의 인권' 문화를 형성하는 것이 인권 발전을 위한 특별한 과제가 되어야 할 것이다. 예컨대 미국 할리우드에서 시작한 미투 운동이 우리 사회에서도 퍼지기 시작했는데, 이것이 단순히 법규를 강화하거나 관련자를 처벌하는 식으로 끝나지 않고, 여성의 성 학대와 폭력을 인권의 차원에서 우리 사회가 어떻게 규정하고 인식하는가, 여성 인권의 확보를 위해 그 문제는 어떻게 다루어져야 하는가, 피해자와 가해자는 어떻게 대우받아야 하는가 등에 대해 사회구성원들의 토론과 공유를 이끌어내고, 그것이 일상적이고 제도적인 성폭력 문화 전반을 개선하는 사회 운동으로 나아갈 수 있도록 하는 참여적 과정이 뒤따라야 할 것이다. 바로 그러한 과정들의 축적이 인권문화를 형성하는 밑거름이 될 것인데, 이 책은 우리 사회의 인권문화 형성에서 중시해야 할 여러 측면들에 대해 잘 다루고 있다.

마지막으로 이 책은 이러한 지역사회의 인권 기반을 구축하기 위한 과정에서 실제적 도움이 될 수 있는 인권 매트릭스 표를 제시하는데, 이는 지역사회의 인권 의식화 과정에서 집단 토의나 교육, 혹은 의사결정 과정에서 하나의 틀로 활용할 수 있다. 이것은 저자가 지역사회 인권개발의 바람직한 필수적 도구로서 제시하는 것은 아니며, 각 지역사회가 상황에 맞도록 변형하거나 응용하기를 기대한다. 이처럼 저자는 인권 실천가들에게 인권체제를 구축하는 하나의 바람직한 방법을 따르도록 제시하기보다는, 관련 쟁점을 다각도로 다루고 그 과정에서 원칙과 방향성을 도출하며, 그에 기반하여 실제적 도움이 될 수 있는 아이디어를 제안할 뿐이다. 그것을 받아들이고 소화하는 몫은 지역사회와 실천가, 독자에게로 남겨둔다. 즉 이 책은 일, 생활, 진보적 변화에 대한 하나의 접근법an approach 그리고 하나의 사고방식a way of thinking으로서 지역사회개발을 넓은 의미로 받아들이기를 요구하며, 실천가들이나 사회구성원들이 상상력을 동원하고 다양한 원천으로부터 영감을 얻어서 창의적인 대안을 내놓을 수 있기를 기대한다. 그런 점에서 이 책은 문제 해결자라기 보다 문제 제기자라 할 수 있다.

이 책은 사회복지사를 비롯해 지역사회를 기반으로 하여 일하는 모든 인권활동가는 물론이거니와 관련 공부를 하는 학생들에게 유용하고 의미 있는 생각거리들을 던진다. 그러한 생각거리가 답을 주는 것은 아니다. 흔히 책을 통해서 원리나 원칙, 실천지침 등 해답을 얻고 싶어 하지만, 그러한 답은 각 지역사회의 상황과 맥락 속에서 스스로 찾아야 할 것이며, 그 과정들을 통해 인간적 지역사회와 인권이 구축되고 확고히 될 수 있다. 특히 이 책의 독자는 실천가와 같은 전문가만이 아니라 남녀노소의 일반인 누구나가 될 수 있다. 인권이 학자나 전문가의 것이 아닌 것과 마찬가지로, 인권문제가 일상생활 속에서 어떻게 나타나고 그 경우나는 어떻게 대응할 것인가에 대한 풍부한 생각거리와 논쟁거리를 제공하므로, 이 책을 읽음으로써 누구나 '인권 문화인'으로서의 교양과 훈련을 쌓을 수 있는 기회를 가질 수 있으리라 본다.

# 서론

이 글은 '인권'과 '지역사회개발', 이 두 개념을 다룬다. 이 두 단어는 합성어인데, 그 단어들의 의미는 복잡하면서도 다소 혼동을 불러일으킬 수 있다. 그런데 흔히 인권이나 지역사회개발을 다루는 많은 문헌들을 보면, 그 합성된 단어들을 별 문제가 없는 것처럼 취급하고 있다. 물론 그 낱말들의 뜻 자체는 자명한 것이다. 하지만 인간의human, 권리rights, 지역사회community, 개발development, 이 네 단어들 모두 문제가 많다. 이것들의 의미는 서로 다른 해석을 낳을 수 있고, 그 용법들이 매우 이념적이고 가치 지향적이다. 따라서 인권과 지역사회개발에 대한 책은 어렵고 혼란스러운 영역을 다룬다 할 수 있다. 이 어려운 용어들을 탐구하는 것이 이 책의 관심의 일부분이다. 이 용어들은 그러한 간단한 접근이 불가능하기에 우리는 이 용어들에 대한 단 하나의 '명확한' 이해를 도출해 내는 것이 아니라, 각 용어의 기저에 깔린 풍부하고 다양한 생각을 파악하고, 그 생각들이 인권이나 지역사회개발에 관심을 갖는 사람에게 던지는 질문을 이해하고자 한다.

인권과 지역사회개발의 개념을 고찰해 보면, 그 둘 사이에는 공통의 기반이 있고, 각자 서로에게 기여할 수 있을 뿐만 아니라 한 쪽 없이는 다른 한 쪽이 존립할 수 없다. 그러므로 인권 이상을 추구하는 사람이라면 분명히 지역사회개발에도 관심을 가져야 한다. 지역사회개발은 우리의 인권이 충분히 실현되기 위해 필수적으로 요구되는 것이기 때문이다. 우리가 완전한 인간성humanity을 성취할 수 있는 것은 오로지 지역사회를 통해서이다.

마찬가지로 지역사회개발에 관심 있는 사람은 반드시 인권에 관심을 두어야 한다. 지역사회개발은 인권의 틀framework 내에서 이루어지며, 실로 인권은 지역사회개발 활동을 강조한다. 따라서 이 두 영역 간의 관계에 대한 연구는 진작에 나왔어야 했다. 21세기 초 지구가 직면한 중대한 도전들에 대해 숙고하고 어떤 조치를 취하기 위한 근거로서, 이 둘의 관계에 대해 이해하는 것은 매우 가치가 있다.

인권과 지역사회개발은 지금 이 역사적 시점에 서 있는 인류에게 대단히 중요하다. 최근 수십 년 간 이 세계를 지탱해 온 사회, 경제, 정치체제는 이제 더 이상 지속 가능하지 않다는 것이 명백해졌다. 인류가 직면한 생태학적 위기는 인간들 간의 관계, 인간과 자연세계의 관계, 라이프스타일, 그리고 실로 인간성 자체와 인간적 삶의 의미에 대한 재고를 요청하고 있다.

내가 이 책을 집필하는 동안 결국 현실화된 경제 위기로 인해, 확실성은 사라지고 있다. 이 위기가 얼마나 지속될 것인가, 그리고 그것이 얼마나 영향을 미칠 것인가는 지금은 확실히 알 수 없다. 전 지구경제의 기본토대에 대해서는 지속적으로 문제제기 되지만 인류가 어떻게 이 도전에 대응할지 아직 명확하지 않다. 전략, 해법 혹은 성공법으로 제안되는 많은 것들은, 기술적이고 경제적이며 또 정치적이거나 좀 철학적인 것도 있다. 하지만 만약 성공적 방법이 있다면 그것은 바로 우리의 생활, 생산과 소비, 문화와 사회적 교류, 그리고 인간성 실현의 기초가 되는, 인간적 지역사회human community의 재확립을 포함하는 것임에 틀림없다. 만약 그러한 미래가 실현될 수 있다면, 아마도 지역사회개발은 생태학적으로 건전하고 지속 가능한 세계가 도래하는 데 핵심요소가 될 것이다. 강하고 생존력 있고 지속 가능한 지역사회가 없다면, 생태학적 건전성 ecological sanity에 이르기는 어려울 것이다. 설사 가능하다 하더라도, 지역사회 없는 세상이란 타인과 고립된 채 삶의 의미를 찾는 개인들로 가득 찰 것인데, 그 생활이 생태학적으로 아무리 지속 가능하다 한들 그다지 매력적인 전망이 되지 못한다.

인권 또한 긴급히 요청되는 것이다. 전 지구적 테러리즘에 대한 여러 정부들의 대응들은, 많은 사람들, 적어도 서방세계의 사람들이 당연한 것으로 간주했던 인권 보호가 얼마나 취약한지를 보여주었다. 테러리즘 자체뿐만 아니라 테러 위협에 대한 국가의 대응이 전 세계 상당수 사람들의 인권을 더 크게 위협하였다. 게다가 증대하는 지구적 자본주의global capitalism의 영향력과 관련된 인권학대는 우리에게 이런 질문을 던진다. 경제적 근본주의 시대에 과연 우리의 인권 약속은 얼마나 견고한가?

경제의 요구needs of the economy와 사람들의 욕구와 권리 간의 갈등은 점점 더 분명해지고 극대화되고 있다. 많은 나라의 인권학대를 보면, '우리가 문명화된 세상에 살고 있다'는 생각을 하기에 수치스럽고 역겨움을 느끼게 된다. 우리가 인권을 공민적·정치적 권리civil and political rights뿐만 아니라, 경제적·사회적·문화적 권리economic, social and cultural rights를 포괄하는 개념으로 확장해 본다면, 지구공동체는 고사하고 개별 국가조차도 자국민의 권리를 온전히 보호하고 실현시키고 있다고 주장할 수 있는 나라는 별로 없다.

미래의 불확실성 그리고 우리가 직면하고 싶지 않은, 전혀 대비하지 못한 심각한 위기들은, 정부나 비非정부 행위자들에게 인권을 최우선으로 추구할 것인가 아니면 겉으로는 경제 안정, 테러로부터의 보호나 생태학적 지속 가능성 등을 추구하지만 정치적 편의성을 위해 인권을 희생시킬 것인가 하는 중대한 질문을 던진다. 하지만 인권을 희생시키고서 달성되는 목표들은 어떠한 것이든 간에 모두 공허한 승리가 될 것이다.

이 역사적 시점에 인권과 지역사회 모두는 위기에 처해 있고, 그것들이 절박하게 요청되는 긴요성은 매우 크다고 할 수 있다. 바로 이런 맥락에서 이 책은 인권과 지역사회개발의 관계, 그리고 그 둘의 통합을 추구하는 접근이 갖는 함의에 대해 탐구하고자 한다.

이 책은 불가피하게 서구 편향적이다. 이 책은 지역사회개발과 인권에 관한 대부분의 경험과 학문적 이력이 서구 국가들에 근거하고 있는 호주인에 의해 쓰였다. 하지만 이를 가지고 서구의 세계관이나 서구의 지적 문화적 전통이 다른 지역의 것보다 더 우월하다고 받아들여서는 안 된다. 오히려 서구 사회의 관점은 인권과 지역사회개발을 이해하는 폭을 제한해 왔다. 따라서 인권과 지역사회가 그 중요성과 힘을 갖기 위해서는 더 폭넓은 이해, 문화적·지적으로 다양한 이해가 필요하다. 그럼에도 불구하고 이 책이 불가피한 맹점과 편견을 가진 서구의 눈으로 현상을 보는, 서구인에 의해 쓰인 책이라는 사실은 여전히 남는다. 여기서 사용되는 예들의 다수는 서구권 사회의 것이다. 그러나 이것이 꼭 나쁜 것만은 아니다. '인권'의 문제 중 하나는, 흔히 서구 사회가 인권 침해를 자신 밖의 다른 지역에서 발생하는 것으로 규정한다는 점이다. 하지만 서구인들은 그들 사회의 전통이 인권학대에 연루되어 있음을 인식하고, 인권이 세상 저편에서 일어나고 있는 것에 대해 분개해야 함과 동시에, 자신들의 사회에 대해서도 반성해 보아야 하는 문제임을 이해하는 것이 중요하다. 이처럼 아래로부터의 인권human rights from below의 한 중요한 측면은, 바로 사람들의 생활상의 경험lived experience 가까이에서 인권을 고려하도록 하는 것이다.

나는 이 생각이 서구 외의 문화권 출신자들에게도 적절히 적용되기를 바란다. 사실 나의 이전 저작들이 예상보다 훨씬 크게 다른 문화권 사람들에게 반향을 불러일으켰던 점은 뜻밖의 기쁨이었다. 하지만 어디에서 적용되든 이 생각들은 다시 구체적 맥락context에 맞추어 재구성되어야 한다. 이는 독자의 몫이다. 이는 특히 마지막 장에서 다룰 내용인데, 거기서 이 책의 생각이 실용적으로 적용될 수 있는 점들을 제시할 것이다.

이 책은 네 부분으로 구성되어 있다. 1부에서는 지역사회개발에 대해 고찰할 것이다. 1장에서는 개념 정의와 현재의 지역사회개발에 대한 관심을 불러일으킨 긴요성에 대해 다룰 것이다. 2장에서는 지역사회개발 이론의 특징과 지역사회개발이 직면한 여러 이슈들을 다룰 것이다. 거기서는 후술하는 장들의 분석 기초가 되는, 지역사회개발에 대한 특별한 접근방법을 제시할 것이다. 2장은 지역사회개발의 7가지 차원에 대한 논의로 끝맺을 것인데, 모두 이 책이 취하는 총체적 접근의 요소들에 해당한다. 1부의 내용은 인권 관련 사람들에게는 좀 생소하겠지만, 지역사회개발에 대해 알고 있는 사람들은 잘 아는 내용일 것이다.

2부는 인권의 이슈들을 다루는데, 구성방식은 1부와 똑같다. 거기서는 다른 문헌에서 취한 인권 관점과는 좀 다른, 인권에 대한 특별한 관점을 제시한다. 3장에서는 인권의 개념정의 문제와 그 긴요성에 대해 다루고, 4장에서는 인권 관련 이론과 이슈들을 다루며, 앞선 1부 2장에서 밝힌 지역사회개발의 7가지 차원과 흡사한 인권의 7가지 차원을 확인한다. 이 두 장은 지역사회개발에 관여했던 사람에게는 좀 생소하지만, 인권 분야의 관련자들에게는 잘 알려진 내용들을 담고 있다.

3부는 딱 한 장, 5장만으로 구성되는데, 거기서는 아래로부터의 인권의 원칙들을 밝히면서 인권과 지역사회개발의 두 개념을 통합할 것이다.

4부의 두 장에서는 실천적인 내용을 다룬다. 유급의 지역사회개발 활동가에 의해서든 무급의 시민에 의해서든, 그들에 의해 이루어지는 아래로부터의 인권 '실천'에 초점을 둘 것이다. 6장은 이전 장에서 다룬 생각들을 종합하면서 지역사회개발과 인권의 7가지 차원에 대해 고찰하고, 7장은 실천과 관련된 많은 구체적 이슈들을 다룬다.

이전 책들과 마찬가지로, 나는 위의 이슈들과 관련하여, 건설적 대화를 원하는 독자들의 피드백을 환영한다. 나의 이전 저작들을 잘 알고 있는 분들은 많은 점에서 내 생각들이 변했다는 것을 알게 될 것이며 분명히 미래에도 지속적으로 발전되어 나갈 것이다. 지적 작업의 여느 산물들과 마찬가지로, 이 책은 종착점이라기보다는 여행의 어느 한 지점, 즉, 진행 과정의 산물이다. 인권과 지역사회개발은 많은 질문들과 그에 대한 잠정적 답만이 존재하는 영역이다. 우리가 그 질문들을 정리하고, 해결책을 찾고, 또 새로운 질문들을 던지고, 미래의 탐구와 실천을 위한 방향을 분명히 할 수 있는 것은 오로지 대화dialogue를 통해서이다.

# 제1부
# 지역사회개발에 대한 고찰

우리는 사랑, 우정, 연대, 공감, 그리고 관용의 능력을 가졌다는 사실을 부끄러워해서는 안 된다. 오히려 자랑스러워해야 한다. 우리는 인간성humanity의 근본적 차원인 이것들을 '은밀한' 유배지에서 해방시켜, 의미 있는 인간적 지역사회human community의 진정한 출발점이 되도록 받아들여야 한다.

바츨라프 하벨,

"하벨의 공개서한"(Vaclav Havel: Open Letters, p.267)

제1장

# 지역사회개발의 정의와 긴요성

## 개념 정의

### 지역사회

지역사회community 라는 단어는 자주 사용되고 보통 긍정적인 의미를 담고 있는 것으로 간주되지만, 그 용어 자체는 문제가 있다. 그것은 여러 방식으로 사용되는데(Bauman 2001, Chile 2007, Bryson & Mowbray 1981, Ife 2002, Ife & Tesoriero 2006, Kenny 2006), '지역사회개발'이라는 개념을 이해하기 전에 먼저 '지역사회'라는 개념을 확인할 필요가 있겠다. 우리가 개발development 하고자 하는 것은 바로 무엇인가? '지역사회'라는 용어를 조사해 보면, 아래와 같이 다양한 의미로 사용되고 있음을 알 수 있다*.

- 지역사회 보호 community care
- 지역사회센터 a community centre

---

* 이 책에서 community를 '지역사회'로 번역하였지만, 맥락에 따라 '공동체'나 '커뮤니티'로 표현하는 것이 의미 전달에 용이한 경우에는 그렇게 하였다.

- 광범위한 지역사회 토론 widespread community debate
- 학문 공동체 academic community
- 구글 어스 커뮤니티 the Google Earth community
- 이슬람 공동체 the Muslim community
- 지역사회의 욕구 the needs of local community
- 지역사회 대표들과의 협의 consulting community representatives
- 지구 공동체 the global community
- 지역사회 정신건강 community mental health
- 지역사회 풀뿌리 사업들 community grassroots initiatives

이렇게 다양하게 사용되는 단어는 엄격한 정의를 내리기가 어렵다. 대신에 여러 맥락 속에서 그것이 갖는 다양한 의미들을 생각해 보는 것이 좋다. 결국 '지역사회'는 주관적 의미를 갖는다. 즉 그 단어를 사용하는 사람이 그 의미를 결정하는 것이기 때문에 그러한 의미들을 살펴보는 것이 중요하다.

첫 번째로 주목할 점은, '지역사회'라는 단어가 긍정적 의미를 갖는다는 것이다. 흔히 지역사회는 좋은 것good thing으로 간주된다. 즉 가치 있거나 바람직한 것으로 인식된다. 지역사회는 분명히 억압적이었고 또 억압적일 수 있는 것임에도 불구하고, 흔히 그런 부정적 시각은 그 단어가 가진 긍정적 느낌에 의해 희석되어 버린다. 이는 마치 TV의 시골생활에 대한 목가적 시대극을 보거나 노인 친척의 추억담을 듣는 것처럼, 자신의 현재 경험보다 과거를 더 의미 있는 것으로 느끼는 향수적 갈망과 관련된다. 이렇게 '지역사회'를 다시 떠올리는 것은 현대인의 삶의 공허함과 인지된 위협에 대한 반응이며, 지난 시대에 존재했던 것으로 믿는 어떤 확실성a certainty과 안정a security에 대한 소망을 나타낸다.

물론 이런 '이상적 과거'는 실생활의 현실과는 거리가 멀다. 그러한 목가적 마을이 실은 엄격한 획일성을 요구하고, 외부인이나 자신들과 너무 '다른 것'으로 보이는 사람들을 배타시했을지 모른다. 시골의 생활 모두가 우정, 보살핌, 연대감, 즐거움 등과 관련된 것은 아니었다. 많은 경우 그것은 보상이 주어지지 않으며 한없는 고생과 불안정이 늘 존재하는 생활이었다. 사람들은 항상 날씨라든가 영주, 지주, 땅을 유린하는 적들에 의해 좌지우지되어야 했고, 그래서 자신들의 뜻대로 음식과 즐거움을 얻을 수 있는 권리를 가질 수 있기를 요구했다(Samual 1975).

이런 사실들에도 불구하고, '지역사회'라는 개념이 담고 있는 전망과 희망은 여전히 강력하다. 지역사회가 사라지면서 이전 사람들은 상상하지도 못했던 산업화, 이동, 부에 의한 혜택들을 얻게 되었으나, 현 관점에서 생각해 보면 이 혜택들은 사적인 친밀관계personal relationship, 집합적 책임collective responsibilities, 사회적 연대social cohesion의 면에서 어떤 가치 있는 것을 희생하고 얻은 대가였다. 현대 산업사회 혹은 후기 산업사회에서 사람들은 공허함과 의미의 상실감을 느끼며, 그것은 사람들이 비록 상상일지라도 강력한 전망을 제시하고 동기를 부여하는 무언가를 열렬히 갈망하게 만들었다(Bauman 2001). 분명 우리는 '지역사회'라고 부르는 그 무언가를 잃어버렸고 그 때문에 더욱 상황이 나빠졌음을 느낀다. 우리는 현재 경험하는 것보다 더 튼튼하고 강한 지역사회를 재발견rediscover할 필요, 아니 좀 더 현실적으로 말해서, 지역사회를 재건reconstruct할 필요가 있음을 인식한다.

이러한 지역사회 상실에 대한 생각은 20세기 사회학 분야에서 반복적으로 등장하는 주제였다. 퇴니스와 듀르깽으로 대표되는 고전적 사회학자들은, 전통적 지역사회의 붕괴와 그것이 원자화, 개인주의화되고 피상적인 사회로 대체된 현상(Tönnies의 용어로 게마인샤프트gemeinschaft에서 게젤샤프트gessellschaft로의 변화, 또는 Dukheim의 용어로는 기계적 연대mechanical solidarity에서 유기적 연대organic solidarity로의 변화)에 대해 많은 연구를 하였다.

이러한 '지역사회'라는 어떤 가치 있는 것에 대한 상실감, 그리고 그 단어에 뒤따르는 긍정적 평가 덕분에, 그 용어는 예컨대 지역사회 정신건강community mental health, 지역사회 교정community corrections, 지역사회 서비스community service 등과 같이 비판적 인식 없이 무차별적으로, 긍정적 의미로 사용되어 왔다. 그리고 흔히 그 단어가 가진 그런 힘을 잘 알고 있는 정부나 정치인, 광고주들에 의해 별다른 실질적 의미 없이 그저 그 낙관적 의미만으로 사용되기도 했다(Bryson & Mowbray 1981, Craig 2007).

하지만 '지역사회'는 이보다 훨씬 더 많은 의미를 갖고 있다. 그것과 관련된 의미들 중 하나는 바로 집단the collective 개념이다. '지역사회'는 하나의 집단group으로서 어떤 방식으로 함께 행동하는 사람들을 의미하며, 부분들의 총합 이상의 총체적 의미를 갖는다. 즉 한 지역사회는 단지 개인들의 총합이 아니다. 개인들은 더 큰 무언가의 부분들이며, 그 큰 무언가는 자신들과 다른 이들에게 의미를 갖는다. 집단the collective에 가치를 두는 사상은 현대 후기 산업자본주의 사회에서 지배적인 개인주의와는 다소 맞지 않지만, 역사와 모든 문화권을 통틀어 인류의 경험에서 중요한 역할을 해 왔다. 사실 후기 산업자본주의 사회는 이례적이지만, 그 외의 사회에서는 집단의식collective consciousness, 집단적 이해collective understandings, 집단적 경험collective experiences, 그리고 집단 행동collective action, 이 모두가 중요한 것이었다. 과거의 이상적 지역사회idealised communities를 재구축하고자 하는 향수병적 바람의 핵심에는 바로 '개인주의' 와 대비되는 이러한 '집단' 에 대한 인식이 있다.

하지만 지역사회는 분명 단순한 집단 그 이상의 것이다. 지역사회라고 하면 대부분 어떤 멤버십 개념을 포함한다(Bauman 2001). 이것이 중요한데, 멤버십은 단지 어떤 지위를 의미할 뿐만 아니라 권리, 특권, 책임, 그리고 어떤 수준의 공통의 목적을 내포한다. 어떤 한 조직의 구성원member이 되기 위해서는 보통 그 조직의 목적과 목표에 동의하여 그 목표에 반하는 행동을 하지 않고 그 조직의 명성을 유지하겠다는 약속을 해야 한다. 즉 어떤 식으로 조직의 목적을 달성하는 데 기여하겠다는 암묵적 약속과 의지가 있는 것이다. '지역사회 구성원member' 이라는 표현이 매우 쉽게 받아들여지는 것은, 멤버십 개념이 지역사회를 구축하는 데 중요한 일부분임을 의미한다. 멤버십에는 '소속감' 이 동반되는데, 이 또한 지역사회의 중요한 구성요소가 되는 것 같다. 흔히 사람들이 지역사회의 필요성에 대해 말할 때 이 소속감의 중요성을 언급하는데, 그것은 바로 우리 스스로가 속하여 인정받고 있는 '일정 장소' 의 중요성에 대해 말하는 것이다(Ife 2002). 멤버십의 이러한 특징들은 현대 사회에서 지역사회가 갖는 상징적 중요성을 이해하는 데 중요하다.

'지역사회' 와 흔히 연관되는 또 다른 하나는 인간적 규모human scale 개념이다. 지역사회를 경험하는 것은 현대의 거대하고 비인간적인 사회 구조 속에서 나타나는 원자화와 소외를 치료해 주는 방책으로 간주된다. 사회가 너무 방대하고 너무 비인간적인 것으로 보여짐에 따라 무언가를 좀 더 인간적 규모로 다루면 그것은 상당한 호소력을 갖게 되는 것 같다. 대규모로 시급히 어떤 경제적 조치가 취해져야 함에도 불구하고, 1970년대의 슈마허가 말한 '작은 것이 아름답다' (Schumacher 1973)

는 문구가 계속 울려 퍼지고 있는 것이다. 어쨌든 인간은 수렵·채집인 hunter-gatherers으로 진화되어 왔고, 그 수렵·채집 생활에 필수적인 소집단이 바로 인간의 사회적 상호작용에 가장 자연스러운 형태라고 주장할 수 있다(Diamond 1998). 그러한 생물학적 결정론을 과도하게 추종하는 것은 잘못이겠지만, 인류가 역사를 통해 자신의 인간성을 확인하고 실현시킬 수 있었던 것은 부족 집단이나 확대 가족 등과 같은 소규모 집단을 통해서였다. 단지 지난 세기 주로 서구사회에서 지배적이었던 대규모 산업사회들은 일반적인 것이라기보다 이례적인 것이라 할 수 있다. 보다 더 다루기 쉽고, 사적인 방식으로, 그리고 '인간적인' 규모로 일들이 이루어지기를 바라는 것은 하나의 이상향으로서 지역사회가 존속되어야 한다는 중요한 명분이 되며, 이 점은 지역사회 구축의 중요한 부분을 차지한다.

요컨대 지역사회라는 개념은 몇 가지를 연상시키는데, 바로 집단, 상호적 권리와 책임, 멤버십과 소속감, 그리고 인간적 규모가 그것이다. 이것들은 일반적으로 현대 산업사회[또는 포스트모더니즘이나 후기 산업사회]에서는 좀 낡은 것들로 간주되지만, 그래도 여전히 긍정적인 것으로 평가받는다. 그런데 좀 더 논란의 여지가 있는 지역사회 관련 이슈들이 있다.

후속 장들에서 좀 더 상세히 다룰 이슈는 지역사회의 다차원적 성격이다. 이 때문에 지역사회개발 활동가들은 불가피하게 지역사회의 어떤 면은 배제하고 특정 측면에만 집중하는 경향이 있었다. 이와 관련하여 가장 악평을 받는 사람들이 바로 지역사회의 경제개발을 추구하는 활동가들이다. 경제개발이 분명 중요한 것이긴 하지만, 때때로 경제개발 활동가들은 지역사회의 경제가 튼튼하기만 하다면 그 밖의 모든 것은 어떻게든 잘 될 것이라고 가정하는 경향이 있다. 이는 인류가 경험하는 지역사회의 다른 측면들에 대해서는 그 가치를 낮게 평가하는 경제적 근본주의의 한 형태인데, 세계 자본주의에 관한 글들에서 흔히 찾아볼 수 있다. 후속 장들에서 다룰 지역사회에 대한 다차원적 접근에는 경제적인 것뿐만 아니라 사회적, 정치적, 문화적, 환경적, 영적인 것까지 다 포함한다. 인간적 지역사회human community 개념이 값진 것이기 위해서는 이러한 인간 경험의 여러 다양한 측면들을 반영해야 한다. 다른 것들을 배제하고 어떤 하나에만 초점을 두는 것은 지역사회를 일차원적 경험물로 격하시키는 것이다.

이탈리아 지역사회, 기독교 공동체 혹은 사업 공동체 등과 같이, 흔히 지역사회는 오랫동안 구체적인 지리적 위치의 면에서 정의하는 지리적 공동체geographical communities와 어떤 비非지리적 기준을 사용하여 정의하는 기능적 공동체functional communities로 구별되었다(Ife 2002). 복잡한 산업사회 혹은 후기 산업사회의 사람들에게는 기능적 공동체가 마을, 도시, 교외나 지방 등에 기초한 지역 공동체보다 더 큰 의미를 갖는 것일 수 있다. 강한 기능적 공동체는 이동이 용이해지면서 가능하게 되었다. 사람들이 더는 하나의 지리적 공간에 국한되지 않으며, 비슷한 관심을 가진 타인을 만나기 위해 쉽게 이동할 수 있다. 하지만 최근에는 유가 인상과 탄소 배출을 줄여야 할 필요성 때문에 사람들이 원하는 만큼 자주 그리고 멀리 이동할 수 있는 능력에 제한이 가해지고 있으며, 그러한 높은 개인적 이동성이 미래에도 계속될 수 있을지 의심스러워지고 있다. 이 때문에 지역the local이 다시 강조되고 지리적 공동체가 더 중요해질지도 모른다.

다른 의미있는 변화는 가상 공동체virtual communities의 발달이다. 가상 공동체에서 사람들은 인터넷을 통해 연결되며 실제로는 전혀 대면하지 않을 수 있다. 인터넷 덕분에 공통의 관심을 가진 사람들이 물리적으로 많이 떨어져 있다 하더라도 공동체를 만들 수 있게 되었다. 하지만 그런 공동체들이 새롭게 등장한 것은 아니다. 학문 공동체들scientific communities은 물리적 거리에도 불구하고 많은 사람들이 모인 경우인데, 이는 인터넷이 발달하기 이전에 이미 많이 있었다. 그들은 우편을 통하거나, 책을 읽거나, 학술저널에 발표되는 토론에 참여하거나, 가끔은 컨퍼런스를 통해 서로 연결되었다. 또 다른 기능적 공동체들은 흔히 접할 수 있는 소식지를 통해 유지되기도 했다. 그런데 인터넷의 등장은 더 많은 사람들에게 그러한 공동체를 경험할 수 있게 만들었다. 구식으로 편지나 소식지를 기다리지 않고, 이메일을 통해 즉각적으로 답하고 상호작용을 할 수 있게 됨에 따라, 과거에는 오로지 대면적 만남을 통해서만 가능했던 것이 새로운 가상적 공동체에서도 가능하게 되었다. 그로 인해 지리적 경계에 기초하지 않는 공동체가 이전보다 더 많이 생기게 되었다.

가상 공동체의 등장은 확실히 이점이 있다. 사람들은 이동의 제약 없이 관심 있는 공동체에 더 많이 참여할 수 있게 되었다. 이는 특히 먼 지역에 살고 있거나 적절한 이동수단이 여의치 못한 사람들에게는 상당한 이익이 된다. 그러나 대부분의 기술혁신과 마찬가지로 이 역시 문제점이 있다. 지리적 공동체는 포용적일 가능성이 크다는 이점이 있다. 누구나 어딘가에서 살고 있기 마련인데, 집이 없는 사람일지라도 어떤 도시나 마을, 지방에는 살 것이다. 따라서 누구나 지리적 공동체에 속하고 있다고 주장할 합법적 권리를 갖는다. 어떤 경우에는 둘 이상의 지리적 공동체에 소속될 수도 있다. 그에 비해 기능적 혹은 가상적 공동체는 배타적일 수 있으며, 사람들이 소외되거나 방치되기 쉽다. 특히 컴퓨터가 없거나 그것을 다룰 기술이 없는 사람들은 더욱 그렇다.

가상적 혹은 기능적공동체와 관련한 또 다른 문제는, 장소성a sense of place이라든가 물리적 지리와의 연고 의식a sense of connection을 놓친다는 점이다. 이는 환경문제가 심각한 곳에서 더욱 중요할 수 있는데, 바로 지금이 그런 것들이 필요한 시기라 할 수 있다. 하지만 가상 공동체는 사람들이 물리적 세상과는 단절된 공동체 경험을 하도록 하여, 거기서는 물리적 지역 정서가 전혀 있을 수 없다. 가상 공동체를 통해서는 전 세계 원주민들이 주장해 왔던, 자신의 환경을 보호해야 할 책무를 거의 이끌어낼 수 없으며, 그것은 인간성의 중요한 한 요소를 제거하는 것이다 (Knudtson & Suzuki 1992). 원주민들은 우리의 완전한 인간성full humanity 실현을 위해서는, 땅에 대한 깊은 소속감과 자신이 '속한' 구체적 장소와의 연대감을 느낄 필요가 있다고 주장할 것이다. 그리고 원주민이 아닌 많은 사람들은 이에 동의할 것이다. 이 책 나중에 이것이 지역사회/공동체의 필수적 요소가 된다는 점을 주장할 것인데, 정리하자면, 가상 공동체 경험은 환경에 대한 인식과 책임성을 갖지 못하게 하고, 인간적 지역사회의 일부분을 경험하는 것에 불과하다고 볼 수 있다.

이런 이유들 때문에 지역사회에 대한 지리적, 물리적 기준은 폐기하지 말아야 한다. 가상 공동체와 기능적 공동체가 많은 사람들에게 중요할 수 있지만, 이 책에서 사용하는 '지역사회/공동체' 개념은 물리적 지역physical location이라는 의미와 자연 세상natural world과 연결되어 있다는 의미를 함께 포함한다.

또 다른 중요한 쟁점은, 동질성sameness과 차이difference에 관한 문제이다. 사람들은 흔히 '지역사회/공동체'를 공통적인 무엇 때문에 함께 모인 것을 의미하는 것으로 이해한다. 지역사회(또는 공동체)는 공통의 특성들을 중심으로 구축되며, 사람들이 함께 경험하고 함께 소유한 것을 강화시키는 장소로 간주된다. 이는 특히 똑같은 공통의 요소common element에 기초하여 멤버십을 얻고자 하는 기능적 공동체와 문화적 독자성cultural identity을 중심으로 형성된 지역사회에 잘 맞는 얘기다.

그러한 공동체를 만들고자 하는 동기는 분명하지만, 이처럼 공통점으로부터 지역사회/공동체를 구축하는 것에는 위험요소가 있다. 가장 확실한 것은 배제exclusion의 위험이다. 어떤 공동체가 공통점에 기초하여 구축되면, 그들과 다른 사람이나 가족은 공식적으로든 비공식적으로든 배제될 가능성이 있다. 이는 특히 지리에 기초한 공동체가 어떤 공통점을 중심으로 형성된 경우 더욱 문제가 될 수 있다. 자신의 역사와 문화적 유산을 자랑스러워하고 또 그 유산과 독자성identity을 유지 강화하기 위해 노력하는 지리적 기반의 지역사회는 다소 '다르게' 보이는 외지인을 거부하거나 배제하기 쉽다. 예컨대, 난민 가족, 이교도, 다른 이념을 가진 사람, 동성애자 등을 배제할 수 있다. 이는 인종주의나 다른 형태의 차별 근거가 되며, 현 서구사회에서 무수한 예가 존재하는, 문화에 따른 배제의 근거가 될 수 있다. 한 지리적 공동체에 있어서 구성원들이 '공통적으로' 갖추어야 하는 유일한 것은 그 특정 지역과의 '연고'이다. 공식적으로든 비공식적으로든 멤버십을 획득하는 데에 다른 어떤 기준을 요구해서는 안 되는 것이다. 하지만 흔히 '외부인'을 비공식적으로 배제하는 경향이 있는데 이는 공식적인 배제보다 더 해결하기 어렵다.

공통점을 중심으로 의식적 의도적으로 만들어진 지역사회/공동체는, 어떤 위기가 인지된 시대에는 특히 위험하다. 그런 공동체는 외부인을 막고 배제하는 행위를 강화함으로써 위협으로 간주되는 것에 대항할 가능성이 크다. 그들은 친숙한 것에서 안정감과 편안함을 찾으며, 익숙하지 않은 것들은 그들 지역사회를 위험에 빠뜨리는 존재로 인식하고 거부할 것이다. 이는 국가적 수준에서는 흔히 국경 보호border protection의 형태로 나타나는데, 지방 단위의 지역사회도 비슷한 방식으로 대응할 수 있다. 즉 지역사회는 자신의 생활양식way of life 구축에서 등장하는 외부인의 위협에 대응하기 위해, 인종주의 혹은 외국인 혐오주의에 기대거나 희생양을 만드는 방식을 사용하기 쉽다. 많은 사회·정치 '개혁주의자들'은 문화적 유산의 우월성에 기초한 강력한 지역사회에 대해서는 긍정적으로 평가하는 반면, 배제와 국경 보호는 위험하고 억압적인 것으로 비판한다. 하지만 그 둘 사이에는 별 차이가 없다. 그리고 공통점에 기반한 강력한 지역사회와 배제와 '국경 보호' 간에는 자연스럽고 필연적인 연관성이 있다. 이 때문에 다양성과 접근성 문제를 잘 다루지 못하는 지역사회개발은, 사실 편견이나 인종주의, 문화적 오만을 강화하는데 기여할 수 있다.

공통점에 기반한 지역사회/공동체의 또 다른 문제점은 발전하지 못한다는 위험이다. 공동체의 경험이 비슷하고 친숙한 사람들과 지속적 접촉을 하는 것에 국한되면, 현재의 선입견을 바꾸고 대안을 제시할 수 있는 다른 새로운 사상과 경험에 노출되지 못하여 성장과 발전의 기회를 갖지 못한다. 그런 지역사회는 현상 유지를 통해 고리타분하고 정체된 획일성만 낳을 수 있어서, 인간 경험의 완전한 실현을 위한 이상적 환경이 되지 못한다. 우리와 똑같은 식으로 사고하는 사람들과 대화하는 것은 별 의미가 없을 것이다. 그것은 편할지는 모르나 더 배울 게 없어서 기존의 고정관념과 세계관을 영속화할 뿐이다.

이런 이유들로 인해, 공통점을 기초로 지역사회/공동체를 구축하는 것은 해결해야 할 심각한 문제를 안게 된다. 지역사회는 변화에 개방적이고, 차이를 수용하고 환영해야 하며, 배제보다는 포용을 할 줄 아는 것이 중요하다. 공통점이나 동질성보다는, 차이에 기초하여 지역사회를 구축하는 것이 필요하다. 포스트모더니즘 연구자들이 이를 주장하였는데, 그들은 같음보다는 다름의 중요성을 강조했고, 같음과 동질성에 집착하는 것은 계몽주의에서 기원하는 것이라고 밝혔다(예를 들어 Carroll 2004와 Kumar 1995를 참고).

낸시(Jean-Luc Nancy 1991)의 사상에 따르면, 차이difference에 기초한 지역사회/공동체는 공통점commonality에 기초한 지역사회보다 더 복구가 빠르고 생존 가능성이 높다. 실로 우리가 갖고 있는 유일한 공통점이란 바로 우리가 차이를 갖고 있다는 것이다. 지역사회에서 차이란 피해야 할 것이 아니라, 수용되고 촉진되고 찬양되어야 하는 것이며, 우리가 발전하고 성장할 수 있는 것은 유사성이 아니라 바로 차이로부터이다. 따라서 강한 지역사회는 획일성보다는 다양성에 기초하여 만들어져야 한다. 즉 낯선 사람들이 가져다 줄 수 있는 것이 있기 때문에, 그들을 배제하지 말고 수용하고 환대해야 한다.

또 명확한 범주clear category와 불가침의 경계impermeable boundaries에 대해 불신하는 포스트모더니즘에 따르면 지역사회의 경계boundary에 대해서도 문제가 제기된다. 지역사회개발에서, 경계는 문제로 다루어져야 하며(Tascón 2009), 배제의 문제로 인식될 필요가 있다. 단순히 지역사회/공동체(지리적 공동체를 포함하여)의 경계에 대해 전통적인 정의를 받아들이지 말고, 대신에 그러한 경계를 고정된 것이 아니라 문제제기에 개방적인 구성물로 볼 필요가 있다. 지역사회의 경계가 어떻게 구축되든 간에, 특히 경계는 침투 가능한 것임permeability을 강조하여, '외부'에서 온 사람과 외부의 생각이 배척되지 않고 수용될 수 있도록 해야 한다.

요컨대 지역사회는 간단명료하게 정의하기 어려운 개념이며, 그 자체에 대한 비판적 숙고를 요한다. 개발해야 하는 어떤 '지역사회'를 '명료하게' 정의하는 것에서 시작하기보다는, 관련된 개인과 집단에 '지역사회'가 갖는 의미를 잘 고찰해 보는 것이 지역사회개발 과정에 포함되어야 한다.

## 개발

개발development이라는 단어는 수많은 '개발 프로젝트'에 대한 좋지 못한 평판과, 특히 개발도상국에서 '개발'이라는 명목으로 이루어진 수많은 폐해 때문에, '지역사회'보다는 그 긍정적 의미가 약하다. 그런데 그 비판들은 흔히 개발의 긍정적 가치에 대한 것이 아니라 개발이 이루어지는 방식에서의 결함에 대한 것들이었다. 그런 비판들은 보통 지속 가능한 개발sustainable development, 적절한 개발appropriate development, 사람 중심의 개발people-centered development, 아래로부터의 개발bottom-up development, 인간적인 개발human scale development, 총체적 개발holistic development 등과 같이 다양하게 불리는 대안적 개발 형태를 옹호하였다(Peet & Hartwick 2009, Shiva 2005, van Uffort & Giri 2003). 즉 개발이라는 개념은 그것이 행해지는 방식에 대해 많이 비판받아 왔으나, 그 자체는 널리 가치 있는 것으로 평가받는 것 같다. 하지만 개발 형태에 대한 비판은 개발 그 자체가 자동으로 바람직한 결과를 가져오는 데 충분치 않다는 것을 의미한다. 개발이 수행되는 방식은 중요하며, 그 점에서는 지역사회와 유사하다. '지역사회'도

역시 함축된 긍정적 의미에도 불구하고, 부정적 모습으로 발현될 수 있는 것이다.

개발의 주요 차원 중의 하나는, 상향식 개발bottom-up development과 하향식 개발top-down development의 구분이다(Ife 2002). 하향식 개발은 전문가, 즉 더 나은 지혜와 지식, 전문성을 가지고, 개발이 어떤 식으로 이루어져야 하고 누가 개발 프로그램을 진행해야 하는지에 대해 명확히 알고 있는 사람에 의해 주도되는 개발이다. 만약 그 '전문가'가 해당 지역사회와는 다른 문화적 전통이나 다른 국가에서 온 사람이라면, 이러한 하향식 개발은 그 외부 전문가가 가장 잘 알고 있다는 것을 전제로 자신의 세계관을 타인에게 주입하려고 할 것이기 때문에, 필연적으로 식민주의적인 것이 된다. 또 이 하향식 개발은 동일한 문화권 내에서 혹은 한 국가 내부에서도 이루어지는데 이 때 개발되어야 하는 사람보다 더 똑똑한 것으로 간주되는 '전문가'는 바로 정부 기관이거나 엔지오NGO일 수 있다. 그런 하향식 개발과는 반대로 상향식 개발은 지역사회 자체가 가진 지혜와 전문성을 인식하고 그 지혜를 정당한 것으로 인정하며, 개발의 속도와 방향이 개발의 영향을 받는 사람들에 의해 주도될 수 있도록 필요한 자원을 제공하려고 노력한다.

물론 대부분의 개발 계획에는 이러한 상향식과 하향식이 혼합되어 있다. 많은 하향식 계획들은 관련된 사람들의 능력 고취empowerment와 참여participation의 중요성을 인정하며, 마찬가지로 많은 상향식 사업들도 그 지역사회 내에서 전문가를 활용할 수 없을 때 외부의 전문가를 활용하기도 한다. 상향식이라고 하는 일부 사업들이 관리와 책임성을 요구받거나, 확인된 결과물을 필요로 하거나, 혹은 재정 지원 단체의 요구사항을 받는 등 실제로는 주로 하향식인 경우가 있다. 그런 사업에서 흔히 능력 고취와 자기결정 이야기는 개발 활동의 하향식 성격과 본질적으로는 식민성과 착취성을 감추기 위한 공허한 수사인 경우가 많고, 사람들의 '참여'는 진정한 참여라기보다 명목상의 자문에 불과한 경우가 많다.

'개발'에 오명을 씌우는 것은 바로 그런 상향식과 하향식 모델이 혼합된 경우가 일부 해당된다. 모든 비판이 그런 것은 아니지만 개발에 대한 대부분의 비판들은 하향식 접근에 대한 것인데, 이 접근은 특정 지역사회의 바람직한 개발에 대해 외부인의 관점을 강요하고, 지역 사람들의 자기결정권을 부정하며, 억압과 불이익 구조를 영속화한다는 비판을 받는다. 그런 부적절하고 비민주적인 하향식 개발의 극단적 형태는, 관련 사람들의 분명한 바람을 무시하고 세계은행, 국제통화기금 그리고 여타 경제 '전문가'라 하는 사람들에 의해 시행되는 신자유주의적 '구조 조정' 프로그램에서 찾아볼 수 있는데, 그것들은 흔히 인권학대와 군사력의 힘을 빌어 겨우 실행될 수 있다(Klein 2007).

대조적으로 상향식 개발은 비교적 적은 비판을 받는다. 상향식 개발에 대한 가장 뚜렷한 비판은, 그것이 결과보다 과정을 추구하는 process-driven 경향을 가지다 보니 계획적이지 않고 단편적이어서 많은 관리자가 선호하는 명확하고 예측된 결과물을 내지 못하는 경향이 있다는 것이다. 또한 그것은 재정 제공자가 요구하는, 사전에 결정된 시간 계획을 잘 맞추지 못하는 경향도 있다. 참여민주주의는 혼란스럽고 시간이 많이 소요될 수 있다. 그래서 모더니즘 시각에서 보면 비효율적이고 신뢰하기 어려운 것일 수 있다. 하지만 진정한 상향식 개발은 하향식 개발만큼 그 정도로 정치적 비판을 받지는 않는다.

상향식과 하향식 개발의 쟁점은 후속 장들에서 논의할 것인데, 그것은 지역사회개발을 이해하는 데 핵심적이며, 인권 관점에서 볼 때도 중요한 함의를 갖는다. 후속 장에서는 흔히 인권이 효과적이지 못했던 이유 중의 하나로, 상향식 관점보다 하향식의, 법 주도의 접근legally driven approach을 채택하는 경향이 있었기 때문이라는 점을 지적할 것이다. 또한 우리가 상향식 개발의 중요성을 인식하는 지역사회개발 접근을 취한다면, 이론과 실천 양 측면에서 인권은 다소 다르게 조명될 수 있을 것임을 제시할 것이다.

개발 개념을 다룰 때 또 다른 중요한 문제는 개발과 성장 간의 관계이다. 흔히 경제학의 경우, '개발'을 마치 성장의 다른 말인 것처럼 생각하거나, 성장이 이루어지면 마치 개발도 동시에 이루어지는 것처럼 보는 등 그 두 용어를 구분 없이 혼용한다. 이는 일부분 경제적 합리주의 또는 경제적 근본주의의 영향을 받은 것인데, 거기서는 모든 것을 오로지 경제학의 면에서 해석하고, 경제성장은 응당 좋은 것임에 틀림없다고 간주하며, 따라서 경제성장은 '개발'의 성공 여부를 결정하는 측정 가능한 기준이 된다. 정말로 이 관점에서 보면, 개발은 성장 없이는 불가능할 것이다. 이 세계관을 취하면, 성장, 개발은 '좋은 것'으로서 모두 같은 것이며, 때문에 '성장'과 '개발' 사이의 중요한 의미 차이는 간과되기 쉽다(Daly 1997).

이러한 '개발'과 '성장' 간의 혼동은, 생태학적 위기에 직면하여 이전의 경제성장에 대한 집착을 재고하고 유한한 세상의 한계를 인식할 필요가 있는 현 시기에는 문제가 된다(Meadows et al. 2004). 과도한 성장은 긍정적 영향보다는 부정적인 영향을 낳는다. 이는 지구 온난화, 해양 오염, 과도한 어획, 깨끗한 물의 부족, 다가올 석유자원의 고갈, 자연보호 구역의 파괴와 멸종의 위기 등에서 명확히 확인할 수 있다.

따라서 우리는 성장 개념에서 개발 개념을 분리해 내고, 성장 없이 개발이 어떻게 이루어질 수 있을지 질문해 보아야 한다(Daly 1997, McKibben 2008, Shiva 2005). 그 둘이 서로 다르다는 것은 분명하다. 예를 들어 인간의 인생 주기에서 성장은 인생의 초반 20여 년 동안에만 나타나며, 지적·사회적·도덕적·문화적 개발/발달은 죽는 날까지 계속될 수 있다. 성장은 크기만 커지는 '양적인 변화'와 동일시될 수 있다. 반면에 개발/발달은 '질적인 변화', 즉 더 좋아지는 것을 의미하는데, 이는 모습이 변하거나 새로워지는 것일 수 있다. 개발과 성장은 함께 이루어질 수 있지만, 그것이 필연적이거나 보편적인 것은 아니다. 어떤 때에는 커가면서 더 좋아질 수 있지만, 반면에 작은 것이 아름다운 때도 있다. 사실 앞서 언급했듯이 '지역사회'에 대한 관심이 다시 커지는 것은, 부분적으로는 대규모 사회large-scale 'societies'가 작은 지역사회small communities를 대체하면서 나타난 성장의 부정적 결과에 대한 반작용이다. 성장과 지역사회는 그렇지 못하지만, 개발과 지역사회는 서로 조화를 이룰 수 있다.

요컨대, '지역사회'와 마찬가지로 '개발'도 문제가 있고 논란의 여지가 있다. 지역사회 개념과 마찬가지로, 개발에 대해서도 이 책에서는 명확하고 논리적인 정의를 내리려고 애쓰지 않을 것이다. 지역사회와 더불어 개발 개념은 그 혼란스러운 성격 때문에 모든 지역사회개발 과정에서 숙고해야 하는 중요한 초점이 된다. 개발은 여러 다양한 맥락 속에서 상이한 것들을 의미할 것이다. 어떤 지역사회에서 좋은 개발이었던 것이 다른 지역사회에서는 나쁜 것이 될 수 있다. 따라서 사람들이 자신들의 맥락 속에서 '개발'이 의미하는 바가 무엇인지 생각해 보고 확인하게끔 도와주는 것이 지역사회개발 과정에서 매우 중요하다. 실로 '지역사회' 그리고 '개발'이 지역사회 집단 스스로에 의미하는 바가 무엇인지 충분히 숙고했을 때에야, 비로소 지역사회개발 과정은 잘 진척될 수 있을 것이다.

## 몇 가지 유사 표현들

가끔 '지역사회개발'을 대체하여 함께 사용되는 네 가지 용어가 있다. 그것들은 지역사회와 함께 일한다working with community는 개념을 드러내는 방식에 있어서, 작지만 중요한 차이를 갖고 있다.

### 지역사회조직

미국에서 지역사회조직community organisation이라는 용어는 오랜 전통을 갖고 있다. 지역사회조직이 뚜렷이 사용되기 시작한 것은, 1970년대 로스만의 대표적 유형 분류에 의해서였는데, 거기서 지역사회조직은 세 가지 흐름이 있다고 정리되었다. 바로 지역성개발locality development, 사회계획social planning, 그리고 사회행동social action이다[Rothman 1974; 후속 연구에서 정책/행정policy/administration이 네 번째 흐름으로 추가되었다]. 지역사회조직 개념은 여기서 논의하는 '지역사회개발'과는 좀 다른 강조점을 둔다. 즉 조직화에 대해 강조함으로써, 자연스런 유기체적 발달organic development보다는 명확한 결과를 얻기 위한 목적행동purposeful action을 좀 더 강조한다. 나아가 로스만의 유형화는 지역사회개발을 '지역성개발'과 같은 것으로 간주하여, '지역사회조직'의 하위 개념에 해당된다고 보았다. 그래서 지역사회개발은 내재적으로 하향식 관점을 가진 사회계획, 사회행동과 연결된다. 하지만, 이 책에서 이해하는 지역사회개발의 개념 속에 계획과 사회행동, 그리고 '조직화'의 일부 특성이 포함될 수는 있겠으나, 이 요소들은 개발이라는 전체 목적에 부차적인 것으로 간주되며, 이는 로스만의 유형화와는 반대되는 입장이다.

조직화의 전통은 부분적으로는 노동운동에서 나왔다. 노동자 조직화는 미국 지역사회조직의 역사적 발달에 큰 영향을 미쳤는데, 특히 알린스키Saul Alinsky의 영향력이 컸다. 이 전통은 지역사회개발, 특히 지역사회 정치개발을 이해하는 데 값진 기여를 할 수 있겠지만(제2장 참조), 그것은 이 책에서 다루는 지역사회개발 개념보다는 총체적, 유기적 접근이 되지 못하고 좀 제한적 개념에 머문다.

## 지역사회건설

지역사회건설community building이라는 용어 또한 가끔 지역사회와 함께 일하는 것을 묘사하는 데 사용된다. '건설'이라는 용어는 어떤 단선적이고 순서를 가진 활동을 암시한다. 거기서는 하나의 누적되는 과정으로서 한 단계가 다른 단계에 순차적으로 뒤따르게 되고, 무언가가 점진적이지만 꾸준히 '건설된다'. 이는 순서를 추구하는 모더니티의 전형적인 산물이다. 좀 뒤죽박죽이고, 혼란스러우며, 예측 불가능하지만, 다양성과 무질서 속에 풍부한 장점을 가진, 포스트모던 시대의 지역사회개발 경험과는 명확히 대비된다. 마치 혼동과 무질서 - 지역사회의 실제가 그러할 것이다 - 가 가능하다면 통제되고 정리되어야만 하는 것처럼, 지역사회건설이라는 개념은 '흩어진 조각들을 맞춘다'는 의미를 담고 있다.

## 지역사회 역량구축

1990년대 이후로 유행하게 된 '지역사회건설'의 한 변형은 바로 지역사회 역량구축community capacity building이다. 이 용어는 특히 국제 개발 프로젝트와 관련하여 사용되었다. 이는 특정 지역사회가 자신들의 목적을 더 잘 달성할 수 있도록 하기 위해 개발 과정은 역량을 구축build capacity하는 것이어야 한다는 것이다(James 2001, Plummer 2000, Smillie 2001). 하지만 그 표현이 의미도 바꾸어 버렸다고 할 수 있다(Craig 2007). 역량capacity이라는 단어는 지역사회가 획득해야 하는 무언가를 뜻하는 것으로 보인다. 즉, 암묵적으로 산출결과outcome를 정해두고서 지역사회사업community work*은 그 결과를 달성할 수 있는 역량을 갖추는 것을 돕는 것이 된다. 하지만 그 최종 결과가 무엇이어야 하는지에 대한 어떤 견해가 없다면 '역량'이라는 개념은 무의미한 것이 되고 만다. 모든 지역사회는 자멸, 배타적 국경 보호, 분열, 인종주의, 소수자에 대한 폭력과 억압 등을 포함한 많은 것들을 행할 수 있는 역량을 가지고 있는데, 아마도 그런 것들이 '구축하고자 하는' '역량'은 아닐 것이다. 이렇게 어떤 결과를 암묵적으로 가정하는 것은, 지역사회개발 개념과는 상치된다. 또한, 지역사회 역량구축에 덧붙여지는 좋은 수사에도 불구하고, 그것은 특정 지역사회에 존재하는 강점을 기반으로 하는 강점 접근strengths approach과는 반대로 역량이 부족한 지역사회의 결손이나 취약함에 초점을 맞추는,

---

* 이 책에서 community work는 '지역사회사업'으로, community activity는 지역사회활동으로 구분하여 번역하였다. community work를 사회복지실천의 하부영역으로 보고 '지역사회복지' 혹은 '지역사회복지실천'으로 번역할 수 있으나, 저자는 이를 사회복지를 포함한 법, 행정, 보건 등 여러 분야를 배경으로 한 광범위한 지역사회 활동들을 포괄하는 개념으로 보기 때문에, 이를 반영하여 '지역사회사업'으로 번역하였다. 마찬가지로 human right work는 '인권사업'으로 번역하였다.

지역사회에 대한 약점 접근deficit approach이 될 수 있다(McCashen 2004).

## 사회적 기업

최근의 사회적 기업 운동은 사기업의 언어들을 사용하여 지역사회개발을 재구성하였는데, 그 둘은 매우 다른 활동방식과 가치 기반에 근거한다. 창의성, 유연성, 책임성 등과 같이 지역사회개발 활동가들과 기업가들 사이에 일부 공통점이 있을 수는 있지만, 그 둘의 목표는 같지 않다. 지역사회개발 활동가들이 지역사회의 이익에 관심이 있다면, 기업가들은 돈을 벌고 개인적 이익을 추구하는 데 관심이 있다. 사회적 기업은 민간 사업공동체business community의 개념이나 기술들이 지역사회개발에 유용하게 적용될 수 있다는 가정에 근거한다. 그리고 민간부문에서 온 사람들이, 또는 적어도 민간부문 모델을 사용하는 것이 지역사회의 산출물을 더 향상시킬 수 있다고 가정한다. 하지만 어떤 영역의 용어를 다른 것에 차용하는 것은 오도될 수 있고, 혼란을 야기하며, 잠재적으로 위험할 수 있다. 그것은 결국 지역사회개발의 본질을 훼손시킬 수 있다.

## 소결

요컨대 언어적 표현이 중요하다. 역량구축, 사회적 기업, 지역사회조직, 지역사회건설이라는 표현은, 그것이 실행되는 세상에 대한 어떤 가정을 한다(Craig 2007). 지역사회개발이라는 용어 대신에 이런 다른 용어들을 사용하게 되면, 교묘한 언어의 변화를 가져오며, 그것은 결과 지향적outcomes-driven이고 질서 정연하며 관리 지향적인managerial 모더니티의 세계관에 부합하게 변질되는 것이다. 이는 이 책에서 이해하는 지역사회개발의 이론과 실천의 중요한 특성을 거스를 위험이 있다.

## 지역사회개발의 긴요성

앞서 논의한 바와 같이, 지역사회가 상실되고 있다는 생각이 확산됨에 따라 지역사회개발의 필요성도 강하게 대두되었다. 실로 지역사회개발이 공동체 의식과 인간적인 집단에의 소속감을 되살릴 수 있다면, 그것은 응당 가치 있고 중요한 접근이 될 것이다. 그런데 현시대에서 그것이 특히 관심을 끄는 이유는 지역사회개발의 또 다른 절박한 측면이 있기 때문이다.

하나는, 의료, 교육, 주거, 소득보장, 개별 서비스personal services 등을 포함한 휴먼 서비스의 기초로서, 보다 더 인간적 규모의human-scale 활동이 필요하다는 점이 인식되고 있다는 것이다(Ife & Tesoriero 2006). 거대하고 비인간적인 복지국가는 서비스 수혜자와 서비스 공급자 모두를 소외시키는 것으로 드러났다. 이는 부분적으로는 민영화를 추진하는 논리가 되었지만, 시장에 기초한 휴먼 서비스 또한 사회경제적 불평등을 줄이기보다는 오히려 악화시킬 수 있고, 대규모의 관료적 민간조직들에 의한 서비스가 정부 전달의 서비스보다 그다지 인간적이거나 소외를 감소시키지는 못하는 것으로 드러났다. 민간부문이 겉으로는 소비자 중심을 추구하지만 흔히 실제로는 그렇지 못한 하나의 미신일 뿐이다. 아무리 '소비자 중심'이라는 가면을 쓰더라도 민간부문의 주된 관심은 소비자보다는 주주들이며, 이윤 추구의 동기 때문에 소비자와의 관계는 불가피하게 착취적 요소를 담고 있다. 그런 관계에서는 타인에 대한 진정한 관심이라든가 이타주의는 경시될 것이며, 서비스를 받는 사람들도 그것을 감지할 것이다. 실로 이런 맥락에서 '서비스'라는 용어는 부적절한 표현이다. 그것은 제공되는 서비스가 아니라 구매해야 하는 하나의 상품 또는 생산물인 것이다.

이러한 국가공급 서비스와 시장공급 서비스 양자의 부적절성이 인식됨에 따라, 휴먼 서비스가 인간적 지역사회 내에서 이루어져야 한다는 생각이 지속적으로 관심을 끌게 되었다. 문제가 되는 것은 국가도 시장도 아니며, 양자 모두가 거대하고 비인간적인 조직들을 통해, 소비자든 고객이든 서비스 수혜자를 무력하고 주인 의식이 부족한 사람으로 만들어버리는 상명하달식의 '서비스'를 제공해 왔다는 것이 문제인 것이다.

그래서 서비스가 인간적 규모로 제공되어야 할 필요성은 지역사회 기반의 서비스에 대한 관심을 불러 일으켰다. 또한 그러한 서비스가 진정 뿌리를 내릴 수 있는 강하고 생존력 있는 지역사회가 존재할 필요가 생겼다. 따라서 지역사회개발은 지역사회 기반의 휴먼서비스 운동에 필수적 요소가 된다. 후술하겠지만, 휴먼 서비스에 종사하는 일부 전문직들은 지역사회개발의 관점을 취하는 것이 서비스 전달 방법의 중요한 기초임을 알게 되었다.

이 점에서 지역사회개발을 실천하는 많은 사람들이 바로 의료인, 사회복지사, 교사, 레크리에이션 활동가 등과 같이 휴먼 서비스의 배경을 갖고 있는 사람들이라는 사실은 그리 놀랄 일이 아니다. 이것이 지역사회개발을 훨씬 두텁게 하는 데 기여했음은 분명하다. 하지만 지역사회개발을 너무 휴먼서비스와 동일시하면 그 외의 다른 분야나 다른 관점들을 무시하게 되어, 오히려 지역사회개발의 영역을 제한할 수 있다. 한 예로서, 미국, 캐나다, 호주, 뉴질랜드에서 지역사회개발은, 케이스워크, 그룹워크, 정책과 행정 등과 함께 사회복지사업의 한 부분으로만 간주되어 왔다. 따라서 사회복지 배경을 가진 지역사회개발 활동가들은 넓은 관점을 갖지 못하고, 지역사회개발이 휴먼서비스보다 더 많은 것을 포괄한다는 점을 인식할 수 없게 되었다. 지역사회개발이 휴먼서비스를 위한 중요한 기반이 될 수는 있으나, 그것은 휴먼서비스보다 훨씬 더 큰 영역이며, 인간의 다른 경험 영역까지 폭넓게 적용되는 영역이다. 따라서 이 책에서 휴먼서비스는 지역사회개발의 한 부분집합으로 간주한다.

지역사회개발의 또 다른 추동력은 세계 경제가 지역사회의 욕구를 충족시키는 데 명백히 실패했다는 사실에서 기인한다. 많은 지역사회들은 전 세계 경제로부터 그다지 이득을 얻지 못하는데, 왜냐하면 세계 경제는 지역사회의 가치를 무시하는 세상 저편의 주주들의 이익을 위해서 지역사회를 착취하고 단지 부를 빼내 갈 뿐이기 때문이다. 이는 지역사회 기업을 활성화하거나 지역 기반의 물물교환체계나 통화체계를 통해, 더 강력한 지역사회 기반의 지역경제를 확립해야 한다는 관심을 불러일으켰다(Meeker-Lowry 1996, Shragge 2000). 이러한 지역사회 경제개발은 위에서 논의한 휴먼서비스 기반의 개발 전통과는 다른 것이며, 지역사회개발의 필요성이 제기되는 전혀 다른 맥락이다. 하지만 그것은 경제학이 크게 지배하는 사회에서 지역사회 활성화 운동을 이끌어내는 데 있어서는 특히 중요하다.

지역사회개발의 또 다른 추동력은 지역사회 문화개발에서 찾을 수 있다. 이에는 몇 가지 하위 갈래들이 있다. 하나는 자랑스런 문화유산을 통해 자신의 정체성을 드러내고자 하는 것인데, 특히 '주류'와 다른 특정 인종적, 국가적 배경을 가진 사람들로 구성된 지역사회나 원주민 공동체에서 그러한 흐름이 존재한다. 문화개발의 또 다른 하위 흐름은, 지역사회의 생활에서 예술, 음악, 춤, 연극, 스토리텔링 등과 같은 문화적 표현이 매우 중요함에도 불구하고, 문화의 상품화 때문에 그것들이 사라지고 있다는 인식에서 나온다. DVD나 CD를 사거나, 영화를 보거나, 음악회에 가거나, TV를 보거나, 혹은 아이팟iPod을 듣거나 하는 형태로 문화적 경험이 국한됨에 따라, 점점 더 수동적 소비로 변하고 있다는 점에 주목한다. 그래서 지역사회 문화개발 운동은 우리 인간성의 중요한 요소로서 적극적이고 참여적인 문화 경험이 중요하다는 것을 강조하려는 것이다.

지역사회 문화개발의 세 번째 흐름은, 포용적인 지역사회에 대해 강조하는 것이다. 예컨대 난민 가족을 받아들이고 포용하는 장으로서 지역사회를 강조하는 것이다. 좋은 사회good society에 대한, 새로이 등장하는 범세계적 시각은, 중요한 요소로서 문화적 다양성에 높은 가치를 부여한다. 즉 문화적으로 다양한지 그리고 관용적인 사회인지 여부가 좋은 사회의 판단 근거가 되어야 한다는 것이다.

지역사회개발의 또 다른 중요한 긴요성은 생태학적 위기에 관한 대응으로부터 제기된다. 생태학적 위기는 지구 온난화, 석유 자원의 고갈, 물과 식량의 부족, 환경오염 등과 같은 수많은 문제들에서 뚜렷이 확인된다. 수많은 필자들은 이러한 생태학적 위기에 관한 바람직한 대응으로서, 분권화, 지역화, 지역사회 활성화 등이 포함되어야 한다고 주장한다(예컨대, Hines 2000, Hopkins 2008, Mander & Goldsmith 1996).

부유한 서구인들이 자동차와 저가 항공을 통해 쉽게 이동할 수 있었던 것이 이제 더는 지속 가능하지 않고, 조만간 다가올 석유자원의 고갈peak oil과 그로 인한 유가 상승으로 인해 중단될 것이 점점 확실해지고 있다(Hopkins 2008, Roberts 2004). 마찬가지로 식량을 포함한 온갖 재화를 원거리 생산지로부터 판매지로 쉽게 운송할 수 있었던 것도 지속 가능하지 않게 되어 공급이 어렵게 될 것이다. 대체 에너지원과 대체 연료로 인해 상황이 달리 될 수도 있겠으나, 사람이든 재화든 저비용으로 쉽게 이동할 수 있던 시절로 되돌아가기는 쉽지 않을 것 같다. 불가피하게 물건들은 지역적으로 생산되고 소비되어야 할 것이다.

이는 경제학의 성격을 크게 변화시킬 것이고, 동시에 경제활동에 수반되는 사회적 관계의 유형들도 변화시킬 것이다. 지역사회 단위에서 지역적 활동이 늘어나는 것은 생태학적 전통을 추종하는 사람들이 중요한 개발로서 지지해 왔던 것인데, 그것은 시간이 흐를수록 점점 더 생존을 위해 필수적인 것으로 보인다. 이런 맥락에서 지역사회와 지역사회개발은, 석유 의존적 경제와 탄소 배출을 극복하는 새로운 미래사회를 고민할 때 우선적 위치를 점한다.

지역사회개발의 또 다른 중요한 긴요성은 무정부주의 전통에서 찾을 수 있다. 이 관점은 상명하달식의 구조와 위계를 신뢰하지 않고, 대신에 풀뿌리 단위에서 스스로의 운명을 책임질 수 있는 사람들의 능력을 강조한다. 이 시각에는 권좌에 있으나 '실제' 사람들의 '실제적' 문제나 '실제 세상'과의 연계가 부족하여 자주 그릇된 결정을 할 것 같은 '그런 사람들'에 대한 불신으로 가득하다. 이러한 정서는 대중매체나 라디오의 토크쇼, 포럼 등에서 자주 드러난다.

하지만 무정부주의 전통은 '그런 사람들'에 대한 단순한 불신에 그치지 않는, 좀 더 단단한 지적 배경을 가진다. 위로부터의from above 사회구조는 진정한 인간성 실현과 발현을 부정하기 때문에 그 구조는 최소화되거나 해체되어야 한다는 주장을 해 온 무정부주의자들의 전통은 오랫동안 존재해 왔다(Marshall 1992). 이 전통은 여러 정치 이데올로기에서 중요한 자리를 차지해 왔다. 대처리즘Thatcherism의 신우파new right 이념은 자유 시장주체들이 번성할 수 있도록 허용되고, 개인의 선택이 중앙정부의 명령보다 우선시될 수 있도록 국가의 해체dismantling of state를 주장했다. 또한 스탈린주의와는 반대로, 정의와 평등은 오로지 국민의 삶에서 국가의 지배가 제거되어야만 달성될 수 있다고 주장하는 좌파의 무정부주의 사상 전통도 오랜 기간 존재했다(Marshall 1992). 무정부주의의 저작을 보면 녹색 이념이 드러나기도 하는데, 특히 소로(Thoreau,1983)의 글에서 찾을 수 있다. 권력자가 무언가를 엉망으로 만들 때마다 조용히 찬양되며 풀뿌리 행동주의와 능력 고취를 추구하는 이 무정부주의 전통은 지역사회개발 접근과 자연히 잘 맞는다.

보다 더 이론적인 수준에서는 지역사회개발은 포스트모던 접근과 매우 잘 일치하는데, 이 접근은 어디에나 잘 들어맞는one size fits all, 질서정연한, 모더니티의 거대 서사meta-narratives를 비판하고, 대신에 혼동과 무질서, 모순을 받아들이고자 한다(Kumar 1995, Seidman 1994). 모더니티가 모든 것을 하나의 통일된 체계 속에 맞추려는 용감무쌍한 노력을 통해 일치성conformity을 추구하지만, 포스트 모더니티는 다양성을 가치 있게 평가하고 칭송한다. 차이를 가진 지역사회들과 관련하여 앞서 논의한 것처럼, 이 포스트모던 관점은 여러 지역사회들 간의 다양성, 그리고 지역사회 내부에 존재하는 다양성과 잘 맞는 관점이다. 이 점에서 지역사회개발에 대한 지속적 관심은 모더니티에 대한 반작용이며, 모더니티의 확실성과 질서에서 벗어나 보다 더 유기적이고 다양한 미래를 찾고자 하는 것임을 알 수 있다. 우리는 후속 장에서 이 포스트모더니즘에 대해 다시 다룰 것이다.

지역사회개발에 영향을 미치는 이러한 긍정적 혹은 진보적 힘들과 함께, 다소 호의적이지 않은 세 가지 측면에 대해서도 언급하는 것이 중요하겠다. 하나는 제한된 재정 여건에도 불구하고 국민들의 국가에 대한 요구가 끝도 없이 늘어나는 것을 인식한 정부가, 공공서비스를 축소하거나 수요나 욕구에 따른 증가를 억제하려는 의도에서 '지역사회'와 지역사회개발을 이용하려는 경향이 있다는 것이다. 정부는 '지역사회'라는 단어가 갖는 긍정적 의미를 이용하여 그럴싸한 수사를 구사하며 '지역사회 부문'에 의존하면서 다음과 같은 정당화를 시도할 수 있다. "이 서비스는 정부보다 지역사회에 의해 더 잘 공급될 수 있습니다." 이는 실제로는 정부가 수행해야 할 업무를 자발적 노동력voluntary labour이나 '지역사회 부문'의 저임금 노동자에 의존하는 것을 뜻한다. 이는 공공부문이 수행한다면 더 높은 비용이 소요되는 일일 것이다. 따라서 지역사회개발을 옹호하는 주장, 다시 말해 가능하다면 지역사회 수준에서 행해지는 것이 더 낫다는 주장은 휴먼서비스 공급에 대한 정부의 책임을 부분적으로라도 회피하고자 하는 명분으로 쉽게 이용될 수 있다. 이처럼 정부는 아주 고귀한 명분이 아닌 이유로 지역사회개발을 옹호할 수 있다.

지역사회개발이 가지는 통제력은 좀 바람직하지 못한 동기가 되기도 한다. 지역사회개발은, 지역사회의 능력을 고취하기보다는 지역사회를 통제하기 위해 이용될 수 있다. 명목적 자문token consultation이 대표적인 예로서, 사실은 이미 결정을 내려놓고, 민주주의적 외양을 입히기 위해 겉보기에 참여적이고 협의하는 지역사회 과정을 이용하는 것이다. 지역사회개발을 통제의 한 형태로 사용하는 것은 국제 사회에서 특히 중요한데, 거기서 '지역사회개발'은 식민주의적 계획a colonial agenda을 추진하는 한 방법이 될 수 있기 때문이다. 외부 '전문가'는 지역사회에 들어가, 지역사회 자체보다 정부나 기업, 혹은 엔지오 등 외부체의 이익에 부합하는 특정 결과를 낳도록 설계된 일련의 지역사회 과정을 통제한다. 과정이 외부 대행자에 의해 통제되거나 장악되면, 식민주의적 통제는 실제적 위험이 된다. 이에 대해서는 후속 장에서 더 논의할 것이다.

지역사회개발의 필요에 대한 세 번째 우려스러운 논리는 민간부문에서 나온다. 민간부문과 지역사회부문 간의 '파트너십'에 대해서 높은 관심이 있어 왔는데, 이는 일부 지역에서는 지역사회개발의 법인화로 나타나기도 했다. 그러한 파트너십으로부터 얻는 이득이 있기는 하지만, 우려되는 바는 그것이 본질적으로 갖고 있는 관리주의managerialism와 이윤동기로 인해, 흔히 지역사회개발과 양립할 수 없는, 적어도 이 책에서 다룰 형태의 지역사회개발과는 전혀 양립할 수 없는 특정 이데올로기를 지역사회에 강요하는 명분으로 작용한다는 점이다.

요약하자면 지역사회개발을 해야 할 긴요성은 수없이 존재하며, 지역사회개발 프로그램을 옹호하는 동기들도 뒤섞여 있다. 그래서 지역사회개발은 상이한 맥락들 속에서 상이한 경로를 취해 왔다. 예컨대, 지역사회 경제개발은 지역사회 문화개발과 분리되어 별도로 진행되는 경향이 있었고, 이것들은 지역의 생태학적 지속 가능성이라는 전망 속에서 이루어지는 지역사회개발과도 다른 것이다. 물론 이런 다양한 접근을 이점으로 볼 수도 있지만, 지역사회개발이 여러 경로를 따르고 상이한 언어를 사용하다 보니 파편적 접근에 머물고, 총체적으로 이해하지 않으려는 경향으로 이어졌다는 점은 아쉽다. 그런 총체적 접근은 지역사회에 대한 여러 갈래들이 분리되어 이해될 수 없고 서로 연계되어야 함을 강조하는 것이다. 다음 장에서 논의하는 지역사회개발의 전망은 바로 그러한 총체적 접근을 바탕에 두고 있다.

제2장

# 지역사회개발의 원칙과 차원

## 원칙

이 책에서 제시하는 지역사회개발에 대한 관점은 다른 필자들이 꼭 공감하는 것은 아니다. 구체적으로 말해 미리 정한 산출결과, 상명하달식의 계획이나 프로그램의 시행, 단계적 절차 등에 기반하는 지역사회개발 접근들은, 보다 '유기적'이고 '아래로부터의'개발을 추구하는 이 책의 관점과는 양립할 수 없다.

지역사회개발은 단지 강한 지역사회를 건설하는 과정이 아니라, 하나의 실천 철학으로 그리고 하나의 사고방식으로 간주될 수 있다. 그 점에서 보면 확실히 '지역사회개발' 활동가로 불리지 않는 많은 사람들도 지역사회개발의 관점에서 활동할 수 있다. 의료인, 교사, 개발 활동가, 사회복지사, 변호사, 레크리에이션 활동가, 예술가, 계획가, 사서, 연구자들은 아래에서 다루는 원칙들 전체나 몇 가지를 자신의 업무에 포함시켜 지역사회개발의 관점에서 일할 수 있는 사람들이다. 비슷하게, 여러 이유로 노동시장에서 벗어나 있는 지역사회구성원들(실직자, 퇴직자, 양육이나 친척 수발을 위해 휴직한 사람 등), 또는 지역사회개발과 관계없는 직업에 종사하는 사람들도 이 원칙들을 따라 자신들의 지역사회에 참여하여 지역사회개발을 위한 중요한 역할을 할 수 있다. 즉 아래에서 서술하는 지역사회개발에 대한 접근은 지역사회활동가community workers*에 국한되는 것은 아니다. 그것은 잠재적으로 모든 이에게 해당된다.

그리고 아래에서의 논의가 지역사회개발의 원칙들을 철저히 완벽히 다룬 것은 아니라는 점을 인정해야겠다. 오히려 이것은 차후의 인권과 지역사회개발에 대한 논의를 위한 밑그림이 될 수 있도록 개괄적인 탐색을 한 것이다. 이 원칙들에 대해 좀 더 알고 싶은 독자들은 관련 이슈들에 대해 더 상세한 고찰을 하고 있는 지역사회개발에 대한 광범위한 글들을 참조하기를 바란다(Ife 2002, Ife & Tesoriero 2006, Kenny 2006).

## 상향식 개발

---

* 이 책에서 'community worker'는 '지역사회활동가'로 번역하였다. 이에 대해 지역사회복지사, 지역사회사업가, 커뮤니티워커 등으로 달리 번역할 수 있으나, 저자의 관점에서 사회복지사(social worker)는 사회복지의 개별서비스(personal services)를 다루는 휴먼서비스전문가로 협소한 의미로 사용되고, 'community worker'는 그보다 광범위하게 '지역사회'와 함께 다양한 원조자, 촉진자, 조직가의 역할을 행하는 모든 사람을 아우르는 개념으로 사용되고 있다. 따라서 저자의 시각을 반영하여 'community worker'는 '지역사회활동가'로 번역하였으며, 지역사회와 함께 일하는 사회복지사도 응당 이 지역사회활동가에 포함된다. 마찬가지로 'human right worker'는 사회복시사와 인권을 위해 일하는 사람들 모두를 포함하는 의미의 '인권활동가'로 번역하였다.

하향식 개발과 상향식 개발 간의 차이는 명확하다. 이 책에서 이해하는 바의 지역사회개발은 명확히 상향식 과정으로서의 지역사회개발이다. 그것은 지역의 지식, 지혜, 기술 그리고 이해들understandings이 인간의 지역사회의 경험에 꼭 필요한 것들이며, 위로부터 내려온 지혜나 경험보다 높게 평가받아야 한다는 전제를 갖고 있다. 이는 간단한 원칙같이 들릴지 모르나, 현대 산업사회와 그것이 출현한 모더니티의 맥락에서 보면 급진적인 것이다. 조직들은 보통 관료주의 모델에 기초하여 형성되는데, 이는 위계상 상층 혹은 중심부가 주변부에 비해 우월한 지혜를 갖고 있다고 가정한다. 따라서 정치적·행정적 과정 그리고 지역사회의 과정들에서의 과업들은 바로 이 우월한 지혜들을 실행하는 것이라고 본다.

이런 속성은 관리주의managerialism의 지배로 인해 더욱 강화된다. 이 관리주의는 정부 부서, 기업, 교도소, 대학, 병원, 스포츠 클럽, 정당, 교회, 지역사회 등 모든 조직에서 좋은 관리가 효과적인 조직을 만드는 비법이라고 보는 관점이다(Considine & Painter 1997, Rees & Rodley 1995). 이는 조직이 경험하는 모든 문제가 좋은 관리를 통해 해결될 수 있다고 봄으로써, 조직을 재구조화하거나, 관리자를 증원하거나, 지속적인 계획을 수립하는 등의 관리 행위에 과도한 집착을 보인다.

하향식 관점은 매우 강하게 존재한다. 그것은 혼동과 예측 불가능성이 존재하는 현실에도 불구하고, 확실성, 질서, 예측 가능성을 추구하는 모더니티의 특징이다. 혼돈에 질서를 부여하고 불확실성에서 예측 가능성을 얻기 위해서는, 개인이나 집단의 창의성과 주도성을 억압하는 일정 수준의 통제, 많은 경우에는 강압이 이루어지기도 한다. 그것은 '아래로부터의' 주도성을 허용하고 적극 장려하는 그런 지역사회개발과는 거리가 먼 것이다.

상향식 개발이라는 개념은 지역사회개발에서 가장 핵심적인 것이며, 아래에서 제시하는 다른 원칙들과도 관련된다. 아래의 원칙들은 이 중요한 상향식 개발이라는 원칙이 실천에서 갖는 의미를 상세히 밝히는 것에 불과하다. 상향식 개발 원칙은 간단한 원칙이지만, 당연시되던 수많은 모더니티의 가정들에 이의를 제기한다.

## '아래로부터의' 지식, 지혜, 기술의 가치를 인정하기

지역사회구성원의 지혜, 지식, 기술을 높게 평가하는 것은 상향식 개발의 중요한 부분이다. 사람들은 흔히 자신의 지혜나 경험을 가치 없는 것으로 보거나, 높은 지위에 있으니까 '더 많이 알고 있다'고 내세우는 사람들에 의해 거부당할 것으로 느낀다. 하지만 지역사회개발은 늘 우선적으로 지역사회 내의 지혜와 지식, 기술을 찾아내려고 하며, 지역사회 안에서 찾기 어려울 때에만 다른 곳에서 찾고자 한다. 이는 흔히 남에게서 '자문을 얻고자 하는' 심리 상태와는 반대되는 것이다. 외부 자문가의 중요한 역할이 있을 수 있으나, 그것이 기존 지역사회 내의 전문 지식을 경시하는 것이라면 바람직하지 않다.

'지역사회의 지식'은 그 지역의 맥락에 따라 형성되는 것인데, 이는 결코 외부 전문가가 갖추기 어려운 것이다. 지역사회 주민들은 실현 가능한 것과 아닌 것에 대해 더 잘 알고, 감정을 상하게 할 것과 그렇지 않은 것, 가장 효과 있을 것으로 보이는 것 등에 대해 많이 알고 있을 것이다. 이러한 지역사회의 지식은 '지역사회 과정'이 효과적으로 잘 작동되기 위해서는 필수적인 것이다(Hines 2000, Shiva 2005). 구체적 맥락에 관계없이 적용 가능한 보편적 지식을 구축하는 것은 물리학, 화학, 생물학의 법칙들에는 맞겠으나, 문화, 장소, 역사, 전통 등에 의해 영향을 받고 그것들 속에서 진행되는 과정에는 맞지 않는 얘기다(Midgley 2001). 실로 지식이 구체적 맥락과 무관하게 보편적인 것처럼 적용된다면, 그것은 별로 효과적이지 않은 해결책이 될 뿐만 아니라 지역사회주민의 지식과 기술, 전문성을 경시하고 소외시키는 꼴이 될 것이다. 지식이 일반적으로 이해되는 방식, 즉 대학에서 배우는 시공을 초월한 진리와 같은 것들은 사람들의 생활에 중요한 영향을 미치지만, 동시에 사람들의 능력 약화 disempowerment를 가져오는 주된 요인이 된다. 이 점에서 표면적으로는 별 문제 없어 보이는 개념인 지역사회개발이 사실은 매우 급진적인 것임을 알 수 있다. 그것은 타당한 지식으로 간주되는 것에 대한 종래의 지혜 conventional wisdom에 의문을 제기하며, 전문지식의 성격을 진지하게 재구성할 것을 요청한다.

이는 외부의 지식이나 기술이 전혀 쓸모없다는 뜻은 아니다. 그러한 외부 기술이 필요한 경우가 꼭 있다. 하지만 지역사회개발 관점은 '지역사회의 전문지식'이 항상 우선시되고 먼저 선택되어야 하는 것이며, 외부의 전문기술은 지역사회의 지식이 활용 불가능할 때에만 요청되어야 한다는 것이다. 이는 외부의 전문지식을 최우선시하고, 지역사회의 지식은 단지 명목적 '자문과정'에만 이용하거나, 집단적 시민행동이 있는 경우 어쩔 수 없이 계획가, 관리자, 정치인이 지역사회의 관점을 담아내야 할 때 사용하는, 종래의 하향식 접근과는 반대되는 것이다. 그런 경우 지역사회의 목소리는 주도적으로 이슈를 이끌고 의제를 만드는 대신 그냥 반응할 뿐이다. 즉 의제는 다른 곳에서 만들어지고 지역사회의 역할은 단지 타인에 의해 설정된 과정에 반응하는 것일 뿐이다.

## 자립, 독립, 그리고 상호 의존

상향식 개발과 관련된 한 원칙은 바로 자립self-reliance이다. 자립이란 개념은 국가서비스를 축소하는 것을 정당화하는 방편으로서, 그리고 불운에 대한 책임을 개인에게 돌리기 위한 방편으로서 우파들에 의해 사용되어 왔다. 하지만 그것은 매우 개인화된 자립 개념이다. 지역사회개발의 맥락에서 자립 개념은 개개인이 아니라 지역사회에 적용된다. 아래로부터의 전문지식expertise from below을 높게 평가하는 이념에 따라, 자립은 지역사회가 타 지역사회나 중앙권력에 의존하기보다 자신들이 가진 자원에 기댈 수 있도록 노력해야 한다는 점을 강조한다. 이는 녹색 정치이론에 기반한 사람들이 지지하는 것으로서, 상대적으로 독립적이고 자립심이 강한 지역사회가 보다 더 지속 가능한 것으로 간주한다(Bryant 1995, Carter 1999, Hines 2000, Hopkins 2008).

따라서 자립과 독립independence이라는 개념은 지역사회개발 내에서는 개인보다는 지역사회에 적용될 필요가 있는 개념으로 재설정된다. 자립과 독립은 개인에게 적용하면 자본주의를 지탱하는 주춧돌이 되며, 많은 사람들이 소외를 느끼는 점점 더 원자화되는 사회와도 모순되지 않는다. 하지만 실제로 우리는 경제적·사회적·문화적·정치적·물질적 생활을 포함하여 여러 면에서 상호 의존적이기 때문에, 개인 수준에서의 독립이 아니라 우리의 상호의존을 강조하는 것이 중요하다. 고립된 자율적 개인isolated autonomous individual이란 관념은 경제이론의 기본 단위이긴 하지만, 신화에 불과하다. 지역사회개발은 사람들 사이의 상호의존을 인정할 뿐만 아니라, 그것을 지지하고 찬양하며 촉진시키고자 한다.

지역사회 수준에서 자립의 가치는 점점 더 실현 가능해지고 중요하게 되었다. 어떠한 지역사회도 완전히 독립적이거나 자율적일 수 없지만, 일정 자립을 결여한 지역사회는 경제적·사회적·정치적·문화적으로 그리고 환경적으로 불이익을 당할 수 있게 되었다. 따라서 개인적 경험과 지역사회의 경험 간에는 명확한 차이가 존재하며, 자율과 자립의 가치는 개인보다는 지역사회에 훨씬 더 많이 해당된다. 완전히 자립적인 개인이란 사실상 불가능하지만, 불확실성, 위기, 국가의 실패로 특징화될 미래사회에서 자립적 지역사회는 필수적으로 요청되는 것이다.

## 생태학과 지속 가능성

1987년 환경과 개발에 대한 세계위원회World Comission on Environment and Development가 브룬트란트 보고서Brundtland Report를 발표한 이후, 지속가능성sustainability과 지속 가능한sustainable이라는 용어가 너무 많이 남용·오용되기도 하여 그 의미가 퇴색하고 있다. 지속 가능한 성장sustainable growth이란 것이 유한한 세상에서 분명 터무니없는 것임에도 불구하고 정치인과 경제 전문가가 지속적으로 그것에 대해 이야기하는 것을 보면, '지속가능성'이라는 개념이 정치적 의도로 얼마나 조악하게 사용되는지를 알 수 있다. 한편 '지속 가능한'이라는 수식어는 흔히 '지역사회'와 '개발' 양 단어와 함께 어울려 사용된다. 따라서 그 용어는 문제가 있음에도 불구하고 우리 논의를 위한 핵심적 개념이 되어야 한다.

지역사회개발이 지속 가능한 것이어야 함을 주장하려면 장기적 관점이 필요하다. 그것은 다음 몇 년보다도 더 먼 미래에 대해 생각하고, 어떤 지역사회개발이든 장기적 시간 속에서 지속될 수 있도록 노력해야 한다는 것이다. 이는 물리적 자원, 특히 재생가능하지 않은 자원을 사용하는 것에 주의를 기할 것을 요하고, 지역사회개발이 작동되는 물리적 환경과 그 환경의 한계에 대해 인식해야 함을 의미한다. 또한 목전의 요구에 바로 반응하는 단기적인 것이 아니라, 장기적으로 유지될 수 있는 과정과 구조를 확립할 필요가 있다. 이를 위해서는 적응할 수 있는 능력과 유연성이 있어야 하고, 등장할 미래와 그 미래가 가져올 위기를 직시하려는 의지가 있어야 한다.

지속가능성의 필요성은 생태학적 위기의 절박함 때문에 등장했다. 점점 빛이 바래지는 '지속 가능한'이라는 용어를 정의하려고 하기보다는, 생태학적 관점, 세상에 대한 생태학적 이해가 지역사회의 구체적 맥락 속에서 어떤 의미를 갖는지에 대해 살펴보는 것이 더 좋겠다. 생태학적 관점은 총체주의, 다양성, 유기적 변화, 균형의 중요성 등 수많은 부수 원칙들을 갖고 있다(Ife 2002). 이것들은 아래의 논의에서 고찰될 것이다. 하지만 지속가능성과 생태학적 관점의 원칙들 중 가장 중요한 것 하나는 성장의 유해성이다. 생태학적 위기는 우리가 한정된 자원을 가지고 있고, 인간 활동의 부산물을 흡수하는 데 제한된 능력을 가진 유한한 세상에 살고 있다는 현실을 깨닫게 했으며, 그런 세상에서 끝없는 성장이란 불가능하다는 것을 절실히 느끼게 했다.

하지만 성장은 현대 자본주의의 근본 가치이다. 산업은 성장해야 하고, 인구도 증가해야 하고, 소비도 이익도 소득도 증가해야 한다. 그리고 일반적으로 성장은 건강 그리고 번영과 동일시된다. 하지만 '지속 가능한 성장'은 경제전문가와 정치가에게는 매력적으로 보일지 모르지만, 유한한 세상에 모순적인 것이다. 그리고 지속가능성이라는 가치는 우리가 무슨 수를 써서라도 성장을 이루려고 하는 집착에 대해 의문을 제기한다. 일정 수준을 넘어선 성장은 긍정적 효과보다 부정적 결과가 더 크고, 더 많이 소유하고 더 많이 소비하는 것이 반드시 행복을 증대시키는 것은 아니라는 증거가 늘어남에도 불구하고(Hamilton 2003), 인간의 성장에 대한 숭배는 여전히 뿌리 깊은 습관으로 남아 있다. 아마 성장의 한계에 도달하여 그것을 넘어설 때 결국 그것은 재앙으로 귀결될 것이다(Meadows et al. 2004).

이러한 지속가능성 문제와 생태학적 위기는 21세기 초반에 인류가 직면하는 가장 큰 도전이다. 그것은 중대한 문제들을 제기하며, 인간 활동의 성격 그리고 인간과 자연세계의 관계에 대해 근본적 재고를 요청한다(Macy 2007, Shiva 2005, Spratt & Sutton 2008). 이런 이유로 그것에 대해 잘 인식하는 것은 지역사회개발에 매우 중요하다. 여러 필자들은 지역사회개발이 진정 그 해결책이 될 수 있다고 본다(예컨대 Hines 2000을 보라). 지구를 위해 가볍게 살면서tread lightly on the earth 공생을 위한 지속 가능한 접근을 추구하는, 강하고도 생존력 있는 지역사회들이 존재한다면 그러한 도전들은 적절히 해결될 수 있을 것이다.

## 다양성과 포용력

앞서 우리가 논의했듯이, 지역사회가 공통점에 기초하여 구축되는 것은 문제가 있으며, 다양성에 기반하는 지역사회가 훨씬 더 단단하고 풍요로운 것 같다(Nancy 1991). 그래서 중요한 생태학적 원칙의 하나는 다양성diversity이다. 우리가 성장하고 발전하는 것은 다양성 때문이며, 우리가 다른 생각, 다른 세계관, 다른 문화, 다른 관습들을 접할 수 있는 것도 다양성 때문이다.

다양성을 어떻게 다루는가는 어떤 사회나 국가, 문화권 또는 세계관을 검증하는 중요한 요소가 된다. 다양성은 설레는 좋은 것이기도 하지만, 동시에 위협적인 것이기도 하다. 그것은 성장과 발전을 위한 가능성을 열어주기도 하지만, 잠재적으로 안전과 익숙함을 훼손할 수 있는 위험과 새로운 것에 대한 충격으로 나타날 가능성도 있다. 보통 사회는 다양성을 억누르거나 위협적으로 보이는 외부인과 일정 거리를 두는 식으로 반응하려고 한다. 때때로 이는 적극적인 박해로 나타나기도 한다. 다양성에 대한 두려움은, 정치가가 일부러 불안감을 조성한 후 안정을 명분으로 외부인 추방정책을 폄으로써 자당 지지표를 얻으려는 목적에 악용되기도 한다. 이러한 다양성에 대한 두려움은 흔히 목격된다. 독일의 나찌, 남아프리카공화국의 인종차별정책, 국경보호 정책들, 반反이민정책들(특히 불법 이민자에 대한정책), 유럽에서의 집시 박해, 중동의 분쟁, 아프리카의 부족 갈등, 여러 국가에서의 원주민 탄압, 미국과 여타 국가들에서의 이슬람 혐오증 등에서 우리는 그것을 익히 보아 왔다.

이 모든 예들은 그 주류 국가나 주류 집단을 나쁘고 비열하게 만들며 동시에 희생양이 된 집단을 억압하고 불리하게 만든다. 한번 형성된 분노와 화, 의심은 수세대에 걸쳐 지속될 수 있다. 그것은 공포와 배제의 악순환을 지속시키는 불안감과 위협을 강화할 뿐이며, 수많은 불행한 결과를 초래할 수 있다. 그 중 심각한 것은 테러리즘이다.

지역사회개발이 인간성을 회복시키는 자리가 되려면, 단지 다양성을 수용하고 배려할 뿐만 아니라, 적극적으로 찬양하고 고무해야 한다. "뭉치면 산다"in unity is strength는 케케묵은 주장을 받아들이기보다, "다양해야 산다"in diversity is strength는 인식을 중심으로 지역사회개발을 구축할 필요가 있다. 이는 배제보다는 포용에 기반한 접근을 요구한다. 즉 외부인을 지역사회를 위협하는 존재가 아니라 더 풍요롭게 해주는 사람, 받아들일 가치가 있는 사람으로서 환영하고, 그들과의 대화와 상호적 학습을 장려하는 접근이 필요하다.

다양성 원칙은 지역사회 내부에서뿐만 아니라 지역사회들 사이에도 적용할 수 있다. 이는 지역사회들이 서로 똑같아지려고 노력해서는 안 된다는 것이다. 오히려 지역사회들이 서로의 경험을 배울 수 있도록, 존재하는 차이들을 긍정적인 것으로 간주해야 한다. 지역사회가 다른 지역사회의 경험을 배우고 그 교훈을 자신의 맥락 속에 적용해 보는 것은 가치 있는 일이긴 하지만, 지역사회는 자신만의 고유한 개발 경로를 따라가기 때문에 굳이 다른 지역사회와 똑같게 되려고 애쓸 이유가 없는 것이다.

모더니티의 유산 중의 하나는 동질성을 추구하는 것이다. 이는 일에서의 바람직한 최선의 방법, 흔히 최선의 실천이라 불리는 것은 오로지 한 가지뿐이라는 관점을 취한다. 이는 관리자나 정치가가 모든 사람과 모든 지역사회를 똑같은 틀에 꿰맞추려고 하는 지루한 획일성으로 나타날 수 있다. 즉 아무 데나 맞는 프리 사이즈a one-size-fits-all의 지역사회개발이 되고 마는 것이다. 그러나 지역사회개발은 다양성을 가치 있게 평가하고 촉진함으로써 모더니티 세계관에 반대하고, 보다 불확실성이 커지더라도 차이가 주는 더 큰 풍요로움을 얻으려고 한다.

## 과정의 중요성

지역사회개발의 가장 중요한 원칙 중의 하나는 과정process에 대한 가치를 높게 평가하는 것이다. 이는 서구의 관리지향적 사고에서 지배적인, 결과에 대한 강조와는 맞지 않는 얘기다. 현재의 많은 사회 프로그램들은 과정보다 결과의 측면에서만 규정되어, 결과만 중시할 뿐 그것이 어떻게 달성되는가는 중요하게 취급하지 않는다. 즉 목표, 상품, 산출결과, 성과 등의 세상에서는 과정을 경시한다. 그런 관리적 언어들은 군사 용어를 사용하기도 하는데, 거기서 과정은 전략, 전술, 작전 등을 수반하는 일종의 전쟁으로 다루어지고, 극복해야 할 장애, 우리의 목적에 도달할 수만 있다면 견뎌내야 할 투쟁으로 인식된다. 과정이 꽤 다를 것으로 기대되는 지역사회개발에서조차도 이러한 군대식 용어가 자주 사용된다는 것은, 이런 관점이 널리 만연하고 있음을 보여준다.

그런 시각에서는 수단과 목표를 명확히 구분한다. 중요한 것은 목표이며, 목표는 수단을 정당화한다. 수단의 선택은 효율성, 효과성과 같은 기준에서 결정된다. 무엇이든 가장 비용 효과적인cost-effective 수단을 통해 목적을 달성하려고 할 뿐, 수단이나 과정은 중요시되지 않는다.

하지만 이처럼 수단과 목표를 분리하는 것은 문제가 있고 위험한 시각이기도 한다. 문제는 그런 구분이 그리 명확히 이루어지지 않는다는 것이다. 수단이 목표가 될 수 있고, 목표가 더 큰 목표를 위한 수단이 될 수도 있다. 예컨대 '민주주의'는 그 자체가 목표인가, 아니면 평화롭고 번영하는 사회를 만들기 위한 수단인가? 똑같은 질문을 '자유 시장', '지속 가능한 지역사회', '자유롭고 독립적인 언론', '인권' 등에 대해서도 해 볼 수 있을 것이다.

수단과 목표를 구분하는 것은 위험하다. 왜냐하면 목표의 선택에서만 가치가 관련되는 것으로 보고, 수단은 효율성과 비용 편익이라는 기준을 적용하여 단지 합리적, '객관적인' 선택이기만 하면 그것으로 결정해 버리기 때문이다. 즉 목표는 가치와 이데올로기가 중요한 역할을 하는 정치적 과정을 통해 결정되지만, 수단의 선택은 정치적 논쟁과는 관련 없고 전문가의 손에 달린 것으로 간주된다. 이런 접근의 오류는 경제학에서 찾아볼수 있다. 경제학은 사람들의 생활에 영향을 미치는 중요한 결정들을 공적 논의의 장에서 의도적으로 분리시키고, 그것은 자신들의 논의를 많은 사람들에게 난해한 특수용어로 포장하는 경제 '전문가'와 독립적인 중앙은행 총재의 관할인 것으로 본다. 이는 그런 결정들을 경제적 번영이라는 목표의 수단에 관한, 도구적인 것으로 간주하고, 전문가의 영역으로 보기 때문이다.

수단과 목표를 분리시키는 이런 관점과는 반대로, 간디의 철학적 전통은 수단과 목표의 연결을 강조하고 그 두 가지는 서로 분리될 수 없음을 주장한다(Gandhi 1964, Fay 1975). 이 관점에서는 수단은 목표만큼 중요하며, 목표가 반드시 수단을 '정당화'하지는 않는다. 부정한 수단은 아무리 그것이 가치 있는 목표를 낳을지라도 인정될 수 없으며, 결국은 목표를 타락시킬 것이다. 이는 바람직한 결과를 낳는다면 의심스런 수단도 기꺼이 정당한 것으로 보는 공리주의 시각(즉 '최대다수의 최대행복')과 달리(Goodin 1995), 인간 그 자체를 목적으로서 가치 있게 보았던 칸트의 철학과 일치한다(Appelbaum 1995). 인권 분야의 많은 논쟁들의 중심에는 이러한 칸트 철학과 공리주의의 긴장관계가 자리 잡고 있는데, 이에 대해서는 제4장에서 다룰 것이다.

이 책에서 취하는 지역사회개발 접근은 목표에 따라 수단을 정당화하는 것을 거부하고, 수단과 목표가 필히 연결되어 있다고 보는 간디의 접근을 따르며, 수단의 선택 그 자체도 중요한 것임을 주장한다. 지역사회개발의 언어로 표현하자면, 이는 과정에 대한 강조를 의미한다. 사실 지역사회개발에서 과정은 결과보다 더 중요하다. 지역사회개발은 본질적으로 과정에 대한 것이다. 만약 지역사회가 원하는 방향을 결정하는데 모든 사람들이 진실로 적극 참여하는 자기 결정의 과정을 시작할 수 있다면, 미리 결정된 목적이나 목표 또는 결과는 존재할 필요가 없는 것이다. 그것들은 과정을 통해서 자연히 나타날 것이며, 과정이 온전하다면 결과 또한 온전히 나타날 것이다.

따라서 지역사회개발에서 과정 개념은 매우 중요하며, 지역사회사업 community work의 초점은 결과보다 과정에 두게 된다. 지역사회활동가 community worker의 역할은 '좋은 결과a good outcome를 보장하는 것'이 아니라 '좋은 과정a good process을 확보하는 것'이다. 따라서 지역사회개발의 대부분의 원칙들은 결과보다 과정과 관련된 것이며, 지역사회개발 활동가에게 가장 중요한 지침 중의 하나는 "과정을 신뢰하라"trust the process는 것이다. 그런데 이것은 지역사회활동가가 이상적으로 생각하는 것과 다른 방향으로 지역사회가 움직일 때에는 행하기 쉽지 않다.

하지만 이것이 결과는 무시해도 좋다는 것을 의미하지는 않는다. 결과가 과정이 되는 만큼, (즉 하나의 목표가 더 높은 목표를 위한 수단이 되는 만큼) 결과들도 그 자체가 중요하다. 예컨대 결과적으로 인종주의를 강화하고 외부인을 배제하는 지역사회개발 과정의 경우처럼, 결과가 인권이나 윤리의 면에서 수용 불가능한 것이라면 문제가 된다. 이에 대해서는 이 책 후속 부분에서 다룰 것이다. 이것이 사실 이 책에서 인권과 지역사회개발을 함께 통합시키는 이유 중의 하나이다.

## 유기적 변화

과정에 대한 강조는 자연스레 유기적 변화organic change라는 개념으로 이어진다. 이는 식물이 자라고, 인간이 나이 먹고, 종들이 진화하고, 배아가 성장하는 것처럼, 동시에 여러 차원에서 변화가 서서히 일어나는 자연세계에 가장 잘 비유될 수 있다. 지진, 화산 등과 같이 갑작스럽고 거대한 변화가 자연세계에서도 일어날 수 있으나, 이는 비교적 드문 일이다.

질적, 양적 변화를 가져오는 수많은 영역에서의 작고 점진적인 사건들처럼, 서서히 일어나는 유기적 변화가 일반적이다. 변화에 대한 이러한 접근은, 단 하나의 행위가 어떤 큰 결과를 가져오는, 단일 사건에 의한 급진적 변화와 대조된다. 지역사회개발은 과정 지향적이기 때문에 이 유기적 변화 개념에 좀 더 잘 맞으며, 따라서 예컨대 지역사회를 관통하는 고속도로 건설계획과 같은 갑작스런 급진적 변화는 흔히 지역사회의 집단행동을 유발하기 쉽다.

물론 기후 변화나 석유 고갈로 인한 위기에 대처하는 것과 같이, 가끔은 긴급한 급진적 변화가 필요하거나 불가피할 수도 있다(Hopkins 2008, Robert 2004, Spratt & Sutton 2008). 그런 경우에는 시간적 여유를 부릴 새 없이 중대한 변화를 추진해야 한다. 따라서 그런 때에는 지역사회개발 과정이 쉽게 타협될 수 있다. 하지만 예컨대 기후 변화에 대한 행동집단들처럼, 지역사회가 이런 문제들의 심각성을 인식하고 있었다면, 보다 더 지속 가능하고 소비를 적게 하는 생활방식을 포함한 지역사회개발 대책이 실행될 수 있다.

변화에 대한 이 관점은 다소 보수적으로 보일지 모른다. 현재 상태에 높은 가치를 부여하고, 급진적 변화보다 점진적 변화를 추구하는 진정한 의미의 보수주의에서 보면, 이는 거의 맞는 말이다. 하지만 이것이 지역사회에서는 중대한 변화란 불가능하다는 것을 의미하지는 않는다. 오히려 인간에게 대재앙의 결과를 초래하지 않으면서도 그러한 중대한 변화가 일어날 수 있는 것이 바로 지역사회개발을 통해서라고 할 수 있다. 핵심은 지역사회개발이 변화를 가져오는 데 있어서 과정의 중요성을 강조한다는 점이다. 이 과정은 모든 이의 적극적이고 진정성 있는 참여, 그리고 관련 정보를 충분히 알고 있는 상태에서의 참여를 필요로 하며, 점진적 단계별로 이행된다. 수단과 목표의 필연적 연계를 받아들인다면, 생태학적 변화는 그 수단이 생태학적으로 건전하지 않다면 절대 달성될 수 없다고 주장할 수 있다. 따라서 비非생태학적 과정을 통해 생태학적 변화를 시도하는 것은 반드시 실패로 끝날 것이다.

변화에 대한 이러한 접근은 지역사회개발 과정이 결코 서둘러서는 안 된다는 점을 확인시켜 준다. 빠르고 즉각적인 결과, 적어도 시간 계획이 확실한 결과를 기대하는 것은 현대의 관리지향적 접근의 특징이다. 이는 지역사회개발과 잘 맞지 않는데, 왜냐하면 그것은 과정을 적당히 타협하도록 만들어 심각한 문제를 야기하기 때문이다. 그런 점 때문에 정책 입안가들은 지역사회개발 접근을 별로 선호하지 않는다. 지역사회개발은 자연스럽게 진행될 수 있어야 하고, 마감시한 때문에 제한을 받아서는 안 된다. 흔히 자생적 과정에 대해 묘사한 구절을 인용하자면, "걸릴 만큼 시간이 걸린다." 즉 좋은 지역사회개발은 서둘러서는 안 된다. 이 점에서 지역사회개발은 우리 삶이 더 많은 것을 얻기 위해서는 좀 더 느리게 살아야 한다는 느림의 운동slow movement과 일치한다(Honor 2005). 물론 실제로는 맞춰야 하는 기한이 있는 경우처럼 흔히 타협이 이루어지기도 하지만, 그것이 이 원칙의 중요성마저 부인하는 것은 아니다. '본래의 자연적' 속도보다 더 서둘러야 할 때는 비용이 초래된다는 점을 기억할 필요가 있다.

## 참여

참여participation는 지역사회개발의 중요한 특징이다. 지역사회개발 과정은 오로지 지역사회구성원의 높은 참여에 의해서만 작동될 수 있다. 그런데도 참여와 관련해서는 지역사회개발에서 특히 문제가 많았다(Stiefel & Wolfe 1994). 많은 지역사회개발 활동가들은 높은 참여를 이끌어내는 것이 어렵다는 것을 느낀다. 그래서 흔히 지역사회 과정은 소수의 사람들만 참여하는 것이 되고 만다.

참여가 왜 이렇게 문제인지 그것에는 몇 가지 이유가 있다. 첫째는 개별 소비자주의individual consumerism라는 지배적 담론에 있다. 행복은 공적 행동public action보다는 사적 소비자private consumer로서의 역할에 존재한다는 주장이다. 흔히 지역사회 참여는 우리가 '해야만 하는' 어떤 의무로 간주되는 경향이 있다. 즐겁고 우리에게 보상을 주는 것이라기보다 우리에게서 평면 TV나 컴퓨터 게임, 아이팟의 즐거움을 빼앗아가는 존재로 인식된다. 지역사회 참여를 통해 얻을 수 있는 이익에 대한 여러 가지 요란한 수사에도 불구하고, 개인적, 수동적 소비자의 세상이 참된 인간성을 획득할 수 있는 최선의 방법인 것처럼 광고된다. 그런 강력한 압력이 존재하는 것을 볼 때, 지역사회 참여수준이 낮은 것도 이해할 만하다.

또 다른 문제는 참여라는 이름으로 이루어지는 것이 명목주의

tokenism에 지나지 않는다는 것이다. 흔히 '지역사회 자문'이라는 형태로 이루어지는 것은 이미 잘 만들어진 안이 존재하는 상태에서, 그저 반대가 어느 정도 있을지를 알아내거나 화난 반대자를 무마시키기 위해 이루어진다. 사람들은 쉽게 그 계략을 알아채게 되고, 그런 엉터리 참여를 경험한 후에는 수고스럽게 다시 참여하려고 하지 않게 된다. 참여를 이끌어내기 위해서는 사람들이 의미 있는 목소리를 낼 수 있는 진실된 기회를 가져야 한다는 점은 의심할 나위가 없다.

참여가 문제가 되는 또 다른 이유는, 흔히 예정된 참여 형태가 일정 사람들을 배제시킨다는 점이다. 보통 시청에서 저녁에 열리는 공공 회합은, 해야 할 일이 별로 없어서 모임에 쉽게 참석할 수 있거나, 그런 환경에서 편안히 말할 수 있거나, 분명하고 자신감 있는 사람에게는 좋은 토론회이다. 하지만 대중 앞에서 말하는 데 자신이 없는 사람, 그 지방의 언어에 유창하지 않은 사람, 아이를 돌보느라 그 시각에 쉽게 참석할 수 없는 사람은 사실상 배제된다. 지역사회활동가는 공공 회합 이외의 다른 형태, 예컨대 아침 다과 모임, 스토리텔링 모임, 블로그, 노래, 춤, 연극, 미술 등과 같은 문화적 표현 활동, 스포츠 클럽, 봉사단체, 비공식 모임이나 네트워크 등에 대해 생각해 보고, 사람들이 참여할 수 있는 다른 방법이 있는지 찾을 필요가 있다.

사실 참여는 어떤 특정 업무를 넘어 지역사회 생활의 모든 면들이 해당될 수 있도록 확장되어야 한다. 건강한 지역사회는 많은 사람들이 여러 방식으로 참여할 수 있는, 적극적이고 참여적인 지역사회이다. 예컨대, 지역사회 모임 이후에 차를 만드는 사람도 그 모임의 회장만큼이나 중요한 사람이며, 그 지역사회에 똑같이 중요한 기여를 하는 것으로 봐야 한다. 참여할 수 있는 방법이 여러 형태가 있고 그것들 모두가 다

가치 있는 것이라는 것을 깨닫게 되면, 종래의 지역사회사업의 사고 속에 뚜렷했던 참여에 대한 일차원적 접근을 탈피하고 보다 적극적이고 참여적인 지역사회를 만들 수 있다.

참여민주주의participatory democracy 개념도 참여 문제와 관련이 있다. 민주주의는 대부분의 사회에서 그 가치를 높이 평가하지만, 실제 민주주의 경험은 매우 제한적이다(Held 2006, Saward 1998). 대부분의 경우 민주주의는, 몇 년 주기로 지도자를 선출하고 별 특별한 반대가 없는 한 그 지도자에게 역할을 맡기는 대의민주주의representative democracy 형태와 동일시된다. 특별한 반대가 있는 경우 사람들은 어떤 형태의 저항에 눈뜨게 되기도 한다. 하지만 시민의 역할은 주로 수동적이며, 반대하는 경우에만 적극적으로 된다.

그와 달리 '참여민주주의' 개념은 시민에 대해 훨씬 더 적극적인 역할을 부여한다. 사람들은 의사결정에서 능동적 역할을 하고, 그 결정에 더 많은 책임성을 갖게 된다. 참여민주주의는 과정이 길고 복잡할 수 있기 때문에 복잡한 현대사회에서는 모든 시민들이 모든 결정에 참여하도록 하는 것은 불가능하다. 분명히 일부 결정은 작은 집단에 위임할 필요가 있기 때문에 일정 수준의 대의민주주의는 불가피하다. 하지만 의사결정 참여 수준을 향상시킴으로써 보다 더 참여적인 민주주의를 만들어 내는 것이 가능하다. 이런 한 형태가 바로 숙의민주주의deliberative democracy인데, 여기서는 여러 집단의 사람들이 복잡한 정책과정에 참여할 수 있고, 결과에 적극적으로 기여할 수 있다(Roemer 1999, Saward 1998, Uhr 1998, 2000).

이와 같은 형태의 민주주의는 지역사회 단위에서 잘 작동될 수 있다. 사실 일부 참여민주주의 형태는 지역사회 단위에서만 가능하다. 민주주의가 투표 행위 그 이상의 것을 의미하며, 따라서 사실 투표는 민주주의 과정의 비교적 작은 부분에 불과하다는 생각은 지역사회개발의 중요한 요소이다. 5장에서 민주주의에 대해 더 본격적으로 논의할 것이다.

## 합의/협동과 갈등/경쟁

이전의 많은 지역사회개발 문헌들에서는 흔히 지역사회사업을 갈등conflict 접근과 합의consensus 접근으로 구분하였다(Alinsky 1971, Craig 1993, Ife 2002). 합의 관점은 당연히 협동에 가치를 두고, 갈등 접근은 경쟁이라는 가치에 의미를 둔다. 따라서 두 접근은 전형적으로 서로 반대되는 관점으로 간주되었다. 그것들은 '이것 아니면 저것' 식으로 이분법적 선택의 대상으로 인식되었는데, 그에 따라 어느 것이 지역사회개발을 진행하는 데 더 적절한 방법인지에 대한 논쟁이 불거졌다. 이러한 이분법적 구분은 모더니티의 주된 특징이다. 하지만 그런 이분법은 갈등/경쟁과 합의/협동, 이 양자 모두가 삶의 일부이고, 지역사회와 지역사회개발의 피할 수 없는 측면이라는 사실을 감춘다.

갈등 관점을 촉진시킨 것은 사회적 다윈주의social Darwinism를 포함한 다양한 형태의 다윈주의였다. 다윈주의는 인간의 업적은 경쟁으로부터 얻어지는 것이고, 갈등은 불가피할 뿐만 아니라 사실상 이익이 된다고 보는 세계관을 낳았다. 이 관점은 자본주의의 지배 서사dominant narrative와 시장 경쟁에 의해 더욱 강화되었는데, 이는 '자연스러운' 것으로 간주되어 왔다.

갈등과 경쟁에 이렇게 높은 가치를 두는 것은 협동이 인류의 업적에 아주 중요한 역할을 했다는 사실을 가려 버린다. 현대사회가 경쟁에 의해 동기화되는 것으로 보일지 모르나, 사실 사회는 팀, 공식적 조직, 가족, 시민사회 조직, 사교 클럽, 종교 집단 등을 통해서, 혹은 타인과의 일상적 교류를 통해서 서로 협동하고 협업할 줄 아는 인간들의 능력 때문에 기능할 수 있다.

대부분의 사람들은 가능하다면 갈등보다 합의를 선호할 것이라는 점도 분명하다. 어떤 한 집단의 사람들이 어떤 결정을 내리기 위해 만나는 경우, 소수를 좌절시키는 투표를 선택하기보다는 합의에 의한 의견일치에 이르는 경우가 많다. 흔히 모임에서는 전반적인 토론을 진행하여 어떤 비공식적 합의에 도달한 후, 단지 투표를 위한 요식행위로서 발의가 이루어질 뿐이다. 이 발의는 모든 이가 지지할 수 있도록, 적어도 반대하지 않도록 자구를 표현하게 된다. 갈등은 일상생활에서 일반적인 것이지만, 대부분의 사람들은 가능하면 갈등을 피하고 싶어 한다. 서구사회에서 그럴진대, 좀 더 집합주의적인 사회나 유교권 사회에서는 그 정도가 더욱 심할 것이다. 갈등을 피할 수 없는 경우에는 흔히 공적 토론의 규칙이나 규제와 법 등과 같은 규정된 테두리 내로 갈등을 제한하려고 한다. 사실 법체계는 신중히 통제되는 기관들 내로 갈등을 흡수하고 규제하려는 노력으로 볼 수 있다.

예컨대 지역사회의 환경을 악화시키거나 지역사회를 파괴하는 개발에 대해 저항하는 경우처럼, 지역사회 스스로 다른 기관이나 조직들과 갈등관계에 놓일 수 있다. 이 갈등을 효과적으로 해결하기 위해서는 지역사회 집단이 갈등에 개입할 수 있어야 하고, 그것을 다루는 기술을 갖고 있어야 한다. 하지만 그것은 그 집단 내부에 갈등이 아주 미미한 경우에만 효과적으로 행할 수 있을 것이다. 이처럼 경쟁과 협동을 함께 다루는 능력은 현대 사회의 삶의 일부분이며, 이 양자는 늘 서로 조율되고 있다. 이런 긴장의 단적인 예가 축구와 같은 집단 스포츠이다. 축구는 상대 팀을 다루는 데 있어서는 극히 경쟁적이고 갈등적인 접근이 중요하며, 동시에 팀의 화합과 유대, 팀 빌딩과 우정도 중요하다. 축구팀은 이처럼 갈등과 합의를 잘 구현할 때에만 성공할 수 있을 것이다.

외부 조직체들과 관련해서뿐만 아니라 지역사회개발은 지역사회 자체의 내부에서도 갈등과 합의 모두를 다루어야 한다. 지역사회 집단들 안에서도 경쟁과 협동, 이 양자의 과정들이 분명히 나타날 것이다. 갈등을 피할 수는 없겠지만, 앞서 논의한 지역사회개발의 원칙들은 분명히 합의 기반의, 협동적 접근에 훨씬 더 부합한다. 그 원칙들은 어떤 시각을 가진 사람이든 모든 참여자들에게 가치를 두며, 필연적으로 승자와 패자를 만드는 갈등, 경쟁과 관련된 제도적 구조적 폭력에 저항하고자 한다. 그것은 경쟁과 갈등이 불가피할 뿐만 아니라 바람직한 것이라고 보는 서구 자본주의의 지배 서사와 충돌한다.

지역사회개발 과정이 어떻게 계획되고 실행되든, 합의와 협동에 대한 강조는 지역사회개발의 과정에 중요한 영향을 미친다. 여기에서는 상세히 다루지 않았지만, 많은 지역사회개발 문헌들에서는 합의를 만들어 내고 협동을 지원하는 여러 방법들에 대해 다루고 있다(더 충분한 논의를 위해서는 Ife 2002를 보라). 현재 이 책의 목적상 중요한 것은, 지역사회개발에서 핵심이 되는 합의와 협동의 개념을 확인하고, 지역사회개발의 틀 속에서 인권을 이해하고자 한다면 이 원칙들을 포함해야 한다는 점을 인식하는 것이다.

## 욕구의 정의

지역사회개발에서 욕구의 정의definition of need는 중요하다. 사실 지역사회개발은 지역사회가 자신들의 욕구를 정의하고 그 욕구가 충족되도록 만드는 데 참여하는 과정으로 볼 수 있다. 하지만 흔히 지역사회의 욕구는 욕구 사정need assessment을 맡은 계획가, 연구자, 관리자 등 외부인에 의해 규정되는 경우가 많다. 그들은 지역사회의 욕구에 대해 지역사회 자체가 아는 것보다 더 잘 안다고 주장한다. 연구자와 계획가들이 욕구를 정의하는 데 도움이 되는 어떤 전문성을 가지고 있을 수는 있으나, 지역사회개발의 관점은 지역사회 스스로가 어떤 식으로든 욕구 정의의 과정에 참여할 필요가 있다고 본다. 5장에서 논의하겠지만, 자신의 욕구를 정의할 권리right to define one's needs는 인권에서 매우 중요한 것인데, 지역사회의 욕구정의에서 지역사회구성원의 목소리를 부정하는 것은 그러한 권리를 침해하는 것이다.

욕구 개념은 흔히 명료하고 문제가 전혀 없는 것처럼 다루어진다. 하지만 욕구에 대해 면밀히 조사해 보면 전혀 그렇지 않다는 것을 알 수 있다. '욕구'의 분석은 후속 장에서 다룰 '아래로부터의 인권 접근'에서 핵심적인 것인데, 욕구가 갖는 문제에 대해서는 그 때 가서 상세히 다룰 것이다.

## 지구적인 것과 지역적인 것

지역사회가 장소성locality과 동일시되다 보니 지역사회개발은 특정 지역에 국한되는 개념으로 간주될 수 있으나, 세계화시대에 지역사회개발의 지구적 측면에 대해서 고려하고, 지역사회개발을 지구적인 것the global과 지역적인 것the local을 서로 연계하는 차원에서 이해할 필요가 있다. 아무리 '지역적인' 사회라 하더라도 그 지역사회에 영향을 미칠 수 있는 문제는 반드시 지구적 차원도 동시에 갖고 있기 때문에, 지역적 준거 틀 내에서만 지역사회와 지역사회개발을 이해하려고 하는 것은 적절하지 않다. 지역에 미치는 지구적 영향뿐만 아니라 지역이 전 세계에 미치는 영향도 있다. 인터넷과 여타 매체를 통하여 전 지구가 상호 연결됨으로써, 개인과 지역사회는 20년 전에는 생각지도 못했던 방식으로 지구적 문제에 대해 함께 소통할 수 있게 되었다. 지역사회가 '아래로부터의 세계화'(Brecher & Costello 1994, Falk 1993, Shiva 2005)를 이뤄낼 수 있는 역량 덕분에, 지역사회의 집단들은 좀 더 강력하고 영향력 있는 존재가 되었다. 지역사회집단들은 전문 지식과 정보에 즉각적으로 접근할 수 있을 뿐만 아니라 지구적 단위 혹은 지역 단위의 로비 집단이나 행동 집단에 참여할 수 있게 되었고, 그 결과 지역사회의 경계를 넘어 교육과 의식 고양에 일정 역할을 할 수 있게 되었다.

"생각은 지구적으로, 실천은 지역에서"think globally, act locally라는 문구는 이제 시대에 뒤처진 것이다. 지역적으로 생각하고 지구적 차원에서 행동할 수 있다는 발상이야 말로 사고와 행동을 확연히 구분 짓는 부적절한 것이다. 지역사회활동가에게서 사고와 행동이란 동반하는 것이다. 그것들을 분리하는 것은 그 각각이 서로에 기초하여 형성된다는 점을 부인하는 것이다. 마찬가지로 지역적인 것과 지구적인 것을 분리하는 것은 잘못된 이분법이다. 특히 최근의 세계화된 세상에서 그 둘은 필연적으로 서로 연결되어 있다. 이에 대해서는 지역사회개발과 인권, 이 양자와 관련하여 5장에서 좀 더 깊이 논의할 것이다.

지구 온난화(Spratt & Sutton 2008), 세계 빈곤(Pogge 2008), 테러에 대한 대응(Pojman 2006), 석유 자원의 고갈(Hopkins 2008, Roberts 2004), 수질 오염(Barlow 2007) 등과 같은 지구적 문제는 여러 면에서 지역사회의 일상생활에 영향을 미친다. 따라서 모든 지역사회개발 과정은 예컨대, 지역사회의 탄소 배출을 줄이는 행동처럼, 문제의 심각성을 인식할 필요가 있다. 지역사회는 다른 집단들과 함께 유대관계를 맺고, 그 문제들에 관한 집단행동을 할 수 있는 다양한 전 세계 연합체에 참여함으로써, 그 문제들에 대한 해법을 찾을 수 있다.

물론 지역사회개발은 오랜 기간 동안 국제적 요소를 가지고 있었다. 많은 지역사회개발 프로그램들은 개발도상국들에서 시행되고 있던 원조와 개발 사업의 일부분에 해당하는 것이었다. 그런 지역사회개발은 식민주의, 서구 제국주의, 원조의 정치, 영토와 자원을 둘러싼 분쟁, 독립 투쟁 등과 같은 지구적 차원의 분석 없이는 이해될 수 없다. 식민주의와 서구 제국주의를 제외하고 다른 이슈들은 여기서 상세히 논하지는 않을 것이다.

## 식민주의

지역사회개발의 실천에서는 식민주의colonialism의 위험이 늘 크게 존재한다. 이는 단지 국제 원조 프로그램의 일부로 행해지는 지역사회개발에만 해당되는 것이 아니라, 여러 사회에서 이루어지는 모든 지역사회개발에도 해당된다.

식민주의는 어떤 개인이나 집단 혹은 지역사회에 특정 문화권의 시각 또는 특정 세계의 시각을 강요하는 시도라 할 수 있다(Larsen 2000, Said 1993,1995, Young 2001). 즉 식민화는 진압군의 활동이나 군사적 강제에 의해서만 이루어지는 것이 아니다. 흔히 효과적인 식민화는 공공연하지 않은 은밀한 폭력적 수단을 통해서 이루어지는데, 그런 식으로 특정 문화권의 시각이나 세계관에 의해 자행된 폭력이야말로 엄청나게 큰 파괴력을 갖는다. 이는 바로 교사, 선교사, 사회복지사, 원조 활동가, 그리고 계몽이 필요하다고 간주되는 사람들을 '계몽'시키려고 하는 모든 사람에 의해 이루어지는 식민화이다.

사실 식민주의의 현대적 형태는 18세기의 계몽주의 시대로 거슬러 올라가 그 기원을 찾을 수 있다. 계몽주의 시대는 문명, 과학, 이성, 인본주의과 같은 서구의 업적물들을 진보적인 것으로 보았고, 다른 모든 원시적이고 미신적인 세계관보다 더 나은 것으로 간주했다. '문명'이라는 개념은 서유럽 사회(나중에 미국)와 동일시되었고, 그런 형태의 문명화가 다른 세계에서도 이루어져야 바람직하다는 정당화 논리가 있었다. 물론 그 덕분에 서구의 경제적 이익이 우선시되고 땅과 자원에 대한 경제적 착취가 가능하게 되었다. 이는 서구의 종교관과 서구 교육에 의해 정당화되었는데, 그것들은 지역사회에 '최선의 이익이 된다는 이유로' 도입되었다. 국민국가에 의해 식민주의적 팽창의 시대는 거의 끝났지만 똑같은 과정이 지금도 계속되고 있으며, 이는 종교나 교육이 아닌 '경제개발'이라는 명분으로 정당화된다.

흔히 식민화는 선의에서 이루어진다는 점을 강조하는 것이 중요하겠다. 식민지 프로젝트에 참여하는 사람들은 흔히 자신들이 옳은 일을 하고 있다고 진심으로 믿으며, 그들과 함께하는 사람들에게 이익이 갈

것이라고 믿는다. 이 때문에 식민주의는 위험성이 감지되기 어렵고 은밀하게 퍼져나간다. 그래서 식민주의적 실천에 참여한다고 비판받는 사람들은 그것이 남에게 상처를 주는 사실무근의 비난이라고 느끼고, 그 비난에 강하게 반응할 것이다. 식민주의의 또 다른 은밀성은 식민주의 이데올로기가 식민주의자들만큼이나 피식민 국가의 국민들에 의해서도 지지받는다는 사실에서 찾을 수 있다. 사람들은 식민지배자들이 당연히 우월할 것이라 가정하고 그들처럼 되고자 한다. 이런 이유로, 식민주의에 대항하고 자신들의 고유한 문화 전통의 중요성을 주장하는 사람들은, 식민 세력의 힘에 저항하는 것뿐만 아니라 교육과 의식고양 과정에 참여하는 것도 매우 필요한 것임을 인식하게 되었다.

탈식민주의 분석(Schwarz & Ray 2000, Young 2001)은 그러한 식민주의적 착취에 대해 규명하고, 자신의 우월성을 당연시하며 여전히 그것을 타인에게 강요하려고 하는, 백인과 서구 중심의 가부장적 세계관의 지배에 문제를 제기한다. 이 세계관은 아직도 서구의 대학, 서구의 경제학, 서구의 철학, 그리고 서구의 언어인 영어가 우월하다고 가정하는 행위에서 찾아볼 수 있는데, 여전히 개발도상국의 많은 사람들이 추구하는 열망에 배어 있다.

그런 경향은 지역사회개발에도 침투할 수 있다. 어떤 지역사회개발이든지 그것이 겉보기에 지역 차원에서 그리고 어떤 한 문화집단 내에서 이루어지는 것처럼 보여도, 실은 식민주의의 덫에 걸릴 수 있다. 특히 지역사회개발이 그 지역사회 밖에서 들어온 누군가에 의해 이루어진다면 더욱 그렇다. 문화 집단들 그 자체가 계층화되어 있을 수 있고, 그 중 한 엘리트의 시각이 다수의 시각을 대표하는 게 아닐 수 있다. 예컨대 어떤 지역사회활동가는 자신이 더 우월한 지식과 지혜를 가지고 있다고 보고, 선의로 자신의 세계관을 다른 사람에게 강요하려고 할 수 있다. 따라서 탈식민주의 분석은 모든 지역사회개발 프로그램에서 중요하다. 식민주의적 실천을 예방하는 몇 가지 방법이 있는데, 가장 중요한 것은 지역사회개발이 외부 전문가의 지혜가 아니라, '아래로부터', '지역사회 자체로부터' 나온 지혜의 가치에 기초하여 이루어져야 한다는 점을 명심하는 것이다.

## 포스트모던 지역사회개발

위의 논의에서 볼 때, 지역사회개발은 모더니티와는 잘 맞지 않는다. 지역사회개발은 모더니티의 전형적인 특징들 – 확실성, 획일성, 명료한 분류, 위계적 조직, 예측 가능성 등에 대해 이런 저런 문제를 제기한다. 지역사회개발은 또한 단일한 거대 서사single meta-narrative에 대해 이의를 제기하며, 실제로는 지역사회 내부와 지역사회들 간에 다양한 현실들이 존재한다는 점을 인정한다.

따라서 지역사회개발은 포스트모던 해석과 좀 더 잘 맞는데, 이는 차이, 혼동, 예측 불가능성을 인정할 뿐만 아니라 그것들을 환영하고 장려한다[Kumar 1995, Seidman 1994, Touraine 1995; 포스트모더니즘(postmodernism)에 대해 잘 모르는 독자는 5장에서 충분한 설명을 볼 수 있을 것이다.]. 포스트모더니즘에서는 파스티슈pastiche에 대해 가치를 높이 평가한다. 거기에서는 서로 다른 요소들이 서로 잘 들어맞거나 통일성을 보이거나 조화를 이룰 필요가 없으며, 서로 잘 맞지 않고 반대되거나 방해가 될 수도 있다. 그런 맥락에서 지역사회에서도 차이는 제거되어야 할 것이 아니라 가치 있는 것으로 평가할 수 있다. 또한 지역사회개발에서 아래로부터 나온 지혜와 변화에 대해 강조하는 것도 포스트모더니즘과 잘 부합한다. 만약 현실이 지속적으로 구성되고 또 재구성되는 것이라면, 그리고 하나의 글a single text이 다양한 방식으로 읽힐 수 있도록 열려 있다면, 그리고 그것을 이해하는 사람이 필자가 아니라 독자라고 본다면, '아래로부터의' 다양한 지혜가 위로부터 강요된 단 하나의 획일적 세계관보다 훨씬 가치 있는 것이 될 것이다.

요컨대 이론적 수준에서 지역사회개발은 포스트모던 사상에 많이 의존하고 포스트모던 세계관을 받아들인다. 이는 현대 서구사회의 가장 강력한 두 서사인 관리주의와 법과는 잘 맞지 않는다.

모든 것을 관리하고 통제해야 하며, 삶을 예측 가능하고 확실한 것으로 만들어야 한다고 보는 관리주의managerialism는 모더니티의 본질적 요소이다. 이는 이 책에서 이해되는 바의 지역사회개발과는 매우 다른 세계관이다. 그 관리주의로 인해 많은 지역사회개발 활동가들은 조직이나 관리자의 명령을 통해 자신들에게 부과되는 제약들 때문에 힘들어한다.

법의 경우도 비슷하다. 일반적으로 이해되는 바와 같이 법체계는 철저히 모더니티에 기반하고 있다. 그것은 모든 사람을 동일한 체계 속에 꿰맞추면서 그들에게 일관되고 예측 가능한 방식으로 단일의 규율 체계를 적용하려고 하며, 또 그렇게 하는 것이 분명 바람직한 것이라 본다. 이는 인권과 지역사회개발을 통합하고자 하는 이 책에 특히 중요한 점이다. 3장과 4장에서 논의할 인권은 법, 법적 절차, 법적 규정에 의해 많은 영향을 받아 왔다. 변호사는 곧 인권 실천가로 간주되었고, 인권은 법적 절차를 통해 규정되고 실행되는 것으로 이해되었다. 인권이 이런 식으로 이해된다면, 근본적으로 지역사회개발 개념과 양립할 수 없다. 따라서 인권을 지역사회개발의 면에서 이해하기 위해서는 인권에 대한 근본적 재再개념화reformulation가 요구된다. 그것이 바로 이어지는 장들에서 다룰 내용이다.

## 구조적 문제와 사회정의

포스트모던 접근이 갖는 위험의 하나는, 그것이 사회정의나 인권과 같은 개념을 별로 중요치 않은 거대 서사meta-narratives로 보고, 그 가치를 낮게 평가한다는 것이다. 이는 포스트모더니즘에 대한 매우 단순한 이해이다(Rosenau 1992). 인권과 사회정의 개념을 포함하는 포스트모더니즘의 이해방식들이 있고, 데리다(Derrida)와 같은 포스트모던 학자들은 그런 가치들을 깊이 연구하였다(Beardsworth 1996). 여기서 중요한 점은 지역사회개발에 대한 모든 접근들은 사회정의나 인권의 틀을 필요로 한다는 것이다. 그 틀이 없다면, 지역사회개발은 스스로 결정하는 지역사회라는 미명 하에, 실은 억압적이거나 부당한 실천을 강화하고 소수자를 배제하는, 사회정의의 원칙들을 어기는 실천이 될 수 있다.

이에 대한 좋은 두 사례가 있는데, 바로 히틀러 유겐트와 홍위병이다. 지역사회개발의 일반적 기준에서 본다면 그것들은 성공적인 프로그램으로 간주될 수 있다. 그것들은 젊은이들에게 강한 자존감과 목적의식, 성취감을 심어 주었으며, 매우 높은 충성심을 갖도록 했고, 높은 수준의 참여를 이끌어냈다. 가치를 배제하고 판단해 본다면 성공 스토리이지만, 사회정의나 인권의 관점에서 보면 강력한 비판을 받아야 마땅하다.

흔히 사회정의의 면에서 그러한 분석이 많이 이루어지지만, 이 사회정의는 서로 다른 의미로 혹은 모순되는 의미로 해석되는 용어이다(Boucher & Kelly 1998). 그래서 흔히 계급, 성, 인종, 민족, 섹슈얼리티 등과 같은 구조적 불평등의 차원들에 기초한 구조적 분석structural analysis을 통해야만 사회정의는 더 잘 이해될 수 있다. 지역사회개발은 반드시 그러한 구조적 분석을 고려해야만 한다. 왜냐하면 구조적 문제들을 구체적으로 다루지 않거나 적어도 인정조차 하지 않는 프로그램들은, 그런 '구조적 불리'에 도전은 커녕 오히려 강화할 가능성이 높다는 점이 바로 '구조적 억압'의 본질이기 때문이다. 이는 지역사회개발에 특히 중요하며, 지역사회개발이 몰가치적이거나 윤리적 진공상태에 있지 않다는 점을 분명히 밝히는 것이다. 즉 지역사회개발은 가치중립적이거나 객관적인 활동으로 볼 수 없다. 그것은 어떤 가치적, 윤리적, 도덕적, 이데올로기적 기반을 갖고 있어야 하며, 이 책의 목표 중의 하나도 지역사회를 위한 그런 기반의 하나로서 인권을 탐구하는 것이다.

후기 구조주의적poststructural 접근을 선호하는 사람들, 권력과 억압이 담론으로 형성되어 실행되는 방식과 그것이 인간의 모든 경험에서 드러나는 방식을 이해하고자 하는 사람들은 전통적인 구조적 분석에는 관심이 적다(Foucault 1986). 하지만 그들이 불리의 중요한 차원으로서 계급, 인종, 성, 민족, 섹슈얼리티를 무시하는 것은 아니다. 구조주의적 혹은 후기 구조주의적 접근, 어느 것을 취하든 간에, 미약한 형태라도 히틀러유겐트와 홍위병과 같은 부정의injustice가 다시 나타나지 않기를 바라는 지역사회개발 프로그램이 되기 위해서는, 그런 사회정의의 주요 쟁점들을 분석하는 것이 매우 중요하다.

## 소결 : 사고와 일의 방식으로서의 지역사회개발

위에서 개관한 지역사회개발에 대한 접근은 단지 '지역사회개발'이라고 명명된 프로그램뿐만 아니라 좀 더 광범위한 인간의 노력에 적용해 볼 수 있다. 이 장의 서두에 제시한 것처럼 다른 활동들, 특히 의료, 교육, 사회복지 등과 같은 휴먼서비스에 종사하는 사람들은 자신들의 실천과 일상생활에서 그 원칙들 일부 혹은 전부를 적용할 수 있다. 이런 점에서 우리는 지역사회개발을 그저 하나의 직업이나 실천 규칙으로서가 아니라, 일, 생활, 진보적 변화에 대한 하나의 접근법으로, 그리고 하나의 사고방식으로 좀 더 넓게 이해해야 한다.

이는 전통적 지역사회사업의 현장을 넘어 다른 곳에도 유의미하게 적용될 수 있다. 단적인 예로, 이 지구가 직면한 환경위기에 대응하는 여러 대책들과 환경운동을 들 수 있다. 정부에 의해 실행되는 정책이나 로비 집단이 지지하는 많은 대책들은 하향식 특징을 보인다. 그것들은 신기술이나 시장 기제를 신뢰하고, '아래로부터의 지혜'나 폭넓은 지역사회의 참여, 다양성에는 별 관심을 두지 않는다. 원주민의 지혜는 거의 무시되고, 지역사회의 참여는 전문가에게 하나의 '정책' 문제로 취급될 뿐이며, 다양성보다 하나의 옳은 혹은 '최선의' 방법을 찾으려 한다. 또한 자연을 길들이거나 착취하기보다는 자연과 조화를 이루며 일해야 할 필요성을 인지하지 못한다. 이는 처음 환경문제를 유발하였던 것과 똑같은 태도이기 때문에 거기서 만족할 만한 대안을 얻기란 어려울 것이다. 지역사회개발의 관점에서 보면, 그 문제에 대한 접근 자체가 결함이 있기 때문에 관련 대책들이 성공적이지 못한 것은 당연하다.

또 다른 예는 경제학이다. 이 학문은 모든 이의 생활에 매우 중요한 영향을 미침에도 불구하고, 지역사회개발의 원칙들을 무시하는 방식으로 형성되고 실천된다. 그것은 전문가 관할의 하향식 접근이 이루어지는 영역으로 여겨지고, 접근하기 어려운 전문용어로 포장된다. 거기에는 여러 사람들의 폭넓은 참여가 이루어질 여지가 없으며, 항상 경제를 운영하는 단 하나의 참인 방법one true way을 찾거나 주장한다. 하지만 지역사회개발의 관점에서 보는 경제학은 매우 다르다. 이는 흔히 동료 전문가들로부터 무시까지는 아니더라도 의혹의 눈길을 받았던 수많은 대안 경제학자들에 의해 제시되어 왔다(예컨대, Bello 2002, Daly 1997, Diesendorf & Hamilton 1997, Ekins & Max-Neef 1992, Henderson 2006)

위에서 개관한 지역사회개발은 간단명료하게 정의내리기 어렵다. 그것은 '지역사회를 어떻게 개발할 것인가'에 관한 간단한 단선적 과정 이상을 포함하는 개념이다. 필자 의견으로는, 21세기 인류가 직면하는 여러 위기들에 대응하기 위해서는, 이 세계가 긴급히 받아들여야 하는 관점이다. 하지만 이 책의 목표는 그리 대단한 것은 아니다. 그것은 인권 개념을 이해하고 실천하고자 할 때, 지역사회개발 관점이 인권 영역에 어떻게 적용될 수 있는가, 그리고 어떻게 인권의 목적을 더 진전시킬 수 있는가를 고찰하고자 하는 것이다.

## 여러 차원들

지역사회의 경험은 다차원적multidimensional적인 것이다. 따라서 지역사회개발 과정은 그러한 다차원성을 반영해야 한다. 다른 곳에서(Ife 2002, Ife & Tesoriero 2006), 나는 지역사회개발의 6가지 차원을 밝혔고, 지역사회개발은 그런 각 차원들을 고려해야 한다고 주장했다. 그 6가지는 사회적 개발, 경제적 개발, 정치적 개발, 문화적 개발, 환경적 개발, 그리고 영적 개발이다. 여기서는 지역사회개발의 측면으로서 그 각각에 대해 간단히 개관한 후, 일곱째 차원을 다룰 것이다. 일곱째 차원은 생존 기반의 개발survival-based development인데, 이는 이전 글들에서는 다루지 않았다. 이 차원은 다른 6가지 차원에서 다루지 않는 지역사회의 중요한 측면을 다루며, 지역사회개발과 인권 개념을 통합하는 것과 특별히 관련된다.

7가지 차원이 논의되는 순서는 우선성priority의 순위를 나타내는 것은 아니다. 사실 이 단락 말미에서 일부 차원들이 지배적 우선성을 갖게 된 이유를 살펴보고, 현재의 상황적 맥락에서 우선성을 재배치해야 하는지 고려해 볼 것이다. 아래의 논의는 각 차원에 대한 간단한 요약이며, 보다 상세한 논의를 원하는 독자는 위에 인용한 참고문헌을 참조하기 바란다. 우리는 6장에 가서 좀 더 상세히 각 차원들을 다루어 볼 것이다.

## 사회적 개발

지역사회가 '사회적'이라고 말하는 것은 하나마나 한 소리이다. 지역사회 개념 그 자체가 사람들 사이의 교류, 즉 사회적 상호작용을 필요로 한다. 현대사회에서 눈에 띄는 '지역사회의 상실'은 사람들 사이의 사회적 유대관계가 다시 강해지기를 바라는 희망의 표현이라 할 수 있다.

지역사회의 사회적 개발social development은 수많은 측면을 포함한다. 그 하나는 지역사회사업에서 흔히 하는 것인데, 바로 지역사회 욕구를 확인하는 것이다. 이러한 욕구의 확인 후에야 새로운 지역사회서비스를 만들어 내거나 필요한 서비스를 제공하기 위해 기존 기관을 확장하는 등 욕구를 충족시키기 위한 노력들이 뒤따른다. 예컨대 아동보육시설이나 레크리에이션 시설, 대중교통이나 경찰서비스의 개선, 여성 쉼터나 노인보호시설 등을 제공하기 위한 지역사회 조치가 해당된다. 그러한 욕구는 욕구사정의 결과로 혹은 사람들의 일상 경험으로부터 특정 서비스가 지역사회의 삶을 개선시킬 수 있음을 인지함으로써 드러날 수 있다.

이것이 매우 흔한 지역사회사업의 활동이긴 하지만 그것만이 사회적 개발의 유일한 면은 아니다. 사람들이 서로 만나는 것을 도와주고, 지역사회 유대를 더 강하게 만드는 데 목표를 두는 프로그램들도 포함된다. 예를 들면 새로 이주한 사람들을 위한 환영 프로그램, 사람들이 소풍이나 축제 기타 사회적 행사에 함께 모이도록 하는 것, 바깥출입이 어려운 사람을 위한 방문 프로그램, 사람들이 함께 참여할 수 있도록 다양한 교육, 여가, 레크리에이션 활동을 제공하는 것 등이 포함된다. 이러한 프로그램들은 커뮤니티 센터나 학교, 레크리에이션 센터, 교회, 회교사원, 유대교당, 절 등과 같은 여러 지역사회 시설을 통해서 운영될 수 있다.

물론 궁극적으로는 지역사회활동가보다는 지역 사람들 스스로가 주도해야만 하기 때문에, 그런 프로그램들을 통해 유대감이 형성될 수 있는 정도에는 한계가 존재한다. 하지만 지역사회개발을 통해 비교적 편안하게 타인을 찾을 수 있는, 위협적이지 않고 우호적인 환경이 만들어짐으로써 사람들 간의 연계가 이루어지고 발전을 위한 여지를 만들어낼 수 있다는 점은 확실하다.

'참여'를 촉진하는 것은 모든 지역사회개발의 핵심적 특징이다. 그것은 사회적 개발에서 특히 더 중요한데, 왜냐하면 사람들이 서로 연결되고 소속감을 느낄 수 있는 것은 바로 직접적 참여를 통해서이기 때문이다. 이 장 앞부분에서 논의한 바와 같이, 참여는 차tea를 내거나 운전하는 사람의 참여가 모임회장이나 시위대 지도자의 참여만큼이나 가치 있는 것으로 평가받을 수 있도록 광범위한 접근을 해야 한다. 이는 참여가 단지 어떤 목적을 위한 수단으로서가 아니라 그 자체가 목적으로서 가치를 인정받아야 한다는 것을 의미한다. 단지 높은 수준의 참여가 '더 나은' 결과를 가져오는 것이 아니라, 어떤 결과를 낳든 관계없이 높은 수준의 참여, 그 자체가 중요하며, 참여는 독자적으로 가치 있는 것이다.

사회적 개발에 관한 많은 문헌들은 사회적 개발을 경제적 개발과 똑같이 중요하게 취급하는데, 특히 국제적 맥락에서 그러하다(Midgley 1997). 그것은 '개발'이 경제적인 면에서만 이해되어서는 안 되고, 사람들의 생활에 미치는 영향이라는 면에서, 그리고 삶의 비경제적 면에서도 발전이 필요하다는 점에서 이해되어야 함을 주장한다. 이는 개발에서 경제적 합리주의만 적용하는 것을 시정할 필요가 있다는 점에서 적절한 지적이다. 하지만 그것 또한 '사회적'이라는 용어 아래, 지역사회의 삶과 인간 존재의 모든 비경제적 측면을 통째로 묶어버리는 결과를 낳는다. 이 책에서 사회적 개발은 협소한 의미로 이해하는데, 즉 사회적인 것the social, 사람들 간의 상호작용에 대한 것으로 이해한다. 사회적 개발 이외의 개발의 다른 측면들, 즉 문화적·정치적·환경적, 그리고 영적 측면들도 그 자체를 따로 다룰 만한 가치가 있고 고유의 특성들을 갖고 있는

데, 만약 '사회적 개발' 이라는 표현 아래 모두 포함시켜 버린다면 그 특성들은 모두 사라져 버리게 될 것이다.

## 경제적 개발

앞선 단락에서 언급했듯이, 경제개발economic development은 흔히 지역사회개발 과정에서 유일하거나 가장 중요한 측면으로 간주된다. 견고한 경제와 높은 수준의 경제적 번영은 사람들이 건강하고 충만한 삶을 사는 데 필요한 물건들을 구매할 수 있게 된다는 것을 의미하기 때문에, 경제가 건전하다면 그 나머지는 잘 따라갈 것이라고 말한다. 그런 관점은 경제적 합리주의나 경제적 근본주의에서 뚜렷한데, 거기서는 개인의 삶, 국가의 삶, 그리고 국제적 삶에서 경제가 주된 우선성을 차지하는 것으로 본다. 정부의 경제정책은 정부 활동의 가장 중요한 영역으로 간주되고, 경제관련 보직들은 내각에서 보건, 교육, 심지어 국방보다도 더 중요한 자리로 간주된다.

그런 시각은 지역사회개발에도 해당된다. 1장에서 언급했듯이, 지역사회 경제개발에 참여하는 사람들은 경제개발을 성공적 지역사회의 기초가 되는 것으로 보고, 지역사회가 튼튼한 경제를 가지고 있다면 그 밖의 모든 것은 다 잘 될 것이라고 보는 경향이 있다. 하지만 그것은 전혀 맞지 않다. 경제적으로 매우 발전한 지역사회들 다수가 '문화 활동' 이나 '사회적 관계' 혹은 '시민 참여' 의 면에서는 낮은 수준을 보인다. 개인 소비를 높이 평가하는 것은 성공적 자본주의에서 뚜렷이 나타나는 특징이지만 견고한 지역사회에서는 그렇지 않다. 경제개발은 물론 중요하지만 단지 지역사회개발의 한 차원에 불과할 뿐이다.

지역사회 경제개발(Shragge 2000)은 넓게 보수적인 것과 급진적인 것으로 분류될 수 있다. 보수적인 지역사회 경제개발은 지역사회가 현존하는 경제 질서 내에서 이익을 얻을 수 있도록 도와주는 것이며, 급진적 지역사회 경제개발은 대안이 되는 새로운 경제체계를 수립하는 것을 담고 있다. 전자에는 지역사회를 좀 더 경쟁적이고 이윤 추구적인 사회로 만들고자 하는 시도들이 해당되는데, 이는 흔히 새로운 산업이나 외부 투자를 찾아내서 지역사회의 경제활동이 증가하고 지역사회가 더 많은 부를 축적할 수 있기를 바란다.

지역사회 경제개발에 대한 이 접근은 더 넓은 광역 경제의 건전성에 의존한다. 그것은 지역사회가 그 광역 경제에서 더 훌륭한 활동주체가 되도록 만들려는 것인데, 만약 광역경제가 어려움을 겪는다면 그 지역사회의 경제적 기반 역시 어렵게 될 것이다. 산업 유치는 좋은 아이디어처럼 보일 수 있지만, 경기둔화가 일반화되거나 특히 그 산업영역의 부진이 심화된다면 그 산업은 문을 닫거나 이전될 위험도 상존한다. 그리고 가끔은 지역사회의 순이익을 기대하기 어려울 정도로 큰 혜택을 주어야 산업이 유치될 수 있다. 어떤 경우든, 그 산업 이익의 상당부분은 지역사회에 머물지 않고, 세상 저편에 있을지 모르는 주주의 은행계좌로 들어갈 것이다.

관광산업의 경우도 또한 문제가 된다. 흔히 관광산업은 지역사회의 경제적 어려움을 해결하기 위한 해답으로, 그리고 보수적 지역사회 경제개발의 고전적 형태로 널리 알려져 있다. 하지만 관광산업은 지역사회의 활동들이 관광객의 욕구에 종속될 위험이 있다는 점에서 지역사회를 약화시킬 수 있다. 특히 관광산업이 큰 비중을 차지하는 지역에 튼튼한 지역사회를 구축하고자 할 때 어려움이 있을 수 있으며, 관광산업을 통해 경제적 이익을 얻지만 지역사회의 삶의 다른 부분들에서는 오히려 부정적 영향을 받을 수 있다. 이에 대해서는 제6장에서 더 논의할 것이다.

반대로 급진적인 지역사회 경제개발은 외부의 힘에 덜 의존하면서 지역 자체로 생존 가능한locally sustainable 형태의 지역경제를 확립하고자 한다. 이에는 소규모의 지역 산업을 일으키거나, 물물교환체계, 레츠제도 등과 같은 지역경제체계를 수립하는 것이 포함된다. 레츠LETS는 흔히 지역 고용과 거래 체계local employment and trading scheme, 지역 에너지 이전 체계local energy transfer scheme 또는 지역 교환과 거래 체계local exchange and trading system로 일컬어지는데, 지역민들과 지역 사업체들 간에 교환되는 지역 화폐local currency를 만들어 지역 경제활동의 이익이 지역사회 내부에 남을 수 있게 하는 것이다(Kenney & Kenney 1995, Meeker-Lowry 1996).

그런 제도들 덕분에 전 세계 경제로부터 아주 소외된 지역사회라 할지라도 점점 더 변화무쌍해지는 세계 경제의 영향을 덜 받을 수 있고, 지역사회의 견고한 경제적 기반을 구축할 수 있다. 지역사회개발을 통해 당면한 문제에 대응하는 것뿐만 아니라 앞으로 생존력 있고 지속 가능한 대안을 개척해 낼 수 있는 능력을 갖추는 것도 중요한데, 급진적인 지역사회 경제개발이 바로 그러한 측면을 보여준다. 그런 제도들은 기존의 지배적 경제 질서에 도전하기 때문에 그것이 너무 잘 되거나 광범위하게 시행된다면 저항에 부딪힐 수 있다. 하지만 대안을 만드는 데 있어서 그것들의 중요성은 과소평가 되어서는 안 된다.

## 정치적 개발

지역사회와 지역사회개발의 정치적 측면은 정치적 관계, 즉 권력 관계들과 관련된다. 다시 말해 지역사회 내부의 정치적 관계들(내부의 정치 개발), 그리고 지역사회와 더 큰 사회 혹은 다른 지역사회와의 정치적 관계들(외부의 정치 개발)과 관련된다. 내부의 정치 개발은 지역사회 내부의 정치에 관한 것인데, 이는 사람들이 의사결정에서 진정한 역할을 한다고 느끼게 하며, 설사 모든 이의 직접적 의사 반영 없이 결정이 내려지더라도 타인이 행한 그 결정 절차에 만족할 수 있도록 하는 일정 형태의 참여민주주의 및 의사결정방식의 구조, 절차를 확립하는 것에 관한 것이다.

따라서 지역사회개발의 이 측면은 결과물보다는 의사결정이 이루지는 방법과 절차의 중요성에 관한 것이다. 정당 정치에서 고질적인, 어떤 결정을 '강요하는' 행태 그리고 다수를 차지하려는 행태, 타인을 함부로 다루려는 행태는 바람직한 지역사회개발 과정에서는 거의 나타날 수 없다. 참여적 민주주의 형태들은, 적어도 서구사회에서는, 사람들이 대의민주주의에만 익숙하고 정형화된 합의제 의사결정에는 친숙하지 않기 때문에 실행되기 어렵다. 하지만 일부 형태의 참여 민주주의는 바람직한 지역사회개발을 위해서 꼭 필요한데, 그것은 높은 수준의 참여를 이끌어내고 자기주도의 의사결정을 할 수 있도록 보장한다.

외부의 정치개발은 지역사회와 외부 환경과의 관계에 초점을 둔다. 지역사회는 흔히 자원, 계획, 토지 개발, 허가, 환경 등의 문제와 관련하여 협상을 해야 한다. 이 과정에는 제안서 작성, 입찰, 로비, 인적 네트워크의 형성, 매체의 이용, 사회행동, 시민불복종운동 등과 같은 것이 따를 수 있다. 언제, 어디서 그런 행위들에 참여할 것인가 그리고 어떤 행위가 적절한가는 지역사회 삶의 중요한 측면이며, 지역사회는 그런 부분들에 대한 지식과 기술을 개발할 필요가 있다. 좋은 지역사회개발이라면 이 기술들이 일부 소수의 손이 아니라 광범위한 지역사회 집단들 사이에 공유되도록 할 것이다. 이를 위해서는 사람들이 '더 넓은 정치의 장'에서 능력을 펼칠 수 있도록 하는 훈련 프로그램이 필요하다.

건강한 지역사회의 한 특징은 높은 수준의 정치적 인식을 갖고, 정치적 문제에 대해 깊이 개입한다는 점이다. 예컨대 기후행동집단a climate action group, 국제사면위원회 집단Amnesty International group, 난민 지원집단refugee support group, 옥스팜Oxfam이나 월드비전World Vision, 케어CARE 등과 같은 비정부기구를 지지하는 집단, 또는 종교적 원조집단, 원주민 권리 옹호운동, 정당의 지역 지부들 등과 같이 여러 문제들에 관련된 지역 집단들을 찾아볼 수 있는데, 그런 집단들을 지지하고 격려하는 것이 지역사회개발 활동의 한 중요한 측면이 될 수 있다.

## 문화적 개발

현대 사회에서 우리가 '문화'라 부르는 것의 대다수는 상품화되어 직접 공연하기보다는 구매되고 소비된다. 고성능 재생장치에서 아이팟에 이르기까지 정교한 오디오 장비를 통해, 대부분의 사람들에게 음악은 연주하는 것이 아니라 들려지는 것이 되었다. 대부분의 사람들은 녹음된 음악가의 우수성을 접하고서 자신이 직접 노래 부르거나 연주하는 것을 남이 듣게 되는 것을 아주 부적절하다고 느끼며 꺼릴 것이다. 하지만 이

전 세대들에게 연주는 가족 혹은 지역사회 단위에서 흔한 일이었으며, 수동적인 감상뿐만 아니라 적극적인 연주를 통한 즐거움이 널리 존재했었다. 연극, 무용, 미술과 같은 다른 형태의 문화적 표현도 마찬가지다. 지금은 이 모든 분야에서 엘리트 연주가의 우수성만 강조되고, 대부분 사람들의 역할은 CD, DVD, 다운받은 음악이나 영화, 록 콘서트나 연극의 입장권, 그림이나 판화, TV 프로그램 등의 생산물을 구매하는 수동적인 소비자가 되고 있다. 스포츠 영역도 마찬가지인데, 지역사회 단위에서의 대중적 스포츠 참여는 엘리트 운동선수의 시대로 재빨리 대체되고 있다.

지역사회의 문화개발은 이런 경향을 바꾸고, 사람들이 문화적 표현에 적극적으로 참여하도록 촉진하는 것이다. 예컨대 지역 연극단체, 지역 음악단체(록밴드, 찬송가 합창단, 교향악단, 아프리카 드럼 연주단 등), 무용단체(발레, 사교댄스, 밸리댄스 등) 등의 설립과 지원, 그리고 낙서와 길거리 예술, 조각, 도예, 뜨개질, 문예창작, 스토리텔링, 지역 영화제작 등의 합법화와 지원행위 등이 해당된다. 이런 지역사회 단위의 문화적 표현은 사람들이 함께 모여 연습하고 자신들의 재능을 찬양할 수 있다는 사실에서뿐만 아니라, 다른 여러 가지 면에서 지역사회를 풍요롭게 만든다. 그것은 사람들에게 자신을 가치 있는 존재로 느낄 수 있게 하고, 비슷한 관심을 가진 타인들과 만날 수 있게 해 준다. 또한 지역사회 단위에서의 공연을 통해 지역사회의 가치를 확고히 할 수 있고, 지역사회 활동이 더욱 활성화되도록 촉진할 수 있다. 지역사회 문화개발의 이런 면은 흔히 지역사회개발자community developer의 활동에서 찾아볼 수 있지만, 그뿐 아니라 공동체 미술활동가community arts workers의 일에서도 찾아볼 수 있다.

스포츠는 지역사회 문화개발의 또 다른 측면이다. 문화의 다른 영역과 마찬가지로 스포츠는 매우 전문화되고 상품화되어, 엘리트 운동선수들만 활동하고 다른 일반 국민들은 관람객 혹은 TV 시청자로서 상품을 소비한다. 하지만 스포츠는 지역사회 단위에서 여전히 중요한 역할을 할 수 있고 또 실제로 그러한데, 그것은 지역사회가 수동적 소비자가 아니라 함께 모여서 적극적인 참여자가 될 수 있는 한 방법이다.

그런데 일부 지역사회활동가들에게는 스포츠의 경쟁적 속성이 지역사회개발의 협동적인 접근과 맞지 않는 것으로 비춰질 수 있다. 하지만 이는 지역사회 기반의 스포츠에 대한 너무 단순한 시각이다. 일부의 경우, 예컨대 사교 목적의 테니스나 볼링에서 승패는 별로 중요하지 않을 수 있다. 경쟁이 정말로 심한 스포츠의 경우에는 그 경기 후에 열리는 사교적 행사들이 적어도 사람들을 함께 모으는 데 중요한 역할을 한다. 팀 경기에서는 협동과 팀원들 간의 팀워크가 강해야만 경쟁력 있는 팀이 된다. 따라서 스포츠의 경쟁적 측면은 지역사회가 다른 지역사회와 대항해 싸울 때, 자신의 정체성, 연대감을 견고히 할 수 있는 방법이 될 수 있다. 특히 시골지역에서는 스포츠 행사들이 지역사회의 삶에 아주 중요한 역할을 하며, 지역사회의 응집력을 보여주는 증거가 된다. 이는 프로 스포츠와 명확히 대비된다. 거기서 스포츠 프랜차이즈는 지역사회와 별다른 관계를 형성하지 않으며, 이윤이 충분하지 않으면 떠나기도 한다. 프로 팀에 소속된 대부분의 선수들은 그 지역 출신이 아닌 다른 도시 출신이거나 최근에는 타국에서 들어오기도 한다. 이런 식으로 프로 스포츠는 지역민 그리고 지역사회와 유대를 맺지 않지만, 지역사회 기반의 아마추어 스포츠 활동은 그렇지 않다. 그것은 여전히 지역사회 삶의 중요한 부분을 차지하고 있다.

문화적 개발의 또 다른 중요한 면은 문화적 다양성과 관련된다. 다름이 존재하는 지역사회community-in-difference(Nancy 1991) 그리고 다양성이 가진 힘의 중요성은 지역사회개발의 중요한 요소라는 점을 앞서 논의했다. 이는 특히 문화와 관련하여 중요하기 때문에, 지역사회개발에서는 반드시 문화적 다양성을 추구하고 촉진할 필요가 있다. 하지만 이는 말처럼 그렇게 쉽게 달성되기 어렵다. 문화적 다양성을 확대하려는 노력은 흔히 다문화 축제를 열거나 다른 문화권의 음식을 먹어보거나 하는 정도에 그치는 경우가 많았다. 물론 이것들도 그 자체로 중요하고 과소평가되어서는 안 된다. 실로 음식을 먹는다는 것은 큰 문화적 의미가 부여되는 중요한 인간 활동이기 때문에, 다른 문화권의 음식을 함께 먹어보는 것은 강력한 상징적 의미가 있을 수 있다.

그러나 이것만으로 충분한 것은 아니다. 다문화주의의 경험은 그런 상징성을 넘어서 여러 문화적 배경을 가진 사람들이 '대화dialogue'의 정신으로 만나 보다 근본적으로 서로 배울 수 있도록 확장될 필요가 있다.

그런 대화는 분명히 이익이 될 것이지만, 대화의 자세로 만난다는 것은 자신의 편안한 영역에서 빠져나와 타인으로부터의 영향에 노출되어야 한다는 점에서 매우 위협적인 것이기도 하다. 특히 다수 혹은 지배적 문화권 출신자들에게 '문화적 이해'를 넓히라고 요구하기보다 오히려 소수 문화권 혹은 '다른 것'으로 규정되는 문화권 출신자들에게 그러한 문화적 이해를 기대한다. 이러한 불공정한 현실의 중심에는 바로 동화주의 사고가 있다. 즉 지배적 문화권이 아닌 다른 문화권 출신자에게 지배적 문화권에 대해서 더 많이 배울 것을 기대하며, 지배적 문화권의 사람들은 자신들이 타 문화 출신자들이 지배적 문화를 이해하고 적응하는 것을 '도와준다고' 느낀다. 따라서 지배 문화권의 사람들은 변화의 가능성에 스스로를 내 놓지 않으면서도 자신들이 보다 더 관용적인 사람이 되고 있다고 느낀다.

이는 본질적으로 식민주의적 실천colonialist practice의 한 형태에 불과하며, 진정한 다문화적 대화cross-cultural/multicultural dialogue가 되기 위해서는 극복해야 한다. 활발한 교류이동이 이루어지고, 지배적 서구 세계관은 점점 의문시되어 늘 '옳거나' '우월한' 것이 되지 못하는 이 시기에, 그것은 지역사회개발이 당면한 가장 중요한 과제의 하나라 할 수 있다.

5장에서 더 다룰 예정인 '대화'의 개념은 인권과 지역사회개발의 통합에서 핵심적 위치를 차지한다. 그리고 4장에 가서 문화적 차이에 대해 좀 더 다룰 예정인데, 인권과 관련하여 그리고 보편주의와 문화적 상대주의 논쟁들과 관련하여 다룰 것이다.

지역사회 문화적 개발의 또 다른 측면은 다양성을 수용하는 것과 충돌할 수 있는 것인데, 바로 문화적 유산의 가치를 높이 평가하는 것이다. 지역사회란 역사를 갖고 있다. 가끔 그 역사는 매우 짧은 것일 수 있지만(특히 비非지리적 공동체의 경우 그렇다.), 반대로 수백 년, 심지어 수천 년 전으로 거슬러 올라갈 수도 있다. 특히 인디언 지역사회가 그렇다. 역사는 중요하다. 역사는 그 지역사회에 대한 이야기, 전통, 신화, 공유하는 의미들, 그들의 자부심, 그리고 때로는 그들의 치욕(흔히 이는 집단의 기억에서 지워지긴 하지만)에 관한 이야기이다. 지역사회구성원들은 자신들의 정체성을 부분적으로는 그 '유산'의 면에서 규정하려고 할 것이고(Castells 1997), 따라서 그 유산을 보존하고 칭송해야 할 가치가 있는 것으로 간주할 것이다. 지역사회의 이런 면은 지역 박물관, 이야기, 건축물, 기록물, 영상자료, 동상이나 전쟁기념비와 같은 기념물 등에서 찾아볼 수 있다. 따라서 한 지역사회의 유산을 칭송하고 보존하는 것은 지역사회개발에서 중요하다. 이는 특히 지역사회가 자신들의 미래가 위협받고 있다고 인식할 때 더욱 그러하다.

그러나 이와 관련된 위험성이 있다. 지역사회의 역사는 늘 칭송할 만한 가치 있는 것이 아닐 수 있는데, 특히 그 역사가 폭력, 학대, 배타주의, 인종주의 혹은 다른 여러 형태의 차별을 포함하는 경우 그렇다. 자신들의 역사를 고려함에 있어서 지역사회는 과거에 발생한 모든 것에 대해 무비판적으로 찬양할 것이 아니라, 긍정적인 것은 과장하고 부정적인 것은 축소하는 식으로 역사의 이야기가 수년에 걸쳐 왜곡되어 왔을 수 있다는 점과, 그 과정에서 외면당했을지 모르는 목소리에 대해서 곰곰이 성찰해 볼 필요가 있다. 그러한 역사 반성은 고통스러운 과정이 될 수 있으나, 과거에 대해 새로운 평가를 해 보고 과거가 어떻게 표현되어야 하는지에 대한 토론을 낳을 수도 있다. 예컨대 지역 박물관의 전시물을 선택하고 기획하는 과정에서 '비판적 과정'을 통해 지역사회의 광범위한 참여를 이끌어 낸다면 매우 값진 지역사회개발 과정이 될 것이다. 그러한 비판적 반성 없이 지역사회 유산에 대해 찬양하는 것은 언뜻 보기에는 그것이 중요하고 무해한 것처럼 보일지라도, 개방적이고 포용적인 지역사회개발이라는 목표에 반하는 것이 될 것이다.

## 환경적 개발

지역사회개발의 환경적 측면은 지구가 직면한 환경적 위기에 대한 인식이 늘어남에 따라 더욱 중요하게 되었다. 지구 온난화, 유독성 쓰레기, 공기와 수질의 오염, 표토의 악화, 사막화, 어업 자원의 고갈 그리고 자원 부족의 위기는, 전 지구적 수준에서 지금까지 경험하지 못했던 정도로 인류에게 심각한 위협이 되고 있다. 인류가 이런 위기에 적절히 대응할 수 있는가는 두고 봐야 되겠지만, 우리의 현 논의 목적과 관련해서 보자면, 생태학적 위기는 지역사회개발에서 환경이란 것이 얼마나 중요한 것인지를 강조한다. 이는 유독성 쓰레기, 공기 오염, 어업 자원의 고갈, 가뭄과 자연재해 등에 노출된 수많은 지역사회에 환경 악화가 미치는 영향을 보면 알 수 있다.

환경적 불확실성에 대처하기 위해서 옹호advocacy와 사회행동social action을 통해 힘 있는 정치적·경제적 권력자들에 맞설 것인가, 아니면 좀 더 강하고 생존력 있는 협동적 지역사회 조직들을 만들 것인가에 관한 결정을 포함하여, 환경적 위협에 대응하려는 지역사회 행동은 오랫동안 존재해 왔다. 실로 환경적 위협은 지역사회 조직화community organisation를 위한 가장 강력한 초점이 된다. 이 지역사회 조직화는 지역사회가 단합하여 자신들의 연대성과 정체성을 확립할 수 있는 지역사회개발의 또 다른 형태가 될 수 있다.

환경운동을 하는 많은 논자들은 지속가능성을 위한 모델로서 분권화된 지역사회를 지지하였다(예: Bello 2002, Hines 2000, Hopkins 2008). 그들은 모더니티의 중앙집권적 경향은 지역들의 상이한 조건들을 고려하지 않았음을 지적하고, 분권화된 조직이 환경적 변화에 적절히 그리고 지속 가능한 방향으로 대응할 수 있다고 주장하였다. 이는 다양성이라는 생태학적 원칙 때문이다. 다시 말해 변화는 단일의 '청사진' 보다는 지역 여건에 따라 상이한 방식으로 이루지는 것이 훨씬 더 효과적일 것이다. 지역사회는 자신들의 당면하고 있는 환경을 더 잘 알고 있을 것이므로 자신들의 욕구에도 더 잘 대응할 것이다. 이 논자들에 따르면 큰 조직들은 궁극적으로 지속되기 어려우며, '지속 가능한 미래'란 강력한 지역사회들 안에 존재한다. 이런 관점에서 볼 때, 지역사회개발은 환경적 위기에 대응하기 위해서 중요할 뿐만 아니라, '대안적인 지속 가능한 사회'를 구축하는 예방적 과업을 위해서도 중요한 것이다.

널리 읽혀지고 있는, 사회가 환경적 위기에 반응하는 방식에 대한 다이아몬드의 연구(Diamond 2005)에 따르면, 지속 가능성을 위해 필요한 변화를 성공적으로 만들어 내는 사람들은, 위로부터의 강한 리더십, 예컨대 통치자나 정치지도자의 리더십 덕분이거나, 혹은 풀뿌리 단위의 사람들이 위기의 심각성과 변화의 필요성을 깨달음에 따라 나타나는 시민행동과 계획들과 같은 아래로부터의 강한 리더십 덕분이라고 주장했다. 슬프게도 현재의 정치 지도자들은 긴급히 기후 변화와 기타 환경문제들을 다루는 데 무능력을 드러내고 있다(Lovelock 2006, 2009, Shiva 2005, Spratt & Sutton 2008).

국제 외교의 메커니즘과 정치적 과정의 현실 때문에, 기후변화에 대한 조치는 결국 나올 게 별로 없고 또 나오더라도 너무 늦은 게 될 것이다. 과학자들의 경고는 타협의 필요성, 힘 센 경제적 이해집단들의 압력, 선거 정치로 인한 각종 요구들 등 '정치적 현실' 때문에 흐지부지되어 왔다. 그래서 정부 정책들은 그 문제들을 부분적으로만 다루는 것에 불과하고, 국제적 조치는 강제성 없는 목표들, 시장 주도적 과정, 신기술에 대한 맹신, 끝 없는 타협 등에 대한 이야기일 뿐이다.

그러한 리더십만으로 현 환경위기를 잘 해결할 것이라는 바람은 정말 순진한 것이다. 지속 가능한 미래를 얻을 수 있는 변화를 하고자 한다면, 그 주도성은 풀뿌리로부터 그리고 지역의 창의력으로부터 나와야 하고, 정치인들은 그 주민들의 선도를 뒤따라야 한다. '아래로부터의 변화' 라는 개념은 지역사회개발의 한 핵심 원리인데, 아마도 인류 역사에서 이것이 이렇게 중요한 적은 없었던 것 같다. 이제 인류의 미래는 지역사회 단위의 리더십이 적절한가에 달려 있다. 이런 이유 때문에 환경에 대한 관심은 지역사회개발에서 중요한 역할을 담당한다.

녹색운동을 하는 더 급진적인 사람들은 지속 가능한 개발과 신기술만으로 충분하지 않다고 주장한다. 그들은 인류와 다른 종種의 연결 그리고 무생물인 환경과의 연결을 강조하면서 인간과 자연 세계가 새로운 관계를 설정할 필요가 있음을 역설한다. "인간 중심에서 벗어나 환경 중심적인 접근"을 해야 한다고 촉구한 필자들이 있었지만, 아마도 공론의 장에서 이를 가장 강력히 표현한 것은 러브록의 가이아 가설(Lovelock 1987, 2006, 2009)일 것이다(Eckersley 1992). 이 관점은 자연을 지배하고 착취하고자 하는 계몽주의 시대의 전통을 따르기보다, 인간이 자연과 조화롭게 함께 살아가는 법을 배우는 것이 중요하다고 본다.

가이아 가설the Gaia hypothesis은 인간의 폭력이 인간 세상 내부뿐만 아니라 자연세계에서도 행해지는 것으로 보며, 이 양자 모두에 대한 비폭력적 접근을 주장한다. 더 나아가 일부 열렬한 생태학자들은 자연과의 새로운 관계를 추구함에 있어서, 이러한 주장을 영적인 영역에까지 확장하였다(Drengson & Inoue 1995, Macy 2007, Naess 1989, Seed, Macy & Fleming 2007). 생태학의 이런 흐름은, 인간의 목적을 위해 자연을 '정복' 할 더 정교하고 기술적인 수단들을 찾는 행위는 결국 실패로 끝날 것이며, 인간 친화적이면서 동시에 자연 친화적인 소규모 기술을 찾는 것이 목적이 되어야 함을 시사한다.

또한 그것은 우리가 과학과 기술로부터 해답을 찾기보다는 원주민의 지혜를 구할 필요가 있다고 주장한다. 원주민들은 인간이 자연세계와 조화를 이루며 살아가는 방법에 대해 서구 '문명'보다 더 많은 지혜를 가지고 있다(Knudtson & Suzuki 1992). 이 관점은 지역사회개발 과정들을 통해 실현될 수 있을 뿐만 아니라 지역사회와 지역사회개발에 대한 우리의 이해를 더욱 증진시킬 수 있다. 우리가 지구, 자연세계와 맺는 관계는 지금 이 단계의 세계 역사에서 매우 중요하다. 이에 비추어 볼 때, 특정 장소나 지구와의 연결을 단절시키는 가상공간에 국한하여 지역사회(공동체)를 이해하는 것은 주의 깊게 다루어져야 한다.

## 영적 개발

고려해야 할 지역사회개발의 다음 차원은 영적인 것the spiritual이다. 영성spirituality은 지역사회개발과 인권, 양자의 이론적 발전을 위한 맥락이 되었던 모더니티와 계몽주의의 세속적 세상에서는 별다른 중요성을 띠지 못했지만, 그래도 그것은 우리의 인간성 경험의 중요한 한 요소이다. 어떤 이는 조직화된 종교를 통해 영성을 표출하기도 하고, 어떤 사람들은 영성을 자연, 음악, 육체노동, 성행위 혹은 여러 취미활동들을 통해 경험할 수 있는 개인적 문제로 보기도 한다.

욕구를 충족하는 데 있어서 계몽주의 모더니티의 적합성에 대한 의문이 증가함에 따라, 영성은 다시 등장하고 있다. 과거에는 영성에 관심을 두지 않던 직업과 학문 분야들에서 영성에 대한 관심이 증가하고 있다(Gale, Bolzan & MaRae-McMahon 2007). 일부 사회에서는 전통적 종교의식에 참여하는 경향이 줄고 있기는 하지만, 보다 근본주의적인 형태의 종교 활동은 표면상으로는 늘었다. 아마도 점점 더 불확실해지는 세상에서 확실성을 찾는 방법으로 보인다. 또한 다양한 뉴에이지New Age 실천을 포함하여 좀 더 비非전통적인 형태의 영성에 대한 관심이 상당히 증가해 왔다. 무엇보다 두드러진 것은 영성에 대한 원주민의 이해에 대한 관심이 크게 는 것인데, 이는 인간이 자연 세상과 다시 연결되는 데에 도움이 된다.

이런 이유로 영성을 지역사회개발의 한 측면으로 고려하는 것은 중요하다(Macy 2007). 지역사회의 경험은 많은 사람들에게 영적 경험의 한 형태로 비칠 수 있다. 예컨대 춤이나 음악과 같은 것을 통해 타인과 함께한 강렬한 경험은 매우 영적인 것일 수 있다. 조직화된 종교 또한 지역사회 경험을 제공한다. 예컨대 지역의 교회나 회교 사원, 절의 구성원이 되면 소중한 지역사회에의 소속감을 얻을 수 있다. '종교 공동체'의 실천들은 아마도 가장 순수한 형태의 지역사회 실험일 것이다. 수세기 동안 서구 사회에서 지역사회는 교구에 기초하였고, 지역의 신부나 목사가 지역사회개발에서 중요한 역할을 했다. 이슬람교에서 회교 사원이 그랬고 유대교에서는 유대교당이 그런 역할을 했다. 이처럼 지역사회는 종교·영성과 밀접히 관련되기 때문에 지역사회개발의 영적 측면을 고려하는 것은 매우 중요하다.

물론 영성은 위에서 언급한 지역사회개발의 다른 일부 범주들, 특히 문화적 개발과 겹친다. 어떤 사람들은 종교와 영성을 문화의 일부로 볼지 모르나, 또 다른 사람은 보다 광범위하게 삶의 다른 모든 측면들과 관련되는 것으로 본다. 이런 이유로 영적 개발 또한 지역사회와 지역사회개발의 특징적 측면으로서 고려할 만한 가치가 있다.

지역사회개발은 다양한 형태로 영성을 표현하고 경험할 수 있는 자유를 허용할 필요가 있다. 이는 배타적이어선 안 되고 포용적이어야 한다. 특정 전통을 강하게 신봉하는 근본주의자일수록 자신이 보다 더 우월한 지혜를 가지고 있다고 믿고, 영성을 다른 식으로 표현하는 것을 받아들이거나 용인하지 않을 위험이 존재한다(Armstrong 2000, Howland 1999, Sim 2004). 종교에 대한 배타적 이해에 기반하고 있는 지역사회는 견고하고 재활능력이 있으며 응집력이 세지만, 그것이 미국의 아미쉬 공동체든, 회교 공동체든, 유대 공동체든 아니면 뉴에이지 공동체이든 간에, 궁극적으로 강한 지역사회인가의 여부는 외부인을 환영하고 남으로부터 배우려고 하는 포용적 능력에 달려 있다. 모든 주요 종교들에는 그러한 포용의 전통이 있다. 문제가 되는 것은 종교 그 자체가 아니라, 바로 배타적 근본주의이다. 지역사회개발은 그러한 배타성을 강화하지 않으면서 종파를 초월한 대화inter-faith dialogue를 촉진할 수 있다. 그러한 종파를 초월한 대화는 지역사회 주민들이 그들 내부에만 머물지 않고 상호간의 영적인 경험들에 대해 더 많이 알게 함으로써, 지역사회에 매우 유익한 것으로 나타났다.

앞서 지적했듯이 원주민의 영적 전통들은 특히 중요한데, 위에서 논의한 자연 세상과 더 긴밀한 관계를 형성해야 할 필요성을 고려하면 더욱 그렇다. 많은 지역에서, 오랜 기간 한 장소에서 살아와 그 땅에 대해 특별히 잘 알고 있는 원주민의 후손들은 지역사회 행사에 참여하여 그 땅과의 연고와 그에 관한 이야기들을 해줄 수 있을 것이다. 호주, 캐나다, 뉴질랜드 그리고 미국과 같은 국가들에서는 공식적 행사에 참여하여 일정 역할을 하는 원주민이 증가하고 있는데, 그들은 그 땅의 전통적 관리자로 인정받으면서 자국을 찾은 방문객을 환영하고 지혜를 나눈다. 이는 오로지 원주민 공동체의 영적 전통하에서만 이루어질 수 있다. 많은 원주민들에게 땅, 자연, 기후, 음식, 음료, 음악 그리고 춤은 영적인 것과 매우 밀접히 연결되어 있어서, 그것들을 그들의 영적 차원과 분리하여 생각할 수는 없다. 따라서 진정으로 원주민을 포함하는 지역사회개발을 추구한다면 반드시 영적인 것을 포함해야 한다.

## 생존 기반의 개발

자연재해 또는 군사침략과 같은 인위적 요인에 의한 위험 시대에는, 지역사회가 함께 뭉치는 경향이 있음을 흔히 목격한다. 위기의 시대에는 사람들은 서로 도우려 할 것이고, 공통의 위험에 직면하여 사회의 연대감을 증진시켜야 한다고 말할 것이다. 이는 개인, 가족, 지역사회의 생존이 위태로운 상황으로 그러한 공통의 생존 위험에 대해 인식하게 되면 그것은 흔히 집단적 대응을 낳는다. 음식, 물, 주거, 의복, 기본적 의료보호 등에 대한 기본적 생존권이 적절히 충족되지 못하는 나라들에서는, 그 결과로 나타나는 불안정이 그러한 생존권에 기초한 지역사회개발을 위한 강력한 촉매제가 될 수 있다.

그런데 생존에 기초한 지역사회개발은 전쟁이나 자연재해, 제3세계의 빈곤 상황 등에 국한되어서는 안 된다. 강한 지역사회일수록 그러한 위험에 더 잘 대처할 수 있으므로, 일어날 수 있는 재해에 대해 미리 지역사회의 대응책을 계획하는 것이 개발 과정의 중요한 초점이 될 수 있다. 예컨대 호주의 시골 지역사회에서는 민간의 소방·응급구호 서비스가 지역사회 자원봉사활동의 중심이 되는데, 그것은 산불이나 홍수, 지진 등의 사건이 발생하더라도 더 강하고 안전한 지역사회가 될 수 있도록 도움을 주고 결과적으로 지역사회 참여를 유도하는 유용한 방법이 된다. 그러한 개발은 예방(방화대 청소, 홍수세 신설 등)과 대책(효과적이고 즉각적인 응급서비스, 식량과 깨끗한 물의 공급 등)에 있어서, 앞으로 발생할 잠재적 재해에 대해 해당 지역사회가 대비할 수 있는 구체적 방식들에 초점을 맞춘다.

이런 면에서 스트레스와 트라우마에 대한 대응책으로 지역사회개발을 언급하는 것도 중요하겠다. 트라우마의 극복은 단지 개인적인 상담을 통해 다뤄지는 개인의 문제만은 아니며, 지역사회 수준에서도 다루어질 필요가 있다. 지역사회가 트라우마 극복을 위해 할 수 있는 방법은 여러 가지가 있다. 예컨대 추도식은 트라우마에 대한 지역사회 수준의 대응인데, 거기서 사람들은 발생한 일을 받아들이려고 애쓰는 것이다. 수년간 기독교가 지배적인 나라들에서는 추도식이 재해의 충격에 대응하는 매우 중요한 방법이었다. 하지만 그것이 가치 있는 것이 되기 위해서는 지역사회에 초점이 두어져야 한다. 한 흥미로운 예로, 170명 이상이 사망하고 2,000가구 이상이 소실된 2009년 1월의 호주의 빅토리아 주에서의 대형 산불 이후, 정부는 빅토리아의 주도인 멜버른의 한 경기장에서 엄중한 추도식을 거행했다. 이 때 참가를 희망하는 화재 피해자 모두를 위해서 무료 수송서비스를 제공하였다. 하지만 경기장에서 열린 그 행사는 고위 관료, 정치 지도자, 유명 인사를 제외하고는 그다지 참석률이 좋지 않아, 수송버스도 그다지 필요치 않았다. 대신에 사람들은 자신의 지역사회에서 큰 TV로 그 추도식을 함께 시청하는 것을 택했다. 아마 그 추도식이 멜버른의 경기장이 아니라 화재 피해의 장소이자 지역주민이 함께 모일 수 있는 장소인 바로 그 지역사회의 맥락 속에서 이루어졌다면 더 적절했을 것이다.

추도식이 트라우마에 대해 지역사회 수준에서 대응할 수 있는 유일한 방법은 아니다. 다른 맥락에서는 공동체 미술, 음악, 연극 등이 사건으로 인해 발생한 문제들에 대해 사람들이 함께 대처할 수 있는 방법들로 활용되었다(McCowan 1996). 남아프리카, 르완다, 캄보디아, 동티모르처럼 심각한 인권 침해를 경험한 지역사회에서는 어떤 형태의 진실규명위원회가 그 지역사회가 경험한 일을 받아들이는 데 중요한 역할을 발휘할 수 있다(Tutu 1999). 다시 말하지만, 르완다에서 그랬던 것처럼 이는 멀리 있는 수도의 법정이 아닌 지역사회 수준에서 이루어져야 더 효과적이다. 그러한 진실 규명과 화해의 과정이 어떤 형태를 취하는가는 문화적 상황과 전통에 따라 다를 것이다. 대부분의 지역사회개발이 그런 것처럼, 어느 한 지역에서 잘 작동되는 것이라고 해서 다른 지역에서도 꼭 잘 되리라는 보장은 없다. 모든 지역사회 기반의 트라우마 회복 경험은 그 각각이 독특성을 갖는다. 하지만 지역사회개발의 원칙을 적용하는 것이 트라우마 회복 과정에 중요한 도움이 될 수 있다는 점은 분명한 사실이다.

## 통합적 지역사회개발

지역사회개발의 이 7가지 측면 혹은 차원들은 모두 중요한 것이다. 좋은 지역사회개발은 이 7가지 모두를 고려하고 포함해야 한다. 다른 것을 배제하고 어떤 하나, 예컨대 경제적 개발에만 집중하는 것은 별 의미가 없다. 그런 접근은 풍부하고 다층적인 지역사회의 경험들을 전혀 다루지 못할 것이다. 어떤 지역사회는 다른 영역에 비해 어떤 한 영역에서 더 강한 욕구를 갖고 있을 수 있는데, 예컨대 어떤 지역사회는 경제적으로는 잘 개발되어 있으나, 문화적으로 그리고 영적으로 취약할 수 있다. 이것이 지역사회개발의 우선순위 설정에 도움이 될 수 있을 것이다. 하지만 항상 이 7가지 차원들 모두를 이해하고 다루어야만 한다. 이렇게 보면, 기업과 정부에서 흔히 언급하는 TBLtriple bottom line과 다르지 않는데, 이는 경제적 이윤 추구만으로는 충분하지 않고 사회적·환경적 목적도 똑같이 중요하다는 의미이다. 경영 맥락에서 TBL(경제적·사회적·환경적 요소)은 비판받을 수 있지만(즉 자본주의 사회에서 사업 이윤은 반드시 다른 무엇보다도 최우선성을 가져야만 한다.), 지역사회 맥락에서는 타당하다. 그러나 여기서 우리는 TBL의 세 가지에 정치적인 것, 문화적인 것, 영적인 것 그리고 기본적 생존의 필요성을 더 부가하였다.

여러 다른 역사적·물리적 맥락에서는 지역사회개발의 각 측면들이 좀 더 중요하거나 혹은 덜 중요한 것으로 간주될 수 있다. 예컨대 많은 사람들은 20년 전 상황과 비교하면 현 시점에서 환경적 개발이 매우 중요한 것으로 간주한다. 하지만 7개 차원들 간의 상호연계가 필수적이라는 점에서 지역사회개발을 총체적으로 이해할 필요가 있다. 성공적인 지역사회개발은 결코 단일 차원적으로 이루어질 수 없다. 그 점에서 7개 차원들 간에는 상당히 겹치는 부분이 있다는 점에 주목해야 한다. 차원들 간에 침투 불가능한 확고한 경계가 있다고 보는 것은 잘못이다. 영적인 것은 문화적인 것과 중복되고, 경제적인 것은 확실히 정치적이기도 하다. 그리고 사회적 개발과 문화적 개발은 밀접히 관련되며, 환경에는 정치적 요소도 담겨 있다. 따라서 그것들은 명료하고 뚜렷하게 범주화되는 것이 아니라, 단지 지역사회개발에 대해 사고할 때 이해의 '초점 혹은 중심'이 서로 다르다는 것을 의미한다.

## 소결

이로써 지역사회개발에 대한 논의를 끝마친다. 부득불 요약되고 다소 개략적인 설명이었다. 좀 더 깊이 있게 알고자 하는 독자는 이 주제에 관한 많은 전문서적과 학술지들을 참조하기 바란다. 이 책의 의도는 지역사회개발에 대해 충분히 설명하는 것이 아니라, 지역사회개발과 인권 간의 관계에 대한 논의를 진행하기 위해 지역사회개발의 핵심적 특징만을 제시한 것이었다. 이는 불가피하게 지역사회개발에 대한 이 필자 한 사람의 시각일 뿐이다. 분명히 다른 필자들이나 실천가들은 이 책에서 그린 지역사회개발의 모습에 대해 문제를 제기하고, 다른 측면들을 강조하고 싶을지 모른다. 지역사회개발은 다양한 해석과 강조가 가능한 다양하고 풍부한 영역이므로, 어떤 단일한 설명만으로 충분할 수 없다. 하지만 여기서는 이 책의 목적에 따라 인권과 잘 연계될 수 있는 지역사회개발에 대한 특별한 접근을 중점적으로 다룬 것이다.

1부에서는 실제 지역사회개발의 실천에 관한 논의는 전혀 다루지 않았다. 실천에 대한 논의는 이 책 마지막 4부의 목표이기 때문에 일부러 생략한 것인데, 4부에 가서 위에서 언급한 지역사회의 7가지 차원을 다시 불러내어, 그 안에서 이루어지는 인권 기반의 실천이라는 개념에 대해 다룰 것이다.

# 제2부
# 인권에 대한 고찰

이것은 인간의 본성이다.
그들이 만든 모든 것을 파괴하며
그들이 파괴한 모든 것을 만든다.
깨달아 뉘우칠 때까지.

무라드 미카일(Murad Mikha'il),
'세 개의 깃발(Three Flags)'

제3장

# 인권의 정의와 긴요성

## 개념 정의

### '인간의'

지역사회개발과 마찬가지로 인권에 대해 명확히 정의하기란 어렵다. 그 이유를 이해하기 위해 우리는 인간의 권리human rights라는 용어를 구성하는 두 단어에서부터 시작할 필요가 있다. '인간의'human와 '권리'rights라는 두 단어를 정의하기란 쉽지 않은데, 그 각각을 둘러싼 개념 정의의 문제들 때문에 '인권'이라 불리는 것을 전체적으로 이해하는 데 어려움이 있다. 인권 문헌들을 보면 대체로 '인간의'라는 단어보다는 '권리'라는 단어에 관련된 문제점에 더 관심이 많았다. 그래서 '인간의'라는 단어가 갖고 있는, 개념상 논란이 될 만한 성격에 대해서는 그 중요성이 간과되어 왔다.

'인간의'라는 단어는 처음 보기엔 별 문제가 없어 보이지만, 시간이 흐를수록 그것이 누구를 혹은 무엇을 의미하는가에 대해 여러 상이한 해석들이 있어 왔다는 점을 기억해야 한다(Foucault 1970, Hunt 2007, Taylor 1989). 나찌가 유태인들을 그렇게 쉽게 박해할 수 있었던 한 가지 이유는, 유태인을 다소 인간 이하의sub-human 존재로 간주했기 때문이다. 전시에는 적들을 비인간화dehumanise(완전한 인간이 되지 못했다는 의미)하는 일이 흔히 발생하는데, 그것을 통해 적들을 증오하고 박해하도록 만든다. 예컨대 1차 세계대전 중 영국의 신문 만화에서 독일인을 묘사한 것이나, 2차 세계대전 중의 일본인에 대한 그와 유사한 표현이나, 미국 군인들이 베트남에서 적들을 묘사하는 데 사용한 말들을 보면 그렇다. 이런 비인간화는 인간 이하인 존재로 묘사되는 사람들이 완전한 인권를 가지지 못하며, 따라서 그 권리를 보호할 필요도 없다는 것을 의미했다.

유사하게 유럽 식민주의자들은 아프리카, 아시아, 아메리카와 오스트랄라시아, 즉 세상의 대부분에서 맞닥뜨린 원주민을 완전히 인간이 되지 못한 존재로 간주하는 경향이 있었고, 그들을 유럽 중심적 사고로 오만하게 대했다. 원주민을 인도적으로 대해야 하는가 아니면 무자비하게 대해야 하는가에 대한 논쟁이 있긴 했지만(Reynolds 1998), 그 양자 모두 원주민이 좀 '저열한 형태의 인간성'을 가졌다고 보았다. 따라서 인간성에 대한 원주민의 문화적 표현에 대해서는 외래의 타자other에 대한 학술적 연구 목적에서 관심을 두는 것 외에는 별달리 심각히 취급할 필요가 없다고 치부했다.

심각한 지적 장애, 뇌 손상 혹은 중증 치매를 가진 사람들 또한 완전한 인간이 아닌 것으로 간주되어 왔으며, 때로는 인간the human인 것과 차이가 있음을 강조하기 위해 식물인간vegetables으로 칭하기도 한다. 극단적 반사회적 행동, 통제 불능의 공격성 등과 같은, '인간성의 보편적 기준'에 미달하는 특성을 보이는 사람들은 동물animals로 불릴 수 있는데, 이 또한 마찬가지로 그런 이들을 완전한 인간이 아닌 것으로 규정하는 것이다. 그러한 명명은 이 사람들이 '인간으로 대우받을' '가치'가 없고, 따라서 그들에게 모든 영역의 인권들을 부여할 필요가 없다는 것을 의미한다. 현대 서구 사회에서 특히 논란이 되는 것으로서, 낙태와 태어나지 못한 자의 권리rights of the unborn를 둘러싼 논쟁에서도 '인간의'의 뜻을 정의하는 문제가 등장한다. 실로 이 낙태 논쟁이야말로 '인간의'의 정의에 대한 논쟁이라 할 수 있으며, 생명권을 포함한 '인권'을 인간의 어느 발달단계에서부터 적용해야 하는가 하는 문제로 집약될 수 있다.

아동은 가끔 완전한 인간성full 'humanity'을 갖추었다고 인정받지 못하는 또 다른 범주이다. 만약 누군가가 '단지 아이'라면 완전한 인간이 되지 못한 것으로 간주되며, 그 정의상 모든 사람에게 부여되어야 하는 수많은 '인권들'(투표권, 노동권, 이동의 자유권, 결사의 자유권 등)은 적용되지 않는다. 아동들에게 그런 권리가 인정되지 못한다는 것은, 결국 아동은 완전한 '인간'으로 간주되지 않거나, 아동들의 '인간성'은 좀 다르게 해석해야 한다는 것이다. 따라서 누가 '인간인' 것으로 간주되는가의 문제와 '인간성'이라는 개념을 어떻게 해석할 것인가의 문제는 인권을 이해하는 핵심 내용이 된다.

인권에 대한 현재의 담론은 서구 인본주의humanism에 기초하고 있다. 인본주의 전통은 서구 계몽주의의 중요한 부분이었는데, 이 계몽주의는 16세기와 17세기의 종교전쟁에 대한 반작용으로서 등장한 것이었다(Carroll 2004, Foucault 1970, Hunt 2007, Taylor 1989). 인간을 이해하는 핵심 열쇠로서 그리고 우리가 서로 어떻게 대해야 하는가를 정함에 있어서 신의 계시 대신에 인간의 이성human reason을 내세우고자 했던 계몽주의는, 종교의 힘을 약화시키고 인간사의 중심에 신God 대신 인간man을 세우는 결과를 가져왔다.

> 이제 너 자신에 대해 알고, 감히 신을 생각지 말라.
> ·Know then thyself, presume not God to scan.
> 인간이 마땅히 연구해야 할 대상은 인간이다.
> ·The proper study of man kind is man.
>
> Alexander Pope, 1688-1744, from *Au Essay on Man*

신의 뜻God's will을 찾는 대신에, 진화의 최종 형태이자 세상의 '당연한 지배자'로서, 우월한 지혜의 소유자로서, 그리고 '인류가 마땅히 연구해야 할 대상'으로 인간을 중심에 두게 된 것은 큰 변화였다. 인간을 자연의 일부분으로 그리고 다른 생명체와 서로 연결된 존재로 고려하는 대신에, 인간은 자연보다 우월하고 특별한 가치를 지닌 존재로 간주되었다. 그리고 그his나 그녀her(보통은 남성만 해당)의 고유한 권리로서 인간에 가치를 부여하는 것이 철학적·윤리적 주장의 중심 원리로 자리 잡았다(Macy 2007, Saul 2002). 따라서 인간성humanity이라는 개념과 그 중요성은 재정립되었고, 세상의 바람직한 이치를 찾거나 사람들이 서로 간에 그리고 다른 종에 대해 어떻게 행동해야 하는지를 찾는 데 있어서, 인간의 이성이 미신이나 신의 계시 혹은 감성 등에 비해 더 우월한 것으로 간주되었다. 이러한 인본주의의 가정들은 여전히 서구의 세계관에서 중요한 부분을 차지하고 있으며, 주류 담론에서 별다른 도전을 받고 있지 않다

(Baldissone 2009).

그런데 인본주의 전통은 '인간의'에 대한 해석에서 어떤 특정한 해석만 이상적인 것으로 간주하였다. 즉 이상적인 인간the ideal human이란, 백인이자 유럽인으로서 신체장애가 없는 성인 남성이며, 평균 이상의 지적 수준을 가진 고등교육을 받은 사람이었다. 이와 다른 사람들(물론 이들은 인간 종의 대다수를 점하는 사람들이다.)은 이러한 이상을 열망하는 것으로 간주되었다. 이는 교육, 문학, 정치에 반영되었고, 실로 기업의 경영, 레크리에이션, 군대, 미디어, 대중문화 등 사회 곳곳에 영향을 미쳤다(Young 2001). 인본주의는 인간성에 대해 가치를 부여하는 진보를 가져왔음에도 불구하고, 불가피하게도 가부장적인 서구의 제국주의/식민주의와 강하게 연결되어 있었던 것이다. 그것은 인간을 가치 있게 평가했지만 단지 일부의 인간에게만 그 가치를 부여하였다. 예컨대 미국의 독립선언 시절의 유명한 인권 옹호가인 제퍼슨도 노예제를 유지했으며, 그렇게 하는 것에 대해 별다른 갈등이 없었던 것으로 보인다.

최근까지도 여성은 한낱 남성의 부속물로 간주되었다. 인간/남성의 권리man's rights라는 말은, 여성은 완전한 인간이 아니고 따라서 그런 동일한 권리를 갖지 못한다는 것을 의미했다. 이것은 여성 권리의 선언A vindication of the Rights of Women(Wollstonecraft 1975; Hyden 2001)이라는 대단한 책을 쓴 울스턴크래프트Mary Wollstonecraft 1759-1797의 시대로부터 최근 수십 년에 걸쳐 여러 페미니스트 학자들에 의해 비판받아 왔다(Berms 2003, French 1992, Peterson & Parisi 1998). 인권 용어는 이러한 성 편향성gender bias뿐만 아니라, 개인주의적 편향성도 갖고 있다. 즉 인간들men의 권리가 아니라 인간man의 권리에 가치를 부여한 것이다. 따라서 가치를 부여 받았던 인간이란 '인간 집단'이 아니라 '개인'의 차원에서 그 가치를 인정받은 것이었다.

인권은 흔히 인본주의에 근거하고 있는 것으로 간주되며, 실로 '인간의' 라는 표현을 사용한다는 그 자체가 세속적인 인본주의적 정향을 보이는 것이라 할 수 있다. 인권 가치에 영향을 미친 여러 종교적 전통이 있기는 하지만, 현시대의 인권에 대한 주류 철학적 주장들을 보면 종교에 기초하지 않았다. 오히려 그것은 홉스(Hobbs 1968), 로크(Locke 1967), 루소(Rousseau 1968), 밀(Mill 1906), 칸트(Kant Appelbaum 1995), 마르크스(Marx 1954)로부터 간디(Gandhi 1964), 넬슨 만델라(Nelson Mandela 1994), 마틴 루터킹(Martin Luther King 1969), 바츨라프 하벨(Vaclav Havel 1991, 1992)에 이르는 다양한 사상가들의 업적에 뿌리를 두었다. 이것들 중 다수가 개인의 종교적 신념을 담고 있기도 하지만, 권리에 대한 옹호는 주로 신의 계시보다는 이성, 주장, 개인적 신념으로부터 도출된 것이었다. 특히 로크와 킹은 권리가 신에 의해 부여된 것으로 보았으나, 그럼에도 불구하고 그들의 정치 철학은 그런 신에 의한 권리가 무엇을 의미하는가에 대한 합리적·이성적 논쟁으로부터 발전된 것이었다. 따라서 인권의 철학적 기초는 세속적인 인본주의 전통에 있으며, 그리고 위에 나열한 사상가 명단이 증명하듯이, 특히 그 전통의 남성의 시각 속에 굳건히 존재한 것이었다.

여기서는 인본주의와 그것이 인권에 미친 영향에 대해 더 깊이 논의하지 않고, 4장에 가서 다시 다룰 것이다. 이 장에서는 단지 '인간의' 라는 단어가 중립적이거나 전혀 문제가 없는 것이 아니라는 점과, 앞서의 지역사회와 개발의 경우처럼 그 단어를 사용할 시에는 혼란과 중요한 문제가 있을 수 있다는 점을 강조한다(Baldssone 2009). '인간의' 는 고정된 개념이 아니다. 그것은 상이한 맥락 속에서 그리고 상이한 목적을 위해서 재정립되며, 그 순간의 필요에 따라 계속적으로 재구성되는 개념인 것이다.

'인간의'라는 단어에 대한 논의를 끝내기 전에, 인권에서 그 표현을 사용하는 것은 인간을 나머지 자연세계로부터 분리시키는 결과를 가져오며, 현재의 생태학적 관점에서 보면 지속 가능하지 않다는 점을 강조하는 것이 중요하겠다(Macy 2007, Shiva 2005). 사실 계몽주의의 인본주의 전통 전체가 그럴 것이다. 서구의 인간 중심적 사고는 녹색 혹은 생태학적 관점을 가진 필자들에 의해 비판받아 왔는데, 그들은 우리가 생물계의 일부분이며 다른 종들과 서로 연결되어 있음을 강조해 왔다(Eckersley 1992). 이 관점은 원주민에게는 별 놀라운 것이 아니겠으나, 인간을 자연세계로부터 분리된 존재로 보는 서구 모더니티에는 반기를 드는 것이다. 이 서구의 세계관 때문에 환경을 경시하고 자연세계를 착취하며, 결과적으로 인간 종의 생존 자체도 위기에 처하게 된 것이다. 보다 더 생태적인 접근은 우리가 인권뿐만 아니라 다른 종의 권리에 대해서도 관심을 가질 것을 요구한다. 인간의 권리와 동물의 권리 사이의 관련성은 중요하지만 여기서 더 깊이 논의하기는 어렵다. 이 주제는 환경권과 관련하여 4장에서 다시 다룰 것이다.

## '권리'

권리rights라는 개념이 갖고 있는 문제는 인간의human의 경우보다는 좀 더 직접적으로 분명히 나타난다. '권리'를 정의하는 것은 사회 철학자와 정치 철학자에게는 도전의식을 불러일으킬 만한 작업인데, 아마도 아직까지 명확히 인정받는 정의는 없다는 게 맞는 말일 것이다(Gewirth 1996,

Hayden 2001, Herbert 2003, Orend 2002). 인권은 인간 본성의 일부인가? 권리는 타고 나는가? 권리는 '존재' 한다고 말할 수 있는가? 그렇다면 어떤 권리의 '존재'는 어떻게 확인할 수 있는가? 어떤 권리는 책임 이전에 선행하여 '존재'하는 것인가? 아니면 단지 타인에 대한 의무로부터 결정되는 것인가? 권리는 법이나 규정에서 보장할 때에만 '존재'하는 것인가? 아니면 어떤 법적 체계와는 관계없이 존재하는 것인가? 누군가가 권리를 주장한다면 그것이 정당한 것이 되기 위해서는 어떤 증명이 필요한가? 권리가 어떤 사람들에게만 부여되고 다른 사람들에게는 부여되지 않기도 하는가? 권리는(사회적으로든 법적으로든) 오로지 맥락에 따라 달리 만들어지는 구성물인가?

이것들은 권리의 정의와 관련된 질문들의 일부일 뿐이다. 그 일부는 후속 장들에서 논의할 것이며, 여기서는 사람들이 인권에 대해 생각해 온 방식들에서 세 가지 전통이 있었음을 확인하는 것으로 끝내고자 한다. 그 세 전통은 자연권 전통natural rights, 국가의 의무 전통states obligations, 구성되는 권리 전통constructed rights이다.

### 자연권

자연권natural rights은 로크John Locke, 1632-1704의 사상과 인간성에 대한 여러 종교적 주장에 기초하고 있다(Hayden 2001, Locke 1967). 그것은 권리가 인간 존재의 자연적 상태natural state of being의 일부로서 타고나는 것으로 본다. 이 점에서 권리는 우리의 인간성 자체로부터 도출되는 것이며, 인간 조건의 준準객관적 측면이다. 권리에 대한 이런 관점은 권리가 본질적 성격상 보편적인 것(모든 사람들에 의해 모든 장소에서 소유되는 것)이고, 양도 불가능한 것(우리에게서 빼앗아갈 수 없는 것)임을 주장한다. 이 사고는 흔히 창조주 신의 선물을 연상시킨다. 이는 로크의 개념에서 뚜렷이 나타나고, 미국 독립선언서의 유명한 표현에서도 찾을 수 있다.

> "우리는 이 진리가 자명한 것이라고 생각한다. 모든 인간은 똑같이 만들어졌다. 그들은 창조주에 의해 어떤 양도 불가한 권리를 부여받았다. 이에는 생명, 자유, 행복의 추구가 포함된다."

만약 이 사실들이 자명한 것으로 간주된다면 더 이상 말할 게 없이 자연권 전통은 자명한 진리로 확립된다.

자연권 개념은 권리가 준準객관적으로 존재한다는 것을 받아들이며, 그렇기 때문에 규정되고 확인되고 묘사되고 측정될 수 있다고 본다. 이 전통은 인권에 대한 많은 수사rhetoric에서 강하게 드러난다. 미국 독립선언서가 한 예이다. 물론 우리가 이러한 수사를 넘어서서 어떤 행동조치를 취하고자 할 때에는 자연권 전통은 그다지 강력하거나 유용하지 못하다. 자연권 전통 하나에만 의존하면, 인권을 이해하기 위해서 우리는 '인간다움'이 무엇을 의미하는지 혹은 인간성의 '본질'이 무엇인지를 이해해야 한다. 이는 주로 철학적 혹은 이론적 담론이 된다.

그러한 철학적 분석은 우리의 인권 이해에 중요하고 필수적인 것이지만, 그것만으로는 인권실천가나 인권운동가들이 인권침해의 현실에 맞닥뜨렸을 때 무기력감을 느끼게 된다. 행동으로 이어질 수 있는 확실한 필수적인 연결고리가 없기 때문이다. 이 전통 내에서 이루어지는 인권 실천으로는 흔히 사람들에게 인권교육을 시키거나, 그 권리가 실현되도록 하는 행동주의를 교육시키는 것이 해당된다. 따라서 인권실천에서 권리를 정의하거나 재구성하는 역할은 미미하고 단지 권리가 실현되는가에만 관심을 둔다.

### 국가의 의무

인권을 국가의 의무states obligations로 보는 전통은, 인권의 보호나 실현을 위해 정부가 제반 조치를 취해야 할 의무가 부여된 것으로 본다. 이런 의미에서 권리란, 그런 보호나 실현 메커니즘이 있을 경우에만 존재하는 것이다. 보통 이 권리들은 권리에 대한 법bills이나 헌장charters의 형태로 존재한다. 즉 어떤 권리가 보호되고 사법부에 의해 보장될 수 있음을 명시한 법규, 적절하고 유능하며 책임성 있는 경찰과 사법 체계, 그리고 교육·의료·주거·사회보장과 같은 급여혜택에 대한 권리들이 시민들에게 실현되도록 보장하는 정부 프로그램 등이 그것이다.

이 전통은 인권을 법the law, 법적 구조와 절차, 정부 정책 등과 연결시키는 결과를 가져왔다. 인권에 대한 이러한 법적 접근은 인권이 전 세계에 걸쳐 실행되도록 하는 데 큰 영향을 미쳤다. 회원국들이 반드시 인권에 관련된 법적·정책적 체계를 만들고 유지하도록 하는 데 목표를 둔 유엔의 수많은 인권 프로그램들의 기저에는 바로 이 접근이 존재한다. 또한 그것은 인권이 한 국가의 시민권과 동일시되도록 하는 효과를 가져왔다. 즉 우리의 권리가 부여되고 실현되고 보호되는 것은 바로 국가의 시민권national citizenship으로부터인 것이다.

하지만, 나중에 논의하겠지만, 그것은 난민이나 이민자와 같은 시민권이 없는 사람들을 보호하지 못하며, 모든 인간은 동일한 권리를 갖는다는 의미를 갖지 못하게 된다. 서로 다른 법 때문에 한 국가의 시민이

다른 국가의 시민보다 더 많은 권리를 가질 수 있으며, 이는 보편적 인권 사상과 맞지 않는다. 권리가 사법적 관할 영역에 따라 결정되기 때문에 보편주의는 이 전통에서는 자리를 잡을 수 없는 것이다. 이 문제는 보편적 인권법 수호 운동을 펼치거나, 서로 다른 정부들이 대등한 법과 정책을 채택하도록 촉구하는 방식으로 해결될 수 있을 것이다.

국가의 의무 전통은 인권이 법과 동일시되도록 만듦에 따라 변호사들이 인권사업human rights work에서 중요한 역할을 하게 되었다(Meckled-García & Çali 2006). 변호사의 활동과 법 제도는 인권에서 매우 중요하며 경시되어서는 안 된다. 하지만 이 책에서 취하는 인권 접근에 따르면, 그러한 법적 활동이 중요하고 실로 필요한 것이기는 하나, 만인을 위한 인권human rights for all에 기반한 사회에 도달하기 위해서는 그것만으로는 충분하지 않다(Woodiwiss 2006).

교육, 건강, 고용과 소득보장 등에 대한 권리처럼 일부 권리들은 국가의 의무 전통 하에서의 법만으로는 충분하지 않다. 거기서 국가의 역할은 관련법을 입법하는 것뿐만 아니라, 그것을 공공서비스의 형태로 제공하는 것이다. 이는 국가가 직접 하거나 아니면 국가가 재정을 지원하고 운영은 정부계약에 입찰하는 엔지오나 민간부문에 맡기는 방식 등이 가능하다. 이는 단순한 규제보다 더 적극적인 정부행위이다. 즉 국가는 기본적 사회서비스를 제공할 의무가 있거나, 달리 말해 그 서비스의 급여를 보장해야 할 의무가 있다.

국가의 의무 전통의 한 약점은, 인권을 위해 활동하는 비非정부행위자non-state actors의 역할을 충분히 고려하지 않는다는 점이다. 그 전통은 주된 책임을 국가에 두는 경향이 있지만, 가족, 시민사회, 기업 그리고 지구 공동체와 같은 다른 행위자도 위에 언급한 바와 같은 정부 서비스의 계약자로서의 역할 외에 중요한 역할을 할 수 있다. 흔히 엔지오와 같은 비정부 행위자의 역할은 인권 자체를 충족시키는 데 적극적인 역할을 하지 않고, 정부가 그 책임을 다하도록 압력을 가하거나 로비를 하는 것에 국한되는 경향이 있다. 국제사면위원회Amnesty International나 인권감시단Human Rights Watch의 경우가 그렇다. 하지만 국가의 권력이 세계화와 민영화라는 이중적 힘에 의해 약화되고 있는 이 시대에, 국가 외의 다른 행위자들도 인권이 중요하다고 생각한다면 인권에 대한 일정 책임을 받아들일 필요가 있다.

인권의 주요 책임자로서 국가를 강조하는 것은 유엔에 의해 더욱 강화되었는데, 유엔은 세계인권선언과 그에 따른 수많은 유엔 인권조약, 협정 그리고 유엔인권위원회의 역할 등을 통해 인권을 선도해 왔다. 국가들의 연합이라는 성격상 유엔은 국민국가들을 직접 상대할 수 있고, 국민국가들과 함께 인권의 책임 소재를 찾는다. 인권이 유엔의 활동으로 인식될 때, 인권은 불가피하게 국가의 책임 전통 속에서 구현될 수밖에 없을 것이다. 결국 유엔의 활동은 인권을 진전시키는 데 상당한 업적을 달성했지만, 바로 그 때문에 인권을 주로 국가의 책임 영역인 것으로 한정해 버리는 제한된 이해를 조장하였다.

### 구성되는 권리

세 번째 전통은 구성되는 권리constructed rights 전통이다. 이는 인권이 사회의 모든 단위에서 늘 타협되고, 정의되고, 재정의되는 것으로 본다. 이 관점에서 보는 인권은 인간 본성의 일부 혹은 헌법과 법령집 속에 존재하는 것 등과 같이 고정된 형태로 존재하는 것이 아니다. 오히려 우리가

'인간다움'이 무엇을 의미하는지, 타인을 어떻게 대해야 하는지, 우리 스스로는 어떻게 대우받기를 기대하는지 등에 대해 함께 이해하고 서로 타협하는 것에서 나오는 것이다. 따라서 인류학이나 사회학처럼 이러한 공통의 이해를 밝히고자 하는 학문들이 인권 연구에서 매우 중요한 역할을 한다(Goodale 2009, Goodale & Merry 2007, Wilson & Mitchell 2003).

이 전통에서 인권은 보편적이고 고정적인 것이 아니며, '맥락에 따라 달라지고' '역동적인' 것이다. 그렇다고 해서 인권의 영향력이 약화되는 것은 아니다. 인권은 생생한 생활 경험에 굳건히 뿌리를 내리고 있다. 실로 우리의 매일의 생활은 항상 권리와 책임에 관해 공유하는 가정들을 조정하고 다시 타협하는 과정이라 할 수 있다. 이 관점에서 보면 인권사업에서 중요한 것은 단지 법을 제정하거나 법구조와 책무를 강화하는 것이 아니라, '인권 문화'를 개발하는 것이다. 이 관점은 보편성universality과 맥락context에 대한 어려운 질문들을 제기하는데, 이에 대해서는 4장에서 논의할 것이다. 하지만 인권의 보호와 실현에 관련하여 이 관점은 전 사회 곳곳에서 인권에 대한 책임성을 확산시키고, 많은 사람들에게 주인의식을 불어넣어 줄 수 있는 큰 잠재력을 갖고 있다.

## 소결

다음 표에 세 전통에 대해 요약하였다. 이는 인권 전통의 기원, 각 전통에 도움이 되는 적절한 학문이나 연구 분야, 각 전통에서 보편성을 다루는 방식, 각 전통에 함축된 인권 실천의 유형 등에 대한 서로 다른 가정들을 보여준다.

**인권의 세 가지 전통**

| | 자연권 | 국가의 의무 | 구성되는 권리 |
|---|---|---|---|
| **기원** | 인간의 본성<br>신에 의해 부여된 것 | 법, 유엔 | 생활 경험 |
| **학문 영역** | 철학, 신학 | 법학, 정치학 | 인류학, 사회학 |
| **보편성** | 보편적 | 사법적 관할영역에 한정됨 | 맥락에 따라 다름 |
| **실천** | 교육, 행동주의 | 법, 정책 개발, 옹호활동 | 지역사회개발 |

이 장의 나머지 부분과 특히 4장에서는 인권에 대한 한 접근을 소개할 것인데, 이는 세 전통 모두의 요소들을 인정하면서도 주로 세 번째의 '구성되는 권리' 전통에 상당히 근거하고 있는 접근이다. 이 접근은 이전 장에서 논의한 바의 지역사회개발 개념과 자연스럽게 시너지 효과를 낼 수 있고, 지역사회개발과 인권의 통합을 탐구하는 후속 연구의 토대가 될 것이다. 하지만 자연권과 국가의 의무 전통 또한 인권에 대한 총체적 접근을 발전시키는 데 중요하며, 이후 논의에서 다루어질 것이다.

## 인권의 긴요성

수 세기를 거슬러 올라가는 종교적, 철학적 전통에 인권 전통이 있었음을 확인할 수 있고(Hayden 2001, Ishay 1997) 또 오랜 기간 권리 관념을 다룬 철학적 저술들도 있지만, '인권'이라는 용어 자체는 보다 최근에 그 기원을 갖는다. 인간/남성의 권리the rights of man에 대한 논쟁은 계몽주의 그리고 18세기 후반의 미국과 프랑스 혁명에서 시작된 것인데(Hunt 2007,

Ishay 1997, Lewis 2003, Paine 1994), 이것들은 앞서 논의한 바와 같이 '인간'man에 대한 제한적 이해를 기반으로 하는 인본주의의 전통과 일치하는 것이었다. 하지만 '인권'이라는 용어 자체는 20세기가 되어서야 모습을 드러냈다.

현대 서구의 인권운동을 추동한 주된 힘은 의심할 나위 없이 바로 유대인 대학살the Holocaust이었다. 유대인 대학살은 사망자 수의 면에서 보면 20세기 최악의 잔혹행위는 아니지만(히틀러의 집단 처형장보다 스탈린의 강제 노동수용소에서의 사망자가 더 많았다), 다른 잔혹 행위나 집단학살과는 사뭇 다른 면에서 서구인의 마음을 자극하였다. 이는 적어도 부분적으로는 그 집단학살이 실로 서구 문화와 문명의 최고를 대표하고, 베토벤, 바흐, 괴테, 실러, 칸트, 헤겔과 수많은 위대한 인물의 나라였던 서구의 한 국가에 의해 자행되었기 때문이었다. 그 결과 엄청난 인권유린이 '덜 문명화된' 국가에서, 즉 '저 너머' 다른 곳에서 일어나는 일이라고만 간주하기 어렵게 되었다. 즉 서구와 서구 문명 그 자체가 나쁜 일에 가담하게 된 것이었다.

유대인 대학살은 단지 도덕관념이 없는 인본주의amoral humanism의 한 형태인, '완전한 인간'을 찾고자 하는 인본주의의 자연스런 확장일 뿐이었다. 분명히 유럽 국가의 귀족들을 포함하여 히틀러 제국의 이념에 폭넓게 공감하는 타 유럽 국가의 국민들이 있었다. 물론 그들은 후에 그것에 대해 침묵하였다. 이렇게 볼 때 대학살은 단순히 끔찍한 일탈이 아니었고, 서구 계몽주의의 인본주의적 이상 안에 뿌리를 둔 것이었다. 그 이상은 이미 식민주의에서 그 추한 면을 보여주었던 것인데, 이제는 서구 사회 내에서 부인할 수 없는 지적·창의적 업적을 냈던 유럽의 유대인들에게 향했던 것이다. 이는 서구가 대학살을 좀 더 진지하게 다루어야 함을 의미했다. 그것은 그 밖의 누군가를 비난하기보다 자신들 스스로의 정신을 조사해야만 하는 것이었다.

따라서 서구 국가와 서구 양심에 의해 주도된 인권운동은 서구 사회가 스스로를 속죄하고자 하는 노력으로 간주될 수 있다(Tascón & Ife 2008). 인권운동은 세계의 도덕적 리더로서 2차 세계대전의 폐허로부터 등장할 수 있었는데, 그것은 나치체제를 질서, 합리성, 완전한 인간을 추구한 서구의 비극적 결과로 보지 않고 오히려 서구의 가치들을 극히 혐오한 일탈이었다고 비난하면서, 인권의 가치를 옹호하였다.

비록 기원은 이러했지만 1948년의 세계인권선언에 소중히 담겨 있는 것처럼, 인권에 대한 전 지구적 '합의'를 얻게 된 것은 20세기의 커다란 성과였다. 당시 역사적 시기가 그런 안을 받아들일 수 있도록 분위기가 무르익었다는 것도 사실이다. 그 이후 그런 하나의 문서가 전 세계 국가들에 의해 보편적 동의를 얻은 경우는 찾기 어려우며, 적어도 일부 국가들에서 '인권'이란 것이 점점 의심스러운 용어가 되고 있는 이 시기에는 특히 그렇다. 그러나 도덕관념이 없는 극단적 모더니티amoral modernity의 충격에 빠져있던 시기에 세계인권선언이 등장했다는 점은, 인권운동과 인권선언이 단지 서구사회가 스스로를 구원받고자 한 것 그 이상의 큰 의미를 갖는다. 그것들은 모더니티의 세상에 도덕성을 재도입하여 국제법의 기초로 삼으며 인간성의 가치에 호소함으로써 모더니티의 잘못된 과잉을 제한하는 방법을 찾고자 한 참된 노력이기도 했다(Cassese 1990, Laber 2002, Sellas 2002).

이런 점에서 인권운동은 모더니티가 낳은 자녀이면서도 동시에 모더니티의 어떤 측면에 문제를 제기하고 그것을 제한하려는 수단으로 볼 수 있다(Bobbio 1996). 따라서 모더니티에 대한 인권운동의 관련성은 다소 양면적이다. 이 양면성은 4장에서 논의할 인권의 모순적 측면의 핵심 내용이다. 다시 말해 도덕적 차원을 도입하면서 모더니티에 문제를 제기하였지만, 그럼에도 불구하고 인권은 합법적 권위, 법과 규제, 합리성과 객관성 등과 같은 모더니티 특유의 기제들을 사용하고 모더니티의 테두리 내에서 움직이려고 한다. 이는 주류 인권 담론이 갖고 있는 약점이다. 이 책의 목표 중의 하나는 모더니티의 단순한 합리성과 법적 사고의 한계를 넘어서, 인권에 대한 '보다 더 유기적인 접근'을 개발하려는 것이다.

하지만 그런 분석은 단지 자신들이 중요하다고 생각하는 가치values를 반영한다는 이유만으로, 많은 사람들에게 미치는 인권의 호소력을 간과할 수 있다. 예를 들어 이런 가치들에는 타인의 권리를 존중하는 것, 사람들이 존엄하고 공정하게 대우받을 수 있도록 하는 것, 그리고 특정 인종이나 계층, 국가, 지역사회의 구성원으로서가 아닌 고유한 권리를 가진 사람으로서 대우하는 것 등이 포함되는데, 이 때 인간성humanity 그 자체가 그들이 특정 방식으로 대우받을 수 있도록 보장하는 충분한 근거가 된다. 이러한 폭넓은 인권의 호소력은 국가나 문화적 경계를 넘어, 공유/공통의 인간성a common or shared humanity을 매개로 적극적으로 타인과 연락하고 소통하는 행위로 이어지게 할 수 있다.

'사람들이 어떻게 대우받아야 하는가'에 대해서 서구의 세계관을 주입할 위험이 있고 식민주의로 흐를 위험이 있기는 하지만(Douzinas 2007, Pereira 1997), 그래도 인권 개념은 변화를 위한 강력한 힘이 될 수 있고 실제로 그래 왔다. 그것은 사람들이 억압이나 차별을 당하는 사람들과 연대하여 활동할 수 있게 하였고, 남아프리카에서 흑인차별정책Apartheid을 폐기하도록 도와주었으며, 미국에서 인종 차별적인 법을 철폐

하도록 하고, 동티모르의 독립운동을 지원하는 등 여러 상황에서 변화를 만들어 낼 수 있도록 해 준 담론이었다. 세계인권선언은 많은 사람들을 감화시켰고, 여러 인권교육 프로그램의 기초자료로 사용되어 사람들이 권리의 개념과 의미를 인지할 수 있도록 하는 데 기여했다(Lauren 1998).

20세기 말의 20여 년과 21세기 초의 수년간 인권이 관심의 대상이 된 이유 가운데 하나는, 인권이 신자유주의, 억제되지 않는 자본주의, 경제의 세계화, 개인주의와 자유시장 등의 지배적 담론들을 대체할 얼마 안 되는 타당한 대안 중의 하나이기 때문이다. 타당한 반대 담론으로서 사회주의가 쇠락함에 따라, 인권은 얼마 안 되는 반대 목소리를 내는 담론의 하나로 남아 있다. 많은 집단들이 지배적인 보수적 담론에 반대하거나, 대안을 촉구하는 데 인권을 이용해 왔다. 반反세계화 운동가들은 경제의 세계화가 어떻게 인권 학대로 귀결되는지를 강조하는 것이 유용하다는 것을 알게 되었다. 예컨대 저임금 사업장에서의 열악한 노동환경 속에서 인권유린이 어떻게 발생하는지, 그리고 반대 목소리를 제거하기 위해 필요하다면 고문과 협박을 동원한 물리력을 사용하면서까지 경제적 이익을 지키려는 과정에서 인권유린이 어떻게 발생하는지를 강조하였다(Klein 2007).

비슷하게 환경주의자들은 정부와 기업의 환경에 대한 관심 부족이 어떻게 인권학대로 귀결되는지를 재빠르게 지적했다. 독성 폐기물에 의해 유발되는 건강 문제, 댐이나 여러 건설사업 때문에 이주해야 하는 수많은 사람들의 문제 등이 이에 해당된다. 그리고 지역주민의 뜻과 상관없이 지구적 자본의 이익을 보호하기 위해 경찰과 치안 인력을 이용한 물리력을 행사하는 것, 지구 온난화 때문에 발생하는 해수면 상승으로 인해 방글라데시와 일부 태평양 국가 주민들이 고향을 잃어버릴 위험에 처한 것 등도 그 예이다(Brysk 2002, Monshipouri et al. 2003, Shiva 2005, Zarsky 2002).

인권은 강한 호소력 덕분에 이러한 운동들의 중요한 부분을 차지하게 되었고, 그 운동들에 정당성을 부여할 수 있었다. 인권은 강력한 힘을 가진 담론으로 확인되었고, 많은 진보적 명분을 위해 쉽게 사용되었다. 사회주의에 대한 신뢰가 소비에트체제의 폐허 속에 사라졌고, 적어도 영어권 국가에서의 사회민주주의는 영국 '신 노동당'의 '제3의 길' 정치가 타협과 변질로 신뢰를 상실한 이 시대에, 어떤 이유에서든 현존 질서에 반기를 들고자 하는 사람들은 흔히 대안적 저항담론으로서 인권에 호소할 수 있다. 인권은 환경보호주의와 함께 현재 남아 있는 몇 안 되는 저항의 담론이며, 따라서 보통 그 둘은 정치적 운동에서 서로 연계된다.

서구에서 인권이 호소력을 갖는 또 다른 이유는 종교의 영향력이 감소했기 때문이다. 점점 세속적인 사회가 되면서, 사회주의가 대안적 전망으로서 힘을 잃어버린 것처럼 우리가 서로 어떻게 대해야 하는지에 대한 사고의 원천으로서 종교의 중요성은 약화되었고, 대신에 어떤 형태의 세속적 윤리가 필요하게 되었다. 인권은 바로 그 빈자리를 잘 메웠다. 위에서 논의한 계몽주의 전통에 따라 인권은 도덕적, 윤리적 행위의 원천을 신의 계시가 아니라 인간의 이성에서 찾으려 한 것이다. 따라서 그것은 세속적 시대에 어떤 형태의 보편적 혹은 준準보편적 도덕을 찾고자 하는 사람들에게 상당한 호소력을 갖는, 세속적 인본주의secular humanism의 한 형태였다.

인권의 또 다른 견인차는 국제주의internationalism와 보편주의universalism

에서 찾을 수 있다. 많은 사람들의 국가 간 이동이 더욱 빨라지고 쉬워짐에 따라, 그리고 커뮤니케이션 기술로 인해 정보, 돈, 의견의 교환 방식에서 혁명적 변화가 일어남에 따라 20세기는 국제주의의 시대가 되었다.

국제적십자의 설립으로 19세기 후반에 국제적인 엔지오의 시대가 시작되었다. 뒤이어 1905년에는 최초의 봉사단체인 국제로터리클럽이 등장하였고, 20세기에 걸쳐 국제노동기구ILO, 국제사면위원회, 옥스팜, 세이브더칠드런, 월드비전, 그린피스, 자유와 평화를 위한 국제여성연맹Women's International League for Peace and Freedom 등과 같은 수많은 엔지오가 등장하였다. 그리고 1차 세계대전 이후에 국제연맹이, 2차 세계대전 이후에 유엔이 설립되었다. 유엔은 다시 유니세프, 유네스코와 같은 수많은 지구적 조직체를 설립하였다.

이것들은 '점점 작아지는' 세상에 대한 반응이었으며, 이 세상의 문제들이 점점 전 지구적 규모의 문제가 됨에 따라 그에 대한 성공적 대응을 위해 전 세계 포럼에서 다룰 필요가 있다는 인식이 증가한 결과였다. 그런 맥락에서, 주로 일국적 접근을 통해 이전 세기에 지지받았던 인간/남성의 권리the rights of man라는 개념은 보다 더 국제적 개념이 되고, '인권'이라는 용어는 20세기의 국제주의와 일치하는 '국제적 보편주의'를 의미하게 된 것이다(Korey 1998).

인권의 강점을 고려할 때 그것이 갖는 한계를 확인하는 것도 중요하다. '인권'은 흔히 '사회정의'의 동의어로 사용된다. 하지만 이는 사회정의의 일부 중요한 측면들을 간과하는 것일 수 있다. 사회정의에 대해 쓴 필자들은 '구조적 불리' 문제에 오랫동안 관심을 두고 있었다(Boucher & Kelly 1998). 사람들은 다른 집단과 비교해 볼 때 상대적으로 유리하거나 혹은 불리한 특정 사회집단에 속하는 것으로 간주되었다. 연령, 장애, 섹슈얼리티 등과 같은 차원도 특권이나 불리를 나타내는 중요한 지표이긴 하지만, 구조적 불리와 관련해 가장 흔히 논의되는 차원은 계급, 성, 인종/민족이다. 그런데 인권 담론은 모든 사람을 동일한 것으로 다루는 경향이 있기 때문에 그러한 구조적 사고를 경시할 수 있다. 즉, 인권 담론은 권리의 원천이 되는 공통의 인간성common humanity을 가진 멤버십을 강조하는데, 그것은 인간의 다양성보다는 인간의 동일성에 대한 담론이다. 그래서 성, 인종, 계급과 같은 요인들을 쉽게 무시할 수 있기 때문에, 계급, 성, 인종 등에 기반한 분석이 없는 인권 담론은 그런 구조적 불평등을 강화할 가능성이 있다.

'인간의 조건'에 대한 논의는, 철학·사회학·심리학·인류학·역사학 혹은 정치학 등 어느 영역에서 다루어지든, 동일성의 담론 아니면 차이의 담론을 강조하는 경향이 있다. 인권은 당연히 공통의 인간성이라는 개념을 중심으로 만들어진 동일성의 담론이며, 따라서 인간을 나누기보다는 통합하는 담론이다. 이는 다양성, 차이, 구조적 불리를 강조하는 분석과 균형을 맞출 필요가 있다. 예컨대 여성이 인권에서 배제되고 있음을 주장하는 인권과 성에 대한 상당한 연구(Ashworth 1999, Brems 2003, Peterson & Parisi 1998, Rendel 1997)가 있으며, 인권과 문화적 차이에 대한 폭넓은 저작들 중에는 인권과 인종에 대한 연구들이 꽤 많이 있다(성과 문화적 차이에 대해서는 4장에서 논의할 것이다). 다만 노동자의 권리를 다루는 것 외에 인권과 계급에 대한 이론적 논의는 별로 없다.

이 책에서 취하는 입장은 앞 장에서 지역사회개발과 관련하여 취한 입장과 본질적으로 비슷한데, 즉 인간의 동일성 담론과 차이의 담론 간에 어떤 중요한 균형을 유지하기 위해서는 구조적 고려가 필요하다는 것이다. 인권 개념이 다양성을 어떻게 다룰 수 있는가 하는 문제는 인권에 관심 있는 사람들에게는 익숙한 난제인데(Caney & Jones 2001), 이에 대해서는 이후 장들에서 다시 다룰 것이다.

지역사회개발은 인권 담론보다는 더 효과적으로 다양성 문제를 다루고 조화를 이루어 왔다. 이는 후속 장들에서 상세히 다루겠지만, 지역사회개발이 인권에 기여할 수 있는 중요한 영역이 된다. 이것이 가능하게 된 하나는 지역사회개발이 후기 구조주의와 포스트 모더니즘의 개념들을 받아들였기 때문이다. 이는 모더니티의 특징인 전통적인 구조적 분석을 극복하고, 보다 유동적이고 다양한 이해를 하려는 시도이다. 이것은 두지나(Costas Douzinas 2000, 2007)의 연구를 제외하고 전통적인 인권 문헌들에서는 잘 다뤄지지 않았는데, 이 책 5장에서 좀 더 다루어 볼 것이다.

요약하면, 이 장은 최근 수십 년 간 인권에 대한 관심이 대단히 증가한 현상을 설명하기 위해 인권이 요구되는 긴요성imperatives을 간략히 정리하였다. 이 역사적 시점에서 인권 개념은 분명히 관심을 끌고 있다. 개념적 어려움에도 불구하고 인권이 이 세상의 진보를 이끌어내는 강력한 힘이 되고, 인권운동이 없다면 이 세상은 점점 더 불행한 곳이 될 것이라는 점에는 의심의 여지가 없다. 이 책은 인권 개념의 가치를 깎아 내리려는 것이 아니라 인권 개념을 확실히 하고, 그것이 인간의 지역사회에 스며들어 보다 더 효과적이고 강력한 것이 되도록 하는 방법을 찾고자 한다.

제4장

# 인권의 원칙과 차원

## 원칙

인권은 흔히 아래와 같이 생각된다.

- 편적인 것universal; 인종, 국가, 문화, 성, 연령, 장애, 신념이나 행동에 관계없이 모든 사람에게 속하는 것
- 불가분의 것indivisible; 각각을 서로 분리시킬 수 없는 하나의 묶음으로 되어 있는 것
- 양도 불가능한 것inalienable; 한 개인이나 집단으로부터 빼앗아 갈 수 없는 것
- 철폐할 수 없는 것inabrogable; 자발적으로 포기하거나 혹은 어떤 다른 특권과 교환하기 위해 포기할 수 없는 것

실제로는 위 원칙들 어느 것도 인권이 이해되고 행해지는 현실과 잘

맞지 않는다. 아마도 이 네 가지 중 가장 논쟁이 될 만한 것은 보편주의 universalism일 것이다. 만약 보편주의를 무비판적으로 적용한다면 문화, 다양성의 중요성을 부인하고, 보편주의의 가정들을 받아들이지 않는 문화권에 특정 형태의 인권(흔히 서구의 개념)을 강요하는 것으로 귀결될 수 있다(Douzinas 2000, 2007, Pereira 1997). 그런 식의 인권에 대한 보편적 접근은 식민주의적 의제가 되고 말 것이다.

확실히 보편주의에 대해서는 보다 섬세한 접근이 필요하며(Brown 1999), 극단적 상대주의에 빠지지 않으면서도 문화적 맥락cultural text을 고려하는 것이어야 한다. 극단적 상대주의는 극단적 보편주의만큼이나 찬성할 수 없는 것이다. 보편주의와 맥락의 문제는 인권 담론에서 가장 논란이 되는 것 중의 하나인데, 이것은 이 장 후반부에서 좀 더 상세히 다룰 것이다. 순진하고 무비판적인 보편주의는 문제가 있다. 인권이 보편적이라는 주장은 문제 삼지 않고 지나칠 수 없으며, 이것이 실천에서 항상 지켜지는 것도 아니다.

인권의 불가분성indivisibility 또한 문제의 소지가 있다. 인권 현장에서는 권리들을 늘 여러 범주로 나누어 왔고 일부 권리들은 여타 권리들과 다른 것으로 취급되었다. 공민적·정치적 권리civil and political rights 전통적으로 경경제적·사회적·문화적 권리economic social and cultural rights와 구분되는 것으로 간주되었으며, 두 권리 간의 상대적 우선성에 대해서는 합의가 존재하지 않았다(Freeman 2002). 비슷한 논란이 '개인적' 권리와 '집합적' 권리에 대한 논의에서도 나타났다(Lyons & Mayall 2003).

예컨대 부모의 권리와 자녀의 권리, 표현의 자유권과 언어학대로부터 자유로울 권리, 공민적 권리와 '테러'로부터 자유로울 권리 등의 충돌에서처럼, 실로 인권이 상충될 수 있다는 생각은 특정 구체적 권리들이 '하나의 통합된 묶음'으로 된 것이 아니라 서로 분리되어 별개로 취급될 수 있음을 의미한다. 그것은 인권들이 갈등관계에 놓일 수 있음을 의미하며, 따라서 인권의 불가분성은 부정될 수 있다. 하지만 불가분성 개념은 실로 인권에 대한 그런 종래의 이해를 해체하고, 그것들이 서로 충돌하지 않도록 권리에 대한 재정의를 요청하는 강력한 수단이 된다.

권리의 충돌은 흔히 어떤 사람이 타인의 권리에 영향을 미치면서 자신의 권리를 행사하려고 할 때 나타난다. 인권이 진정 불가분한 것으로 이해된다면, 과도한 권리 행사는 그 자체가 권리의 침해가 된다. 따라서 권리의 행사는 타인의 권리를 침범하지 않도록 어떤 제한이 두어져야 한다. 이는 흔히 인권에 대한 자유주의적 담론에서 나오는 주장인데 (Mill 1906), 불가분 개념의 핵심에는 타인의 권리를 방해하지 않는 한도 내에서만 권리 행사가 이루어져야 한다는 자유주의적 사고가 있다.

인권은 실제로 늘 양도 불가능한inalienable 것은 아니다. 어떤 상황에서는 누군가의 권리를 빼앗기도 한다. 예컨대 누군가 유죄선고를 받으면, 그 사람의 이동의 자유와 결사의 자유는 박탈된다. 비슷하게 (군대와 같은)수많은 사업장에서 노동조합에 가입할 권리가 부정되고 있다. 또 아동들에게는 투표권이나 생계를 유지할 권리 등과 같은, 어른들에게 당연시되는 권리가 부인된다. 또한 권리는 '획득되어야 한다'earned는 말도 흔히 들을 수 있다. 이는 실제로는 권리에는 책임이 동반된다는 주장으로, 어떤 사람이 책임을 다하지 못하면 그의 권리를 몰수해야 한다는 의미이다. 이런 생각은 권리가 양도 불가능하다는 생각과 거의 양립될 수 없다.

마지막으로, 인권을 '철폐할 수 없는inabrogable' 것으로 보는 생각도 흔히 모순된다. 예컨대 공공영역이든 민간영역이든 근로자에게 비밀 준

수 조항에 서명하도록 하는 일이 흔히 있는데, 이는 표현의 자유권을 없애버리는 것이다. 이는 인권을 팔아치워 버리는 한 예로서 인권이 진정으로 철폐 불가능한 것이라면 일어날 수 없는 일이다. 비단 표현의 자유뿐이 아니다. 해당 국가의 노동법, 노동시장, 용인되는 고용 관행에 달려있긴 하겠지만, 근로자가 일자리(이 자체가 인권의 하나이다)를 얻기 위해서는 이동의 자유권, 결사의 자유권, 안전하고 건강한 환경에서 일할 권리, 가족과 자유 시간을 가질 권리, 존엄하게 대우받을 권리 등을 포기할 수 있다.

따라서 전통적으로 인권의 특징을 보편적이고, 불가분하며, 양도 불가능한, 철폐 불능의 것으로 보는 것은, 인권이 현실에서 실제로 이행되는 모습과는 잘 맞지 않다. 인권에 대한 그런 관점은 아마 현실을 묘사하기보다 그렇게 되기를 바라는 '어떤 이상'일 뿐이다. 하지만 수많은 전통적 인권 교육 프로그램들에서 여전히 인권이 보편적이고, 불가분의, 양도 불가능한, 철폐 불능의 '것'이라고'('이 되어야 한다'가 아니라) 주장할 것인데, 그것이 혼동과 모호성을 불러일으키는 원인이 된다. 현실에서는 이루어질 수 없는 '하나의 이상'을 제시하는 것에 불과하며 인권을 '실제 세상에는 없는' 이상적 꿈을 꾸는 것으로 치부하게 만든다. 이런 전통적 접근은 인권을 '구성되는constructed' 것으로 보지 않고, 자연권 전통에 따라 이미 '존재하는' 것으로 보는, 권리에 대한 실증주의적 관점에 해당한다.

사람들이 인권을 확인하고 쟁취하기 위해 투쟁하는 이 세상은, 전통적 담론이 시사하는 바보다 훨씬 더 복잡하고 제멋대로이고, 또 모순적이다. 사람들의 생생한 경험 속에서 존재하는 인권은, 희망으로는 가능하나 실제로는 보편적이거나 양도 불가능하거나 불가분하거나 혹은 철폐 불가능한 것이 아니다. 인권의 '원칙들'로서 그것들은 '타당한 묘사'가 아니며 '하나의 규범적 이상'을 나타낼 뿐이다.

아래에서의 인권 접근은 구성되는constructed 권리 전통에 가깝다. 즉, 사람들의 생생한 경험 속에 존재하며 그것과 일치하는 인권 의미를 찾고자 한다. 이를 위해서는 권리가 '보편적이고, 불가분하며, 양도 불가능한, 철폐 불능의 것'이라는 비현실적인 진술을 넘어 다른 것이 필요하다.

## 국민국가를 넘어서

인권 개념의 중요한 특징 중의 하나는, 그것이 우리의 권리를 한 국민국가nation state의 경계를 넘어서 확장시킨다는 것이다. 흔히 권리가 일국의 시민권national citizenship에 의해 규정되고, 권리에 관한 국내법·헌법·협정 등을 통해 보장된다고 생각한다. 이는 부분적으로 유럽에서는 바뀌었는데, 거기서는 시민 권리citizenship rights의 보장자로서 유럽연합European Union이 국민국가를 대신하게 되었다.

그런데 시민의 권리를 보장하는 주체로 기능하는 국민국가는 문제를 갖고 있다. 이는 유럽연합과 같은 지역적 통합이 이루어진 경우도 그렇다. 점점 세계화되고 있는 상황 속에서 많은 사람들은 시민권citizenship이 없는 국가에서 살기도 하는데, 이런 사람들 중 상당수는 인권 유린의 위험에 처해 있는 사람들, 즉 난민, 망명 신청자, 이민 노동자 등이다. 권리가 국민국가의 시민권의 결과로서 보장되는 것이라면 이런 사람들은 제한적인 보호만을 받을 것이며, 국가의 인권 체제로부터 방치될 위험이 있다.

일국의 시민권과 관련된 또 다른 문제는, 세계화 시대의 많은 인권침해는 직간접적으로 예컨대 다국적 기업과 같은 국제적 행위자에 의해 초래된다는 사실이다. 이들은 보통 자신들이 활동하는 나라의 정부에 대해 실질적인 책임을 지지 않아도 된다. 초국적 행위자들의 활동을 규제하고 통제할 수 있는 국민정부의 능력은 절대적으로 제한받으며 힘 있고 거대한 기업들의 경우에는 특히 그러하다.

이 점에 있어서 정부들은 국내법, 권리장전 혹은 헌법을 통해 '인권'을 보장하려고 하는 것이 일반적이었다. 이것은 의심할 여지 없이 가치 있는 일이나, 보편적 인권이라는 개념에 대해 어떤 문제를 불러일으킨다. 그것은 상이한 국가의 시민권을 갖고 있는 사람들 사이에 서로 간의 권리가 달라지는 결과를 낳는다. 이는 '보편적' 인권을 위한 적절한 체제라 할 수 없다. 유엔은 유엔 인권협약UN conventions을 체결한 국가들이 자국의 법 속에 그 내용을 담아내고 그것이 적절히 실현·보호되도록 할 것을 요청함으로써 그 문제를 극복하려고 한다. 그러나 이는 완벽하게 성공하지는 못해서, 인권 보호는 서로 다른 국가에 살고 있는 사람들에게 서로 다르게 이루어지고 있다. 사람들의 권리가 그들의 시민권에 따라 달라진다면 모든 사람들이 공통으로 가지고 있다고 하는 인간의 권리라고 부르기 어려운 것이다.

이 문제에 대처하기 위해 인권의 개념 속에 지구적 시민권global citizenship이라는 개념을 포함시키려는 시도가 있었다. 즉 우리는 권리를 한 국가 혹은 유럽연합과 같은 지역적 연합의 시민권으로부터가 아니라, 공통의 인간성common humanity 혹은 '인류'의 구성원membership of the 'human race' 이라는 사실로부터 도출할 수 있다(Douzinas 2007, Falk 1993, 2000a,

2000b, Falk Ruiz & Walker 2002, Keck & Sikkink 1998, Rajagopal 2003). 국민국가의 힘이 약화되고 인권을 위협하는 전 세계적 힘에 대응할 전 지구적 차원의 대책이 필요한 이 세계화 시대에, 이 지구적 시민권은 보다 중요한 의제가 되고 있다.

국민국가를 넘어 확대될 수 있는 것은 인권에 대한 위협뿐만이 아니다. 지구적 민간 행위자들global private operators이 의료보호, 교육과 같은 영역에서 활동함에 따라, 우리의 건강과 교육에 대한 권리가 국내의 행위자들이 아니라 지구적 차원의 행위자에 의해서도 충족될 수 있게 되었다. 세계화가 진행될수록 인권 보장자guarantor of human rights로서의 국민국가는 점점 더 부적절하고 의미가 줄어드는 것 같다. 다국적 기업들이 국민 정부와 관계없이 맘대로 행동할 수 있는 전 지구적 차원의 '권리'를 요구함에 따라, 사람들이 무책임한 세계 시장의 변덕 속에서 희생당하도록 내버려두지 않기 위해서는 시민권에 의한 권리들이 지구적 수준에서도 보장되어야 할 필요가 생겼다. 인권이 바로 그것을 이룰 수 있는 발판이 되며, 지구적 시민권global citizenship 개발을 위한 조직 개념이 된다.

현재 자신을 지구적 시민global citizen이라고 부를 수 있는 유일한 사람은 바로 권력자들이다. 누구나 원하는 부, 권력, 탁월한 능력이나 평판, 지위를 가진 사람들이며, 어디를 가든 환영받는 사람들, 쉽게 국경을 넘을 수 있는 사람들이다. 하지만 그 외 다른 사람들에게 '지구적 시민권'이란 하나의 꿈에 불과하다. 만약 그들이 국경을 넘고자 한다면 억류되거나 송환되는 위험을 안고 가는 것이며, 기껏해야 난민 캠프에서 최소한의 숙식을 제공받을 수 있을 것이다. 이처럼 지구적 시민과 그렇지 않은 시민이 있다. 하지만 인권은, 실제는 그렇지 못해도 적어도 이론상으로는 전 지구적 시민권에 기반한 권리rights of global citizenship가 부, 재산 혹은 능력에 관계없이 모든 사람에게로 확대되어야 할 것을 요구한다.

## 권리의 사법구제 가능성; 법치

인권 담론의 또 다른 중요한 특징은 사법구제 가능성justiciability 개념이다. 이는 인권이 법에 의해 보호되어야 한다는 개념이며, 권리가 사법구제가 가능하도록 법적 절차를 통해서 보호받을 수 있어야 한다는 생각이다. 전통적으로 일부 권리들 예를 들어, 공정한 재판을 받을 권리는 다른 권리들 예를 들어, 존엄하게 대우받을 권리에 비해 더 쉽게 사법적 구제를 받을 수 있었다. 하지만 일부 인권 옹호가들, 특히 변호사들은 사법구제 가능성이라는 개념을 통해 모든 권리가 사법적으로 구제받을 수 있도록 하는 방법을 찾으려고 애썼다(Meckled-García & Çali 2006). 의료보호 혹은 교육에 대한 권리가 진정 사법적으로 구제될 수 있다면, 그 권리를 거부당했다고 생각하는 사람들 예컨대, 가난해서 의료서비스를 받지 못하거나 열악한 교육을 받았다고 생각하는 사람들은 법원에 고소하여 적절한 보상을 받을 수 있을 것이다.

하지만 모든 권리가 사법적 구제를 받을 수 있는가의 여부는 의문의 여지가 있다. 일부 권리가 다른 것에 비해 쉽게 사법적 구제절차를 밟을 수 있다는 점은 의심의 여지가 없다. 하지만 사법구제 가능성에 대해 너무 강조하는 것은 일부 권리들이 무시되거나 경시되고 있음을 의미하고, 또 인권이 과잉 입법될 수 있음을 의미한다. 이는 사법구제 가능성을 반대하는 주장인데, 하지만 그와 반대로 권리가 법적으로 보호될 수 없다면 그것을 소유한다는 것도 별 의미가 없다고 주장할 수도 있다.

사법구제 가능성에 대해 찬성하는 주장은 다른 세계관에 비해 법적 세계관을 우월한 것으로 간주한다. 순수한 형태의 법적 세계관에 따르면, 유일하게 중요한 것은 법에 의해 규정되고 보호되는 것들이며 법이 모든 인간의 상호작용의 기초를 형성한다고 주장한다. 하지만 이는 법의 중요성을 터무니없이 과장하는 것이다. 우리가 그저 법에서 규정하고 있기 때문에 무언가를 한다거나, 법에서 하지 말라고 금하고 있기 때문에 무언가를 하지 않는다고 생각하는 것은 명백히 오류이다. 인간의 활동, 그리고 우리가 서로 어떻게 대해야 하는가 하는 것은, 법 이외에도 사회화, 유전, 도덕, 종교, 감정, 동료집단으로부터의 압력 등과 같은 복잡 다양한 동기들에 의해 결정된다. 대개의 사람들에게 그리고 대부분의 시간에 법은 극히 미미한 역할을 한다. 인권이 단지 법에 근거하여 정당화된다면, 그것은 사람들이 상호 어떻게 행동하고 또 왜 그렇게 행동하는지에 대한 현실reality을 충분히 담아내지 못하는 것이 된다. 인권을 달성하기 위해 오로지 법에만 의존하는 시각은 정말로 한계가 있는 것이다.

특히 법은 '경미한 정도'의 인권학대를 잘 다루지 못하는데, 특히 가정 내에서의 학대를 잘 다루지 못한다. 예컨대, 인종차별적이거나 성차별적인 언어적 괴롭힘을 규제하는 법을 제정하는 것은 가능하며, 실제로 많은 국가들이 그런 법을 가지고 있다. 하지만 가족 내에서 지속되고 있는 경미한 정도의 괴롭힘을 규제할 법을 제정하는 것은 실질적으로 불가능하다. 이는 학대 관련법에서 다룰 만큼 대단히 심각하지는 않지만 관련자에게 장기간 인격을 훼손하는 문제일 수 있다. 심지어 공공영역, 예컨대 사업장에서조차도 법은 심각한 인권 위반은 다룰 수 있겠지만 증거에 입각해 입증하기 어려운 미묘한, 하지만 노동자의 생활 속에서 사실상 그들의 권리를 침해하고 있는 지속적이고 경미한 괴롭힘은 다루기 어렵다.

인권 문제에 있어서 법은 사실 무딘 도구이다. 법은 심각한 학대임이 분명하고 입증 가능한 사건만 다룰 수 있으며, 인권이 일상적으로 침해당하고 거부당하는, 보다 더 미묘하고 복잡 모호한 상황은 다루지 못한다.

인권에서 법적 관점이 지배적인 현상은 하나의 특정 세계관만 우월시하고 다른 것은 배척하는 것이다. 그것은 삶의 모든 측면들에서 법과 법적 합리성이 지배하고 있는 현실을 일부 드러낸 것이다. 법적 관점의 지배로 인해 인권 영역에서 변호사가 중요한 역할을 하게 되었으며, 흔히 인권은 단지 법의 한 전문영역인 것으로 분류되었다. 변호사들은 보통 인권위원회나 조사위원회를 주재해 줄 것을 요청받으며, 인권 관련 책들은 서점의 법 코너에서 찾을 수 있다. 인권을 정의하는 것은 법적 활동으로 간주되었으며, 바로 그 법의 본성 때문에 인권의 하향식 관점, 즉 전문가가 인권을 규정하고 그것을 타인에게 적용하는 형태가 되었다. 그것은 인권에 대해 이 책이 취하는 관점인 상향식 접근에 반한다.

이는 변호사나 법이 아래로부터의 인권을 위해 아무런 역할을 하지 않는다고 말하는 게 아니다. 단지 법 전문가가 인권과 관련하여 지배적 위치를 점한다고 보아서는 안 되며, 인권 영역에서 활동하는 수많은 전문직과 직업 집단의 하나일 뿐이라는 것을 말하는 것이다. 또한 '아래로부터'의 법을 재구축하려는 의미 있는 시도들도 있었는데(Goodale & Merry 2007, Rajagopal 2003), 이것은 인권에 대한 지역사회개발 접근과 잘 양립할 수 있다. 이에 대해선 후속 장에서 논의할 것이다.

## 권리와 책임

인권의 또 다른 중요한 문제는 권리와 책임responsibilities, 책무duties, 의무obligations와의 관계이다. 권리가 책임을 의미한다는 것은 명백하다. 즉 누군가의 '권리'를 보호하고 실현하기 위해서 타인들에게 부여되는 책임이 있다. 책임 없는 권리는 의미가 없다. 그 둘은 함께 이해되어야 한다. 사실 책임은 인권사업에서 어려운 부분이다. 어떤 권리의 '존재'나 '소유'는 쉽게 동의가 이루어지지만, 그 권리가 반드시 충족되도록 하는 것이 누구의 책임인지에 대한 질문은 매우 논란이 된다. 인권사업은 실제로는 대부분 인간의 책임에 관한 활동이다. 권리에 수반되는 책임이 해당 사람이나 집단, 기관에 의해 반드시 이행되도록 하는 활동인 것이다.

권리와 책임의 명백한 연관에도 불구하고 정치적 담론에서는 흔히 그 둘을 분리시키는 것을 목격할 수 있다. 정치적 우파들은 흔히 책임을 강조하지만 권리에 대해서는 잘 이야기하지 않는데, 이는 권리가 위험한 사회주의의 것으로 간주되기 때문이다. 비슷하게 정치적 좌파들은 흔히 권리의 언어에 대해서는 편안해 하지만 책임에 대해서는 의구심을 갖는데, 왜냐하면 보수 색채의 정치적 이익단체가 고압적으로 사용해 온 상호 의무mutual obligation 담론 때문이다. 권리와 책임을 함께 고려하는 것은 우리가 유한한 지구를 공유하는 인간 존재로서 서로 어떻게 관련되는지에 대한 담론의 일부로서, 이러한 이념적 분리로 인해 충분히 이루어지지 못했다.

이 책의 목적상 권리와 책임의 관계를 이해하고 그것들이 서로 필연적으로 연관된 것임을 인식하는 것은 매우 중요하다. 권리와 책임을 함께 이해하면, 우리는 권리와 책임의 네트워크를 통해 서로 연결될 수 있다. 즉 나의 권리는 타인의 책임을 요하며, 타인의 권리는 나에게 책임을 지운다. 내가 소유하고 있지만 마치 남과는 전혀 관련 없는 것처럼 '나의 권리'를 따로 떼서 얘기하는 것은 터무니없다. 무인도에 홀로 있는 사람에게 권리란 있을 수 없다. 권리는 오로지 타인들과 함께 있는 지역사회에 존재하는 것이며(Gewirth 1996), 이 책의 기초가 되는 것도 바로 이 권리와 지역사회 간의 필수적 연계이다. 권리와 책임은 우리가 인간의 지역사회에 대해 생각할 것을 요구하며, 인권사업은 지역사회개발에 대해 생각할 것을 요구한다. 이는 제5장에서 더 다룰 것이다.

권리와 책임을 고려할 때, 인권에 대한 종래의 자유주의적 시각은 개인의 권리와 책임에 집중한다. 하지만 이는 권리와 책임에 대한 제한된 시각이자 문화적으로 편향된 시각이다. 아래에서 논의되겠지만, 권리는 개인적 차원에서 이해될 수 있을 뿐만 아니라 집합적으로도 이해될 수 있고 현재의 논의 목적상 책임이나 의무도 역시 마찬가지다.

책임은 개인적 수준에서 있을 수 있지만(예컨대 타인의 권리를 존중해야 할 책임), 그것은 또한 가족 단위에서(예컨대 자녀들에게 표현의 자유권을 허용해야 할 책임), 지역사회 단위에서(예컨대 타인을 받아들이고 그들에게 경의를 표해야 할 지역사회의 책임), 기관 단위에서(구성원들의 권리를 존중할 학교·병원·사업장의 책임), 기업의 단위에서(노동자·소비자·주주·지역사회를 정직하고 공손하게 대해야 할 기업의 책임), 국가 단위에서도(경찰·군대·치안 인력이 시민의 권리를 침범하지 않도록 하고, 국민들의 의료·교육·소득보장 등의 권리가 충족될 수 있도록 프로그램과 서비스를 제공해야 할 국가의 책임) 적용될 수 있다. 또한 인권 침해를 예방하는 데 있어서 유엔의 역할 인식에서 보듯이, 현재의 세계화된 세상에서는 책임의 소재로서 국제적인 것the international 혹은 지구적인 것the global도 중요하게 되었다.

이런 다양한 잠재적인 책임의 소재들을 고려할 때, 책임이란 꼭 이것 아니면 저것이라는 이분법적 선택의 경우가 아니라는 점을 이해해야 한다. 책임을 물을 때 흔히 한 곳에서만 책임을 찾는 경향이 있는데, 이는 상호 연결된 사회에서 인권에 대한 책임은 불가피하게 여러 곳에서 함께 져야 하는 것임을 이해하지 못하는 것이다. 제5장에서 '인권 문화'라는 개념을 다룰 것인데, 이는 책임이란 공동으로 나누는 것이며 개인의 책임과 집단의 책임, 이 양자가 모두 존재함을 의미한다. 즉 정부는 지역사회나 민간부문에게 책임을 지라고 하고, 민간부분은 정부가 책임을 져야 한다고 주장하며, 어떤 이는 '가족'이 책임을 떠안기를 바라거나, '개인'이 좀 더 책임감이 있어야 한다는 주장을 하는데, 인권 문화는 늘 나타나기 마련인 이러한 책임 전가를 극복하는 데 도움이 될 수 있다.

최근 수십 년 간, '시장의 힘'에 대한 믿음과 거의 모든 것을 획득할 수 있는 시장의 능력 때문에, 다른 행위자들에게 책임을 지도록 하지 않고 모든 것을 '시장에 맡겨두려는' 경향이 나타났다. 하지만 시장은 이윤 동기로 인해 쉬이 인권 침해를 조장할 우려가 있는 것으로 드러난 이상, 인권을 시장에 맡겨둘 수 없음은 명백하다(Klein 2007, Shiva 2005). 하지만 이것이 민간부문은 인권의 보호나 달성을 위해 별다른 역할을 할 수 없다는 것을 의미하는 것은 아니다. 정말로 민간부문이 사회에서 그런 큰 역할을 할 수 있다면, 이윤을 위해서뿐만 아니라 인권을 위해서 일정 책임을 떠안도록 요구해야 한다. 이 책을 쓰는 시점에 '시장의 무결성'에 대한 믿음은 신용위기와 그로 인한 경제 침체 때문에 심각한 도전을 받고 있으며, 흥미롭게도 그 현상은 책임을 둘러싼 논쟁을 다시 불러일으키고 있다. 그 논쟁은 물론 경제활동의 책임을 둘러싼 논쟁이지만, 인권 영역에서도 그러한 책임 논쟁이 이루어질 수 있다.

## 세대 간 권리

권리와 책임이 연결되어 있다는 사실은 세대에 걸쳐 적용될 수 있다(Falk 2000a). 즉 과거에 발생한 인권 침해에 대해서 현재의 사람들과 기관에게 그 책임을 지울 수 있다는 것이다. 예컨대 2차 세계대전 동안 나치스에 의해 몰수된 유대인의 재산을 반환하는 문제, 가족으로부터 자녀를 빼앗아 간 이전 정부의 행위에 대해 현 정부가 사과하고 보상하는 문제 등이 그런 경우이다. 과거의 인권 위반은 세대를 내려가면서 파장을 불러일으킬 수 있기 때문에, 사건 후 수십 년, 심지어 수백 년 후에 그것들을 다루는 것은 정부와 인권을 실천하려는 기관들에게는 중요한 문제가 되었다.

마찬가지로 책임은 미래에까지 확장될 수 있으며, 오늘날 생존하고 있는 사람은 미래 세대의 권리를 보장할 책임이 있다는 것이 받아들여지고 있다. 다른 무엇보다 특히 환경의 경우가 그러하다. 오염이 없고 생존에 필요한 일정 수준의 자원이 있으며 인간 문명과 다른 종들의 생존을 가능하게 하는 기후를 가진 세상에서 살 미래 세대의 권리는, 현 세대에게 지구 온난화, 해양의 과잉 어획, 핵 폐기물, 물의 보존 등과 같은 문제를 심각히 다루어야 할 책임을 부과한다.

따라서 인권과 책임은 역사와 무관한 현재에 나타나는 것으로 보아서는 안 되며, '역사적 맥락' 속에서 바라봐야 한다. 다른 모든 것과 마찬가지로 인권은 특정한 '역사적 순간'에 이해되는 것이다. 과거로 되돌아 거슬러 올라가는 이야기가 있고, 미래에까지 확장되는 이야기도 있으며, 그것들이 바로 현재의 인권에 대한 사고와 실천을 형성하는 것이다. 그런 이야기들에 대해 잘 알고 전해주는 것이 인권사업의 중요한 측면이다. 이것은 인권 개념의 역사적 발달과 시간의 흐름에 따라 나타나는 권리와 책임의 연결, 이 모두를 다루어야 한다.

## 개인적 권리와 집합적 권리

인권에 대한 종래의 시각은 주로 개인의 인권을 의미하는 것이었는데, 이는 인권 담론이 서구의 자유주의적 기원을 갖기 때문이다. 전체로서의 인류humanity as a whole 대신에 개인으로서의 인간the human as a individual에 초점을 두는 것은 많은 인권 사상의 특징으로, 세계인권선언과 유엔의 여러 협약들에서 찾을 수 있다. 그것들은 개인의 권리는 상세히 명시하지만 인권에 대한 보다 집합적인 이해에 대해서는 소홀히 하고 있다. 이는 소위 인권에 대한 아시아의 비판Asian critique의 근거가 되었는데, 아시아권 비평가들은 인권이 개인주의적 경향을 띰으로써 실질적으로는 인간성에 대한 서구의 관점을 타국에 강요하는 식민주의적 기도였다고 비판하였다(Aziz 1999, Bauer & Bell 1999, Meijer 2001). 이러한 주장 외에도, 최근 수십 년 간 인권이 체계적으로 거부된 집단들, 예컨대 여성·장애인·원주민과 아동 등에 대한 강력한 옹호활동 덕분에, 인권을 개인 차원뿐만 아니라 집합적으로 이해하는 데 많은 관심이 주어졌다(Lyons & Mayall 2003).

권리에 대한 개인적 이해와 집합적 이해 간의 긴장은 인권 영역에서 중요한 것이 되었다. 일부 보수적 필자들(예컨대 Kristol 1989)은 인권에 대한 집합적 해석은 개인을 집단 속에 종속시킴으로써 개인의 자유를 부정하는 것일 수 있기 때문에, 인권에 대해서 개인적 해석만이 바람직하다고 주장했다. 그러나 다른 필자들(예컨대 Lyons & Mayall 2003)은 인권에 대한 어떤 집합적 해석이 필요하다고 보았는데, 왜냐하면 사람들은 고립된 개인으로서가 아니라 오로지 지역사회 속에서 완전한 인간성을 실현할 수 있다고 보았기 때문이었다. 이것이 바로 이 책이 받아들이는 관점이다.

**개인적/집합적 권리와 책임**

| 책임 \ 권리 | **개인적 권리** | **집합적 권리** |
|---|---|---|
| **개인적 책임** | 자유주의적 | 유교적 |
| **집합적 책임** | 사회주의적 | 공산주의적 |

개인적 권리와 집합적 권리 간의 긴장은, 위에서 논의한 바와 같은 개인적 책임과 집합적 책임 간의 긴장과 흡사하다. 개인적/집합적 권리와 개인적/집합적 책임를 사용하여 간단한 교차표를 만들 수 있다.

이 도표는 개인적/집합적 권리와 개인적/집합적 책임과 관련하여 가능한 이념적 입장을 나타낸다. 자유주의적 전통은 권리에 대한 종래의 서구적 이해에서 강조하는 것처럼 개인적 권리와 개인적 책임을 내포한다. 하지만 그것은 단지 네 가지 가능성 중의 하나일 뿐이다. 개인적 권리와 집합적 책임은 사회주의 혹은 사회민주주의 전통을 나타내는데, 이는 개인의 권리가 실현되고 욕구를 충족시킬 책임이 집단 - 보통 복지 국가를 통해서 - 에게 있다고 본다. 즉 개인의 복지를 달성시켜야 할 집합적 의무가 있는 것이다. 반대로 유교적 전통은 집단의 안녕을 위해 개인이 기여해야 할 책임이 있음을 강조하는데, '아시아의 비판'을 다루고자 한다면 꼭 이해해야 할 부분이다. 마지막은 집합적 권리와 집합적 책임의 조합인데, 이것은 책임과 권리 양자의 면에서 개인은 집단에 종속된다는 공산주의 이상에서 가장 전형적으로 드러난다.

이런 도표들을 볼 때에는 과잉 단순화의 위험에 주의해야 한다. 이 도표는 단순한 이분법을 제시한 것인데, 그러한 이분법적 사고는 '아래로부터의 권리' 개념과 양립될 수 없음을 제5장에서 제시할 것이다. 따라서 이 도표를 '이것 또는 저것'의 범주를 간단히 선택하는 것으로 받아들여서는 안 된다. 어떠한 사회도 네 가지 중 어느 하나에 전적으로 속한다고 볼 수 없으며, 그 경계는 유동적이고 침투 가능한 것이다. 하지만 위 도표는 인권과 책임에 대한 개인주의적 이해와 집합주의적 이해를 통합하는 한 방식을 나타낸 것으로서, 단 하나의 이념적 입장을 취할 경우의 한계를 극복하는 데 도움이 된다. 다시 말해 전통적인 자유주의 관점, 즉 개인의 권리와 개인의 책임 관점이 다른 관점들보다 우월한 것은 아니며, 단지 권리와 의무의 관계를 이해하는 하나의 방식에 불과하다는 것을 나타내 준다. 이 표는 또한 인권의 의미에 대해 여러 상이한 문화적·종교적 전통들 간에 대화를 하는 기준이 될 수 있다(제5장을 보라).

## 인권과 국가

인권에서 국가의 역할에 대해서는 양면성이 있는데, 서구의 인권관을 형성하는 데 중요한 역할을 한 두 명의 철학자, 즉 홉스(Thomas Hobbes, 1588-1679)와 로크(John Locke, 1632-1704)의 서로 다른 시각에서 찾을 수 있다. 홉스는 자연 상태의 인간man에 대해 부정적 시각을 갖고 있었다. 그는 어떤 권위나 법의 지배가 없다면 우리 인간은 늘 서로 논쟁하고 다툴 것이며, 강도, 폭력, 살인을 통해 더 많은 것을 차지하려고 할 것이라 주장했다. 그의 유명한 글에서 다음과 같이 주장했다.

> 진정한 '자연 상태(state of nature)'에서는,
>
> ... 근면함은 없다. 왜냐하면 그것의 과실은 불확실하기 때문이다. 그 결과 세상의 문화도 없다. 항해하지 않거나, 해상으로 수입될 수 있는 물품을 사용하지 않으며, 거대한 건축물도 없고, 이동 장치나 제거 장치, 큰 힘을 요하는 것들도 없고, 지구의 땅에 대한 지식도 없고, 시간은 중요하지 않고, 예술도 없고, 글자도 없고, 사회도 없고, 무엇보다도 최악인 것은 계속되는 야만적 죽음에 대한 공포와 위험이 있다. 따라서 인간의 삶은 고독하고, 가난하고, 끔찍하며, 야만적이고, 짧다.
>
> *Leviathan*(1651), Hayden 2001,p.60에서 인용

우리의 자연 상태에 대한 이러한 비관적 시각 때문에 홉스는 강력한 통치자sovereign(꼭 군주일 필요는 없고, 강한 지배자, 정부 혹은 국가)가 필요하다고 주장했다. 홉스에게 통치자의 역할은 시민을 보호하고, 그를 위해 법과 제도를 수립하는 것이었다. 시민들은 그 통치자에게 물리력이나 폭

력을 사용할 권리를 양도하는데, 이는 시민들의 이익에 부합하는 것이다. 그렇지 않으면 그들은 늘 서로 싸우며 평화롭게 살 수 없을 것이기 때문이다. 따라서 우리가 권리 비슷한 것을 가지려면 그리고 그것을 보호하려면, 강한 국가가 필요하다. 홉스에게 인권은 타인의 폭력으로부터 안전한 상태에서 우리 자신의 목적을 추구할 수 있는 권리를 의미했다.

대조적으로 로크는 인간의 본성에 대해 매우 다른 관점을 취했다. 로크에게 인간의 본성은 긍정적인 것인데, 그것은 우리가 아름다움과 풍요로움을 누릴 수 있는 '신의 땅' 위에 살고 있기 때문이다. 그런데 국가는 이 '타고난' 자유를 빼앗을 위험이 있다. 왜냐하면 정부는 그 특성상 사람들의 자연권을 기만하기 때문이다. 로크는 국가의 주된 의무는 사람들의 권리를 보호하는 것인데, 오히려 정부는 이를 무시하고 권리를 침해하는 경향이 있다고 주장했다. 그런 경우 로크는, 시민들이 정부를 무너뜨리고 그들의 권리를 더 잘 보호할 새로운 정부를 수립하는 것이 정당하다고 주장했다. 홉스의 시각이 앞선 인용문으로 잘 요약된다면, 로크의 시각은 자신의 글을 통해서가 아니라 미국 독립선언서의 유명한 진술(제3장 참고)에서 가장 잘 드러난다. 이 독립선언서는 영국에 대항한 혁명을 정당화함에 있어서 바로 로크의 사상에 바탕을 둔 것이었다.

물론 홉스와 로크의 사상은 여기서 제시한 것보다 훨씬 더 복잡하고 미묘한 것이지만, 현재의 목적상 중요한 점은 인권 침해와 인권 보호에 대해 국가가 어떤 관련이 있는지에 대해 매우 다른 시각을 갖고 있었다는 것이다. 홉스의 경우를 따르면, 우리는 인권의 보호자로서 그리고 문명과 야만 사이에 서 있는 유일한 존재로서 강력한 국가를 필요로 한다. 로크의 경우, 우리는 자유를 침해하고 우리의 권리를 부정할 가능성이 있는 강력한 국가를 감시해야 할 필요가 있다.

국가의 역할에 대한 이러한 긴장은 오늘날에도 계속된다. 예컨대 인권활동가들은 흔히 인권 침해를 자행하는 국가 권력의 과잉에 대해 저항하는 동시에 국가가 인권 보호를 위해 더 강력한 역할을 할 것을 지지한다. 즉 강력한 국가와 동시에 권력이 일정 제한되는 국가, 이 양자를 모두 요구한다. 따라서 국가는 잠재적 영웅이 되기도 하고 잠재적 악당이 되기도 한다. 현대 국가의 본성과 그것의 인권침해 및 인권보호/실현 가능성에 대해서는 많은 인권 조직들에서 이루어지는 것보다 더 정교하게 검토될 필요가 있다. 우리는 여전히 로크와 홉스의 유산과 더불어 살고 있으며, 그들이 제시한 둘 사이의 딜레마를 다루어야만 한다.

## 보편주의와 맥락

흔히 보편주의와 문화적 다양성의 면에서 다루어지는 보편주의universalism와 맥락context의 문제는 인권을 배우는 학생과 인권 실천가에게 매우 문제가 되는 것으로 광범위한 문헌들에서도 다루고 있다(Ackerly 2008, Bauer & Bell 1999, Caney & Jones 2001, Parekh 1999, Schmale 1993, Van Ness 1999). 보편주의는 기존의 전통적 인권 담론의 한 특징이었는데, 인권이 한 개인의 배경, 인종, 종교, 계급이나 문화에 상관없이 인간성 그 자체로부터 도출되어 모든 인간이 소유하는 것이므로, 보편적인 것으로 봐야 한다는 시각이다. 그래서 유엔의 세계인권선언the Universal Declaration of Human Rights 인권사업의 주춧돌로 간주된다. 사람들은 인권이 문화적 경계를 넘어서는 문화보다 우위의 것이라고 보고, 다른 문화권에서의 인권침해에 대해서도 중단시키기 위해 행동한다.

보편주의 개념은 유엔의 인권사업, 국제사면위원회나 인권감시단 Human Rights Watch과 같은 엔지오, 대중매체의 인권 논의 등의 핵심에 존재해 왔다. 많은 인권활동가에게 보편주의 개념은 인권에 강력한 힘을 부여해 주는 것이었다. 즉 그것은 어디에서 발생하든 '명백한' 인권학대 사건에 사람들이 개입할 수 있도록 만든다. 따라서 보편주의에 대한 어떤 비판이나 문제제기는 인권의 힘을 약화시키고, 자신의 목적을 달성하려는 인권활동가의 능력을 제한하는 것으로 간주되었다.

하지만 인권의 힘을 약화시킬 위험이 있음에도 불구하고 보편주의에 대한 비판은 필요하다. 무비판적 보편주의는 문화적 차이를 무시하거나 부인하고, 무조건 주류 문화(주로 서구 문화)만 '옳거나', '합법적이거나', '최선의' 문화 형태인 것으로 받아들이게 만든다. 그러한 맹목적 보편주의에 따르면, 지배적 전통 자체가 '최고의' 문화 형태를 결정하는 기준이 되기 때문에, 다른 전통들은 그 기준에 비추어 나쁘게 재단되거나 결함이 있는 것으로 간주될 것이다.

3장에서 논의한 바와 같이, 인권에 대한 전통적 관점은 서구 계몽주의 전통에 의해 형성되었고, 그 결과 많은 사람들은 이것을 인권에 대한 준거norm로 생각하게 되었다는 것은 분명하다. 이는 많은 학자들이 지적한 바와 같이 다른 문화적 맥락에 있는 사람들에게는 적절하지 못하며, 다른 문화적 전통들을 경시하는 또 다른 형태의 서구 식민주의의 발현인 것이다(Angle 2002, Meijer 2001, Nirman 2000, Pereira 1997). 무비판적 보편주의는 산업화된 서구인들 외의 다른 사람들에게도 고유의 문화적 생활을 누릴 권리가 있음을 부정하거나 경시하는 체제를 영속화할 수 있다는 점에서 인권에 반하는 것이라 할 수 있다.

이런 주장은 앞서 언급한 인권에 대한 '아시아의 비판'에서 제기되었다. 전통적 인권에 대한 비판적 주장들, 특히 아시아의 비판은 인권이 서구의 개념이므로 자국에는 맞지 않는다고 주장함으로써 인권침해에 대한 책임을 회피할 목적으로 정치가들이 악용해 온 것일 수 있으나, 그렇다고 해서 그 비판을 완전히 부정할 수는 없다. 전통적으로 이해되어 온 보편적 인권이 특히 '인간성'과 '권리'에 대한 서구 계몽주의의 관점을 반영한다는 점에는 의심의 여지가 없다. 그 관점은 다양성에 가치를 부여하며 서구 세계관의 한계를 명백히 인식하는 포용적 사회에서는 부적절한 것이다. 정말로 포스트모던 세상에서 거대 서사meta-narrative를 함축하고 있는 보편주의란 의심스러운 것이다.

따라서 오로지 모든 사람에게 동일한 인권을 의미하는 단순하고 맹목적인 보편주의는 지지할 수 없다. 인권 개념을 포함한 우리의 모든 생각은 특정 문화적 맥락 속에서 등장하는 것이어서 분리될 수 없다. 문화적 맥락은 서로 다르다. 보편주의에 대한 주장이 아무리 강하더라도 '인권'으로 간주되는 것은 상이한 문화적 맥락 속에서 필연적으로 각기 다르게 나타날 것이다. 비록 보편주의 개념은 강하지만, 그것이 현 세상에서 좀 더 적절한 것이 되려면 더 민감하고 정교한 보편주의가 되어야 한다(Parekh 1999).

하지만 절대적 상대주의 또한 지지할 수 없다. 구체적 맥락 외에는 모두 거부하는 입장은 보다 더 넓은 세상을 무시하고, 문화적 차이에도 불구하고 인간들이 국경을 넘어 서로 연결되고 있다는 사실을 부인한다. 절대적 상대주의는 다른 나라에서의 명백하고도 엄청난 인권침해를 목격하고도 개인, 집단 혹은 정부가 할 수 있는 것은 아무것도 없다는 것을 의미한다. 우리는 르완다에서의 인종 학살, 유대인 대학살 혹은 여타 인간성 유린 사건들을 그저 하나의 '문화적인' 현상으로 치부해 버리고, 어떤 도덕적 분노감이나 개입의 노력 없이 받아들일 수는 없다. 단순하고 맹목적인 상대주의는 적어도 맹목적 보편주의만큼이나 위험한 것이며, 양 극단적 입장은 지지할 수 없다.

'보편적'이라는 개념 자체가 문제가 있으며 여러 가지로 이해될 수 있다. 소위 보편적이라는 것은 시대에 따라 변할 수 있고 또 실제로 변한다. 현재 보편적 인권이라고 이해하는 것은 유엔의 세계인권선언에서의 보편적 인권과 다소 다르며, 이는 다시 수십 년이 흐른 후에는 또 달라져 있을 것이라 확언할 수 있다. 보편적인 것은 고정적인 것이 아니며 시간과 장소에 따라 달라진다. 따라서 보편적인 것은 사실 보편적인 것이 아니며 앞으로도 결코 그렇지 않을 것이다.

유사하게 문화 또한 정적靜的이거나 단일한 것이 아니다. 문화는 시간이 흐름에 따라 변할 수 있고 또 변한다. 이는 이민자들이 몇 년 후 본국으로 돌아갔을 때 그들이 기억하는 문화가 더는 존재하지 않는다는 사실을 발견하는 데에서 확인할 수 있다. 문화는 다원적이다. 무언가가 특정 사회의 문화적 전형이거나 문화적 관행이라고 해서 그 문화권에 있는 모든 사람들이 그 무언가를 높이 평가하거나 그 무언가를 행한다고 볼 수 없다. 예컨대 스포츠는 분명히 호주 문화의 중요한 한 부분이지만 그것을 즐기거나 추종하지 않는 호주인도 많이 있다. 그럼에도 그들은 자신들이 '호주인이 덜 된' 것이라고 생각하지 않는다. '보편적' 그리고 '문화'와 같은 개념들은 분명하지 않으며 애매모호하고 변화하는 것이다.

따라서 '보편성'과 '맥락'의 문제는 다르게 이해되어야 한다. 그 둘의 구분을 해체하고, 보편주의/맥락에 대해 이것 아니면 저것either/or을 선택해야 하는 이분법으로 사고하는 것을 중지해야 한다. 대신에 우리는 그것들을 양쪽 모두/그리고both/and의 문제로 보는 사고방식을 찾을 필요가 있다. 그래서 그 둘이 상호작용하는 방식을 탐구하고, 인권이 필연적으로 보편적이면서도 구체적 맥락을 갖는 것으로 이해해야 한다. 이를 위한 몇 가지 방법이 있다(Ife 2007, 2008도 참조하라).

## 일반적 권리

한 방법은 보편적인 것universals에 대해 그저 일반적 의미general sense로만 생각하는 것이다. 이 관점에서 보는 보편적 인권의 문제는, 사람들이 인권을 너무 구체적인 것으로 만들려고 하다 보니 인권은 필연적으로 구체적 맥락의 문제로만 다루어진다는 것이다. 이 관점은 맥락이 중요하지만 그럼에도 불구하고 어떤 '보편적인 것'이 존재한다는 점을 받아들인다.

한 예를 들어보면, 존엄하게 대우받을 권리가 있다. 우리는 이 권리를 보편적 권리로 보고, 모두가 존엄하게 대우받을 권리가 있다고 주장할 수 있다. 하지만 존엄과 존경이라는 것 자체는 문화적으로 구성되는 개념이므로, 한 문화권의 맥락에서 존엄으로 간주되는 것이 다른 맥락에서는 그렇지 않을 수 있음을 인정해야 한다. 모두가 존엄하게 대우받아야 한다는 것은 보편적 가치일 수 있으나, 그것이 모든 사람을 똑같은 방식으로 대우해야 한다거나 이 보편적 권리가 보편적 법을 통해 보장될 수 있다는 것을 의미하는 것은 아니다. 예컨대, 어떤 문화권에서 여성에게 존경을 표하는 행동이 다른 문화권에서는 여성 비하나 가부장적인 행동으로 간주될 수 있다. 구체적 맥락에 따라 존엄한 것으로 볼 수 있는 것이 다르게 결정되는 것이다. 하지만 그럼에도 불구하고 여전히 존엄과 존중에 대한 보편적 권리가 있다고 주장할 수 있다.

이처럼 어떤 권리에 대해 보편적인 것으로 이해하더라도, 이 보편적 권리들이 어떻게 작동되는가는 구체적 맥락에 따라 매우 다를 것이다. 비슷한 예로 정치적 과정에 참여할 보편적 권리가 자동적으로 '투표할 권리'를 의미하는 것은 아니다. 만약 숙의민주주의deliberative democracy(5장에서 논의할 것이다.) 과정처럼 정치에 참여할 수 있는 다른 방법들이 있다면, 사람들은 꼭 투표할 권리가 없더라도 정치에 참여할 권리를 충족시킬 수 있다. 흔히 투표권은 실질적인 것이라기보다 상징적인 것일 수 있다.

이 관점은 '보편적 인권'이 바로 일반적 수준에서 다루어져야 함을 주장한다. 즉 투표할 권리보다는 정치에 참여할 권리, 학교에 갈 권리보다는 교육을 받을 권리, 컴퓨터에 접근할 권리보다는 정보에 접근할 권리, 젊은이로부터 자리를 양보받을 권리보다는 존엄하게 대우받을 권리, 일자리를 얻을 권리보다는 의미 있는 노동을 할 권리가 요구되어야 한다. 그것은 일종의 제한된 보편성limited universality이라 할 수 있다. 이는 보편적 인권이 특정 맥락에 맞게 구체화되어 정의되고 실행된다는 것을 인정하고, 어떤 구체적 맥락 속에서 그 권리의 의미가 구성constructing될 수 있는 가능성(사실은 필연성)을 열어두는 것이다.

### 보편적 권리와 구체적 욕구

보편적인 것universals과 맥락context에 대해 또 달리 생각해 볼 수 있는 것은,

권리와 욕구의 차이를 구분해 보는 것이다. 이 구분은 '아래로부터의 인권'의 중요한 한 요소로서 5장에서 좀 더 상세히 논의할 것이다. 이 구분은 간단히 말해, 가장 일반적인 의미의 보편적 인권이 존재하고 이 보편적 권리들은 구체적인 욕구들을 의미한다.

예로서 교육권을 들 수 있다. 이는 보편적 권리이지만 상이한 맥락에 따라 상이한 교육 욕구로 해석된다. 어떤 상황에서는 그 욕구가 학교에 대한 것으로 볼 수 있지만, 다른 상황에서는 교사에 대한 욕구일 수 있고, 부모나 확대가족을 위한 자료 정보에 대한 욕구 혹은 책에 대한 욕구 혹은 도서관/정보센터에 대한 욕구 혹은 컴퓨터에 대한 욕구일 수 있다. 보편적 교육에 대한 '권리'를 충족하기 위해서 이런 '욕구들' 중 어떤 것들이 요구되는가는 다를 것이며, 그것은 지역의 구체적 맥락local context 안에서 결정되어야 할 것이다. 일반적 의미의 보편적 권리와 구체적 욕구라는 개념은 욕구와 권리에 대한 수많은 종래의 연구들과는 상반되는 것인데(예컨대, Doyal & Gough 1991, Max-Neef 1991), 이는 5장에서 좀 더 논의될 것이다. 여기서는 보편/맥락 간의 딜레마를 푸는 가능한 한 방법으로서만 간단히 제시한다.

### 열망적 보편주의

보편과 맥락을 이해하는 또 다른 방법은, 보편universals을 경험적 진술empirical statements이 아니라 열망적 진술aspirational statements로 이해하는 것이다. 내가 보편적 인권에 대해 이야기할 때, 나는 바라건대 모든 인간에게 적용되었으면 하는 어떤 원칙에 대해 말하는 것이다. 사람들이 서로 존중하며 자신의 권리와 남의 권리가 실현되는 것을 돕는 그런 세상에 대한 나 자신의 전망vision을 말하고 있는 것이다. 그런 전망은 필연적으로 나 자신의 문화적·정치적·역사적 맥락을 통해 구체적으로 형성된 구성체a construct일 것이다. 하지만 그래도 그것은 여전히 보편적인 것에 대한 전망이다. 또한 나와 다른 문화권에 있는 사람도 보편적 인권에 대한 자신의 관점을 분명히 할 수 있는데, 그것은 필연적으로 나의 것과는 좀 다를 것이다. 양자 모두가 인류 전체를 위해 바라는 것에 대한 열망을 밝힌 것이라는 점에서 그것들은 보편적인 것이다. 그 둘이 서로 다르다고 해서 놀라거나 실망할 필요는 없다. 오히려 그 차이가 우리 인간들 간의 '대화'를 위한 기초가 되어, 쌍방이 서로 배우고 상대방이 왜 인간에 대한 다른 열망을 갖고 있는지를 이해할 수 있게 한다.

이 관점에서 보면 세계인권선언이나 국가의 권리장전 등과 같은 모든 보편적 인권에 대한 표현들은, 경험적 '사실'로서 표현된 것이 아니라 인간에 대한 '열망', 특정 맥락 속에서 만들어진 열망을 표현한 것으로 볼 수 있다. 세계인권선언이나 권리장전 외에 열망을 표현한 다른 인권 규정들도 또한 정당한 것이며, 그 어느 것도 자신만이 보편적 진실이라고 주장할 수는 없다. 이는 보편주의에 대한 상이한 이해가 있다는 것을 나타낸다. 수많은 상이한 열망들이 있을 수 있으며, 대화를 통해 그것들 사이의 어떤 상호작용이 이루어진다면 그것은 인간에 대한 이해를 더욱 증진시킬 수 있을 것이다. 그것들 사이에 어떤 '동의'가 이루어지는가는 중요하지 않다. 오히려 인간에 대한 열망이 다양하다는 것은 인간성 자체의 다양성을 나타낸다. 따라서 인권에 대해 대화하거나 혹은 상이한 맥락 속에서 인간다움이 의미하는 바가 무엇인지, 사람들이 동료 인간을 위해 바라는 바가 무엇인지에 대해 대화함으로써, 우리 모두의 인간성을 풍요롭게 하고 '인권'에 대한 이해와 존중심을 더욱 강화할 수 있다.

### 보편과 맥락의 공존

보편과 맥락문제를 푸는 또 다른 해법은, 각각이 다른 하나에 의존적인 것으로 보는 것이다. 다시 말해 모든 보편적인 것은 특정 맥락을 가지며, 모든 특정 맥락에 대한 진술은 보편주의의 요소를 갖고 있다. 이는 앞서 서술한 것들보다 더 미묘한 입장이긴 하지만 더 강력한 것이다.

모든 보편주의 진술은 어떤 말로 표현되든 특정한 상황적 맥락 속에서 이루어진다. 즉 역사적·정치적·문화적 그리고 사회적 맥락을 갖는다. 예컨대 세계인권선언이 구체적 맥락 없이 나온 것이 아니다. 그것은 1940년대 후반의 정치적 맥락 속에서, 그 시점의 국제 외교의 문화 속에서 특정한 역사적 순간에 만들어졌다. 그것이 말로써 표현하고 있는 의미는 그러한 맥락을 담은 것이다. 만약 다른 맥락에 처해 있는 60년 후에 그 인권선언을 읽는다면, 그 말의 의미는 독자들에게 다르게 다가갈 것이다.

구체적 맥락과 무관한 보편성에 대한 진술은 있을 수 없다. 맥락은 모든 진술이나 선언, 권리장전, 헌법 등에 '보편성'을 구현하기 위한 '의미'를 제공한다. 말words, 특히 인권선언의 말은, 비트겐슈타인 Wittgenstein(1974)과 동화 『거울나라의 앨리스Through the Looking Glass』에서의 험프티 덤프티가 주장했듯이, 부정확하고 뜻하고자 하는 의미의 일부만 담아낸다. 즉 말은 특정 맥락을 파악해야 의미를 갖는다. 인권을 법적 차원에서 구성legal construction하는 것은 맥락과 무관한 보편적인 언어를 사용하려고 하겠지만 그 보편적 진술universal statement이 의미를 갖기 위해서는 특정 맥락이 불가피한 것이다.

보편주의가 맥락을 필요로 할 뿐만 아니라 맥락 또한 그 의미를 갖기 위해서는 어떤 보편주의적인 이해가 필요하다. 어떤 특정 문화적·정치적 혹은 역사적 맥락에 대한 진술은 좀 더 넓은 기준과의 비교를 함축하고 있다. 예컨대 '미국 문화는 물질주의적이다.' 라고 말하는 것은, 그 말을 한 사람이 미국 이외의 다른 문화에 대해서도 좀 알고 있어서 '미국 문화'의 물질주의를 다른 것과 비교할 수 있음을 의미한다. 마찬가지로 '냉전은 고도의 긴장 시대였다' 라고 말하는 것은 다른 역사적 시기에 대한 지식을 함축하고 있고, 다른 역사적 시기들 대부분이 냉전시대보다 긴장이 덜한 시기였다는 의미를 담고 있다. 따라서 특정 맥락에 대한 진술은 보다 넓은 준거틀을 필요로 하며, 이 준거들은 일종의 준準보편성quasi-universal, 협소한 맥락보다 넓은 세상을 의미하는 것으로 이해될 수 있다.

보편적 진술이 구체적 맥락 없이 존재할 수 없는 것과 마찬가지로, 구체적 맥락에 대한 진술은 더 넓은 형태의 준準보편성 없이 존재할 수 없다. 이런 의미에서 보편과 맥락은 더 이상 이것 아니면 저것either/or식의, 다른 하나를 배제하는 이분법상의 대척점이 아니다. 각각이 의미 있는 것이 되기 위해서는 다른 하나를 필요로 하며, 보편과 맥락은 필연적으로 서로 연결되는 것이다. 이 관점에서 보면 인권에 대한 모든 진술들은 보편적 의미와 구체적 맥락의 의미를 동시에 갖고 있다. 하나가 다른 하나를 배제하면서 강조될 수는 있으나, 그 다른 하나는 사실 바로 그 강조되는 진술 때문에 의미를 갖게 된다. 따라서 인권은 항상 보편성과 구체적 맥락 모두에 대한 것이며, 각각은 나머지 다른 하나에게 의미와 중요성을 부여하기 위해 필요하다. 인권 관점은 오로지 보편적이거나 혹은 오로지 맥락만을 갖는 것일 수 없으며 반드시 양자 모두의 특성을 갖는다. 이런 식으로 인권을 이해하면 '보편주의'와 '맥락'의 딜레마는 사라지게 된다. 따라서 우리는 인권의 문제나 쟁점, 진술들이 보편적 이상universal ideals 그리고 구체적 맥락specific contexts과 어떻게 관련되는지, 그 양자의 문제점을 인식하면서 깊이 고찰할 필요가 있다.

지금까지 보편과 맥락 문제를 둘러싼 다양한 사고방식에 대해 다루어 보았다. 그것들 모두는 단순한 이분법을 폐기하고 양쪽/모두both/and의 방법을 찾고자 한다. 이 딜레마에 대한 간단한 해결책이 있을 수는 없으며, 모든 사람을 만족시킬 만한 마법은 없다. 하지만 보편/맥락의 간단한 이분법을 해소하는 문제에 대해 생각해 볼 수 있는 방법이 분명히 있다. 보편/맥락의 딜레마에 대한 고민은 인권이 어떻게 단순한 도덕적 확신moral certainty과 열정적 행동주의zealous activism를 넘어서 그 이상의 것을 포함하는 영역인지를 보여주는 좋은 예이다. '인권'의 복잡성에 대해 숙고하고, 비판적·분석적인 태도를 가지며, 그 문제들의 복잡성이 좌절을 주기보다 풍요로움을 가져다주는 원천이 된다는 점을 인식하는 것이 중요하다.

보편주의와 맥락의 논의를 끝내기 전에, 3장에서 간략히 다룬 인권의 세 가지 전통에 대해 다시 한 번 꺼내보는 것이 의미 있겠다. 자연권 전통, 국가의 의무 전통, 그리고 구성되는 권리 전통, 이 각각은 3장에서 서술했듯이 보편/맥락 논쟁에 대하여 각기 다른 시각을 갖고 있다. 자연권 전통은 보편주의와 가장 잘 일치한다. 모든 사람은 인간성으로 인해 권리를 타고 나며, 권리는 모든 이에게 동일한 것, 즉 보편적이다. 자연권 관점에서 보면 모든 인권은 보편적인 것이다. 법과 규제를 강조하는 국가의 의무 전통은 국제법이나 유엔 인권체제의 경우처럼 법과 규제가 보편적으로 널리 적용될 수 있을 때에만 보편성을 갖는다. 그 전통은 특정 사법적 관할권 내에서는 동일성을 추구하지만, 사법적 관할이 다른 경우에는 구체적 맥락을 인정한다. 한편 구성되는 권리 전통은 구체적 맥락을 전적으로 인정하며, 열망적 보편성 개념이나 맥락을 필요로 하는 보편성, 반대로 어떤 맥락에 대한 진술contextual statement에 의미를 부여하는 보편성 등을 제외한 보편성 개념을 다루는 데에는 어려움이 있다.

## 인권과 서구 세계관의 유산

다른 곳에서 언급했듯이 인권을 지배적으로 구성해 온 것은 상당 부분 서구의 세계관에서였다. 여기서 우리는 이 유산이 인권에 의미하는 바와 그것이 낳는 쟁점과 딜레마에 초점을 맞출 것이다.

### 개인주의

인권에서의 개인주의적 편향성individualist bias은 이미 앞서 논의했다. 여기서는 전통적 인권이 주로 기초하고 있던 자유주의적 개인주의가 집단의 권리나 집합적 권리를 경시하는 데 기여하고, 집합적 권리collective rights라는 개념 자체를 문제나 논란거리가 되도록 만들었다는 점에 주목할 필요가 있겠다. 이 장에서 나중에 논의하겠지만, 모든 인권은 개인주의적 측면과 집합주의적 측면을 다 가진 것으로 이해할 수 있으며, 보편주의와 맥락의 경우처럼 인권을 “개인적 권리 아니면 집합적 권리”로 나누어 생각하는 것을 중단하고 그 두 가지 모두를 포함하고 있는 것으로 보는 것이 중요하다.

## 성/젠더

전통적 인권의 중요한 특징 중의 하나는 지배적인 가부장주의가 반영되어 구성되었다는 점이다. 역사상 인간the human의 관점은 남성의 관점이었고, 여성은 민주주의·권리·정치적 참여·교육 등과 같은 문제를 이해하는 데 고려되지 않았다. 서구 문화권에서 여성들은 최근 수십 년 전까지도 독자적인 완전한 인간이 아니라 주로 남성의 편의를 위해 존재하는 것으로 간주되었다.

여성이 '인간'의 범주에서 제외된다면, 그들이 인권에서 제외되는 것도 그리 놀랄 일이 아니다. 가부장적 세계에서 가부장적 구조와 담론은 모든 것에 영향을 미치며, 인권도 예외는 아니다. 이는 인권의 언어, 즉 남성/인간의 권리rights of man에서 찾아볼 수 있고, 성별화된gendered 언어가 사용된 세계인권선언에서도 찾아볼 수 있는데, 이는 그 시대를 반영하는 것이다. 물론 이에 동조하지 않는 목소리도 있었는데, 가장 두드러진 인물은 울스턴크래프트(Mary Wollstonecraft, 1759-1797)였다. 그녀는 여성이 권리를 가진 인간으로서 고려되지 못했다고 주장하고 여성의 권리에 대한 글을 씀으로써(Wollstonecraft 1975), 페인(Tom Paine,1994)과 여타 사람들이 남성/인간의 권리rights of man를 찬양한 것에 반기를 든 초창기 페미니스트 학자였다.

울스턴크래프트 외에도 여성 권리를 옹호하는 여러 반대의 목소리들이 있었다(Brems 2003, French 1992, Howland 1999, Peterson & Parisi

1998, Rendel 1997). 페미니스트 필자들은 인권에서의 가부장주의는 단순히 인권 담론에서 여성이 빠져있다는 사실보다 더 심각한 의미를 갖는 문제라고 주장했다. 남성/인간의 권리에 집중하면서 여성의 권리는 경시되었고, 남성의 권리를 지키기 위해 싸우면서도 여성의 권리는 쉽게 유린되었다.

이는 인권을 공적/사적 분리를 뛰어넘어서 고려할 때 특히 그러하다. '인권운동', 특히 공민적·정치적 권리와 관련한 인권운동은 공적 영역에서의 인권에 초점을 두었다. 표현의 자유권, 집회와 결사의 자유권, 정당한 재판을 받을 권리 등은 전통적으로 남성의 영역이었다. 여성의 인권은 가정 혹은 사적 영역 내에서 실현되거나 혹은 반대로 침해 - 예를 들면 가정폭력, 강간, 존엄하게 대우받지 못하는 것 등 - 되는 경향이 있었다. 즉 인권운동은 공적 영역에만 집중함으로써 여성의 인권보다는 남성의 인권에 더 큰 관심을 두었다고 주장할 수 있다.

이런 비판 때문에 인권에 대한 이해는 더 넓게 확장되었는데, 예로 국제사면위원회와 같은 조직은 그들의 강령에 여성에게 영향을 미치는 인권침해를 포함하도록 하였다. 그런데 가부장제 담론이 과거의 인권 구성에 강하게 영향을 미쳤다는 것은 분명하지만 현대의 인권에는 더 이상 젠더의 영향이 없다고 주장하는 것은 순진한 것이다. 이는 서구를 포함한 많은 문화권에서의 여성의 인권을 의도적으로 부정하는 결과를 가져온다.

공적 영역과 사적 영역 사이의 경계, 그 자체가 문제라는 것을 기억하는 게 중요하다. 그것은 모더니티의 세계관에 존재하는 단순한 이분법의 한 예로서, 개인적인 것과 정치적인 것 사이의 경계와 유사하다. 개인적인 것이 정치적인 것이고 정치적인 것이 개인적인 것The personal is political and the political is personal이라는 페미니스트의 분석은, 마찬가지로 공적인 것이 사적인 것이고 사적인 것이 공적인 것the public is private and the private is public이라는 것을 의미한다. 우리의 공적인 생활이 사적인 영역을 침범하는 것처럼, 사적인 생활은 공적인 것을 침범한다. 그 둘 사이를 확고히 구분하는 것은 오류이다. 사람들의 생활 체험에 의미 있는 인권이 되려면 우리 인간성의 공적·사적 측면을 모두 반영해야 하고, 뿐만 아니라 그 둘이 서로 분리될 수 없다는 것을 받아들여야 한다.

### 세속성

3장에서 언급했듯이, 서구 전통에서의 인권은 본질적으로 세속적secular 입장에서 이해되어 왔다. 이는 계몽주의 유산과 일치한다. 하지만 계몽주의가 무신론주의였다고 생각해서는 안 된다. 많은 중요한 계몽주의 사상가들은 종교적 믿음을 갖고 있었으나 단지 종교를 개인적 신념과 영성의 문제로 한정하고자 했다. 계몽주의는 종교 개혁의 영향으로 16세기와 17세기에 유럽을 휩쓸었던 종교적 갈등에 대한 반응이었다(MacCulloch 2003). 그런 폭력과 야만성이 종교의 이름으로 고삐가 풀릴 수 있다면, 여러 기독교적 전통에서 나온 상충적인 가르침과 상이한 해석의 종교적 말씀에 기초하지 않고 인간의 이성에 기초하여 도덕·윤리·정의의 사상들을 개발해야 할 시기라고 주장되었다(Hunt 2007).

결과적으로 서구 철학은 종교의 구속에서 벗어나 자유롭게 발전할 수 있었다. 홉스, 로크, 루소, 칸트, 밀 등의 철학자들은 인권이라는 용어를 전적으로 사용하지는 않았지만 그것에 관한 사상을 진전시켰고, '신의 의지' 나 성서의 해석에 기대지 않고 자신들의 주장을 발전시켰다

(Locke는 인권이 신에 의해 주어진 것이라고 하긴 했지만). 이러한 세속적 전통은 계몽주의 사고의 특징이지만, 그보다 앞선 시기의 서구 철학과 비非서구권의 철학적 전통과는 잘 맞지 않는다.

이렇게 본질적으로 세속적인 현대 인권 체제가 만들어졌다. 종교적 표현의 자유를 제외하고 세계인권선언, 유엔 협약들, 기타 인권 헌장들 속에는 종교적 관념이 거의 들어가지 않았다. 이 때문에 서구의 인권사상은 이런 저런 형태로 종교가 자신들 세계관의 중심을 차지하는 비非서구권 세계에서의 인권과는 잘 맞지 않게 되었다. 예컨대 이슬람 전통에서 코란이나 마호메트의 가르침 혹은 여타 종교적 지도자의 가르침을 언급하지 않고 어떤 세속적 의미에서의 인권을 이야기한다는 것은 생각할 수도 없을 것이다(Dalacoura 2003, Moussalli 2001). 그리고 이슬람 사원에 참여하지 않고 인권의 보호나 실현에 대해 생각하는 것도 불가능할 것이다. 이런 이유로 인권에서 서구 계몽주의가 지배하고 있다는 점은 인권에 대해 종파를 초월한 대화inter-faith dialogue를 하는 데 큰 장애가 된다. 그것은 인간성에 대한 우리의 이해를 공유하고 진정한 다문화적 인권 전통을 수립하는 데 있어서 대화dialogue가 필수적이라고 생각하는 사람들에게는 하나의 해결 과제가 된다.

### 공리주의, 벤담 그리고 칸트

계몽주의 사고의 한 특징은 과학적 관찰과 분류를 통한 현실 세계에 대한 연구를 중요하게 생각했다는 점이다. 물리적 세계를 강조함에 따라 세상을 만들고 그 세상에 적응하는 데 '유용한' 것이 될 실용적인 지식에 가치를 두게 되었으며, '더 나은' 세상을 만드는 데 그 지식을 이용하는 것은 가치 있는 일로 간주되었다. 따라서 계몽주의 이후 기술 진보, 대량 생산, 효율성과 효과성 등의 개념이 중요했던 산업혁명시대가 바로 뒤따를 수 있었던 것은 우연이 아니었다.

이런 분위기에서 벤담에 의해 유명해진 공리주의 철학(Hayden 2001)은 큰 영향력을 갖게 되었다. 공리주의는 흔히 행복의 계산법the calculus of happiness으로 표현된 최대 다수의 최대 행복the greatest good for the greatest number이라는 원칙으로 요약된다. 요약하면 어떤 행동이 결과적으로 인간의 순 행복net human happiness을 증가시키는 것이라면 좋은 것이었다(Goodin 1995). 물론 이는 일부 사람들은 더 큰 선을 위해 희생해야 하고 그런 희생은 정당화될 수 있다는 것을 암시한다. 따라서 공리주의의 원칙에 따르면 도시계획에 의해 이웃을 파괴하는 것도 가능하고, 전시에 나타나는 '부수적 피해'도 정당화되며, 사람들의 이익이 '경제'의 명분으로 타협될 수 있게 된다. 예컨대 일부 사람들은 '더 큰 이익'을 위해 실직해야만 한다. 그것은 사람들의 투표를 그들의 행복 또는 불행을 나타내 주는 지표로 간주하는 정치인들이 쉽게 혹할 만한 원칙이며, 또한 다수가 이익을 보기 위해서 기꺼이 소수자의 불이익이나 소외, 착취를 만들어낼 수 있는 원칙이다.

칸트의 철학은 공리주의의 반대 입장에 서 있는데, 구체적으로 말해 정언명령categorical imperative이 그것이다(Appelbaum 1995). 칸트는 인간은 도구적 가치가 아니라 궁극적 가치를 가진 존재여서 수단이 아니라 목적으로 간주되어야 한다고 주장했다. 따라서 인간은 어떤 더 큰 선greater good을 위해 희생되어서는 안 된다. 인간보다 더 큰 선은 없다는 것이다. 칸트의 정언명령의 또 다른 측면은, 우리는 자신의 의지의 준칙이 보편적 입법의 원리가 될 수 있도록 행동해야 한다는 생각이다. 이는 우리가 자신의 행동에 대해, 타인의 행동에 적용되기를 바라는 것과 다른 도덕률을 적용해서는 안 된다는 것을 의미한다. 이런 식으로 칸트는 인권에 아주 중요한 보편성의 개념을 예견하고 있었다.

칸트는 인간에 우선적 가치를 부여하고 도덕에 보편성을 부여하는 개념을 만들어 냄으로써, 현대 인권 개념의 중심에 자리하고 있다. 그것은 벤담의 공리주의를 명백히 거부하는 관점이다. 대부분의 인권 옹호자들은 벤담의 세계관보다는 칸트의 세계관이 훨씬 편할 것이다. 사실 벤담은 인권 개념에 대해 인간의 행복을 계산하고 극대화하는 그의 체계와는 맞지 않는, 혼란스럽고 수사에 불과한 허튼소리rhetorical nonsense라고 혹평하였다(Bentham 2001).

인권에 대한 현시대의 논쟁과 관련하여 칸트주의 시각과 벤담주의 시각 간의 갈등을 보여주는 한 예가 고문이다. 고문은 흔히 공리주의 원칙에 의해 정당화된다. 어떤 사람에게 신체적 고통을 주는 것이 결과적으로 많은 사람들의 생명을 구할 수 있다면 정당화될 수 있고, 따라서 테러에 대해 고문을 행하는 것이 인간의 전체 순 행복을 증가시킨다면 받아들여질 수 있다. 하지만 칸트주의자에게 고문은 어떤 경우에도 받아들여질 수 없다. 인간은 결코 수단으로서 간주될 수 없다. 고문에 대한 현대의 논쟁, 예컨대 미국 부시 행정부의 대변인과 인권 옹호자들 사이의 논쟁은 공리주의적 정당화에 반대하는 칸트주의 원칙을 보여주는 사례이다.

공리주의가 강력한 호소력을 갖고 있음은 말할 나위 없다. 예컨대 사람들은 '경제'를 위해서 일부 사람들이 고생해야 한다거나, 전쟁터에서 한 병사의 '명예로운' 죽음은 국가적 이익을 위해 정당하다고 인정하는 것 같다. 그러나 그것은 인권에 대한 칸트적 접근과 충돌하며, 이 칸트주의는 공리주의적 세상이 적절히 답할 수 없는 곤란한 질문들을 제기한다.

물론 인권이 칸트주의 세계관 내에서만 해석될 필요는 없다. 사실 칸트도 비판받을 수 있다. 우리가 앞서 살펴본 바와 같은 보편성이 의문시되고 있는 이 포스트모던 세계에서, 보편적 도덕 법칙에 대한 그의 믿음이 전적으로 정당화될 수 있는가에 대해선 의문이 제기된다. 하지만 '칸트 대 벤담'의 논쟁은 계몽주의 사고가 남긴 논란거리이자 풀기 어려운 유산이며, 인권 옹호자나 인권을 배우는 학생들이라면 반드시 알아야 할 내용이다.

## 진보

진보progress에 대한 믿음은 계몽주의의 강력한 유산이다(Carroll 2004). 진보의 목표는 더 '계몽'되고, 지식을 더 획득하며, 그 지식을 인간의 조건을 개선하는 데 사용하는 것이다. 이는 서구의 사고에 강하게 뿌리박혀 있어서 인간의 진보라는 신념 그리고 그 필연성을 약속하지 않는 사회가 있다는 것은 상상하기 어렵다. 하지만 불교나 힌두 사회에서는 진보라는 것이 흔히 환상에 불과한 것으로 간주되고, 그보다는 인간 삶의 규칙적 순환에 더 큰 관심을 두는 다른 전통이 있다(Macy 2007, Shiva 2005). 하지만 이 진보는 서구의 인권 사상에 매우 깊이 침투해 있다. 인권은 가끔 찬양과 심지어 승리의 어조로 역사적 진보의 최고 정점에 해당하는 것으로 이야기된다(Laber 2002, Lauren 1998). 인권의 등장에 대한 이야기는 더 나은 세상을 만드는 과정이라는 맥락에서 또 문명이 진보하는 과정의 일부로서 이해된다. 그것이 인권에서의 계몽주의적 유산의 일부분이다.

생태학적 위기는 진보의 필연성이라는 생각에 중대한 도전을 하였다. 인간의 '진보'는 세상을 살 만한 곳이 아니라 오히려 살 만하지 못한 곳으로 만들고 있고, 진보가 인간의 행복 증진에 관계되는 만큼 인류의 비극 증가에도 기여하는 것처럼 보인다(Shiva 2005). 그럼에도 불구하고 생태학적 위기에 대한 대응을 보면, 전형적으로 신연구와 인간의 창의성의 결과로 발전하게 된 기술 증대나 신기술을 옹호하는 것으로 나타난다. 이는 고전적 계몽주의 접근인 것이다(Postman 1993). 진보와 '업적achievement'의 가치, 자체에 대해 의문을 던지는 비판적인 질문은 잘 제기되지 않으며, 오히려 그런 질문을 하는 사람들은 소외되거나 '비주류' 혹은 '극단적'인 사람으로 간주된다(Macy 2007). 이는 인간의 진보와 업적에 대한 신념이 얼마나 강한지를 보여 준다. 하지만 그 믿음은 생태학적 위기가 불가피하게 심화됨에 따라 지속적으로 도전받을 것으로 보인다.

인권의 맥락에서는 인권 이야기를 인간의 진보와 너무 맹목적으로 연결하지 않는 것이 중요한데, 왜냐하면 진보의 믿음이 의문시된다면 인권 또한 당연히 의문시될 것이기 때문이다. 오히려 보다 더 성찰의 자세로 섬세하게 인권의 역사들을 이야기할 필요가 있다(예컨대 Hunt 2007, Sellars 2002). 그리고 인권을 인류 발전의 거대 서사의 일부로 보지 말고, 인간들이 늘 자신과 타인의 인간성을 확인하고 표현하고 실현시키고자 했던 여러 방법들을 반영한 것으로 볼 필요가 있다.

## 인종주의와 식민주의

인권의 식민주의적 의제는 이미 여러 번 언급하였다. 여기서 이를 다시 언급하는 것이 중요한데, 식민주의는 명백히 계몽주의 전통의 영향을 받았기 때문이다. 우리는 점점 '더 계몽' 됨에 따라 우리보다 '덜 계몽' 된 사람들과 우리를 비교하기 시작한다. 이는 자연히 타인에 대한 우월감을 낳게 되고, 인종주의는 그 불가피한 결과이다. 계몽주의로 인해 서구 우월성에 대한 생각은 더 강화되었으며, 타 문화적 전통은 '원시적' 이고 인류의 필연적 진보 과정에 뒤처진 것으로 저평가 되었다.

이는 인종주의를 강화했을 뿐만 아니라 식민주의를 도덕적으로 정당화했다. 다른 누군가가 우리보다 '덜 계몽' 되고 좀 '원시적' 이라면, 우리는 그들의 열등한 문화를 보다 발전된 우리 문화로 대체하도록 도와줌으로써 기꺼이 '계몽' 할 의무를 지고자 한다. 따라서 18세기, 19세기, 20세기의 서구 식민주의 사업은 이전의 식민주의 행태와 달리 이러한 도덕적 정당화 속에서 이루어졌다. 이제는 더는 식민주의가 자원, 권력, 탐욕에 관련된 것이 아니었다. 이제는 교육(서구의 지식), 종교적 복음의 전도, 서구의 법과 통치방식의 이식 등과 같은 '고귀한 목표' 로 정당화되었다. 그리고 이것들이 수용되지 않는 경우에는 무력의 사용도 정당화되었는데, 왜냐하면 그것은 분명히 '그들 자신을 위한 것' 이었기 때문이다. 물론 서구의 식민주의는 언제나 자원, 권력 그리고 탐욕에 대한 것이었지만, 교사·선교사·의사·간호사·농업과학자 그리고 최근 수십 년 동안에는 개발 전문가 등으로 구성된 무리들이 식민주의에 중요한 합법성을 부여하였다. 그것은 피식민지 주민의 시각에서는 그렇지 않았을지라도 적어도 식민화를 추진하는 사람들의 시각에서는 정당성이 인정되었다(Larsen 2000, Said 1993, 1995, Young 2001).

이러한 식민주의의 유산은 인권에도 영향을 미쳤다. 인권은 겉보기에 매우 고귀한 동기에서 이루어질지라도 서구의 문화적 가치를 여타 세계에 강요하는 서구 제국주의 프로젝트에 불과하다고 비판받아 왔다 (Aziz 1999, Pereira 1997). 이는 인권에 실질적 문제를 일으킨다. 즉, 어떻게 서구의 식민주의적 프로젝트로부터 인권 개념을 해방시켜, 서구와 다른 문화적 배경을 가진 사람들이 인권을 자신의 것으로 느낄 수 있도록 개발할 것인가 하는 문제이다. 이는 인권 문화a culture of human rights라는 개념에 초점을 두는 아래로부터의 인권의 중요한 한 목표이다. 이는 추후 다른 장들에서 다룰 것이다.

## 권리, 자유와 이기심

인권의 또 다른 문제는 그것이 인간의 자유라는 개념과 막연히 동일시되어 왔다는 점이다. 이는 존 스튜어트 밀과 같은 학자들이 남긴 유산인데, 밀은 타인의 권리를 침해하지 않는 한 사람들이 원하는 목적을 추구할 수 있는 개인의 자유를 강력히 옹호하였다. 이는 권리가 자유를 의미하는 것으로 인식하게끔 만들었다. 즉 자기 결정을 할 권리, 타인이나 국가로부터 방해받지 않으면서 자신의 삶을 영유할 권리 등이 그 예이다. 밀에게 있어서 국가의 역할이란 개인의 자유를 보호하고 필요 이상으로 개입하지 않는 것이었다.

권리와 자유를 이렇게 연결하는 것은 중요한 결과를 낳았다. 즉 한 권리를 소유하면 그 소유자는 자신이 원하는 만큼 권리를 행사할 수 있고, 그것에 미치지 못하면 개인의 자유를 침해당한 것으로 간주할 수 있다는 것이다. 하지만 이는 문제가 되는 것으로 드러났다. 예컨대 재산을 소유할 권리는 개인이 원하는 만큼, 또 능력이 되는 만큼 재산을 소유할 수 있는 권리로 이해되었다. 이는 소수의 부자 손에 재산이 집중될 수 있음을 의미하는데, 이 소수자는 다른 사람들이 자신의 재산을 소유할 수 없다 하더라도 단지 '그들 자신의 권리를 행사' 하는 것일 뿐이다.

이 문제는 아마도 유한한 자원에 대한 권리의 경우에 해당된다. 의료보호에 대한 권리는 누군가 원하기만 하면 불필요한 치료도 받을 수 있는 권리로 해석될 수 있는데, 이는 필수적 긴급 의료가 필요하지만 그럴 수 없는 다른 사람들이 병원과 기타 의료시설을 이용할 수 없도록 만드는 결과를 낳는다. 이와 같은 재산과 의료보호의 경우 타인의 이익에 부합하도록 그 권리를 제한한다면, 그것은 권리를 침해하는 것으로 즉각적 비판을 받게 될 것이다. 이처럼 권리를 자유와 동일한 것으로 보면, 지나친 행동들도 단지 권리를 행사하는 것으로 쉽게 정당화될 수 있다.

따라서 권리와 자유를 연결 짓지 말아야 하며, 권리를 소유한 것이 과도하게 권리를 행사할 수 있다는 것을 의미하는 것이 아님을 인식해야 한다. 대신에 우리는 하나의 권리에 무엇이 포함되는지 규정할 필요가 있다. 예컨대 의료보호에 대한 권리는 의료적 치료에 대한 무제한적 접근이 아니라, 기본적 수준의 의료보호에 대한 권리로 재정의될 수 있다. 비슷하게 주거에 대한 권리는 고급 주택에 살 권리를 의미하는 것이 아니라 기본적 수준의 주거 공간, 편안함과 안전성에 대한 접근을 의미한다.

요컨대 과도함을 정당화하기 위해 권리의 언어를 사용하는 것은 인권에서 고려해야 할 이슈이다. 그것은 자유 개념뿐만 아니라 이기심과도 관련된다. 사실 권리에 대한 수많은 요구들은 이기적이라 주장할 수 있다. 나의 권리는 타인들이 충족시켜 주어야 하는 책임이 있다는 암시를 담고 있다는 점에서 이기적이다. 이는 5장에서 더 논의할 것이므로, 여기서는 개인의 업적과 성취에 가치를 두는 사회에서 권리는 '나 자신을 우선적으로 돌보라'look after number one라는 이기적인 지배적 이데올로기를 반영하여 구성될 수 있다는 점을 확인하도록 하자. 권리에 대한 이런 관점은 이 책에서 이해하는 바의 인권과 맞지 않으며, 왜 '아래로부터의 인권' 접근이 그렇게 중요한지를 보여주는 이유가 된다.

## 인권과 법

법과 법 전문직이 인권 담론을 지배했다는 것은 이 책 내내 나오는 주제이다. 그런 식으로 인권이 이해되고 실행되어 온 것이 어떤 결과를 가져왔는지 주목해 볼 필요가 있다. 그 하나는, 다른 인권들에 비해 공민적·정치적 권리에 우선적 중요성이 주어졌다는 점이다. 이는 공민적·정치적 권리가 법적 구조와 절차를 통해 사법적 구제를 받거나 다루기에 쉬웠기 때문이다.

또 다른 영향은 인권사업에서 법 이외의 다른 전문직과 직업들이 소외되어 왔다는 점이다. 예컨대 교육을 받을 권리를 고려할 때 인권 전문가가 될 사람은 교사라고 생각할 수 있다. 의료보호에 대한 권리의 경우에는 다양한 의료 전문직이, 물에 대한 권리의 경우는 기술자가, 존엄하게 대우받을 권리의 경우에는 지역사회개발 활동가나 지역사회교육 활동가들이 인권 전문가가 될 수 있을 것이다. 하지만 이러한 인권에 대한 광범위하고도 다양한 직업을 망라한 접근은 잘 받아들여지지 않고, 대부분의 교사, 의료인, 기술자, 그리고 지역사회개발 활동가들은 자신들을 인권활동가로 보지 않는다. 분명히 변호사가 인권사업에서 중요한 역할을 하고 있지만, 그들만이 그 영역을 독점한다고 주장할 수는 없는 것이다.

법이 인권을 지배하면서 나타난 또 다른 결과는, 법의 경우처럼 인권도 합리적·실증주의적 탐구의 영역으로 보는 것이다(Meckled-García & Çali 2006). 인권 학대는 문서와 경험적 조사 등과 같은 것을 통해 '이해'된다. 하지만 인권과 인권 학대를 '이해'하는 다른 방법들도 있다. 그러나 법이 지배적으로 되면서, 심리적, 사회적, 철학적 방법과 같은 '다른 이해의 방법'들은 경시되었다. 또한 인간의 조건을 탐구하고 인권과 그것이 의미하는 바를 '이해'하는 데 있어서, 예술가, 시인, 연주자, 작가, 음악가 등의 활동을 소홀히 취급한다. 이것들은 법의 실증주의적, 경험적 세계와는 매우 다른 인식론을 필요로 하는 것이다.

법 그리고 법의 작동은 이따금 변호사의 서비스를 이용하거나 경찰과 법 드라마를 보거나 하는 것 외에는 사람들의 일상적 경험과는 많이 떨어져 있다. 우리 행위의 대부분, 우리가 타인을 대우하거나 반대로 우리가 타인으로부터 대우받기를 바라는 방식들은 법이나 규제 등과는 아무 관련이 없다. 우리 삶의 이런 측면들은 문화적 맥락 그리고 가족 역동이나 사회화, 대중매체의 메시지 안에서 일어나는 생생한 경험에 기초한다. 그것들은 법이나 변호사와 별 관련이 없다. 인권이 사람들의 보다 더 생생한 체험에 기초한 것이 되기 위해서는 법적인 것보다 훨씬 더 넓은 기반을 필요로 한다.

더 나아가 법적 절차는 일반인들이 쉽게 접근할 수 없다. 변호사를 두어야만 한다는 점이 바로 그런 측면을 보여준다. 만약 인권이 주로 법의 틀 내에서만 이해된다면, 대부분의 사람들은 자신들이 인권을 소유하고 있고 그에 따르는 책임을 지고 있다는 생각을 하지 못하게 될 것이다. 법을 정의하고 집행하는 것은 본질적으로 하향식 과정이며, 따라서 아래로부터의 인권 개념이 실질적인 것이 되기 위해서는 법 이외에 더 많은 것이 요구된다.

## 소결

이 부분에서는 인권 개념에 의해 제기되는 여러 문제들을 확인했다. 일부분 가능한 해결법을 보여주고자 했으나, 목표는 '해답'을 주기보다는 주로 쟁점들을 제기하는 것이었다. 이 쟁점의 많은 것들이 후속 장들에서 재등장할 것인데, 거기서 지역사회개발과 인권이 함께 통합되고 '아래로부터의 인권' 개념이 좀 더 깊이 탐구될 것이다.

## 여러 차원들

인권은 흔히 두세 가지의 범주로 나눠진다. 두 범주로, 즉 공민적·정치적 권리civil/political rights와 경제적·사회적·문화적 권리economic/social/cultural rights로 나누는 것은 유엔의 사용법을 따른 것이다. 단 하나의 세계인권선언이 있는 상태에서 국제법에 따라 규정될 수 있는 더 구체적인 협약들을 만들어 내기 위해, 유엔은 권리들을 각각 별도의 협약을 가지는 이 두 범주로 분리했다. 이는 냉전이 강한 영향을 미치던 시대의 정치적 환경을 반영한 것이었다. 공민적·정치적 권리는 '자유'와 '민주주의'를 강조하는 서구의 전통에 의해 쉽게 수용된 반면, 경제적·사회적·문화적 권리는 사회주의의 한 요소로 간주되어 서구 사회에서는 신중한 입장을 취하였다. 반면에 공산주의권은 경제적·사회적·문화적 권리에는 쉽게 동의했지만, 공민적·정치적 권리에 대해서는 좀 꺼려했다. 따라서 두 가지 협약을 따로 만드는 것이 유엔의 인권체제에서 그 당시의 양대 세력권을 포함하는 효과적인 방법이었다. 그리하여 이 두 가지 범주의 권리가 전통적 인권 담론의 일부분이 되었다(Lauren 1998, Sellars 2002).

20세기 후반에 소위 인권에 대한 '아시아의 비판'이 크게 부각되었다(Bauer & Bell 1999). 위에서 논의한 바와 같이, 이는 서구 사회가 인권 담론을 지배하고 식민주의의 일환으로 나머지 세계에 그들의 인권 관점을 강요한다고 비판하였다(Pereira 1997). 특히 아시아의 비판은 서구의 인권 관점에서 보이는 개인주의적 편향성에 집중되었는데, 그러한 편향성은 좀 더 집합주의적이고 유교적 전통을 가진 아시아 문화권에서는 부적절한 것으로 간주되었다(Davis 1995, Meijer 2001). 이 비판은 일부 아시아의 지도자들에 의해 자신들의 인권유린을 정당화하고 국제적인 조사를 회피하기 위한 변명으로 사용되긴 했지만, 그럼에도 불구하고 '선진' 서구 사회의 많은 사람들은 좀 더 포괄적인 인권 체제가 필요하다는 점에 공감하면서 그 비판을 타당한 것으로 받아들였다. 하지만 세계인권선언과 유엔의 주요 인권협약들은 집단의 권리보다는 주로 개인의 권리에 대한 것이었으며, '인간'에 대한 좀 더 집합주의적인 이해는 반영되지 않았다.

이러한 비판에 대응하고 인권 담론 속에 아시아 국가들을 포함시키기 위한 시도로서, 많은 필자들(Galtung 1994와 같은)은 '집합적 권리 collective rights'로 이해될 수 있는 인권의 '제3의 세대'에 대해 이야기하기 시작했다. 이 집합적 권리는 집합적으로 이해될 때에만 의미가 통하는 권리들로서, 개인보다는 지역사회, 사회, 국가에 적용될 수 있는 권리들을 말한다. 이에는 환경권, 경제발전으로부터 혜택을 볼 권리, 그리고 문화적 권리의 일부 측면들이 포함된다.

그 결과 인권은 다음의 세 가지 차원 혹은 '세대'를 갖는 것으로 인식되었다.

- 공민적·정치적 권리 : 언론 집회의 자유, 법 앞의 평등, 종교의 자유, (투표권 같은)참정권, 차별받지 않을 권리 등
- 경제적·사회적·문화적 권리 : 교육, 건강, 취업, 주거, 소득보장, 결혼 배우자의 선택, 문화적 표현 등에 대한 권리 등.
- 집합적 권리 : 환경권, 경제발전으로부터 혜택을 볼 권리, 지역사회 결속력과 화합에 대한 권리

## 삼 세대의 문제

위에서 요약한 권리의 삼 '세대'는 강한 직관적 호소력을 가졌다. 그것은 막연히 프랑스 혁명의 3대 슬로건인 '자유, 평등, 연대'와 맞아떨어진다. 하지만 좀 더 면밀히 살펴보면, 그것은 역사적 우연에서 그리고 그 시대의 정치에 불가피하게 반응해야 했던 맥락에서 도출된, 만족스럽지 못한 분류이다. 냉전은 사라졌고, 탈식민주의적 비판은 세계화의 맥락 속에서 재구성되고 있다. 따라서 1948년에서 1990년까지의 지정학에 근거한 이 인권 분류는 더 이상 유효하지 않다.

첫 번째 들 수 있는 문제는 삼 '세대'라는 개념 그 자체에 있다. '세대'generation라는 용어를 사용하는 것은 어떤 역사적 계통을 의미하는데, 1세대가 가장 먼저 등장했고, 그 다음에 2세대, 그 뒤에 3세대가 등장했다는 것을 의미하게 된다. 하지만 이는 현대 서구 사상의 관점에서만 통하는 이야기이다. 서구 사상에서 볼 때에는 1세대는 18세기 자유주의의 이상과 더불어 등장했고, 2세대는 19세기 사회주의 이상과 함께, 3세대는 20세기 사회연대의 이상과 함께 등장했다는 것이 맞는 말이다. 하지만 다른 문화권에서는 이러한 사상의 등장 순서가 서로 달라서 '세대'라는 용어의 사용은 '제3세대' 옹호자들이 피하고자 했던 바로 그 서구 편향성을 드러내는 것이다.

게다가 '제1의', '제2의', '제3의'라는 표현을 사용하는 것은 권리의 우선순위를 의미하는 것으로 보일 수 있다. 즉 1세대가 다른 세대의 권리보다 더 중요하고 우선성을 가지며, 다시 2세대가 3세대 권리보다 더 중요하고 우선성을 갖는 것처럼 보일 수 있다. 이는 명백히 잘못된 것이다. 많은 사람들에게는 일부 2세대 권리가 더 우선성을 가질 수 있다. 예컨대 굶주리고 있을 때 누가 결사의 자유에 신경 쓰겠는가? 하지만 다른 사람들에게는 또 이것이 맞지 않다. '공산주의자가 될 바엔 차라리 죽음을', '나에게 자유가 아니면 죽음을 달라.' 혹은 제3세대의 권리가 가장 중요하다고 주장할 수도 있다. 생명 자체가 위협받을 정도로 환경권이 침해당한다면 다른 인권들이 무슨 소용이 있는가? 어떤 한 '세대'의 권리를 더 중요하거나 더 근본적인 것으로 내세우려는 모든 시도는 결국 성공하지 못할 것이다. 우리는 모든 범주의 권리들이 중요하다고 주장해야 한다. 일부 권리들은 일부의 어떤 사람들과 일부의 어떤 지역에서 다른 권리보다 더 중요하며, 또 다른 사람들과 또 다른 지역에서는 그 우선순위가 달라질 것이다. 각각 '파랑', '빨강', '초록' 인권이라는 용어(이는 각기 관련 정치 이데올로기와 비슷한 것을 암시한다.)를 제안했던 갈퉁(Galtung,1994)처럼, 우선순위로 인식되는 문제를 피하기 위해 그 세 분류 집단에 대해 다른 이름을 붙일 수도 있겠지만 그래도 여전히 분류상 문제가 있으며, 그 때문에 '삼 세대들'은 인권을 이해하기에 비일관적인 준거 틀이 된다.

분류의 첫 번째 문제는 제3세대가 집합적 권리로 이해된다는 점이다. 이는 다른 두 세대들이 개인적 권리를 포함한다는 것을 의미하는데, 이는 분명히 맞지 않다. 서구의 인권 시각에서의 개인주의적 편향성 때문에 1세대와 2세대 인권이 주로 개인적 차원에서 이해되지만, 이는 꼭 그렇지만은 않다. 왜냐하면 이 권리들이 개인적으로뿐만 아니라 동시에 집합적으로도 경험되는 것이기 때문이다.

예컨대 제1세대의 표현의 자유권은 개인의 권리에 해당될 뿐만 아니라, 자신들의 생각이 남에게 들려지기를 바라는 원주민, 장애인 등과 같은 집단의 권리에도 해당될 수 있다(Garkawe, Kelly & Fisher 2001, Lyons & Mayall 2003). 우리가 여성에 대한 교육권, 장애인에 대한 유의미한 취업권, 원주민에 대한 충분하고도 문화적으로 적절한 의료권 등에 대해 이야기한다면, 이는 제2세대 권리를 집합적으로 이해하는 것이다. 대체로 제1세대 권리로 나열되는 모든 권리들은 개인적 측면과 집단적 측면을 모두 갖고 있으며, 개인적 수준뿐만 아니라 집합적 수준에서도 표현되고, 실현되고, 보호되고 혹은 거부될 수 있는 것으로 이해할 수 있다. 따라서 집합적 권리라는 별도의 범주를 만드는 것은 별 의미가 없다. 실로 그것은 제3세대 지지자들이 싸우고자 했던, 인권에 강하게 배어 있는 개인주의적 접근을 강화하는 데 기여할 뿐이다.

마찬가지로 흔히 제3세대로 주장되는 권리들 또한 개인적 차원에서 이해될 수 있다. 예를 들어, 지역사회뿐만 아니라 개인도 경제발전이나 깨끗한 환경으로부터 혜택을 볼 권리가 있다. 모든 인권을 개인적이면서 동시에 집합적인 것으로 이해하고, 집합적 권리로 별도로 분리한 '제3세대'를 폐기하는 것이 훨씬 포괄적이고 총체적인 접근이다.

전통적 '삼 세대' 접근에는 또 다른 문제가 있다. 공민적 그리고 정치적 권리는 양자 모두가 시민사회, 정치과정 그리고 공공 영역에 참여할 수 있는 시민의 권리와 관련되는 것이어서 자연히 함께 묶이지만, 그에 비해 제2'세대'의 '경제적·사회적·문화적 권리'는 훨씬 일관적이지 못한 분류이다. 분류상의 일관성을 갖지 못하고, 세계인권선언이 만들어지던 시대에 '공민적이고 정치적'인 것에 명확히 속하지 않는 나머지 권리들을 모두 합친 것으로 볼 수 있다. 경제적·사회적·문화적 권리는 별 공통점이 없어 쉽게 하나로 뭉치기 어려운 것이다.

또한 이 범주에는 우리가 '생존권'이라고 부를 수 있는 것, 즉 음식, 물, 주거, 의복, 의료서비스 등 단순한 인간 생존에 필요한 기본적인 것들에 관한 권리가 포함된다. 아마 이것들은 우리의 생존이 달려 있는 것이기 때문에 모든 권리들 중에서 가장 기본이 되는 것이겠지만, 특별히 경제적, 사회적 혹은 문화적인 것은 없는데 왜 그것들이 이 범주에 포함되는지 명확하지가 않다. 다시 말해 이 범주는 논리정연하고 일관성 있는 방식으로 분류한 것이 아니라, 공민적·정치적 권리를 목록화한 후에 남는 모든 권리들을 담은 잡동사니 주머니처럼 보인다.

그리고 경제적 권리는 다른 권리들과 개념적으로 다른 범주이다. 돈 자체는 본질적 가치를 가지고 있이 것이 아니며, 교육, 건강, 문화적 표현, 결사의 자유 등과 같이 우리의 인간성을 향상시키는 것이 아니다. 돈의 중요성은 교환가치에 있다. 현대 사회에서 우리는 단순히 원하는 것뿐만 아니라 필수적으로 필요한 것도 돈으로 사야 하므로 돈 없이는 살 수 없다. 하지만 돈 없이 살 수 있는 사회를 상상할 수는 있는데, 우리의 다른 모든 인권들이 실현되어 완전하고 풍요로운 삶을 누리며 그 결과 우리의 인간성이 실현되는 바로 그런 사회이다. 많은 이들이 원주민 사회 또는 수렵채집의 공동체 사회가 돈과 '경제적 권리'에 신경 쓰지 않고 그에 도달한 사회라고 주장할 것이다. 우리는 인간성 실현을 위해서 일정 수준의 사회적, 문화적, 공민적 그리고 정치적 권리가 모두 필요하지만, 경제적 권리는 재화와 서비스의 거래를 위한 통화가 존재하는 사회에서만 필요한 것이다.

현대사회에서 경제적 권리는 오로지 우리가 일부 다른 권리들을 실현시키기 위해서 돈이 필요하기 때문에 중요한 것이다. 즉 음식, 주택, 교육, 재산, 문화적 참여, 의료보호, 교육 등을 구매하기 위해서 돈이 필요하다. 따라서 경제적 권리는 도구적 권리이다. 그 자체가 목적이라기보다 다른 여타의 인권을 실현할 수 있도록 해 주기 때문에 중요한 것이다. 이 때문에 경제적 권리는 개념상 다른 권리들과 다르며, 그것을 사회적 권리, 문화적 권리, 생존적 권리와 함께 한 무리에 넣는 것은 적절치 못하다. 그것만 별도로 구성하는 범주에 넣어야 한다.

사회적 권리와 문화적 권리가 같은 범주에 포함되는 것도 적절한지 질문해 볼 수 있다. 양자 모두 주로 '관계'에 대한 것이라는 점에서 동일 범주에 두는 것이 정당하다는 주장도 있지만, 그 둘 사이에는 중요한 차이가 있다. 무엇보다 중요한 점은 그 둘을 함께 분류하면 '사회적'인 것이 '문화적'인 것보다 우월적 위치를 점하는 경향이 나타난다. 하지만 이 장의 초반에 논의했듯이, 문화 영역은 인권에서 매우 중요하며, 인권을 구체적 맥락 속에서 이해하도록 하는 데 필수적인 것이다.

문화 또한 논란의 여지가 있다. 보편성을 지지하는 사람들은 인권을 명확히 정의하는 데 있어서 '문화적 차이'라는 것이 매우 불편한 요소임을 알게 된다. 이 장 앞부분에서 논의했듯이 보편주의에 대한 섬세한 접근을 하지 않는다면, 문화적 차이를 인정받을 권리를 옹호하는 것은, 인권의 보편성을 훼손하는 것이 된다. 그런데 문화적 권리를 사회적 권리와 연결하면 이 불편한 권리 범주를 좀 더 쉽게 보편성이 인정되는 권리들과 연결할 수 있다. 왜냐하면 결혼을 할 권리, 출산을 할 권리, 교육을 받을 권리 등과 같은 사회적 권리들은 보편주의의 틀에서 좀 더 용이하게 설명될 수 있기 때문이다. 하지만 인권을 표현할 때, 특히 '아래로부터의 인권'을 이해하고자 할 때 문화의 중요성을 고려하면 문화적 권리도 독자적 범주를 가져야 하며, 다른 인권과 연결지어 그 개념적 중요성을 희석시켜서는 안 된다.

경제적·사회적·문화적 권리의 '잡동사니 주머니'를 네 개의 다른 범주들로 분리한 경우가 있다. 생존적 권리, 경제적 권리, 문화적 권리 그리고 사회적 권리가 그것이다. 우리는 이것에 개념적으로 좀 더 일관성 있는 범주로 보이는 공민적·정치적 권리라는 전통적 범주를 더 추가할 수 있지만, 이 분류가 상호 배타적인지 질문해 볼 필요가 있다. 이 범주화에 따르면 제외될 수 있는 다른 중요한 권리들은 없는가? 우리는 모든 권리들이 개인적인 것임과 동시에 집합적이라는 이유에서 전통적인 '제3세대' 개념을 폐기했다. 하지만 전통적으로 제3세대에 속하고 다른 범주에는 속하지 않는 것으로 간주되는 권리가 있는데, 바로 환경권이다. 향후 100여 년 사이에 전 인류 사회에 심각한 변화를 초래할 상상 불능의 생태학적 위기에 직면한 이 시점에서 환경권은 중요한 의미를 갖는다. 인권 체제가 이 환경권을 적절히 다루지 못한다면 21세기의 끝, 아니 21세기 중반에라도 인권은 무의미하고 부적절한 것으로 전락하는 운명을 맞이하게 될 것이다. 이런 이유 하나만으로도 환경권은 독자적 범주로 분류되어야 한다.

범주화가 가능한 또 다른 권리는 세속적 서구 사회에서 흔히 무시되는 인간성의 한 중요 측면을 반영하는 것인데, 바로 영적 권리이다. 이것은 문화적 권리 범주에 포함시킬 수 있다고 주장할 수 있으나, 많은 사람들에게 있어서 영적인 것은 흔히 서구사회에서 경시됨에도 불구하고 널리 받아들여지는 인간성의 또 다른 차원을 담고 있기 때문에 문화적인 것을 초월하는 것이다. 영성은 특정 문화적 맥락 속에서 경험되고 표현되는 것이므로 영적 권리를 '문화적 권리'의 하위 범주에 넣어야 한다는 것은 옳지 않다. 그렇다면 인간 경험의 모든 다른 측면들도 역시 그렇다고 볼 수 있기 때문이다.

2장에서 상세히 논의한 바와 같이 영성이란 개념은 단순히 제도화된 종교를 통해 표출되는 것보다 훨씬 더 광범위한 것이다. 많은 서구인들은 조직화된 종교와 진지하게 연결되는 것은 거부하지만, 그래도 자신들에게 어떤 다른 형태의 영성이 여전히 중요하다고 말할 것이다. 그것은 자연세계를 통해, 명상을 통해, 음악과 춤을 통해 혹은 달리 설명할 수 없는 심오한 감정적 느낌을 통해 경험될 수 있다. 인간의 이야기를 하려는 역사와 선사 시대의 모든 시도를 보면 어떤 형태의 영성이 모든 문화적 맥락과 모든 역사적 시대에 존재하는 것 같다. 영성이 그처럼 강하게 널리 스며 있는 '인간 경험'의 차원이라면 인권을 고려할 때 포함되어야 한다. 하지만 영적 권리는 서구의 전통적 인권 담론에서는 거의 논의되지 않고 고려되지도 않았으며, 오래 전에 심도 깊은 연구가 이루어졌어야 함에도 불구하고 그렇지 못했다. 6장에서 영적 권리에 대한 더 깊은 논의가 있을 것이다.

위의 논의들로부터 전통적 '삼 세대'를 대체하는 새로운 분류체계를 도출할 수 있다(Ife 2006 참조.). 그것은 아래와 같이 권리들을 7개의 집단으로 분류한다.

- 공민적·정치적 권리 civil and political rights
- 생존적 권리 survival rights
- 경제적 권리 economic rights
- 사회적 권리 social rights
- 문화적 권리 cultural rights
- 환경적 권리 environmental rights
- 영적 권리 spiritual rights

물론 무엇이든 엄격한 분류를 하려고 하면 늘 실패하게 되어 있으며, 그런 식의 분류는 이 책이 극복하고자 하는 세계관인 모더니티의 특징이기도 하다. 그래서 위 범주들 사이의 경계는 필연적으로 서로 중첩되기도 하고 변화하기도 하고 침투 가능한 것으로 봐야 한다. 이는 인권에 대한 확고한 분류체계로서 제시하는 것이 아니며, 기존의 '삼 세대'보다 개념적으로 좀 더 일관성 있는 인권에 대한 사고방식으로서 제시하는 것이다. 다시 말해 그것은 엄격한 분류가 아니라 사고와 분석을 위한 하나의 틀을 의미하는, 인권의 차원들로 고려될 수 있겠다. 물론 그것은 다른 모든 분류와 마찬가지로 이 역사적 시기에만 의미를 갖는 구성물이며, 모든 시대와 모든 상황에 딱 들어맞는 분류라고 받아들여서는 안 된다.

2장에서 지역사회개발을 논의하면서 이와 비슷한 '차원들'의 목록을 도출해 냈던 것이 기억날 것이다. 차원에 대한 이 두 세트가 서로 유사한 것에 대해 그리 놀랄 일은 아니다. 인간적 지역사회와 인간의 권리, 이 양자는 우리 자신의 인간성을 정의하고 실현하고자 하는 방법들이며, 따라서 그 두 목록은 '인간'을 정의하고 경험하는 상이한 차원들을 나타낸다. 바로 이 점이 인권과 지역사회개발 사이의 유사성을 명확히 보여주는 것이며, '아래로부터의 인권'이라는 개념 속에 그 둘을 통합할 수 있는 강력한 틀을 제공해 준다. 이에 대해서는 후속 장들에서 다룰 것이다.

# 제3부

# 인권과 지역사회개발의 통합

희망은 결코 위로부터 내려오지 않았다.
그것은 항상 아래에서부터 갑자기 폭발적으로 솟아나는 것이었다.

스터즈 터클(Studs Terkel),
"희망은 사라지지 않는다"(Hope Dies Last, 서문 첫 문장, 2004)

제5장

# 아래로부터 인권의 원칙

## 지역사회개발과 인권, 상호 간의 기여

여기서는 지역사회개발과 인권이 이론과 실천의 면에서 잠재적으로 서로에게 기여할 수 있는 점에 대해 살펴본다.

인권과 지역사회개발은 강력한 개념으로서, 이 책 앞선 장들에서 발전시킨 형태로 된다면 그 각각은 잠재적으로 진보 정치와 사회변화를 위한 운동에 중대한 기여를 할 수 있다. 하지만 꼭 그렇게 되지 않을 수도 있다. 지역사회와 인권은 좀 보수적인 방식으로 그리고 정말로 반동적인 형태로 형성될 수도 있다. 즉 지역사회개발이 인종주의, 성차별주의, 외국인 혐오주의를 목적으로 이용되는 배제의 담론, 국경 보호의 담론이 될 수 있다. 마찬가지로 인권 접근이 경영권, 무기를 들 권리, 매체를 소유하고 여론을 조종할 권리, 남의 존엄성을 훼손하는 생각을 표현할 권리, 남들은 가난하더라도 과도한 봉급을 받을 권리 등과 같이, 타인을 지배하려는 개인의 권리가 강화되는 방향으로 이루어질 수도 있다.

따라서 이 장과 다음 장들에서 사용되는 인권과 지역사회개발이라는 용어는, 대중매체나 여러 비평가들이 사용하는 의미가 아니라 분명히 이 책의 앞선 장들에서 개괄적으로 정리했던 의미로 사용된다는 점을 강조해야겠다. 그것들은 각각 면밀한 이해가 필요한 복잡하고 논란의 여지가 있는 개념들이며, 명확히 규명될 필요가 있는 어떤 정치적·이념적 의미를 담고 있다. 이 점에 유념하면서 이제 그 각각이 서로를 풍부하게 만들 수 있는 방법들을 살펴보겠다.

## 지역사회개발을 위한 인권의 틀

지역사회개발에 있어서 어떤 형태의 사회정의나 인권 접근이 필요하다는 것은 분명하다. 오로지 절차만을 신뢰하면서 다른 목소리보다 '아래로부터의 지혜'에 더 높은 가치를 부여하는 것은 배제와 차별로 이어질 수 있다. 예를 들자면, 다른 인종이나 다른 문화적 배경을 가진 사람들을 배제하려는 지역사회집단, 타 문화를 경시하는 문화적 정체성에 기초하고 있는 지역사회, 관개를 위해 자신들만 강물을 많이 사용하여 하류 지역사회가 이용할 수 없도록 만드는 지역사회, '공동체'라는 개념 자체를 다른 종교를 배타시하는 협소한 종교적 의미로 사용하는 지역사회, 화력발전소와 같은 심각한 오염 산업에 기반하고 있으며 타인에게 미치는 피해에도 불구하고 그 산업을 유지하려고 하는 지역사회 등이 그런 경우들이다. 때로는 지역사회의 연대와 번영이라는 명분하에 소아 성애자paedophile를 보호한다든지, 지역사회 지도자의 부패를 은폐한다든지, 또는 그렇지 않다면 도산 위기에 처할 지역 내 산업에서의 열악한 고용

관행을 용인한다든지 하는 지역사회 행태가 나타날 수 있다.

이 모두가 지역사회개발에서 일종의 사회정의나 인권의 틀이 필요시 되는 이유의 예들이다. 실로 지역사회개발 활동가들은 윤리적 실천을 규정하는 한 방법으로서 사회정의나 인권 틀을 필요로 한다. 윤리와 인권은 매우 밀접한 유사성이 있어서 인권은 윤리적 결정을 내릴 수 있도록 하는 근거가 될 수 있다(Ife 2008). 지역사회는 윤리적 진공상태에서는 작동될 수 없다. 지역사회의 자율성과 자기 주도라는 명분하에 윤리를 부정하는 지역사회개발 접근은 매우 위험한 것이다. 그런 위험성은 문화적 '침략', 이민, 경제의 붕괴 혹은 생태학적 위기 등으로부터의 위협이 심각히 인지된 시기에 더욱 커질 수 있으며, 지역사회개발의 강한 잠재력은 배제와 억압을 목적으로 쉽게 악용될 수 있다.

이런 점에서 지역사회개발은 인권을 지지하기는커녕 사실 인권 이상에 역행하는 방향으로 이루어질 수 있고, 인권을 침해하거나 부정하는 수단이 될 수 있다. 그러므로 지역사회개발은 반드시 인권에 기초하고 인권으로부터 풍부한 영향을 받아 인권을 더 발전시킬 수 있는 과정이 되어야 한다.

그리하여 인권 틀을 통해 지역사회가 행하는 모든 부분에서 인권이 준수될 것을 요구함으로써, 지역사회의 자기 주도성에 어떤 제한을 효과적으로 가할 수 있다. 여기서 인권의 법적 전통이 이점이 있다. 즉 인권이 조약, 헌장이나 선언의 형태로 정의되면 그것들은 명백한 외부적 정당성을 가질 수 있고, 지역사회개발이 이루어질 수 있는 맥락을 제공할 수 있다. 분명한 인권 틀 안에서 작동하는 지역사회개발이라면 그러한 인권 조약이나 선언들을 지역사회의 맥락에 맞도록 적절히 잘 활용할 것이며, 이 인권 조약이나 선언들은 적절한 윤리적 행동방침이 어떤 것인지에 대한 논의를 하는 데 유용한 준거점reference point이 될 것이다. 그러한 준거점이 없다면 지역사회에서의 의사결정은 문제가 될 수 있다. 예컨대 준거점이 없다면 어떤 지역사회 집단이 내부지향적으로 되어 그 주변 세계를 충분히 고려하지 못하고, 자기 지역사회 내의 사람들뿐만 아니라 타 지역사회나 타인들에 대한 자신들의 책임을 잘 인식하지 못할 수 있다.

인권은 또한 이론적 수준에서 지역사회개발에 기여할 수 있다. 앞 장에서 논의한 보편주의와 맥락의 문제는 인권뿐만 아니라 지역사회개발에서도 중요하다. 이는 지역사회가 어느 정도로 분권화되거나 자치성을 가져야 하는지에 대한 딜레마에 잘 드러난다. 자치, 아래로부터의 변화, 자기 주도성의 원칙들은, 지역사회가 자신들이 위치하고 있는 보다 더 큰 사회와 관계를 맺을 수 있어야 한다는 것과 대립하는 것들이다. 한 지역사회의 행위들이 그 지역사회의 내부적 잣대로는 정당화될 수 있을지라도, 다른 지역사회나 다른 집단에게는 부정적 영향을 미칠 수 있다. 한 지역사회의 경제개발이 다른 집단이나 다른 지역의 경제개발을 훼손시킬 수 있다. 예를 들어 하천이나 강을 오염시키는 경우처럼 한 지역사회의 행위들이 타인들에게 영향을 주는 환경 문제를 일으킬 수 있으며, 한 지역사회가 지역 사업을 위한 재원을 성공적으로 마련하게 되면 다른 지역사회에 그런 자원이 가는 것을 막는 것이 될 수 있다.

이처럼 한 지역사회의 국지적 욕구가 어떤 통제 없이 더 큰 사회에 영향을 미치게 될 경우 그것을 어느 정도 허용할 수 있는가, 그리고 고위 당국은 지역사회의 결정이나 과정에 어느 정도로 개입할 수 있어야 하는가? 이것이 지방 정부와 중앙 정부와의 관계에 있어서 영원한 딜레마이다. 하지만 그 긴장은 단지 공식적 통제의 문제에 국한되지 않는다. 그 긴장은 좀 더 비공식적인 관계들, 대중매체, 문화적 표현에서도 나타난다.

이러한 긴장은 인권에서의 보편성과 맥락 사이의 긴장과 유사하다. 앞선 장들에서 서술한 바와 같이 인권이 그 긴장을 다루어야만 하는 것 것처럼, 지역사회개발도 그러한 긴장이 제기하는 딜레마에 직면해야 한다. 사실 인권분야는 이론적 혹은 개념적 수준에서 이 문제와 씨름해 왔고, 지역사회개발의 경우보다 더 철저히 그것에 대해 심사숙고해왔다고 말하는 것이 옳을 것이다.

앞 장에서 인권에서 무비판적 보편주의나 무비판적 상대주의는 존립할 수 없음을 제시했는데, 마찬가지로 비슷한 분석이 지역사회개발에도 적용될 수 있다. 인권과 유사하게, 지역사회개발은 지역과 더 넓은 사회에 대해 고려할 때, 이것 아니면 저것either/or이라는 관점보다는 둘 다/그리고both/and라는 관점을 취할 필요가 있다. 지역사회개발은 아래로부터의 세계화와 '생각하라/행동하라/지구적으로/지역적으로'think/act/global/local이라는 개념을 통해, 지구적인 것과 지역적인 것의 관계를 논하면서 어느 정도 이 문제를 다루어 왔다. 하지만 지역사회/사회community/society와 같은 중간적 단위에는 그러한 분석을 그다지 적용하지 않았다. 여기서는 지역the local과 보다 큰 사회the societal는 필연적으로 연결되며 그 각각은 다른 하나의 한 맥락으로서 작용한다는 시각을 제시하고자 한다. 이를 위해 지역사회개발은 아마도 이전 장에서 묘사했던 권리와 욕구 간 논의를 이용하여 인권 사고방식human rights thinking을 차용하는 것이 유익할 것이다.

## 인권을 위한 지역사회개발의 틀

인권의 지역사회개발에 대한 기여는 필요하고 또 중요한 것이지만, 지역사회개발이 인권에 기여할 수 있는 점은 문헌에서는 별로 다루지 않고 있다. 그렇지만 아마도 더 중요할 것이다. 이 논의는 여기 후반부와 후속 장들에서 다룰 '아래로부터의 인권' 개념을 위한 토대가 될 것이다.

인권에 대한 국가의 의무 접근이나 법적 접근이 지배적이다 보니, 인권을 법률 문서나 협정에서 정의되는 것으로 보는 시각이 널리 받아들여졌다. 그것들은 필연적으로 특권적 위치에 있는 소수집단에 의해서 기안되고 승인된다. 그 특권자들은 바로 정치인, 외교관, 교수, 여론 주도자, 그리고 소수의 명망 있는 인권활동가들이다. 비교적 최근까지도 인권을 정의하는 사람들이 주로 특권층의 백인 남성이라는 점이 비판을 받았다. 하지만 보다 최근에는 인권 담론에서 여성의 목소리와 서구 사회 이외의 배경을 가진 사람들의 목소리가 두드러졌으며, 이것이 인권 문서에도 영향을 주었다.

하지만 아직도 여전히 인권 문서들은 특권층의 목소리를 담고 있으며, 그 특권층은 여전히 정치가, 교수, 여론 주도자들이다. 성/젠더와 문화적 장벽은 인권 담론에서 많이 제거되었지만, 계급 장벽은 그렇지 못하다. 인권은 주로 힘없는 자들에 대한 권력자의 담론이며, 그 자체가 인권 침해이다. 스스로의 권리를 정의할 권리the right to define one's rights를 부정하는 것이기 때문이다. 지역사회개발의 관점에서는 이를 수용할 수 없으며, 인권의 정의가 보다 더 민주적이고 참여적인 과정이 될 수 있는 방법을 모색할 필요가 있다.

인권에 대한 지역사회개발 접근은 참여에 초점을 둔다. 이 참여는 오랫동안 지역사회개발의 중심 초점이었다. 그렇다면 인권을 위한 과제는 지역사회개발의 원칙을 인권의 정의에 적용하는 것일 것이다. 참여는 무엇이 인권을 구성하는가에 대해 매우 다른 생각들을 드러낼 것이다. 정의하는 사람의 세계관에 따라 강조점이 달리 주어지고 필연적으로 여러 맥락에서 상이하고 또 서로 중복되기도 하는 인권 시각들이 나올 것이다. 종래의 전통적 인권은 인권을 정의하는 사람들의 세계, 즉 유엔, 국제 외교, 권력의 회랑corridors of power, 로스쿨과 법원 등을 정당성을 가진 것으로 받아들였지만, 그것은 압도적 다수의 인구가 경험하는 생활 현실 그리고 그들이 구성하는 세계와는 상당히 거리가 있는 것이었다.

인권에 대한 지역사회개발 접근에서 참여가 중요한 또 다른 이유가 있다. 이는 '권리의 행사'와 관련된다. 개인적 수준에서든 집합적 수준에서든 권리가 행사되지 않는다면 권리를 '소유'하는 것이 큰 의미가 없다. 예컨대 '표현의 자유권'의 경우 아무도 그 권리를 요구하거나 행사하지 않고 조용히 있기만 한다면, 그것은 아무 의미가 없게 된다. 비슷하게 교육권의 경우, 실제로 소수의 사람들만이 그 권리를 사용한다면 도대체 그게 존재하는 이유가 무엇인가?

많은 우리의 '권리들'은 앞선 세대의 희생과 고귀한 사회운동을 통해 어렵게 쟁취한 결과였다. 그런 권리를 무시하거나 적극적으로 그 권리를 행사하기 위해 애쓰지 않는다면, 그것은 그 권리를 얻기 위해 싸웠던 앞서가신 분들을 배신하는 것이다. 인권을 옹호하는 사회는 권리가 보장되는 것만으로는 안 되며, 적극적으로 행사되는 사회여야 한다. 따라서 사람들이 자신들의 권리로부터 도출된 시민으로서의 의무citizenship obligations를 엄중히 이행하는 사회가 바로 적극적 참여사회인 것이다. 지역사회개발은 바로 그런 사회, 즉 시민의 권리와 적극적 역할을 해야 하는 시민적 의무가 동반되는 사회를 만들어내고자 하는 것이다.

이러한 권리와 의무의 연결은 인권에 내재한 공동체적 전통을 중요하게 강조하는 것이다. 4장에서 이미 논의한 바와 같이, '무인도의 인간'과 같은 고립된 개인은 어떤 권리의 요구에 뒤따르는 책임을 이행해 줄 사람이 아무도 없기 때문에 아무 권리도 소유하고 있지 않다고 말할 수 있다. 무인도 거주자가 자유로운 표현을 할 권리, 민주적 참여를 할 권리, 의료보호에 대한 권리 등을 가지고 있다고 말하는 것은 아무 의미가 없다. 하지만 우리의 '권리들'은 그 내용을 무엇으로 하든, 그 권리 요구를 인식하고 그것의 충족을 도와줄 수 있는 다른 사람들, 즉 가족 구성원, 시민 혹은 국가 등을 필요로 한다. 마찬가지로 타인의 권리를 존중하고 그에 대한 나의 의무를 다해야 할 책임을 인식하지 않고서, 내가 어떤 권리를 가지고 있다고 주장할 수 없다.

따라서 권리는 인간들의 상호작용을 필요로 한다. 즉 우리는 개별적으로가 아니라 집단적으로 권리를 가지고 있다. 이런 의미에서 권리란, '권리와 책임의 공동체'인 '인간적 지역사회'라는 개념 안에서만 의미를 가질 수 있을 뿐이다(Gewirth 1996). 이와 같이 인권을 이해하기 위해서는 그 권리가 실현될 수 있는 일종의 인간적 지역사회를 전제해야 하며, 지역사회는 인권을 경험하는 데 핵심적 요소가 된다. 오로지 인간적 지역사회에서만 우리의 인간성을 충분히 정의내리고, 찾아내고, 또 실현시킬 수 있는 것이라면, 우리가 인간의 권리, 즉 인권을 달성할 수 있는 곳도 오로지 지역사회를 통해서이다.

이런 점에서 인권은 본질적으로 지역사회에 대한 것이며, 지역사회 개발은 실질적으로는 인권개발이 되는 것이다. 따라서 지역사회 없이 인권을 갖는다는 것은 불가능하며, 흔히 생각하듯이 지역사회개발은 단지 인권 교육의 장으로만 기능하는 게 아니라 인권 그 자체를 위한 전제조건이 된다.

따라서 인권과 지역사회개발은 중요한 공통점이 있다. 즉 각각은 자체의 목적 달성을 위해 서로를 필요로 하며, 타인과 더불어 사는 지역사회에서 사람들이 완전한 인간성을 정의하고 성취하는 것을 도와주고자 하는 공통의 목표를 갖는다.

## 아래로부터의 인권 : 이론적 고려

여기서는 지역사회개발과 인권을 통합한 '아래로부터의 인권human rights from below' 개념을 확립하기 위해, 앞서 논의했던 이슈들을 일부 다시 다룰 것이다. 지금까지 논의의 요지는, 지역사회개발과 인권은 양자의 관점을 통합하지 않고서는 완성되거나 효과적으로 작동될 수 없다는 것이다. 하지만 그 둘은 전통적으로 각기 따로 개념화되었다. 지역사회개발이 주로 휴먼 서비스나 경제학의 패러다임 내에서 이해되어 온 반면, 인권은 주로 법적/정치적 전통 안에서 이해되었다. 이장 후반부에서는 또 다른 패러다임인 생태학이 현 세상의 인권과 지역사회개발에 매우 긴요한 것임에도 불구하고 양 담론에서 거의 결여되었으며, 따라서 아래로부터의 인권의 이해에 있어서 생태학적 관점을 반드시 포함시켜야 한다는 점을 주장할 것이다.

## 인간적 지역사회와 공통의 인간성

인권과 지역사회개발의 공통점은 '인간적 지역사회'human community와 '공통의 인간성'common humanity이라는 두 용어의 유사성에서 찾을 수 있다. 강력하고 건강한 지역사회가 완전한 인간 잠재성 실현을 위해 필요하고 또 사람들의 삶의 질을 의미 있게 향상시킬 수 있다는 것을 인식하면서, 인간적 지역사회는 흔히 지역사회개발의 목적으로 간주된다. 한편 공통의 인간성은 인권의 목적으로 간주된다. 인권은 그 공통의 인간성을 인식하는 것에서부터 비롯되며, '인권 진술들'은 차이를 초월하고 인권을 보편적인 것으로 보는 그 인간성에 대한 정의인 것이다. 보편성에 관한 이러한 시각에 따르면 '공통의 인간성'이란 것이 존재한다면 인권은 정당한 것이 된다. 이 공통의 인간성은 우리 모두에게 있고, 그로부터 일국의 시민으로서의 권리가 아닌 우리의 인간으로서의 권리가 도출된다.

인간적 지역사회와 공통의 인간성이라는 두 용어의 유사점은 명확하다. 둘 다 인간다움humanness이라는 개념과 공통적으로 소유하고 있는 것holding-in-common이라는 개념을 갖고 있다. 이것이 인권과 지역사회개발 각각이 추구하는 목적들이라면 그 둘은 공통의 프로젝트에 참여하고 있는 것이며, 적어도 상당히 중복되는 프로젝트에 참여하는 것이다. 이런 시각은 그 둘을 각각의 분리된 프로젝트로 취급한 지금까지의 주ㄴ장, 즉 인권은 지역사회개발에 크게 기여할 수 있고, 지역사회개발은 인권에 크게 기여할 수 있다는 생각을 뛰어넘는 것이다. 이 관점은 그 둘이 공통의 프로젝트이며 통합적으로 이해되어야 한다는 것을 의미한다. 이 책에서는 이 관점을 '아래로부터의 인권'이라는 문구로 표현하였다. 아래로부터의 인권이라는 개념을 탐구하다 보면 이것이 지역사회 개발과 인권 양자에 겨눠진 많은 문제들과 비판을 해결할 수 있는 접근이라는 것을 명확히 알게 될 것이다.

## 공유의 인간성

우선은 인권의 기초로 받아들여지는 '공통의 인간성common humanity'이라는 개념을 면밀히 살펴보는 것이 중요하겠다. 공통의 인간성은 많은 긍정적 의미를 내포하는 용어로서, 사람들에게 인종, 성gender, 문화, 민족, 연령, 능력과 섹슈얼리티의 경계를 초월하도록 격려한다. 아마도 이것은 많은 사회과학에서 '차이'에 집중하는 경향이 있는 것에 대한 적절한 수정이라고 볼 수 있다. 성, 인종, 계급 등 차이의 담론에만 집중하면, 우리를 나누는 것만 강조하고 통합하는 것은 경시하게 된다. 차이의 담론도 물론 중요하지만 통합의 담론과 균형을 맞출 필요가 있으며, 분리보다는 통합에 관심을 두어야 한다는 강한 주장이 있다. 이 관점에서 보면 '공통의 인간성' 담론은 매력적이고 강력한 것일 수 있다.

하지만 '공통의 인간성' 개념에는 문제가 있다. 3장에서 논의한 인권의 전통들에 비추어 보면, 그것은 어떤 핵심적, 근본적 인간성을 찾고자 하는 자연권 전통으로 회귀하는 것이다. 생물학적인 것을 제외하고는 공통의 인간성이라 할 수 있는 것의 정당성을 주장하기란 쉽지 않으며, 전체 인류에 대하여 '인간성'에 대한 어떤 단일의 관점을 취하는 것은 위험할 수 있다. 아마도 그것은 서구적 시각일 것이다. 그것은 '인간'에 대한 계몽주의의 시각이 가지고 있던 한계이며, 인도적 프로젝트를 추진하기 위해 '인간'을 정의하려고 했던 서구가 지닌 중대한 문제였다. 인간의 이상human ideal이라는 이름으로 이상적 인간ideal human을 추구했던 것은 20세기 우생학 운동과 순수한 아리아인pure Aryan이라는 독일 나치스의 이상으로 귀결됨에 따라 철저히 신뢰를 잃게 되었다. 따라서 이상적 인간은 우리가 이제 그 용어를 이해한 바대로는 인권의 적절한 기초가 되기 어렵다. 하지만 여전히 '공통의 인간성'이라는 개념으로써 '인류the human race'를 독자적 그리고 배타적으로 규정하는 경향이 있다. 이 문제는 '공통의 인간성'이라는 개념을 '공유의 인간성'shared humanity이라는 개념으로 대체함으로써 극복할 수 있다. 공유의 인간성이라는 개념은 사람들 사이에 공통점이 분명 있기는 하지만, 그것은 모든 이에게 해당되는 단 하나의 '공통의' 인간 조건을 규정한 것이 아니라, 생활체험 속에서 탐구되고 확인되어 드러난 공통점들을 의미한다. 다시 말해 타인과의 만남을 통해 발견되는 중복된 공통점들이 있으며 반드시 모든 사람들이 단 하나의 공통점을 보편적으로 공유하는 것은 아니다.

더 나아가 '인간성을 공유한다'는 생각은 적극적인 개념이다. 함께 공유한 것이 있다면, 우리는 자신의 욕구와 타인의 욕구에 대해 인지하는 바에 따라 줄 수 있는 것은 주고 필요한 것은 받는다. 따라서 '우리의 인간성을 공유한다는 것'은 단지 '우리의 인간성을 공통적으로 소유하고 있다'는 것보다 훨씬 더 적극적인 개념이다. 그것은 사람들에게 역동적으로 공유되는 이상ideal을 더 잘 추구할 수 있도록 하며, 인간성이 정적이고 단일한 경험적 진실이 아니라 수많은 역동적 과정으로서 늘 재구성되는 것으로 인식될 수 있도록 한다.

따라서 '아래로부터의 인권'을 이해하기 위해서는 '공통의 인간성'이 아니라 '공유의 인간성'을 찾아 확인할 필요가 있다. 이 접근은 또한

'인간적 지역사회'에 대한 우리의 이해도 바꾸게 한다. '공통의'common이라는 것을 '공유하는'shared으로 대체하면, 지역사회라는 개념 또한 너무 공통의 이상common ideal을 찾으려고 하는 덫에 걸리지 않도록 재고될 필요가 있다. 그것은 1장에서 논의한 바 있는, '같음'보다는 '다름'에 기초하는 지역사회의 개념을 재확인하는 것이며, 인간성과 지역사회가 구축되는 장으로서 '타인과의 만남'에 보다 더 적극적 역할을 부여하는 것이다.

## 위로부터의 권리와 아래로부터의 지역사회

인권과 지역사회, 두 담론은 '하향식'/'상향식'의 면에서 서로 다른 전통을 가지고 있다. 인권은 전통적으로 위에서부터 아래로 내려오는 하향식 담론으로 간주된다. 따라서 그것의 전통적 틀에서는 맥락이나 차이, 다양성 등의 개념을 잘 다루지 못했다. 반대로 지역사회개발은 당연히 맥락을 따르는 것이다. 따라서 '인간적 지역사회'와 같은 모호한 개념들을 넘어 그 이상의 보편자universals는 잘 다루지 않으며, 보편적 타당성을 가진 지역사회개발의 실천과 세부 원칙들을 도출하려는 시도들을 잘 다루지 못한다. '아래로부터의 인권'은 이 두 담론을 통합함으로써 상향식과 하향식 접근의 상호작용을 다루고자 한다. 그것은 그 둘을 뚜렷이 나눠지는 이분법적 쌍으로 보지 않고, 인간성을 경험하고 확인하는 것은 그 양자 모두에 의해 영향을 받을 수 있다고 본다. 하지만 여기서 발전시키는 아래로부터의 인권 관점은, 상향식의 지역사회 관점이 인권과 인권실천의 개념에 어떻게 영향을 미칠 수 있는지에 보다 더 강조점을 둘 것이다.

## 욕구와 권리

'아래로부터의 인권'을 이해하는 데 도움이 되는 또 다른 요소는 욕구와 권리의 관계에 대해 살펴보는 것이다. 이 관계는 여러 문제의 소지가 있지만, 인권이 구성되는 방식에 중요한 함의를 갖는다.

도얄과 고프(Doyal and Gough,1991) 같은 필자는 권리를 도출해 낼 수 있는, 욕구에 대한 보편적 이론을 개발하려고 했다. 이는 막스니프(Max-Neef,1991)의 접근과 유사한데, 그는 인권을 도출해 내는 근거로서 준準과학적 틀 안에서 인간의 욕구를 범주화하려고 했다. 예컨대, 우리 모두는 음식에 대한 생물학적 '욕구'를 가지고 있는데, 이는 모든 인간에게 공통적이며, 음식에 대한 보편적 '권리'를 추론해 내는 데 이용될 수 있다. 인간의 욕구 목록은 아마도 매슬로우Maslow의 유명한 '욕구의 위계hierarchy of needs'를 이용하여 길게 만들 수 있으며, 그리하여 어떤 '권리들의 목록'을 도출해 낼 수 있다. 그것은 '자연적 권리' 전통과 흡사하며, 권리와 마찬가지로 욕구도 인간성에 고유한 것으로 간주된다.

하지만 욕구는 흔히 보편적인 것이라기보다는 구체적 맥락을 갖는 것으로 간주된다. 어떤 가족이나 지역사회의 욕구가 모든 사람이 갖고 있는 공통의 욕구일 수는 없다. '욕구'라는 말이 보편적으로 사용되든 특정 맥락 속에서 사용되든 간에, 욕구 담론은 본질적으로 실증주의적이다. 이는 욕구를 다소 준 객관적으로 '존재하는' 것으로 보는 흐름인데, 욕구를 묘사하기 위해 사용하는 언어에서 그 점을 분명히 찾아볼 수 있다. 욕구는 '확인되고', '평가되고', '측정된다'고 표현되며, 욕구 지표를 개발하려는 노력들도 있다. 따라서 욕구를 파악하는 일은 경험적 조사 방법이 필요한 기술적인 문제로 간주된다.

이 관점은 구성되는 권리constructed rights를 함축하고 있는 자연적 욕구라고 부를 수 있겠다. 또 다른 한 대안적 관점은 구성되는 욕구constructed needs를 함축하고 있는 자연적 권리의 관점이다. 이는 4장에서 보편/맥락의 이분법을 극복하는 한 방법으로 언급되었다. 즉 보편적 권리들은 구체적 맥락 속에서의 욕구들로 바꿀 수 있다. 예컨대 보편적 교육권은 어떤 지역사회의 맥락에서는 유능한 교사가 있는 좋은 학교를 필요로 하는 것이다. 권리와 욕구가 각각 인권의 보편적인 면과 맥락의 면을 나타내는 것이라면, 권리와 욕구를 연결함으로써 우리는 보편적인 면과 맥락적인 면을 서로 연결하는 것이다.

하지만 문제는 여전히 똑같이 남는다. 인간의 욕구가 인권을 의미하든 아니면 인권이 욕구를 의미하든, 욕구나 권리는 서로를 정당화하기 위해서 일종의 준객관적이고 측정 가능한(적어도 경험적으로 증명 가능한) 형태로 '존재한다'고 보는 관점 속에는, 은연중에 실증주의가 존재한다. 그런 실증주의는 우리가 인권을 이야기하든 욕구에 대해 이야기하든 상관없이 응당 문제가 있는 것이다. 현실에서의 욕구와 권리는 특정의 사회적, 문화적, 정치적 맥락 속에서 형성되는 것인데, 실증주의는 그것들을 준準과학적 방법으로 설명하려는 시도이다. 실증주의에 기초하여 욕구나 권리에 관한 어떤 이론을 정당화하려는 시도는 권리와 욕구의 접근에 있어서 전문가를 우선시하는 접근이 될 것이고, 따라서 아래로부터의 인권이 함의하고 있는 참여적 형태의 프로젝트에 반하는 활동이 될 것이다. 이에 대해서는 이 장 후반부에서 상세히 다룰 것이다. 실증주의는 사회문제들을 보통 사람들의 영역에서 기술적 전문가의 영역으로 옮겨 버리며, 이는 민주적 참여를 방해한다. 아마 경제학이 가장 전형적 예일 것이다(Bronk 2009). 따라서 그런 패러다임에 기초한 인권이나 욕구에 대한 이론은 아래로부터의 인권 개념을 이끌어내기 어렵다.

아래로부터의 인권을 생각할 때, 욕구와 권리는 구성물constructions로 이해하는 것이 중요하다. 그 둘은 실증적으로 존재하는 것으로 간주되어서는 안 되며, 정치적, 사회적, 문화적, 그리고 역사적 맥락 속에서 인간이 정의해 내는 결과물로 봐야 한다. 음식에 대한 욕구와 같이 객관적으로 확인할 수 있는 일부 소수의 '욕구'가 있기는 하지만, 그것은 생존을 위한 아주 기본적인 '욕구'에 국한된다. 그것을 넘어 소속되고 싶은 욕구, 존중받고 인정받고 싶은 욕구, 사랑받고 싶은 욕구, 그리고 매슬로우의 표현으로 '자기 실현'의 욕구로 옮겨 가면, 그것은 분명 상이한 맥락들 속에서 매우 다르게 형성되는 사회적·문화적·정치적 구성물로서의 욕구에 대한 이야기가 되는 것이다. 이는 권리와 욕구가 가진 힘이나 중요성이 없어진다는 것을 뜻하는 것은 아니다. 그것은 권리나 욕구가 독립적인 타당성을 갖는 것으로 보지 말고, 그것들에 대해 정의하거나 구성하는 행위에 보다 큰 관심을 가질 것을 요청하는 것이다.

욕구의 진술에 관해 주목해야 할 점은 그것이 어떤 필요한 조건을 암시한다는 것이다. 무언가 필요하다고 말하는 것은 '무엇 때문에' 필요하다는 것을 암시한다. 따라서 욕구에 대해 진술할 때는 언제나 그것이 왜 필요한지에 대해 질문하는 것이 가능한데, 모든 '욕구'는 그 자체가 목적이 아니며, 항상 도구적이기 때문이다. 욕구에 대한 진술은 경험적이거나 규범적일 수 있다. 예컨대 만약 B가 반드시 제공되어야만 한다는 의미를 담지 않은 채 A 때문에 B가 필요하다고 단순히 말한다면,

그것은 경험적인 것이다. 하지만 욕구를 규범적으로 진술하는 것은 그 욕구가 반드시 충족되어야만 한다는 것을 뜻한다.

간단히 말해, 어떤 '욕구'가 어떤 '의무'를 의미하는가? 경험적 형태의 진술의 예를 들어 보면, "나는 글을 쓰기 위해 펜이 필요해요."가 될 수 있다. 즉 내가 꼭 펜을 제공받아야만 한다는 요구가 나타나지 않는, 단순한 '사실'의 진술인 것이다. 보다 명확히 말하자면, "살인자가 범죄를 저지르기 위해 흉기를 필요로 한다."는 진술은 그 살인자가 흉기를 꼭 제공받아야 한다는 것을 의미하지 않는 것이다. 반면에, '인간의 욕구'나 '지역사회의 욕구'로 분류될 수 있는 욕구의 진술들은 규범적인 경향이 있다. 우리가 "이 지역사회는 보육시설을 필요로 한다." 혹은 "이 가족은 응급구호시설이 필요하다." 혹은 "이 사람은 어학공부 수업료가 필요하다."고 말할 때, 우리는 이것들이 무언가를 위해 필요시 된다고 말하는 것일 뿐만 아니라, 그것들이 어떻게든 꼭 제공되어야만 한다는 것을 암시한다. 이것들은 명백히 위의 펜과 살인자에 대한 경험적 진술과 구분되는, 욕구에 대한 규범적 진술이다.

그런데 그러한 욕구의 규범적 진술에 대한 재미있는 특징 중의 하나는, 흔히 그것들은 '왜' 그 특정 급여가 필요한지에 대해 언급하지 않는다는 것이다. 그것은 단정적으로 진술되지 않고 가정적으로 추정될 뿐이다. 예컨대 지역사회가 왜 아동보육시설을 필요로 하는가? 무엇 때문에 필요한가? 이것은 중요한 질문인데, 왜냐하면 바로 그 질문들에 대한 답을 통해서 그러한 욕구의 진술 안에 깔려 있는 권리의 개념이 명백해지기 때문이다. 이 예에서 보면 지역사회는 부모들이 취업할 수 있도록 하기 위해서, 그리고 자녀들이 부모의 부재 동안 적절한 보호를 받을 수 있도록 하기 위해서 보육시설이 필요하다. 따라서 부모가 일할 권리와 아이들이 적절한 보호를 받을 권리는 그 욕구가 충족되어야 하는 절박한 이유가 무엇인가를 나타낸다. 즉, 암묵적으로 깔린 권리가 그 욕구의 진술에 힘을 부여하는 것이다.

권리의 진술에 암묵적으로 깔려있는 권리를 확인하는 것은 중요하며, 특히 욕구 주장의 근거가 불명확한 경우에는 더욱 그렇다. 예컨대 나는 새로운 사무실 의자가 '필요'하다고 주장할 수 있지만, 그 주장의 근거로는 여러 가지가 있을 수 있다. 나는 마땅히 멋진 의자가 있어야 하는 어떤 지위에 있다고 느끼기 때문에 새 의자가 필요할 수 있고, 현 의자의 색상이 사무실 장식들과 어울리지 않기 때문에 새 의자가 필요할 수 있고, 혹은 만성요통 때문에 인체공학적 지지가 되는 새 의자가 필요할 수 있다. 분명히 이 주장들은 여러 상이한 권리들을 내포하고 있기 때문에 사람들마다 그것들을 어떻게 평가할 것인지는 차이가 있다.

요컨대 욕구는 권리만큼 문제가 있는 개념이며, 권리에 대한 이론을 욕구 이론에 기초하여 수립고자 하는 것은 명료한 결과를 얻을 수 없다. 규범적 의미로 사용한 욕구의 표현은 어떤 권리의 표명이며, 마찬가지로 권리의 묘사는 어떤 구체적 욕구를 의미하는 것으로 사용될 수 있다. 아래로부터의 인권은 욕구나 권리가 보편적 인권 혹은 공통의 욕구 개념처럼 위로부터 선험적으로 미리 결정되는 것으로 보는 생각을 거부한다. 보편적 인권, 공통의 욕구 개념은 그것들을 독립적이고 준準객관적 타당성을 갖는 것으로 보는 실증주의의 덫이 될 수 있으며, 특정 구체적 상황에서 행동을 결정해야 하는 순간에도 필연적으로 일반적 지식을 사용하는 하향식의 실천으로 귀결되고 말 것이다.

아래로부터의 인권은 욕구와 권리 모두를 구성물로서 본다. 그것들은 특정 사회적·정치적·문화적 맥락 속에 있는 인간에 의해 정의되는 것이므로 주 관심을 두어야 하는 것은 바로 정의하는 행위이다. 따라서 다음과 같은 질문이 중요하다. 욕구나 권리를 누가 정의하는가? 그리고 그 욕구 정의에서 누가 배제되는가? 그 정의를 내릴 때 그들은 어떤 정보에 기초하고 있는가? 그들은 어떤 과정을 거치는가? 그 정의는 어떤 맥락에서 이루어지는가?

## 권리에 대한 추론적 정의와 반성적 정의

인권은 추론적 혹은 반성적으로 정의된다. 혹은 그 양자가 혼재한 형태로 정의되는 것으로 볼 수 있다. 추론적 정의discursive definition는 인권 개념들이 주류 담론들 안에 들어 있는 경우 나타난다. 이는 인권이 권리장전과 같은 공식적 문서로 규정되거나 아니면 언론가, 평론가, 정치인, 기타 여론 지도자들이 '인권'이라는 용어를 사용할 때 암묵적으로 당연시하면서 받아들이는 개념정의의 경우가 해당된다. 반면 인권의 반성적 정의reflective definition는 사람들이 스스로 그 개념에 대해 문제제기를 해 보고, 인권에 대한 주류의 추론적 구성을 무비판적으로 받아들이기보다 자신들의 맥락 속에서 인권이 의미하는 바를 생각하고 정의해 보려고 하는 것이다.

단순히 말해 그 둘의 본질적 차이는 '현실'이 우리를 위해 정의되도록 할 것인가 그리고 우리 스스로 현실을 정의할 것인가에 대한 정도 차이이다. 그 둘 사이에는 필연적으로 상호작용이 있겠지만, 아래로부터의 인권 관점은 특히 반성적 정의를 강조한다. 반성적 정의는 무엇이 '인권'으로 간주되어야 하는가, 그 인권에 수반되는 책임과 의무는 무엇인가를 정의하는 데 있어서 사람들이 적극적으로 참여하도록 만든다.

이런 점에서 인권은 사람들의 일상생활과 타인과의 상호작용 속에서, 그리고 구체적 맥락 하의 '인권'의 의미에 대한 의식적 반성conscious reflection을 통해서, 늘 정의되고 재정의되고 또 구성되고 재구성되는 것이다.

## 민주주의

따라서 아래로부터의 인권에는 참여 민주주의 개념이 내재하고 있다. 참여 민주주의는 자신의 권리를 행사하고 타인의 권리를 존중하는 데뿐만 아니라, 인권으로 간주해야만 하는 것에 대해 정의하고 확인하는 과정에서 시민의 적극적 참여를 요청한다. 2장에서 다룬 바와 같이 참여 민주주의는 지역사회개발에서 오랜 핵심 관심사였다. 따라서 지역사회활동가들이 익히 알고 있는 참여를 촉진하고 확대시키는 접근은 인권활동가들에게도 중요한 도구가 될 수 있다. 인권활동가들이 단지 권리의 존재와 중요성을 강조하면서 권리의 존중을 위해 활동하는 것만으로는 충분하지 않으며, 사람들의 민주적 참여가 최대화될 수 있는 방법을 찾는 것도 중요하다.

물론 민주주의는 복잡하고 논란의 여지가 많은 개념이다. 민주주의 이론에 깊이 들어가지는 않더라도(Beetham 1999, Held 2006를 참조하라.) 민주주의의 세 가지 형태를 살펴보는 것이 현 논의에 도움이 되겠다. 대의 민주주의representative democracy는 현대사회의 민주주의를 이해하는 데 가장 대표적인 것으로서, 거기서 사람들은 정기적 선거를 통해 자신들의 지도자를 선출하는 투표행위를 한다. 정부의 과업은 다양하고 복잡하며, 전 국민이 모든 문제를 결정하는 데 적극 개입하기에는 너무 일이 많다는 점을 인정한다. 따라서 민주적 참여는 단지 통치할 사람들을 민주적으로 선출하는 과정이 된다. 하지만 시민의 민주적 권리가 수년마다 행하는 단 하나의 투표행위로 제한되며, 그것도 흔히 대중적 여론조작을 통해서 혹은 투표할 가치가 별로 없는 '확실한' 선거구에 사는 사람들에게는 거의 적절치 못한 것이 되고 만다.

투표행위 외에 시민들은 공식적 정치과정에서는 비교적 무기력하다. 의사결정에서 그러한 제한된 수준의 시민참여가, '국민의, 국민에 의한, 국민을 위한 통치'government of the people, by the people, for the people의 이상적이고도 유일한 형태로서 그렇게 쉽게 수용되어 왔다는 점은 무척이나 이상하게 보일지 모르겠다. 분명히 '민주주의'의 이름으로 '자유' 세계의 지도자들이 국민들에게 강요한 것은 바로 그 체제였다.

대조적으로 참여 민주주의participatory democracy는 의사결정에서의 시민참여가 선거를 넘어 더 확대되어야 하고, 시민들이 자신들에게 영향을 미치는 결정에 있어서 어떤 직접적 형태의 발언권을 가져야 함을 요구한다. 이는 국민투표의 형태를 취할 수 있고, 아니면 쟁점에 대한 토론과 의사 결정을 위해 지역사회 기반의 소집단들 형태로 시민회의를 여는 것이 포함될 수 있다. 이는 고대 아테네 도시국가에서의 민주주의의 원형적 개념이라 할 수 있는데, 물론 그 때는 자유로운 남성 시민들만 포함되는 것이었다(Sinclair 1988, Watson 2005). 현대사회의 복잡하고 다양한 정책 문제에 이 시스템을 확대 적용하기란 어렵다. 하지만 적어도 부분적으로는 이를 행할 수 있는 방법들이 있다. 예컨대, 스위스식의 국민투표제를 시행하거나, 영향을 받는 지역주민 모두를 모을 수 있는 지역사회 문제들에 적용해 볼 수 있다. 참여민주주의는 또한 합의적 의사결정에 기초하여 일하려고 애쓰는 수많은 지역사회기반의 조직들과 집단에도 적용할 수 있다(Gastil 1993, Williamson 2003).

여기서 우리가 관심을 두는 민주주의의 세 번째 형태는, 숙의 민주주의deliberative democracy이다. 여기서 시민들은 의사결정에 참여할 뿐 아니라, 다양한 정책안에 대해서 조사, 분석, 토론, 숙고 등의 숙의 과정에 참여한다. 의사결정자 역할뿐만 아니라 정책 전문가와 분석가의 역할도 민주적으로 이루어지는 것이다. 이는 시민들에게 의사결정에 따르는 더 많은 책임을 질 것을 요구하고, 의사결정 자체뿐만 아니라 의사결정으로 귀결되는 '과정'에서 '국민'의 지혜에 근거할 것을 요구한다. 이는 시민들이 정책 제안에 단순히 반응하는 것이 아니라, 정책을 만들어내는 데 있어서 시민들의 유익한 기여를 최대화하고자 하는 민주주의의 한 형태인 것이다(Roemer 1999, Saward 1998, Uhr 1998, 2000).

아래로부터의 인권에 가장 적절한 것은 바로 숙의 민주주의 접근이다. 왜냐하면 아래로부터의 인권 개념은 시민들이 인권의 정의와 그 인권이 구성되는 방식에 있어서 일정 역할을 할 것을 요청하기 때문이다(더 깊은 논의는 7장을 참조하라). 인권활동가의 면에서 보자면 그것은 전반적으로 지역사회 활동들에서 참여를 고무시키는 능력을 갖출 것을 요구하며, 특히 권리와 책임의 개념과 그 둘이 인간적 지역사회에서 연결되는 방식을 다룰 줄 아는 능력을 갖출 것을 요구한다. 반면, 지역사회활동가들은 참여를 촉진하고, 참여가 제기하는 여러 딜레마들을 다루는 전략들을 개발해 왔는데, 이에 대해서는 2장에서 다루었다(또한 Ife 2002 참고).

요약하면 아래로부터의 인권은 적극적·참여적 지역사회를 요구한다. 이는 인권이 실현되기 위한 필수조건임을 이미 4장에서 지적하였다. 인권은 인정되는 것에만 그쳐서는 안 되고 행사되어야 하는 것이기 때문이다. 하지만 여기서의 강조점은 단지 권리 행사만이 아니라 그 권리들을 만들고 구성해 내기 위해서 강력하고 적극적인 참여가 필요하다는 것이다.

## 대화와 타인과의 만남

숙고적 참여deliberate participation를 하고 권리와 책임의 지역사회를 만들기 위해서는 '대화'가 필수적이다. 현대 서구 사회는 대화에 능숙한 사회는 아니다. 오히려 문제에 대해 이야기할 때 흔히 사용되는 단어는 '논쟁'이다. 논쟁과 대화는 다르다. 논쟁에서의 목표는 나를 지지할 수 있는 가능한 한 많은 주장을 내고, 상대방의 주장을 공격하여 나의 관점이 우세하도록 만듦으로써 그 만남에서 '이기는' 것이다. 논쟁은 적대적이며, 허점을 찾기 위해 필요한 경우에만 '상대편'에 귀를 기울이게 된다. 승자와 패자가 있고, 목표는 이기는 것이다.

반대로 대화에서의 목표는 서로 간에 배우는 것이다. 상대방에게 귀 기울이는 것은 자신의 의견을 내는 것만큼이나 중요하며, 각 편은 상대방의 관점을 들으려는 자세를 갖추고 대화에 들어오게 된다. 이는 상대방의 관점을 공격하기보다 이해하고 존중하는 태도를 요구한다. 각 편은 그렇게 하지 않으면 아무것도 할 수 없다는 태도로 서로 한 발짝씩 전진하기 위해 상대편으로부터 배우려고 애쓴다. 대화에서는 어느 한 편만이 완벽한 진리나 유일한 참된 방법을 알고 있다고 주장하지 않는다. 한 일방이 다른 일방에서 고려할 만한 가치 있는 생각을 갖고 있더라도 자신들도 배울 수 있는 또 다른 생각이 있을 수 있다는 점을 인정하거나 겸손한 태도를 갖는다. 여기서의 목표는 반대자를 이기는 것이 아니라 동등한 입장에서 서로 배우고 공유하는 것이다(Yankelovich 1999).

대화가 가진 힘은, 양 당사자를 승리자와 패배자로 가르거나 '무승부'가 되어 불만을 갖게 만드는 것이 아니라, 참여자들의 능력을 고취시킬 수 있는 역량이 있다는 것이다. 성공적인 대화는 양 참여자들을 모두 긍정적으로 지지한다. 그것은 프레이리가 개발한 유명한 실천의 한 형태로서(Freire 1972,1985,1996, McLaren & Lankshear 1994, McLaren & Leonard 1993), 참여자들 서로가 그 경험으로부터 성장하고 나아갈 수 있게 한다. 간디의 사상에서 보면(Gandhi 1964), 논쟁은 본질적으로 폭력적이지만, 대화는 본질적으로 비폭력적이다. 따라서 대화는 강력한 지역사회를 구축하고 아래로부터 인권을 발전시키는 데 큰 잠재력을 갖고 있다. 본질적으로 논쟁은 인권, 특히 존엄하게 대우받을 권리를 존중하지 않으며, 그와 대조적으로 대화는 인권을 아우른다.

또한 지역사회개발의 한 중요한 원칙에 따르면 수단과 목적은 분리될 수 없다(제2장 참고). '목적'으로서의 인권을 달성하는 것이 목표라면, 인권을 존중하는 수단을 사용해야만 한다. 불행히도 인권을 주장하는 강령을 가진 모든 조직들이 이런 원칙을 준수하고 있지는 못하다.

포용적이고 존중심을 담은 수단의 중요성은 언어에서 드러난다. 인권에 헌신한다는 지역사회조직이 흔히 인권보다는 군대에 더 적절한 용어를 사용한다. 전략적, 전술, 작전, 전투, 공격적, 승산 없는 싸움 등과 같은 용어가 바로 그 예들이다. 이 단어들은 대화, 비폭력, 과정의 가치,

기타 인권과 지역사회개발의 다른 중요한 원칙들을 이끌어내기 어려운 태도나 사고방식을 은연중에 드러낸다.

타인과 나의 인간성을 함께 인정하고 함께 공유하려고 노력하며, 존중심과 겸손한 태도로 타인에게 적극적으로 다가가려는 생각이 바로 대화의 핵심이다. 그것은 '공유의 인간성'이라는 개념으로부터 나온다. 앞서 지적한 바와 같이 누군가의 인간성을 공유한다는 것은 주고받는 과정이 포함되는 적극적 과정이다. 진정한 대화는 이것을 가능하게 한다. 부버(Buber,2002)와 레비나스(Levinas,1998,2006)는 두 사람 간의 우연한 만남에서 다른 인간의 궁극적 가치를 인식하는 것이 타자the other에 대한 책임과 윤리의 핵심이라고 보았다. 그것은 강력한 인간적 응답human response을 의미하는데, 왜냐하면 타자는 우리에게 궁극적ultimate 요구를 하고, 우리에게 완전한 인간성full humanity으로써 응답해 줄 것을 요청하기 때문이다. 현 목적상, 우리는 이 인간적 만남이 윤리와 책임의 기초가 된다는 점보다 인권 개념의 핵심적 요소가 된다는 점에서 특별한 관심을 둔다. 우리가 타인의 권리를 법적 요구나 준準법적 요구가 아니라 관계 속에서 타인의 인간성이 표현된 것으로 인식하는 것은, 바로 타인의 인간성에 대한 우리의 응답을 통해서이다. 아래로부터의 인권은 관계, 즉 '대화적 관계'dialogical relationship를 바탕으로 구축되며, 그 대화적 관계는 상호 간의 권리와 책임을 통해 우리가 타인과 연결될 수 있도록 하는 기초가 된다.

하지만 아래로부터의 인권은 두 사람 간의 상호작용 그 이상의 것을 요구한다. 그것은 단지 두 사람의 관계에 근거해서 구축되는 것이 아니라 두 사람보다 더 많은 사람들이 상호작용하는 지역사회에 근거하여 이루어진다. 위에서 논의한 대화의 원칙들이 넓은 지역사회의 단위에 적용되기 위해서는, 타자the other에게만 반응하기보다 타자들others에게 반응할 필요가 있다. 즉 겸손과 존경의 태도로, 가르칠 뿐만 아니라 배우고자 하는 자세로 상호작용을 추구해야 한다는 원칙은, 한 집단이나 지역사회의 맥락에까지 확대 적용된다. 이러한 상호작용 원칙은 물론 여러가지 또다른 역동과 관계를 만들어 내겠지만, 여전히 지역사회집단 내에서의 합의와 비폭력적 의사결정을 다루는 많은 문헌들의 기본이 되고 있다(Gastil 1993). 따라서 그러한 지역사회 상호작용을 만들고자 하는 노력은 아래로부터의 인권의 중요한 핵심 요소가 된다. 여러 상이한 맥락들 속에서 이것을 촉진시키는 방법은 여러 가지가 있는데, 이에 대해서는 6장에서 다룰 것이다.

## 인권 문화

아래로부터의 인권 개념에서 핵심이 되는 권리와 책임을 다하는 지역사회를 만들기 위해서는, 인권이 상이한 맥락들 속에서 정의되고, 타협되고, 이행될 필요가 있다. 이는 인권이 주로 법보다는 문화 속에서 존재한다는 것을 의미한다. 이 장과 앞선 장들에서 인권을 순전히 법적으로 이해하는 것의 한계에 대해 여러 측면에서 언급했다. 인권에 대한 법보다 '인권에 대한 문화'에 초점을 두는 것이 이러한 한계들을 극복하는데 도움이 된다. 인권이 문화 속에 존재하고 있다는 것은 인권에서 '관계'의 중요성을 강조하는 것이다. 진정 인권이 우리의 인간성을 성취하는 것에 대한 것이라면, 이는 법정이 아니라 관계들 속에서 나타나는 것이다. 따라서 인권사업의 초점은 문화와 관계에 두어져야 한다. 이는 물론 가족, 가구, 사업장 그리고 공공 부문 내에서의 관계뿐만 아니라, 지역사회 내에서의 관계도 포함한다.

인권 달성을 위해 문화를 중심에 두는 것은, 강하고 생존력 있는 지역사회를 기반으로 하여 인권을 정의하고 존중하고 성취하고 옹호하는 문화를 개발하는 것이다. 문화개발은 아래로부터의 인권의 한 중요한 구성요소가 된다. 따라서 지역사회 문화개발은 인권사업의 주요 초점이 되며, 이에 대해서는 6장에서 좀 더 상세히 다룰 것이다. 문화 활동은 흔히 주요 인권 의제에서 벗어나는 것으로 간주되었다. 미술, 음악, 드라마, 문학 등을 통해 인권에 대한 이상을 표현하거나 인권학대를 조명하는 것이 중요함에도 불구하고, 인권의 '주요 활동'으로서 법과 정치 활동에 비해 부차적 위치를 차지하였다. 하지만 아래로부터의 인권 개념은 '문화 개발'과 '문화적 표현'에 대해 더 큰 중요성을 부여한다. '인권 문화'를 창출하기 위해서는 적어도 서구사회에서 기존 인권 문헌이나 인권사업들에서 문화 문제들에 보였던 관심보다 훨씬 더 큰 관심을 기울여야 한다. 인권을 이해하고 성공적으로 인권을 실천하기 위해서는, 문화가 하나의 '부가물'이 아니라 '출발점'이 되어야 한다.

인권은 문화적 맥락과 분리되어 이해될 수 없다. 이는 인권을 보편적인 것으로 이해하고자 하는 사람들에게는 하나의 '문제'로 간주되어, 보편주의와 상대주의의 '문제'로 다루어져 왔다. 이는 제4장에서 논의했듯이 보편주의와 상대주의를 통합함으로써 해결할 수 있는데, 아래로부터의 인권 접근은 그보다 더 나은 해결이 될 수 있다. 문화는 일상생활 속에서 인권을 경험할 수 있는 유일한 실행 가능한 맥락이 되기 때문에, 아래로부터의 인권 접근에서는 인권을 맥락 속에서 이해하는 것이 문제이기보다는 오히려 강점이 된다.

아래로부터의 인권 관점은 전통적 인권사업에서 그랬던 것처럼 구체적 맥락들을 보편적 이상 속에 꿰맞추려 하지 않고, 모든 보편적 개념들이 일상의 생활 경험에 기초하고 일상 체험의 용어로써 정의되어야 함을 주장한다. 그것은 또한 인권사업의 교육이 전통적 인권 관점에서 그랬던 것처럼 법과 정치학 중심에서 벗어나, 인류학, 문화학, 철학, 사회학 등의 학문들을 중점적으로 다루어야 한다고 주장한다. 이는 법과 정치학이 불필요하다고 말하는 것은 아니다. 법과 정치학은 분명히 인권 연구에 관련되지만, 인권 연구에서 가장 중요한 학문이라든가 인권활동가를 위한 가장 중요한 전문지식 영역이라고 말할 수는 없다는 것이다.

인권 문화를 개발하는 것은 법적 접근보다 더 용이하면서도 동시에 더 어려운 것이기도 하다. 그것은 법에 대한 전문적이고 난해한 지식을 필요로 하지 않고, 한 전문직에 의해 독점적으로 통제되지도 않고 개방되어 있다는 점에서는 좀 쉽다. 하지만 반대로 문화는 복잡하고 역동적이며, 논쟁적이고 다원적이어서 더 어렵다. 어떤 것에 대한 '문화'를 만드는 것은 큰 과업이며, 여러 문화적 맥락들 간의 차이 때문에 단 하나의 '올바른' 방법이 있을 수도 없다. 인권 문화를 만드는 것은 훨씬 더 많은 시행착오와 신중함을 요하는 작업이며, '명확한 지침'과 구체적인 '실천 모델'이 거의 없는, 스스로 더듬어 찾아나가야 하는 유기적 과정의 작업이다. 또한 한 지역사회에서 잘 작동되는 문화라고 해서 그것이 다른 지역사회에서도 꼭 잘 작동될 것이라고 볼 수 없기 때문에, 특정 경험과 타인의 경험으로부터 배울 수 있는 것도 아니다.

하지만 인권 문화를 수립하려는 문화개발 활동가들에게 전혀 희망이 없는 것은 아니다. 지역사회개발의 수많은 경험을 이용하여 특정 지역사회의 문화개발 활동가들이 기댈 수 있는 몇 가지 일반화할 수 있는 원칙이 있다. 지역사회개발의 원칙을 다룬 2장을 참조할 것을 권한다. 그리고 지역사회 문화개발에 대해서는 6장에서 좀 더 상세히 다룰 것이다.

## 실증주의를 넘어서

실증주의positivism의 한계에 대해서는 권리, 책임과 관련하여 위에서 간략히 다루었다. 하지만 아래로부터의 인권의 지식적 기반에 보다 일반적으로 적용할 수 있도록 그 논의를 더 확장시켜보는 것이 중요하겠다. 실증주의는 증명 가능하고 객관적인 진실을 추구하며, 현상의 정확한 상관관계를 확인하기 위해 정확한 측정을 추구한다. 이는 일련의 인과적 법칙causal laws을 위한 기초가 되는데, 그것은 사회 '과학자'가 개인의 행동이든, 더 큰 집단의 행동이든 미래의 행동을 예측하고 통제할 수 있게 한다.

그러한 지식은 필연적으로 '과학'을 이해하는 사람들인 엘리트의 지식이 된다. 이는 기술 관료가 통제하거나 혹은 경영인, 연구자, 심리학자, 사회학자, 경제학자 그리고 기타 다양한 학문의 방법론과 언어를 배운 사람들이 통제하는 지식이 되고 만다. 이들은 '전문가'이다. 즉 우리에게 최선의 것이 무엇인지 아는 사람들이며, 시민들은 그들의 전문지식을 존중하고 신뢰한다. 하지만 지식과 실천에 대한 이러한 접근은 관련된 모든 사람들의 지식과 지혜에 가치를 부여하는 지역사회개발에 반하는 것이며, 아래로부터의 인권에도 반하는 것이다.

실증주의에 대한 비판은 수십 년 동안 여러 학문에서 논쟁을 불러일으켜 새롭거나 생소한 것은 아니다(Fay 1975). 하지만 그런 비판에도 불구하고 실증주의는 인권을 포함한 수많은 학문에서 지배적으로 자리 잡고 있다.

이는 주로 인권에서 법적 담론이 지배적이기 때문이다. 본질적으로 법은 실증주의 패러다임 내에서 이해된다. 그것은 문화적 차이와 기타 여러 차이들에 상관없이 동일한 사법관할권 내의 모든 사람들에게 단일한 체제를 적용하며, 의심의 여지가 없는 타당성을 지닌 법체계를 '강제' 한다(Meckled-García & Çali 2006). 그것은 분쟁을 해결하는 하나의 틀로서, 특정 사례를 변호할 때 오로지 확인된 '사실' 과 의심의 여지가 없는 '증거' 만을 인정한다.

이러한 확실성의 세계에서는 모호성, 직관, 양가성 혹은 변이 등이 끼어들 여지는 없다. 즉 그것은 유일 체계를 규정하고 그것을 모든 사람들에게 똑같이 부과하려고 한다. 이는 고전적 실증주의이며, 실로 법이야말로 거의 실증주의의 캐리커쳐로 간주될 수 있을지 모른다. 흔히 법과 법체계의 작동을 통해서 실증주의적 세계관과 실증주의의 한계와 모순이 뚜렷이 드러나며, 그 점 때문에 법은 쉽게 풍자와 비아냥의 대상이 된다.

따라서 아래로부터의 인권은 다른 패러다임에 기초할 필요가 있으며, 실증주의적 지식의 한계를 극복해야만 한다. 복잡하고 논란이 되는 영역을 단순화하면 실증주의를 극복하는 두 가지의 넓은 지식범주를 찾을 수 있는데, 바로 해석주의the interpretive 와 비판주의the critical가 그것이다(Crotty 1998, Fay 1975, Sarantakos 1998).

해석적 사회과학은 행위의 보편적 법칙을 밝히려 하지 않고, 의미, 상징 그리고 사람들이 살아가는 방식에서 그들에게 의미가 있는 '규칙'

을 찾으려 한다. 이러한 '법칙'은 보편적이지 않으며 문화적 경험에 기초하는 것이다. 예컨대, 줄서기의 규칙, 예의와 존중의 규칙, 선물 교환의 규칙, 사람들 간의 의사소통을 제어하는 규칙, 타인을 환영하는 규칙, 사랑과 친밀감을 다스리는 규칙, 가족 의무에 대한 규칙 등이 있다.

이러한 규칙들은 모든 문화권의 모든 사람들에게 중요하다. 하지만 그것들은 법령집에 규정되어 있지 않으며, 아마도 사생활과 교류를 통제하는 아프가니스탄의 탈레반과 같은 극단적 독재체제를 제외하고는 경찰과 치안력에 의해 규제되지도 않는다. 이 규칙들은 문화적 이해 속에서 존재하는 것이며, 특정의 문화적 맥락 속에서만 독특한 것이다. 해석적 사회과학의 목표는 통제하기 위해서가 아니라 이해하기 위해서 이 규칙들을 밝혀내고자 하는 것이다.

이러한 문화에 기반한 규칙들뿐만 아니라, 해석적 사회과학은 상징, 의미, 이해의 방식, 타인이나 자연과 관계 맺는 것 등을 이해하는 데 관심을 둔다. 그러한 이해를 통해 사람들 간의 의사소통이 가능해지며, 집단 간 그리고 사람들 간의 이해가 증진될 수 있다. 해석적 사회과학의 궁극적 목표는 바로 이러한 이해를 증진시키는 것이며, 명백히 아래로부터의 인권에 적절한 관점이다.

실증주의의 대안으로 등장한 또 다른 연구 전통은 비판적 전통이다. 프랑크푸르트 학파를 포함하여 '비판이론'critical theory으로 표현되는 일련의 연구에 기반하는 비판적 관점은(Calhoun 1995, Fay 1987, Ray 1993), 단지 '이해'가 아니라 '변화'에 관심을 둔다. 비판적 전통은 다양한 형태의 사회적, 문화적, 개인적 경험을 고려함으로써 세상을 이해하는 사회과학을 발전시키고자 하는데, 특히 비판적 시각을 통해 사람들이 불평등과 억압의 구조와 담론에 문제를 제기하고 변화를 이뤄내기 위한 행동을 취할 수 있도록 만들고자 한다.

그 관점은 엄격한 실증주의 그리고 실증주의가 내포하고 있는 '객관성'과 양립할 수 없는 것이지만, 공유하는 의미shared meanings, 문화적 산물들cultural productions, 생활 체험의 구성된 현실constructed realities 등에 가치를 둔다는 점에서, 그리고 어떻게 정의하든 보다 정의롭고 공정한 세상으로의 변화를 추구하는 정향을 갖고 있다는 면에서 해석주의적 관점과 일치한다. 해석적 패러다임과 마찬가지로 비판적 패러다임은 아래로부터의 인권에 적절한 관점이다. 인권 담론은 단지 권리가 어떤 구체적 맥락 속에서 이해되어야 한다는 것만을 의미하지는 않고 그것들이 성취되고 실현되어야 한다는 것을 의미하므로, 사회변화의 가능성을 추구하는 시각은 바람직하고 또 필수적으로 요청되는 것이다.

인권을 성취하기 위한 정당하고 실로 중요한 지식으로서 실증주의를 극복하기 위해서는, 좁은 의미의 과학적, 증거 기반의 법칙 외의 다른 형태의 지식을 추구해야 한다. 직관, 문학적 혹은 예술적 표현, 집단적 합의, 종교적 혹은 영적 통찰, 그리고 역사적 전통들 등과 같은 형태의 지식들이, '인간다움'이 의미하는 바와 그것이 특정 맥락에서 우리의 '권리'에 대해 의미하는 바를 이해하는 데 중요한 역할을 할 수 있다.

하지만 이 주장이 인권 문제에 대한 경험적 연구의 중요성을 경시하는 것은 아니다. 실증주의가 다른 방법론에 비해 경험적 연구에 더 가치를 두는 것이 사실이긴 하지만, 실증주의를 거부한다고 해서 경험적 방법론이나 경험적 지식을 거부하는 것은 아니다. 예컨대, 구류 중인 원주민의 사망, 성적 학대, 불법적 억류, 교육권의 거부, 고문이나 학대, 사회보장급여에 대한 잘못된 거절, 요양원이나 정신과 시설에서의 학대, 혹은 지불능력 부재로 인한 치료 거부 등과 관련하여 그 빈도를 기록하는 것은 매우 중요하고 유용하다. 예컨대 급여의 거절과 관련자의 인종·연령·성 간에 유의미한 상관관계가 있는지 또는 교육에 대한 접근성과 사회계급 간에 어떤 상관관계가 있는지를 보기 위해, 그 빈도수에 대한 통계학적 분석을 행하는 것도 유용하다. 실증주의 패러다임을 극복한다는 것이 그러한 조사 연구의 중요성을 경시하는 것은 아니다. 그것은 단지 그러한 숫자들 자체가 객관적 중요성을 갖는 것은 아니며, 또한 가치중립적인 사실truth을 의미하는 것도 아니라는 점을 지적하는 것이다. 중요한 인권문제를 확인하는 것을 돕고, 거부될지 모르는 인권을 달성하기 위한 정치적 과정의 일부로서 해석되고 사용될 수 있을 뿐이다.

## 포스트모더니즘과 포스트모더니티

3장과 4장에서 논의한 바와 같이 기존 인권 담론은 주로 모더니티modernity의 맥락 속에서 정의되어옴에 따라, 포스트모더니즘은 인권에 대해 특별한 문제를 제기한다. 이는 아래로부터의 인권을 이해하는 데 있어서 포스트모던 이론가들이 가진 통찰의 유용성을 부각시켜 준다. 사회과학에서 포스트모던으로의 전환(Seidman 1994)은 실증주의와 관련된 논쟁을 한 단계 진척시켰다. 그것은 인권 담론과 같은 거대 서사를 거부하며, '현실'은 늘 구성되고 재구성되는 과정을 겪는 것으로 인식한다.

글text과 독자의 관계를 비유적으로 적용해 보면, 포스트모더니즘에서의 '현실'은 글 자체나 저자의 의도가 아니라 독자에 의해 그 글에 부여되는 의미이다. 그 의미는 독자들마다 다르거나 같은 독자라도 시점마다 다를 것이다. 이러한 '글'에 대한 생각은 문서화된 책이나 서류를 넘어서 생활의 모든 면으로 확대될 수 있다. 예컨대 건물은 건축가와 건설업자에 의해 특정한 형태로 이해되겠지만, 건물의 가장 중요한 의미는 그 빌딩을 사용하거나, 그 안에서 살거나 혹은 일하거나, 그곳을 방문하거나 또는 지나가는 사람들이 가지는 의미이다. 그 사람들에게 그 빌딩은 건축가가 예측하지 못한 광범위한 의미와 연관성을 가지며, 그것들의 일부는 서로 간에 공유되고 있을 것이다. 이 의미들은 사람들마다 그리고 시점마다 다를 것인데, 그것은 물리적인 벽돌이나 콘크리트나 유리, 혹은 건축가의 계획보다 훨씬 더 의미 있게 그 건물의 '현실'을 나타낸다.

예컨대 가족, 소송 사례, 죽음, 축구 경기, 테러 공격, 경제 위기, 시위, 인권 법 등을 다양한 방식으로 읽혀지는 글texts처럼 본다면, 비슷한 주장을 할 수 있다. 따라서 하나 이상의 여러 '현실'이 존재하며, 그 현실들은 흔히 모순될 것이다. 이 관점에서 보면 무언가를 이해하거나 행하는 데 있어서 하나의 '옳은' 방법이나 해답, '최고의 실천'이란 있을 수 없고, 다양한 이해와 다양한 현실이 불가피하다. 다양성과 다원적 관점을 선호함에 따라 대단한 거대 서사들은 거부되며, 개인과 집단은 전문가나 관리자, 정치인이 규정한 대로 단일의 현실을 받아들이지 않고 현실을 정의하는 데 보다 더 주도성을 갖게 된다.

물론 포스트모더니즘은 여기서 말한 것보다 훨씬 더 복잡하고 논란의 여지가 많은 것이지만, 우리 목적상 이 정도의 설명만으로도 충분하다. 포스트모더니즘은 인권에 대한 종래의 법 중심적 개념이나 위로부터의 인권과는 분명히 잘 맞지 않을 것이다. 그것들은 인권에 대한 거대 서사와 그 거대서사가 성문화된 법, 국제 협약, 헌장과 협정들에 의존하는 것이기 때문이다.

반면에 포스트모더니즘은 아래로부터의 인권 개념과는 완전히 일치한다. 아래로 부터의 인권은 구체적 맥락 속에서 이해되고 사람들 자신의 체험으로부터 도출되는, 인권에 대한 다양한 이해를 허용한다. 그래서 아래로부터의 인권은 모더니티의 특징인 확실성과 보편적 진실을 추구하는 것이 더 이상 중요하지 않은 포스트모던 세계와 더 잘 맞는다. 따라서 포스트모더니즘은 아래로부터의 인권을 위한 중요한 이론적 원천이 되며, 포스트모더니즘의 이론화 작업은 아래로부터의 인권을 배우는 학생과 실천가들에게 많은 것을 제공해 줄 수 있다. 포스트모더니즘 이론에 따르면 인권에 대한 다양한 담론들을 강조하고, '나의 권리', '나의 의무', '당신의 권리', '당신의 의무'에 대한 다양한 이해를 강조하게 된다.

포스트모더니즘에 대한 흔한 오해 중 하나는, 그것이 단지 '무엇이든 다 괜찮다'는 것을 뜻한다고 보는 것이다. 포스트모더니즘이 모더니스트의 세계관이 가진 한계를 부수려고 하는 것은 맞지만, 그렇다고 해서 도덕적 진공상태로 귀결되는 것은 아니다. 바우만Bauman과 같은 필자는 포스트모던 윤리를 규정하려고 했다. 포스트모던 세계에도 윤리와 도덕이 여전히 존재하며, 윤리와 도덕은 보편적 기준이나 헌장과 같은 준거를 통해 작동되는 것이 아니라 관련 행위자들의 일상 생활 속에서 타협되는 것이다.

포스트모더니스트에게 이는 늘 그랬던 것이며, 어떤 윤리규정이나 권리장전 대신에 고유한 문화적 전통 하에서 만들어지고 타협의 과정을 통해 이해되는 윤리와 도덕이 존재했다(Bauman 1993, 1995). 윤리규정이나 권리법규들은 중요한 상징적 의미를 가질 수 있고, 또 어떤 수준을 강제하기 위해서 입법이 이루어질 수도 있지만(불가피하게 이는 선별적으로 이루어지겠지만), 그래도 그것들은 인권에 대한 하나의 구성물에 지나지 않는다. 현실에서 사람들은 협정과 규정의 어떤 것들은 강조하고 어떤 것들은 경시하며, 그 문건들의 표현words에 자신만의 의미와 이해를 부여하면서 자신들에게 의미가 통하도록 해석하고 사용할 것이다.

이는 우리가 세계인권선언, 유엔 인권협약, 인권법 등과 같은 협정이나 문건, 조약들을 폐기할 필요는 없다는 것을 의미한다. 이것들은 중요한 상징적 의미를 가지며, 인권 목적을 추구하는 데 중요한 도구로 사용될 수 있다. 하지만 이 문건들은 권리에 대한 무결점의, 불변의 진술로서 언제 어디서나 모든 사람에게 적용되지는 않을 것이다. 대신에 특정한 문화적, 역사적 맥락 속에서 특정의 인간적 상호작용의 산물로서 등장한, 인권에 대한 특별한 구성물로서 남을 것이다. 그것들은 여전히 지혜와 영감을 담고 있으며, 사람들이 자신의 특정 위치에서 권리와 의무의 개념에 대해 숙고할 때 유용하게 이용될 수 있을 것이다. 하지만 그것들이 결코 최종 권위를 갖는 것은 아니며, 인권에 대한 다른 구성물처럼 늘 의문시되고 조사의 대상이 되어야 한다.

이런 의미에서 세계인권선언이나 일국의 인권법 등과 같은 문서들은 지역사회 단위에서의 인권을 고려할 때 초점이 될 수 있다. 예컨대 세계인권선언이 다루지 않는 것, 그것에 더 부가되어야 할 항목, 재작성되어야 할 것 등에 대해 토론하고, 해당 지역사회에 적합한 문건이 되도록 만드는 작업은 유익할 수 있다. 지역사회의 관점에서 세계인권선언을 재작성하는 것은 의식 고양consciousness-raising의 중요한 요소가 될 수 있고, 아래로부터의 인권을 위해 필요시 되는 '인권' 개념의 재정립에 해당되는 것이다. 이는 7장에서 좀 더 다룰 것이다.

## 이원론을 넘어서

모더니티의 중요한 한계들 중의 하나는 논리의 핵심에 이분법적 이원론 binary dualism이 존재하고 있으며 그것에 의존한다는 것이다. 우리의 사고에서 이분법을 제거하기란 불가능하다. 이 장만 보더라도 많은 이분법을 찾을 수 있다. 위로부터/아래로부터, 욕구/권리, 추론적/반성적, 논쟁/대화, 법적/문화적, 모더니티/포스트모더니티 등이 그렇다.

그 중 마지막이 그런 이원적 사고의 문제를 드러내 주는 좋은 예이다. 흔히 모더니티와 포스트모더니티를 서로 반대되는 것으로 두는데, 포스트모더니티는 모더니티를 부정하며 그것으로부터의 모든 생각과 통찰을 폐기할 것을 요구한다고 본다. 그러나 '포스트'post라는 접두어는 반대를 의미하는 것이 아님을 기억할 필요가 있다. 그것은 꼭 부정한다는 의미보다 그것을 뛰어넘거나, 부가하거나, 대체한다는 의미가 있다. 그럼에도 불구하고 모더니티에 함축된 이원론적 사고 때문에 우리는 흔히 그 둘을 서로 반대되는 쌍으로 둔다.

그러한 이원론이 서구의 사고에서 지배적으로 자리 잡고 있음을 전제할 때, 적어도 서구의 지적 전통을 가진 사람들에게는 이원적 사고를 극복하는 것이 포스트모더니즘의 가장 큰 과제의 하나가 된다. 놀랄 것도 없이 전통적 인권 담론은 이분법으로 가득 차 있다. 가해자/피해자, 권리/의무, 긍정적/부정적, 복종/불복종, 보편적/상대적, 개인적/집단적 등이 그렇다. 이 책에서 옹호하는 인권 관점은 그러한 이분법을 무비판적으로 수용하기보다 그 각각에 대해 의문을 제기하며, 그러한 비판과 문제제기를 통해서 우리는 어떤 흥미로운 분야에 새롭게 진입할 수 있게 된다.

예컨대 가해자/희생자의 간단한 이분법의 문제를 따져 보면, 가해자도 학대를 만들어내는 체계의 희생자일 수 있고, 때때로 좀 논란의 여지가 있지만, 희생자 자신도 인권학대를 가져온 그 체계의 일부분이라는 점을 확인할 수 있다. 이렇게 가해자와 희생자의 엄격한 분리를 깨는 것은, 이분법에 대한 문제제기를 통해 흥미롭고 논쟁적인 질문을 확인할 수 있는 한 방법이 된다. 또 다른 예로는 4장에서 상세히 다룬 보편주의/상대주의의 이분법을 폐기하는 것이다. 위에서 언급한 다른 이분법들에 대해서도 유사한 질문을 해 보면 마찬가지로 중요한 '뜻밖의left-field'의 이론에 이를 수 있다. 물론 이분법에 의한 일부 범주화는 유용할 수 있다. 하지만 아래로부터의 인권의 포스트모던 접근은 그것들을 당연히 받아들이기보다는 적어도 문제제기를 해 볼 것을 요구한다.

## 세계화와 지역화

지역사회개발과 관련하여 2장에서 논의한 세계화는 21세기 초반 인권의 모든 맥락에서 중요한 요소로 작용한다. 커뮤니케이션 기술의 영향력과 그 확산 덕분에 지구적 연결이 가능하게 된 것은, 세계화 논의의 전통적 맥락인 경영과 경제뿐만 아니라 인간 활동의 모든 측면에까지 영향을 미치게 되었다. 무역과 경제의 세계화만 진행된 것이 아니라, 문화적·사회적·정치적·환경적 활동을 총망라하여 상호연결이 증대되어 왔다.

이는 아래로부터의 인권에 중요한 문제들을 제기한다. 이제 지역적 맥락 속에 항상 지구적 요소가 포함될 것이므로, 지역적 맥락을 더는 지역적인 것으로만 볼 수 없게 되었다. 따라서 우리가 지역사회 공동체 혹은 인권의 지역적 맥락을 논의할 때마다 항상 고려해야 하는 지구적 문제들이 있는 것이다. 지구적 매체, 인터넷을 통한 커뮤니케이션, 지구적 마케팅과 세계 강대국, 이동성의 증대 등의 영향으로, '지역'이라는 개념은 지구의 다른 곳과 전혀 연결되지 않는 순수한 지역purely local으로서의 의미를 가질 수 없게 되었다.

마찬가지로 '순전히 세계화된 세상'이란 것도 있을 수 없다. 세계화가 너무 위협적인 것이 되면서 사람들은 '지역화'의 형태로 움츠러들었다(Bello 2002, Hines 2000, Hopkins 2008, Mander & Goldsmith 1996). 지역화로 인해, 정체성의 근거로서 지역사회 공동체가 더 중시되거나, 재등장한 민족주의나 종교적 근본주의 같은 대안적 정체성이 다시 주창되었다(Sim 2004). 세계화가 순수한 지역적인 것을 사라지게 한 것처럼, 이런 움직임들은 '단순한 세계화'가 사라지게 했다. 따라서 지구적global/지역적local의 이분법은 해체되고 있으며, 인권의 이해에서 지역적인 것이나 전지구적인 것 어느 것도 경시할 수 없게 되었다.

이는 특히 아래로부터의 인권에 중요하다. 지금까지 아래로부터의 인권을 옹호하며 제시했던 주장들을 보면, 경계가 뚜렷한 '지역적 맥락'이란 더 이상 존재하지 않는데도 불구하고 인권의 기초로서 뚜렷이 구분되는 지역적 맥락으로 복귀해야 한다고 주장하는 것처럼 보일 수 있다. 하지만 인권의 맥락은 넓은 세상으로부터 영향을 받지 않는, 순전히 지역적인 성격을 갖는 것이 아니다. 오히려 아래로부터의 인권이 구축되고 존중되고 실현되는 맥락은, 지역적·지구적 힘들 그리고 국가연합이나 지역연합처럼 양 극단 사이의 중간 즈음에 해당하는 힘들의 복잡한 상호작용이 이루어지는 곳이다.

세계화에 대한 초기의 일부 비판가들(Brecher & Costello 1994, Falk

1993)은 '아래로부터의 세계화'라는 개념을 주장했는데, 그것은 세계화가 기업의 이익이 아니라 국민들과 지역사회의 이익에 부합하도록 추진하는 것을 말한다. 아래로부터의 인권 주장은 인권의 이해에 여러 지역사회와 상이한 문화적 맥락 속에 살고 있는 사람들의 경험을 포함시키고자 한다는 점에서 아래로부터의 세계화와 다소 비슷하다.

하지만 아래로부터의 세계화라는 개념은 매우 이분법적으로 만들어진 것이다. 이것 아니면 저것을 선택하는 식으로 지구적인 것the global과 지역적인 것the local 사이를 뚜렷이 구분하는 것은 너무 단순하다. 지구적인 것이 지역적인 것을 규정하고 영향을 미치며, 지역적인 것도 지구적인 것을 규정하고 그에 영향을 미친다. 따라서 그것들은 서로 배타적이기보다는 상호관련을 맺는다. 비슷하게 페미니스트 학자들은 "사적인 것이 정치적인 것이고, 정치적인 것이 사적인 것"이라는 주장을 했다. 마찬가지로 우리는 지구적인 것을 지역적인 것으로 볼 수 있고, 지역적인 것을 지구적인 것으로 볼 수도 있다. 인권의 맥락을 지역적이거나 지구적인 것 중의 어느 하나로 보는 데에서 벗어나, 필연적으로 양쪽 모두에 해당된다는 점을 깨달아야 한다. 따라서 아래로부터의 인권은 단순히 지역주의를 반영한 것이 아니다. 지역의 특정 맥락이란 것이 인권을 이해하는 데 필수적이긴 하지만, 맥락 그 자체는 문제의 여지가 있는 것이어서 좀 더 파헤쳐 볼 필요가 있다. 물론 이것을 어떻게 할 것인가는 다양할 수 있으나, 그러한 분석을 해 봄으로써 아래로부터의 인권을 확립하는 데 중요한 문제제기의 방향을 얻을 수 있다. 이에 대해서는 6장에서 좀 더 다룰 것이다.

## 생태학적 긴요성

세계화가 인권의 불가피한 한 맥락인 것처럼, 생태학적 위기도 아래로부터의 인권 접근을 도출해 내는 데 있어서 간과할 수 없는 것이다.

1980년대 후반 이래로 환경 관련 글에서 한 주제를 차지해 온 지구의 사회적·경제적·정치적 체계의 지속 불가능성은, 이제는 많은 독자들에게 명확히 알려지게 되었다. 아마도 지구 온난화는 생태학적 위기의 가장 심각한 측면인데, 그 영향이 점점 더 뚜렷이 드러나고 있지만 정부가 이 위기를 다룰 수 있는 능력이 제한적이라는 점도 분명해지고 있다. 이 책의 집필 시점에도 지구 온난화를 막으려는 정책에도 불구하고 적어도 섭씨 2도의 지구 온도 상승이 불가피한 것 같고, 금세기 말에는 3도, 심지어 4도 정도 상승할 가능성이 크다. 단 2도만 상승해도 세계 대부분의 인구의 삶에 중대한 위기를 초래할 심각한 생태학적 변화가 야기될 것이다(Spratt & Sutton 2008).

지구 온난화의 위협 외에도 다른 환경적 문제와 자원 문제가 있다. 지구 경제에 심각한 영향을 줄 석유 자원의 고갈(Roberts 2004, Hopkins 2008)이 불가피하며, 기후 변화에 의한 사막화와 바이오 연료를 위한 토지의 사용, 제한된 식량 자원을 두고 벌이는 경쟁의 심화 등으로 세계 식량의 위기가 임박했다. 또한 금세기 중반에 심각한 해산물 부족을 야기할 해양의 과잉 어획 문제(Mitchell 2008), 음용이나 농업을 위한 물 부족 문제(Barlow 2007), 과잉 인구와 지역 간 활발한 이동으로 변종 바이러스에 의한 심각한 유행병이 발생할 위험, 화학 물질과 살충제의 지속적 사용이 미칠 악영향 등의 문제들이 있다.

이러한 생태학적 위기는 인권에 중대한 의미를 지닌다. 음식, 물, 에

너지 등의 희소 자원에 대한 경쟁의 증가는 심각한 갈등을 유발할 수 있어, 21세기는 자원전쟁의 세기가 될 수 있다(Dyer 2008). 물이나 음식의 부족, 홍수나 심각한 폭풍우 등을 이유로 현 주거지에서 살 수 없게 된 환경 난민들이 새로운 집을 찾아 나섬에 따라 어쩔 수 없는 강제 이민이 늘게 될 것이다. 거의 모든 나라가 자원 부족 때문에 고생할 것이고, 그에 따라 점점 국경 보호가 강화될 것이라는 점을 전제하면, 이러한 난민들의 고통은 더욱 심각해질 것이다. 우리는 20세기의 역사를 통해 전쟁과 대규모의 난민 이동이 심각한 인권 유린의 촉발제가 된다는 것을 잘 알고 있다. 따라서 이 세계가 이전에 심각히 고려하지 못했던 정도의 새로운 성격의 문제들에 대처하려면 인권은 여전히 주요 관심영역이 될 것으로 보인다.

생태학적 문제가 인권에 대해 갖는 의미에 대해 문헌에서 다루어지기 시작했는데, 특히 지구 온난화와 관련하여 주로 다루어졌다(Adger et al. 2006, Northcott 2007). 그것은 주로 기후 변화와 관련된 인류의 문제점들, 그리고 기후 변화 정책들 그 자체가 인권의 가치를 떨어뜨릴 수 있는 가능성 등에 관심을 두었다.

하지만 정부는 기후변화 정책의 마련에 있어서 사람들과 지역사회의 욕구보다는 국가 경제의 필요성을 우선적으로 고려하는 경향이 있었다. 이는 슬프게도 20세기의 많은 공공 정책들의 모습을 되풀이하는 것이었다. 2008-9년의 경제위기는 경제정책의 사회적 목표에 대해 진지하게 재평가해 볼 여지를 주었지만, 경제적 합리주의자의 주장이 여전히 영향력을 갖고 있기 때문에 분명히 사람들의 욕구보다 '경제의 필요성'이 우선시 될 것이다. 이것은 불가피하게 인권에 대한 관심을 약화시킬 것이다.

그럼에도 불구하고 인권, 특히 아래로부터의 인권은 생태학적 변화의 결과와 그 반응에 단순히 영향을 미치는 것 이상의 보다 더 중요한 기여를 할 수 있는 역량이 있다. 생태학적 위기는 인간이 자연, 즉 비非인간적 세상과 맺는 관계에 대해 재평가해 보도록 요구한다. 세상의 나머지가 인간의 쾌락을 위한 자원으로서만 존재한다는 생각은 이제 의문시되어야 하며, 정책과 실천들 속에서 비인간 세상은 도구적 존재가 아니라 그 자체의 권리로서 가치를 가진 존재로 인식되어야 한다는 점이 분명해졌다.

인간과 비인간 세상 사이에는 명백한 상호의존성이 있다. 이 상호의존성은 일부 비非서구권의 종교와 전 세계의 원주민 공동체에서 그리고 보다 최근에는 여러 녹색 사상가들에 의해 인정되어 왔다(Lovelock 2006, 2009, Macy 2007, Shiva 2005). 하지만 서구의 주류시각과 세계 정치·경제 체계·지배적 시각은 이러한 상호의존성을 인정하지 않고 비인간 세계nonhuman world를 순전히 도구적 차원에서만 바라본다. 이 점은 자연이 인간의 목적을 위해 '자원'으로 사용되지 않는다면 가치를 부여하지 않았던 종래의 경제학에서 분명히 확인된다.

경제학의 이런 관점은 1980년대 후반 이래로 녹색 경제학자들에 의해 도전받아 왔지만(Diesendorf & Hamilton 1997, Ekins & Max-Neef 1992, Henderson 2006, Mander & Goldsmith 1996), 주류에 의해 무시되었다. 녹색 경제학의 관점은 21세기 초에 이르러서야 세계가 직면한 생태학적 위기가 명백해짐에 따라 잠정적으로 받아들여지게 되었다.

그렇다면 이제 인간과 비인간 세계의 관계를 새롭게 이해할 필요가 있다. 즉 인간과 자연과의 새로운 계약이 필요한 것이다. 이는 우리가 인간, '인간성의 본질', 그리고 인간과 비인간 세상을 구분 짓는 것 등에 대해 이해함에 있어서 매우 중요한 것이다. 앞서 3장에서 논의한 바와 같이 인권 개념은 서구 모더니티의 산물로서 문제가 있다. 그래서 포스트모더니티의 맥락과 생태학적 위기의 맥락에서 '인간'에 대해 재고해 보는 것은 향후 수십 년간 중요한 과제가 될 것이다. 인권, 특히 아래로부터의 인권은 '인간성'의 구성과 재구성에 많은 관심을 둔다. 무엇이 우리를 인간이게끔 하는가에 대한 생각은 인권 개념에서 중심을 차지하며, 따라서 아래로부터의 인권은 인간성을 재정의하는 과정, 그리고 인간과 비인간 세상과의 관계를 재정의하는 과정에서 중요한 역할을 할 수 있다.

이는 동물의 권리, 사실 동물뿐만 아니라 비인간 세상에 있는 모든 존재의 권리에 대하여 중요한 질문을 제기한다. 3장에서 논의했듯이 동물들에게 인간과 똑같이 권리와 의무에 대한 도덕적 추론에 참여할 것을 기대할 수 없기 때문에, 인간의 권리와 동물의 권리 사이에는 차이가 있다. 동물의 권리는 비인간 존재들이 서로 자신들의 권리와 의무를 확인하는 것과 관련되는 것이 아니라, 비인간 존재들에 대한 인간의 의무와 관련된다. 하지만 이 때문에 동물의 권리가 중요하지 않게 되는 것은 아니다. 아래로부터의 인권의 과정은 '인간다움'이 의미하는 바, 그리고 그것이 서로 간의 권리와 의무의 면에서 의미하는 바를 명확히 확인하고자 하는 것이기 때문에, 보다 지속 가능하고 생태학적으로 깨어 있는 세상을 만드는 데 다른 종들에 대한 우리의 책임도 포함해야 하는 것이다.

가이아 가설에 대한 러브록Lovelock의 중요한 연구(1987, 2006, 2009)를 참조해 보면, 우리는 다음의 질문들을 던져보아야만 한다. 가이아의 권리는 무엇인가? 인간의 권리, 비인간적 존재들의 권리, 그리고 가이아의 권리는 어떻게 상호작용하는가? 생태학적으로 각성된 지속 가능한 미래 세상에서도 인권이 유의미한 개념으로 존재하려면, 가이아의 관점에서 이해될 필요가 있다. 이는 인권의 새 장을 여는 것이다. 전통적으로 인권은 생태학적 변화에의 대응책들이 인권에 악 영향을 미치지 않도록 하는 데에만 신경 썼을 뿐, 권리를 환경 영역으로까지 확장하지 못했다. 인권과 가이아를 연결하고, 우리가 현재 인권에 대해 이해하고 있는 바는 인류가 엄청난 환경 피해를 유발하고 있는 세상에서의 '인간다움'의 의미가 반영된 것이라는 점을 각성해야만, 인권이 21세기를 지배할 수많은 생태학적 위기에 대응하는 중심축이 될 수 있을 것이다.

이를 위해서는 인권에 대한 생태학적 접근이 필요하다. 이에 따르면 당연한 것으로 간주되었던 일부 권리들의 행사가 자원을 과용하거나 오염이나 낭비를 초래할 때에는 제한을 두어야 할지 모른다. 값비싼 항공 여행을 유발하는 '이동권', 땅을 오염시키거나 황폐화시켜도 된다는 의미의 '토지 소유권', 어류 자원이 격감한 물에서 '어획할 수 있는 권리' 등이 이런 예에 해당한다. 이것들은 우리가 인권으로 간주해야 하는 것 그리고 비인간 종non-human species과 자연세계에 대해 갖는 우리 인간의 의무에 대해 고려할 때, 가이아의 권리와 비인간 종의 권리 그리고 자연의 권리를 포함시켜야 함을 보여주는 예이다. 이렇게 볼 때 아래로부터의 인권은 문화적 맥락과 세계화의 맥락뿐만 아니라 생태학적 맥락 속에서 이해되어야 한다.

이는 인권이 지역사회개발의 경험으로부터 무언가를 배울 수 있는 부분이다. 상당기간 동안 지역사회개발은 생태학적 위기와 관련되어 왔다. 수많은 환경 관련 필자와 활동가들 사이에는 강력한 지역사회가 잠재적으로 가장 지속 가능한 사회조직 형태가 될 것이고, 일정 수준의 환경적 균형도 가장 잘 달성할 것이라는 믿음이 강하게 존재한다(Hopkins 2008). 환경에 대한 관심은 지역사회개발이 절실히 요구되는 이유의 하나였고(1장에서 논의한 바와 같이), 그래서 한동안 생태학적 관심이 지역사회개발 문헌에서 매우 중요하게 다루어져 왔다. 환경과 지역사회행동을 연결하는 전통이 강하게 존재하므로, 인권사업 속에 생태학과 환경적 관심을 포함시키면 아래로부터의 인권은 강화될 수밖에 없을 것이다.

## 맥락을 재고하는 것

아래로부터의 인권이 인권을 확인하고 실현·보호하는 데 있어서 사람들의 생활 체험의 맥락을 고려할 것을 요구한다면, 위 단락에서 얘기한 것들과 관련하여 맥락context이라는 개념 자체의 문제를 고려해 보아야 한다. '어떤 맥락이 있는가?' 라는 질문을 할 때에는 단지 문화적 맥락뿐만 아니라, 지구적 맥락과 생태학적 맥락을 고려할 필요가 있다. 즉 인권은 맥락 속에서 이해되어야만 의미가 있다는 말을 할 때에는 그 맥락의 성격에 대해 좀 더 신중히 생각해 볼 필요가 있다. 맥락에 대해 이해한다고 할 때 대부분 문화에 대한 것들인데, 물론 인권에서 문화적 맥락이 매우 중요한 것이긴 하지만 그것이 고려되어야 할 유일한 맥락은 아닌 것이다. 아래로부터의 인권은 '맥락에 따른 인권' 이라고 재명명될 수 있을 것인데, 어떤 상황에서든 맥락 그 자체에 대해서는 신중한 고려와 분석이 필요한 문제이다.

기술 진보, 증가된 개인의 이동성, 사이버 공간, 새로운 매체의 등장, 세계화 그리고 생태학적 위기 등의 변화로 인해 인간의 활동을 100년,

아니 50년 전의 맥락을 가지고 파악하기란 어렵다. 맥락은 우리 인간성에 대한 정의와 실현을 위해 중요하고 정말 필수적인 것이지만 그 맥락의 성격은 변화해 왔다. 따라서 인권을 맥락화contextualising human rights하는 작업에서는 인간 활동의 새로운 맥락들을 고려해야만 한다.

## 소결

이 장은 아래로부터의 인권과 관련한 여러 개념들을 확인했다. 이를 일관된 하나의 '이론'이나, 더욱이 '모델'로 이름 붙이는 것은 옳지 않다. 우리 목적은 아래로부터의 인권 관점으로써 인권에 접근하고자 할 때 필요시 되는 분석과 이해들을 제시하면서, 아래로부터의 인권과 관련한 수많은 주요 문제들을 확인하는 정도였다.

이 장은 아래로부터의 인권에 기반한 인권 체제를 어떻게 제도화할 것인가 하는 보다 실질적인 문제는 다루려고 하지 않았다. 이는 부분적으로는 지역사회개발에서 구체적 실천 원칙들을 서술하는 것이 불가능하기 때문이다. 내가 다른 곳(Ife 2002, Ife & Tesoriero 2006)과 제2장에서 주장했던 것처럼, 지역사회개발은 '어떻게 할 것인가'의 해결책을 제시하는 것이 아니라 무엇을 해야만 하고 또 그것이 어떻게 행해질 수 있는가를 결정하는 지역사회 과정에 의존한다. 그렇다고 이것이 실천의 현실을 논의하는 게 아무 의미가 없다는 것을 말하는 것은 아니다. 아래로부터의 인권의 실천영역으로 관심을 옮겨 본다면, 잠재적으로 가치 있는 '실천 방향'을 모색하는 것이 중요하다. 그것은 너무 구체적이거나 설교조가 아니어야 한다. 그 과정에서 인권은 지역사회개발의 경험으로부터

많은 도움을 얻을 수 있다. 이것이 후속 장들에서 다룰 주제이다.

# 제4부
# 아래로부터의 인권 실행

밤에는 무방비
우리 세상은 무지하다.
하지만, 곳곳에 흩어진 채,
모순된 불빛들은
의인들이 메시지를 교환하는
어디서나 번쩍거린다.

오덴(W.H.Auden),
"1939년 9월 1일"(september1 1939)

제6장

# 아래로부터 인권의 일곱 가지 영역

앞선 장에서 지역사회개발과 인권의 일곱 가지 차원을 확인하였다. 그 일곱 가지는 사회적, 경제적, 정치적, 문화적, 환경적, 영적, 생존적 차원이었다. 우리가 아래로부터 인권의 시행과 관련하여 이 차원들에 대해 논의할 때, 총체적 접근이란 이 일곱 가지 모두가 중요하다는 것을 뜻한다. 특정 지역사회의 환경에서는 한두 가지 차원이 그 지역사회의 상황에 대응하는 데 보다 더 중요한 것으로 간주될 수 있을지 모르나, 일반적으로는 그 일곱 가지 차원 중 어느 것도 다른 것에 우선시될 수는 없다.

인권활동가들은 각자 서로 다른 영역에서 강점을 가지고 있기 때문에 아마도 특별한 한두 영역에 집중하려고 하겠지만, 그렇다 하더라도 아래로부터의 인권에 대한 보다 일반적이고 총체적인 시각을 놓쳐서는 안 된다. 이 일곱 가지 전체를 다루지 않으면 인간성과 지역사회의 어떤 중요한 측면을 놓치는 것이 되기 때문에, 효과적인 지역사회개발을 위해 일곱 가지 차원 모두가 필요하다. 마찬가지로 일곱 가지 모두는 아래로부터의 인권에 필수적인 것이다.

## 사회적 권리와 사회적 개발

사회적 권리는 아래로부터의 인권 관점에 특히 적합하다. 교육, 주거, 의료보호(이는 '생존적 권리'에도 포함될 수 있을 것이지만), 레크리에이션, 배우자와 생활방식의 선택, 노동과 의미 있는 관계 등과 같은 것에 대한 사회적 권리들은 구체적 맥락과 상관없이 보편적으로 규정되기 어려운 것들이기 때문이다. 이 사회적 권리들이 의미하는 바와 그것들이 어떻게 정의되고 실행되는가는 맥락에 따라 매우 다를 것이다.

사람들 간 관계의 강도, 사회적 연대성, 사람들이 관계를 맺을 기회 등의 면에서 생각해 보면, 강한 지역사회가 사람들의 사회적 권리를 더 증진시킬 수 있을 것이라고 보는 것은 당연하다. 우리가 인권에서의 사회적 차원을 고려한다면, 그 사회적 권리가 실현되기 위해서는 어떤 특정 형태의 지역사회가 필요하다는 것은 분명해진다. 이 책에서 여러 번 말한 것처럼 인권은 고립되어 실현될 수 없다. 그것은 한 지역사회 속에 스며들어야 하고, 특히 사회적 권리의 경우에는 더욱 그래야 한다.

또한 사회적 권리는 '관계들'보다 더 넓은 범주를 갖는 것으로 이해해야 한다. 사회적 권리는 자유 시장을 통해 충족되거나 혹은 교육, 의료, 주거, 고용과 소득보장 등 어떤 종류의 공적 급여를 통해 충족될 수 있는 전 범위의 권리들을 포함한다. 이러한 권리를 적절하게 보호하고 실현하는 것이 사회정책의 과업이었으며, 그에 따라 인권과 같은 사회정책은 흔히 '아래로부터의' 활동보다는 '위로부터의' 활동으로 개념화되어 왔다. 따라서 아래로부터의 인권 관점이 사회적 권리를 적절히 다루기 위해서는, 사회정책의 주요 문제들이 관료, 정치인, 학자들만의 특권 영역이 아니라 지역사회의 의제로 다루어져야 한다.

사회정책에 관한 많은 주요 질문들은, 사회적 욕구의 충족에 있어서 국가, 시장, 지역사회(혹은 비영리) 세 부문의 적절한 역할에 관한 것들인데(Bryson 1992), 이는 주로 이념적 쟁점이 되는 문제이다(George and Wilding 1994). 사회민주주의자들, 특히 유럽과 스칸디나비아의 사회민주주의자들은 사회적 서비스의 제공에서 국가의 주된 역할을 전제하는 복지국가를 선호한다. 반면 신자유주의자들과 신보수주의자들은 시장의 역할 확대와 국가의 역할 축소를 선호하는 경향이 있다. 그들은 사람들이 필요로 하는 서비스를 구매할 수 있도록 하는 민영화와 시장 기제를 선호한다. 또 일부 사람들은 사회적 서비스가 강력한 시민 사회에 의해 계획되고 제공되는 비영리 부문, 지역사회 부문 혹은 제3부문을 선호한다.

다른 둘을 포기하고서 어느 한 부문만을 주장하는 사람은 거의 없다. 오히려 이 세 부문들의 일정 혼합이 적절하다고 보는 것에 광범위하게 합의하고 있다. 그러나 그러한 혼합이 어떻게 이루어져야 하는가에 대해서는 의견의 불일치가 크다. 국가가 서비스 공급자가 되어야 하는가? 아니면 국가는 단지 재정만을 담당하고, 사람들에게 좀 더 가까이 있는 것으로 간주되는 지역사회부문을 지원해야 하는가? 아니면 국가는 경쟁 입찰을 통해 민간부문이나 지역사회와 서비스를 계약해야 하는가? 지역사회부문이 의제를 결정하고 필요시 되는 서비스의 재정 확보를 위해 정부에 제안해야 하는가? 국가는 주택의 경우처럼 사적 시장에서 구매할 수 없는 사람들만을 위해 서비스를 제공해야 하는가? 혹은 국가는 모든 국민들을 위한 급여를 제공해야 하는가? 혹은 교육의 경우처럼 사적 시장에서 대체재를 구매할 수 있거나 국가 급여에서 제외되기를 희망하는 사람들을 제외한 나머지 모든 사람을 위해 급여를 제공해야 하는가? 우리가 공공과 민간의 혼합을 추구한다면 '급여의 두 층화 two classes of provision'의 문제, 즉 부자를 위한 급여와 빈자를 위한 급여의 층화 문제를 어떻게 피할 것인가? 혹은 그러한 분리는 수용할 만한가?

이러한 문제들은 여기서 적절히 다룰 수 없을 정도로 매우 복잡하다. 그것들을 적절히 다루기 위해서는 '무엇이 효과가 있고 무엇이 효과가 없는가'에 대한 일정 수준의 사회정책에 대한 전문 지식이 있어야 한다. 보다 중요한 것은 이 질문들이 이념적인 것이라는 점이다. 사회정책을 체계화하는 단 하나의 '최선의 방법'은 없는데, 왜냐하면 그것은 주로 우리가 원하는 사회의 유형이 무엇인가, 공평, 효율, 자유, 공적 소유, 책임 등의 상호 경쟁적인 요구들의 균형을 어떻게 유지하는가에 달려 있기 때문이다(George and Wilding 1994). 하지만 그 복잡함에 관계없이 위 질문들은 아래로부터의 인권 실천에 매우 중요한 것이다.

최근 수년 동안 서구 민주주의 사회(특히 영어권 사회)에서는 휴먼서비스 급여에서 시장 의존성이 증가하고 있는데, 이는 1980년대의 대처와 레이건 정부의 정책들로 강력히 추진된 바 있다. 이 책이 인쇄되는 시점에도 여전히 진행되고 있는 경제위기로 인해 시장에 대한 믿음은 일부 현실을 직시할 수 있게 되었는데, 즉 시장 실패가 발생하면 지역사회서비스는 어떻게 되는가 하는 질문이 제기되었다.

우리가 시장이 서비스 공급에서 절대 실패하지 않을 것이라는 가정을 하지 않는 이상, 인권의 필요조건들을 충족시키는 서비스 공급을 위해서는 결코 시장에만 의존할 수 없다. 이는 분명히 그렇다. 2008년 후반 호주에서는 최대 민간 보육 공급체인 ABC Learning Centres가 이듬해의 아동보육을 장담하지 못한 채 파산했다. 그 보육센터를 다른 민간 공급자가 아닌 지역사회부문이 떠맡아야 한다는 여러 지역사회집단의 강한 움직임이 있었다. 이는 일부 제한적으로 성공했고, 지역사회부문으로 가지 않은 보육시설들은 비교적 지역사회 참여가 적은 대규모의 엔지오에 넘겨졌다.

시장 실패가 나타날 때 민간부문에 의해 운영되는 서비스의 장래는 보장되기 어렵다. 이 책의 관점에서 볼 때 이는 인권 문제이다. 게다가 지역사회개발의 관점에서 보면, 가능하다면 어디에서든지 서비스는 먼 거리에 있는 기업가, 엔지오의 관리자, 관료의 참여보다는 지역사회주민의 참여가 극대화되도록 운영되어야 한다.

시장이 실패할 때 시장 기반의 서비스는 어떻게 되는가 하는 질문은, 경제적 불확실성이 증가하고 있는 시대에는 특히 긴급한 것이 되는 것 같다. 특히 복지국가는 증가하는 수요와 제한된 자원에 직면하면서 그 서비스를 구제할 능력이 한계에 부딪히게 될 것이다. 예컨대 잘못된 투자 결정이나 펀드 매니저가 저지른 사기 때문에 시장 환경에 실패한 의료보험기금이나 퇴직저축의 결과는 어떻게 될 것인가? 낮은 과세 이념에 의해 국가가 가진 자원이 줄어들고 있는 시기에 국가가 국민의 사회적 권리에 개입하여 완전히 보장해 주는 것은 불가능할 것이다. 사회적 권리의 보장에 관심이 있는 사람들에게 이는 장래에 중요한 문제가 될 것이다.

위에서 언급한 사회정책의 세 행위자 즉 국가, 시장, 지역사회 부문은 모두 상향식 혹은 하향식으로 작동될 수 있다. 그렇기 때문에 아래로부터의 인권을 방해하거나 반대로 강화할 수 있다. 국가 혹은 정부가 멀리 있는 접근 불가능한 장치여서는 안 된다. 지방 정부는 적어도 이론상으로는 일상적으로 주민들에게 다가갈 수 있는 정부 단위이므로 아래로부터의 인권과 양립 가능하다. 특히 사회적 권리와 관련하여 지방 정부는 의료, 레크리에이션, 교육 등의 사회적 권리들을 실현할 수 있도록 일련의 서비스들을 제공할 수 있고, 이러한 서비스와 프로그램의 성격을 결정하는 데 있어서 지역사회의 의미 있는 참여가 가능하다.

마찬가지로 시장은 '시장의 힘'에 대응하여 아무것도 할 수 없을 정도의 무력감을 느낄 만큼 지역사회 주민들의 접근 범위를 벗어나서 대규모로 일 국가나 전 지구적 단위에서 작동될 수 있다. 하지만 정부와 마찬가지로 시장 또한 지역 단위에서 작동될 수 있는데, 사실 시장이 처음 발달하게 된 것도 바로 그 지역 단위에서였으며 최근까지도 시장은 지역 단위에서 주로 존재했다. 시장이 지역적으로 움직일 때 그것은 지역사회에 녹아들어갈 수 있으며, 지역사회가 '시장'의 요구에 따르도록 하지 않고 오히려 지역사회의 이익에 기여할 수 있다.

지역시장local markets 이라는 개념을 다음 장에서 다룰 것인데, 사회적 권리가 관계되는 측면만 보자면 사회적 급여social provision는 시장에서 거래될 수 있으며, 그 거래는 그다지 불공평한 결과를 낳지 않으면서 지역 단위에서 행해질 수 있다는 것이다. 예컨대, 교사나 지역사회 의료전문가는 지역의 시장체계에서 서비스를 '거래'할 수 있으며, 사람들은 서비스를 현물in kind로 구매할 수 있다. 또한 국가와 시장과 마찬가지로 지역사회 부문도 멀리서 하향식으로 움직일 수 있고, 반대로 지역에 기반한 상향식 접근으로 작동될 수도 있다. 전자의 예로는 많은 사회 프로그램을 시행하는 거대한 국내 혹은 국제적 구호단체 또는 엔지오가 해당된다. 그것들은 '지역사회에 가까이 있다.'고 떠들지만 현실에서는 잘 반영되지 않는다. 국가적 프로그램을 관리하는 수도의 정부 관료와, 같은 수도에 사무소를 두고 같은 국가 프로그램을 운영하는 대규모 전국 자선단체의 관리자 사이에는 별다른 차이가 없다. 사실 그 둘은 십중팔구

'동반자적 관계'로 일하는 것이어서 정부와 비非정부 프로그램 사이의 경계는 매우 모호하게 된다.

상기 논의의 핵심은, 아래로부터의 인권 관점에서 보면 '사적, 공적 혹은 지역사회부문'에 대한 전통적 사회정책 질문들이, 지역사회가 욕구를 정의하고, 적절한 서비스의 종류를 결정하며, 그 전달방식을 결정하는 데 있어서 적극적으로 의미 있는 참여를 할 수 있는가의 문제보다 중요하지 않다는 점을 강조하는 것이다. 세 부문 모두 아래로부터의 인권과 일치하는 방식대로 움직일 수 있으며, 반대로 그 접근에 거역하는 방식으로 움직일 수도 있다. 실로 많은 '사회개발'에 대한 문헌들은 상당히 하향식 접근을 취하고 있다(Midgley 1997). 이 문헌들은 '개발도상' 국가들에서 이루어지고 있는 '개발'이 순전히 경제학적 모델인 것에 반대하여 등장한 것으로, 개발의 사회적 측면이 개발 과정의 일부분으로서 중요하며 잘 다루어져야 한다고 주장하였다. 하지만 개발에 대한 이 관점은 여전히 대규모적이고, 이 책의 목적인 지역사회 개발의 관점이 아니라 유엔과 국제적 엔지오의 관점이었다. 따라서 사회개발에 대한 전통적 관점은 사회적 권리를 획득하는 데 중요할 수는 있으나, 아래로부터의 인권 개념과 일치하는 것은 아니다.

아래로부터의 사회적 권리에서 중요하게 질문할 것이 있다면, 얼마나 많은 사람들이 자신들의 욕구와 지역사회의 욕구를 분명히 확인할 수 있는가와, 그렇다면 그들이 그 욕구의 확인을 권리의 정의로 바꾸어낼 수 있는가 하는 것이다. 이는 어떤 형태의 지역사회 단위의 협의를 필요로 한다.

한 예로서 교육에 대한 권리를 들어보자. 누구나 교육에 대한 권리를 갖고 있다고 선언하기는 쉬우나, 그것이 지역사회 맥락에서는 무엇을 의미하는가? 질문해 보아야 한다. 첫째, 학교나 대학과 같은 공식적 교육 조직을 넘어서 그와 다른 교육에 대해 생각해 보는 것이 중요하다. 교육에 대한 권리는 수많은 다른 방식으로 실현될 수 있으며, 어떤 자격을 얻기 위한 권리와 혼동해서는 안 된다. 자격 없이도 교육을 받을 수 있으며, 흔히 교육 없이도 어떤 자격을 얻을 수 있다. 학교나 대학 외에도 교육에 대한 권리가 실현될 수 있는 자원은 다음과 같은 것이 있다.

- 지역 도서관
- 커뮤니티센터의 강좌들
- 텔레비전과 라디오 프로그램
- 신문과 잡지
- 인터넷
- 노동자 교육 프로그램
- 홈스쿨링 가정을 위한 자원들
- 채용과정의 일부분으로서 직장에서의 '직무' 교육
- 비공식적 학습 동아리나 스터디 그룹
- 건강 프로그램의 하나인 건강 교육, 지역사회 법률서비스의 하나인 소비자 교육 등과 같은 다른 서비스들에서의 교육적 요소들

이 활동들은 지역사회개발 과정의 일부로서 시작될 수 있다. 심지어 라디오나 텔레비전 프로그램도 지역사회의 접속 채널이나 지역 라디오 방송국을 통하여 시작될 수 있다. 지역신문에 기사를 낼 수 있고, 사람들은 인터넷 접근을 통해 도움을 받을 수 있다. 그 결과 교육이 학교에서만 일어나는 것이 아니라 지역사회의 삶에 녹아 들어가 있는 지역사회가 될 수 있다.

다른 사회적 권리들도 마찬가지로 이루어질수 있다. 하지만 단지 그런 활동들을 시작하는 것보다 더 중요한 측면이 있다. 즉 서비스와 서비스 전달 방식에 대한 어떤 형태의 '지역사회 통제'를 확립할 필요가 있다. 이를 위한 방법으로 보통 공식적 이사회나 자문 역할의 형태로 지역사회 운영위원회를 둔다. 지역사회 운영위원회는 서비스 운영시간, 다문화 지역사회에서 지역 언어를 아는 것과 같은 직원의 자질, 물리적 위치 등을 고려할 수 있다.

어떤 서비스에서 변호사, 교사나 의사 등의 전문가를 고용할 때, 그 전문가들은 전문 자격이 없는 사람들에 대한 책임을 진다는 점을 불편해 할 수 있는데, 이 때 갈등이 있을 수 있다. 하지만 이는 '전문 자격 qualification'에 대한 협소한 시각이다. 지역사회 구성원도 전문가들과는 다른 식으로 어떤 전문 자격을 가지고 있을 수 있으며, 2장에서 다룬 지역사회개발의 원칙에 따르면 그런 전문지식과 지역의 지혜는 그 가치를 인정받아야 한다. 이를 위해서 전문가들을 대상으로 하는 어떤 재교육을 할 필요가 있고, 또는 지역사회의 참여와 지역사회 오너십을 존중하고 그 가치를 인정하는 사람이 채용될 수 있도록 신중한 선발 과정을 거칠 필요가 있다.

지역사회 오너십과 지역사회 운영위원회에는 문제가 있을 수 있는데, 특히 지역사회 구성원이 그러한 역할 경험이 거의 없거나 관련 책임에 대한 이해가 부족한 경우 그렇다. 위원회의 법규를 보고 겁먹을 수 있으며, 회계기록을 유지하거나 범죄행위 혐의를 처리하는 것과 같은 법적 의무사항 영역에서는 전문적 요소를 포함시키는 것이 중요할 수 있다. 예컨대 지역사회 아동보육센터의 위원회가 어느 직원이 소아 성애자 paedophile인 것을 알게 된다면 즉각적 조치를 취해야 하며, 관련자가 친구이거나 동료라고 해서 조치를 미루어서는 안 된다. 따라서 운영위원회는 이러한 의무들에 대해 잘 알아야만 한다.

이런 이유로 그러한 이슈들에 대해 잘 알고 그것들을 잘 다룰 만한, 관련 지식과 경험을 가진 전문가들로 운영위원회를 구성하고 싶을 것이다. 하지만 그렇게 되면 지역사회 운영위원회의 목적에 이를 수 없다. 특히 대부분의 주민들이 그런 자격과 경험을 가지지 못한 지역사회에서는 더욱 그럴 수 있다. 위원회에 그런 종류의 전문가를 포함시키는 것이 필요할 수도 있으나, 그 위원회는 '가장 잘 알고 있는' 사람들의 협소한 전문가적 이익을 위해서가 아니라 전체 지역사회의 이익을 대변하기 위해 존재한다는 점을 꼭 기억해야 한다.

위 논의 대부분은 인권활동가들에게는 좀 생소한 이야기이겠지만 지역사회활동가들은 잘 알고 있는 내용이다. 현 목적상 중요한 점은, 위 내용들을 사람들이 스스로 사회적 권리를 정의하고 또 실현되는 절차를 수립할 수 있도록 하는 방법으로 이해하는 것이다. 따라서 지역사회 개발과정에서 익숙한 것들을 인권의 면에서, 특히 사람들이 스스로의 사회적 욕구를 확인하고 그것이 충족되는 방식을 통제할 권리라는 면에서 고려해야 한다. 그것은 인권사업 속에 지역사회개발 원칙을 집어넣는 것뿐 아니라, 동시에 인권 원칙을 지역사회사업 속에 삽입하는 것이다.

물론 이는 보다 중앙의 단위에서나 국가, 시장, 제3부문에서의 역할이 없다는 것을 의미하는 것은 아니다. 아래로부터의 사회적 권리는 어쩌면 자원의 공급 즉, 재원과 전문가의 제공에서 그리고 지역 주도 사업의 개발과 발전을 위해서 중앙으로부터의 지원이 꼭 있어야만 가능할지 모른다. 그런데 불행히도 국가는, 보통 여러 한계와 지역 파벌주의를 지닌 지역사회들보다 통찰력과 지식을 갖춘 정치인, 관료들이 '더 잘' 안다는 가정 하에 직접 아젠다를 통제하고 싶은 유혹을 뿌리치지 못한다. 따라서 정부는 '서비스 구매' 모델에 근거하여 움직이는 경향이 있어 왔는데, 이는 정부가 필요한 것을 결정하고, 그것을 입찰에 응하는 민간 부문이나 지역사회 부문과 계약하는 것이다. 이런 방식은 '분권화'나 '파트너십'이라는 수사구로 포장되기는 했지만, 본질적으로는 국가에 의해 통제되는 아젠다이다. 그것은 국민들의 사회적 권리를 정의하는 데 있어서뿐만 아니라 그것이 어떻게 실현되어야 하는가를 결정하는 데 있어서 정부가 가장 최적의 위치에 있음을 의미한다. 하지만 이는 관계된 사람들의 목소리를 거의 허용하지 않는 방식이므로 아래로부터의 인권과 양립할 수 없다.

흔히 아래로부터의 사회적 권리가 시행되는 한 방법은, 특정 서비스와 관련한 권리헌장이다. 예컨대, 병원은 다른 많은 사회기관들처럼 환자의 권리 헌장을 가지고 있다. 이것을 보통 게시판에 눈에 띄게 전시하는데, 해당 서비스에 대한 인권의 틀을 설정하고 사람들이 자신의 권리를 표현할 수 있도록 도와주는 유용한 방법이 될 수 있다.

그렇지만 실상은 아닌데 마치 뭔가 달성되고 있는 것처럼 보이게 만드는 명목적인 것일 수도 있다. 입소자 대부분이 치매에 걸려 있고, 안경을 거의 쓰지 않는 요양시설 벽에 걸린 입소자의 권리 헌장은, 그 헌장을 보고 읽을 수 있는 가족방문객에게는 어떤 가치가 있을지 모르지만 그 자체만으로 인권 책무를 다하고 있다고 볼 수는 없다. 벽이나 게시판에 헌장을 게시하는 것은 좋은 생각일 수 있으나, 그것으로써 마치 인권 구현에 필요한 것들이 다 이루어진 것처럼 생각하기 쉽다. 인권이 명목적인 것에 그치지 않도록 하기 위해서는, 사람들이 인권에 대해 이야기하고 대화를 지속할 수 있는 기회를 가져야 하며(5장 참고), '하나의 진술'

이 아니라 '계속 진행 중인 프로젝트'로서 인권을 소유할 수 있어야 한다.

아래로부터의 사회적 권리라는 개념의 중요한 한 측면은, 지역사회 기반의 휴먼서비스 활동가들, 예컨대 의료인, 교사, 사회복지사, 지역사회 개발 활동가, 레크리에이션 활동가, 청소년 활동가 등이 실질적으로 인권 활동가들이라는 것을 의미한다는 점이다. 이것은 휴먼서비스 활동가들에게 자신들의 활동, 자신들이 일하는 지역사회와 사람들과의 관계에 대해 생각하는 또 다른 준거틀을 제공한다. 휴먼서비스의 실천에서 인권 기반의 접근은, 서비스 수혜자의 권리, 지역사회 구성원들의 권리, 동료와 슈퍼바이저와 학생의 권리, 그리고 그 권리들에 상응하는 의무 등에 대한 이해를 포함한다(더 충분한 논의를 위해서는 Ife 2008을 보라). 휴먼서비스 활동가들, 그들의 '클라이언트' 그리고 그들의 동료들은 '권리와 책임의 공동체'로 서로 함께 연결된 것으로 간주되며, 이는 5장에서 논의한 '대화'와 '행동'을 강조하는 실천 유형이 될 것이다.

아래로부터의 사회적 권리를 실행하는 것과 관련하여 마지막으로 지적할 것은, 앞선 장들에서의 논의들에 따라 그 속에 다양성을 포함해야 한다는 것이다. 다양성을 적극 받아들이고 장려하며, 그 다양한 지역사회의 자양분에 의지하여 지역사회 기반의 서비스들이 제공되어야 한다. 이는 '최고의 실천'을 추구하거나 다른 곳에서 개발된 특정 '모델'을 시행하려는 유혹을 거부하는 것을 의미한다. 그런 것들은 일반화하는 경향이 있어서 똑같이 대우하는 것이 공평한 것이라는 잘못된 전제를 하고서 모든 사람을 똑같이 대하는 식으로 나타나며, 문화적 차이를 허용하지 않는다. 아래로부터의 사회적 권리는 1장에서 논의한 바와 같이 '차이가 존재하는 지역사회'라는 개념에 기초해야 한다.

## 경제적 권리와 경제적 개발

4장에서 논의한 바와 같이 경제적 권리는 도구적이라는 면에서 다른 권리 범주들과는 다른 것 같다. 돈을 먹거나 마실 수는 없다. 경제적 권리는 오로지 다른 권리들이 실현될 수 있는 데 필요한 재화와 서비스를 구매할 수 있게 해 준다는 점에서만 중요할 뿐이다. 돈 자체가 목표는 아니며, 단지 다른 많은 목표들을 위한 수단이다. 따라서 경제적 권리는 다른 권리들과의 관계 측면에서 중요하다. 그리고 다른 권리들처럼 경제적 권리도 맥락에 따라 다를 것이다. 즉 특정 사회에서 작동되는 경제체제에 따라 경제적 권리가 어떻게 정의되고 실현되는지가 결정될 것이다. 예컨대 현대의 자유 시장경제 사회에서, 생존유지 수준의 소작농 사회에서, 중앙계획의 공산주의 사회에서 그리고 스칸디나비아 복지국가에서 경제적 권리는 각기 다른 형태를 취할 것이다.

"경제가 좋으면 나머지는 다 잘 될 것이다."라는 경제적 합리주의자의 사고가 지배적이기 때문에, 지역사회 경제개발은 지역사회개발에서의 근본주의fundamentalist 사고 유형에 특히 취약할 수 있다. 2장에서 지역사회의 한 가지 차원만을 강조하는 지역사회개발은 그다지 성공할 것 같지 않다는 것을 지적한 바 있다. 그것은 지역사회의 총체적 그리고 다차원적 성격을 고려하지 않기 때문이다. 그러한 협소한 접근은 여기서 고려하는 아래로부터의 인권의 차원들 중에서 아마도 지역사회 경제개발과 아래로부터의 경제적 권리 영역에서 나타날 가능성이 가장 크다. 따라서 지역사회의 경제개발 프로그램들은 반드시 지역사회의 다른 차원들 즉, 사회적·정치적·문화적·환경적 그리고 영적 차원과 연결되어야 하며, 경제적 문제가 다른 것과 분리되거나 다른 것보다 더 중요하게 간주되어서는 안 된다.

지역사회의 경제적 개발은 지역사회 단위에서 강하고 생존력 있는 지속 가능한 경제를 발전시키는 것을 목표로 한다. 그리하여 사람들의 경제적 권리를 충족시키는 것을 목표로 하며, 대규모의 거시적 경제개발에 의해서는 확보될 수 없는 방식으로 행해진다. 경제학의 전통적 하향식 모델은 지역사회 단위의 욕구를 충족시키거나 사람들의 경제적 권리를 보장하는 데 늘 성공적이지는 않았다(Diesendorf & Hamilton 1997, Mander & Goldsmith 1996, Shragge 2000). 소위 '개발된/선진' 국가들에서 겉보기에는 건강한 경제의 모습을 보이나, 지역사회 단위에서는 광범위하게 경제적 박탈상태로 드러나는 경우가 많다. 이에는 상당 수준의 빈곤이 존재하는 소외된 시골 지역사회, 혹은 경제개발 명목으로 기업이 문을 닫고 일자리가 사라진 사양산업 지역 등이 해당되었다.

많은 사람들은 지구적 경제로부터 고립되고 버림당한 느낌을 받으며, 자신들 지역사회의 경제적 기반의 취약성, 잠재적 실업과 공장 폐업의 가능성을 생각하면서 무력감을 느낀다. 개발도상국에서는, 경제적 기적의 도중에 있는 나라들에서조차도 경제적 이득은 쉽게 반대로 뒤집어질 수 있고, 보통은 빈자와 기술이 없는 사람들이 가장 위험한 상태에 처하게 된다. 그래서 지역사회 경제개발이라는 개념이 많은 지역사회 그리고 현존 질서를 대체할 지속 가능한 대안을 추구하는 사람들에게 큰 관심을 끌게 되었다는 것은 그리 놀랄 일이 아니다. 따라서 아래로부터의 인권이 의미 있는 것이 되기 위해서는 지역사회 단위에서 경제적 권리가 보호되고 실현되는 것은 필수적이다.

2장에서 언급한 바와 같이, 지역사회의 경제적 개발은 대략 두 가지 접근으로 구분될 수 있다. 한 접근은 지역사회가 현존 경제 질서 내에서 보다 더 효과적으로 작동하도록 돕고자 한다. 그것은 경제 질서를 이미 주어진 것으로 받아들이고, 지역사회 공동체가 현존 경제 질서로부터 더 많은 혜택을 볼 수 있는 방법을 모색한다. 또 다른 접근은 보다 급진적인 것으로, 기존 지배적인 경제 질서를 문제 있는 것으로 보아 그것이 해결책이 될 수 없다고 본다. 대신에 이 접근은 지배적 질서에도 불구하고 대안적인 지역사회 기반의 경제체제가 지역 단위에서 발달할 수 있도록 하는 방안을 모색한다.

좀 보수적인 전자 형태는 지역사회를 좀 더 경쟁적인 사회로 만들고자 하는 특성이 있다. 예컨대 토지를 사용할 수 있게 하거나, 지방세를 면해 주거나, 일어날 수 있는 환경문제를 눈감아주는 것 등과 같은 다양한 유인동기를 통해 지역사회에 새로운 산업을 유치하려는 노력이 이에 해당된다. 이는 흔히 그 산업의 가치가 의심스러울 정도로 지역사회가 희생하는 것을 수반한다.

어떤 산업이 지역사회 외부로부터 유치되더라도 그것은 결코 영원하지는 않다. 한 지역사회에 유치된 산업은 늘 다른 지역사회로부터 유치를 제안 받을 수 있고, 다시 이전하기로 결정할 수 있다. 자본의 이동성 때문에 전 세계 시장과 연결된 경제 활동이 어떤 한 지역사회에 뿌리내릴 가능성은 크지 않고, 늘 단기적인 것에 머무를 것이다. 따라서 한 지역사회가 그런 산업을 유치한다면, 그것의 유지를 위해 애써야 하고 아마도 더 많은 양보를 해 주어야 할 것이다. 특히 경제침체의 시대에 그런 지역사회는 공장 폐업과 일자리 축소의 위험에 직면하기 쉽다. 이는 여러 산업들에서 흔히 발생하는 것이다. 특히 자동차 제조업에 의존하는 지역사회들이 현재도 계속 겪고 있는 문제이며, 그것은 지역사회 구성원들의 경제적 권리를 거의 보장하지 못한다.

지역사회가 갖고 있는 자원과 자연적 이점을 이용하여 지역 산업을 개발하는 것이 잠재적으로 더 지속성이 있을 수 있다. 그런 경우에는 적어도 그 산업의 미래에 영향을 미치는 결정이 지역사회 안에서 이루어질 수 있으며, 그 사업체의 소유주의 이익뿐만 아니라 지역사회의 이익을 함께 고려할 수 있다. 물론 이것이 영원히 지속 가능할 것임을 보장하는 것은 아니다. 하지만 그 경우 2장에서 논의한 지역사회개발의 원칙에 따라, 지역사회 구성원의 경제적 권리가 외부의 힘으로부터 적은 영향을 받도록 하고, 보다 더 지역사회의 통제 하에 둘 수 있다.

물론 일부 지역사회들은 교통 접근성, 적절한 물리적 환경 등의 이유로, 지역 기반의 산업을 개발하는 데 있어서 다른 지역사회보다 더 유리한 입지를 갖고 있다. 가끔 지역사회의 경제개발자들은 일부 지역사회들이 충분히 '할 수 있다'는 자세를 갖고 있지 않다고 은근히 '비난'하는 경향이 있는데, 실제로는 그런 자신감을 가진 지역사회들을 보면 역사적 기념물이나 관광객을 끄는 대단한 경치, 주요 교통 접근성, 비옥한 토양 등과 같은 자연적 이점을 갖고 있는 경우가 많다.

그런 경제개발 계획들이 좀 더 지속 가능한 것일 수는 있으나 잠재적 문제를 갖고 있다. 특히 관광산업의 경우는 전체적인 경제 상황에 민감하게 반응하기 때문에, 관광에 주로 의존하는 지역사회는 당연히 경기침체에 취약하다. 또한 관광은 지역사회로 가는 경제적 이익이 관광객들에게 돈을 쓰라고 설득하는 것에 달려 있다는 점에서, 지역사회와 관광객 간의 관계의 성격이 불가피하게 착취적이라는 문제가 있다.

관광은 또한 지역사회의 삶에 부정적 영향을 미칠 수 있다. 관광객들은 식사나 숙박시설의 경우에는 익숙하거나 편한 것을 원하지만, 그 외는 보통 다르거나 독특한 것을 보고 싶어 한다. 따라서 지역사회 내에서는 관광객들이 보고 싶어 하는, 가능한 익숙하지 않고 색다르게 보여야 하는 부분과, 가능한 집과 같이 편하고 익숙한, 관광객에게 서비스를 제공하는 부분으로 분리가 이루어진다. 흔히 관광지에서의 숙박시설은 혼잡하고 가격이 비싸기 때문에 근로자들이 거기서 살 수 없어 통근해야 한다. 그리고 관광객들을 위한 수많은 시설들이 있지만 지역민을 위한 것은 거의 없다. 이로써는 건강하고 번영하는 지역사회가 될 수 없으며, 지역민의 권리를 향상시키기 어렵다.

많은 지역사회에는 일부 관광지가 있고 그것이 지역 경제를 강화하는 데 기여할 수 있으나, 지속 가능한 지역 경제의 기초로서 관광산업에 과도하게 의존하는 것은 분명히 위험하다. 그것은 아무리 잘 해도 지역사회의 경제적 권리를 지속적으로 보장하기에는 문제가 있는 방식이다.

이같은 문제들이 지역사회 경제개발에 대한 보수적 접근은 해 볼 만한 가치도 없다는 것을 뜻하는 것은 아니다. 일정 환경에서는 보수적 접근이 지역사회에 이익이 되며, 단지 그것에만 의존하는 것은 잘못될 수 있다는 것이다. 보다 더 순수하게 지역사회에 기초한 접근이 있다. 이는 지배적 경제 질서에도 불구하고 생존 가능한 지역경제를 수립하고자 하는 접근인데, 이 또한 지역사회기반의 경제적 권리에 중요한 것이다.

지역사회 경제개발에 대한 이 접근은, 적어도 일정 정도 주류 경제와는 독립된, 지역사회 기반의 경제체계를 확립하는 것이다. 지구적 경제체제가 지역사회의 욕구를 충족시키지 못한다면, 지역사회가 자신들의 욕구를 충족시키는 대안적 체계를 수립하는 것이 타당할 것이다. 지역사회는 중앙 정부보다 그러한 대안적 경제를 수립하는 데 더 많은 능력을 갖고 있다. 만약 정부가 지구적 자본에 맞서고자 한다면, 투자 철회와 중대한 경제위기 같은 심각한 위협에 직면할 것이다. 그래서 정부는 원치 않더라도 다소 지구적 시장의 강자들이 요구하는 것을 들어주어야만 한다.

하지만 지역사회는 그렇지 않다. 지역사회가 독자 행보를 결정한다면 지구적 자본이 지역사회에 횡포를 부리기란 쉽지 않다. 이런 이유로 지구적 자본에 반대하는 사람들은 정부에 대해 노선을 바꾸라고 설득하는 것보다 지역 단위에서의 대안적 행동이 중요하다고 강조해 왔다(Mander & Goldsmith 1996, Shiva 2005). 지구적 경제체제가 많은 사람들의 경제적 권리를 부정한다면, 아래로부터의 인권의 한 중요한 측면은 그 권리들이 더 잘 보호되고 실현될 수 있는 대안적 방법을 개발하는 것이다.

머리글자를 딴 레츠LETS의 원어에 대해서 의견불일치가 있지만(2장 참조), 레츠체계는 지역거래와 지역통화 체계local trade and local currency systems로 잘 알려져 있다. 레츠는 일자리가 부족하고 지역 노동시장에서 경쟁력 없는 사람들이 많이 존재하는 지역사회에서 점점 인기가 많아지고 있다. 레츠는 소규모 자급자족의 지역사회에 늘 존재해 왔던 비공식적 지역 물물교환체계 혹은 거래체계가 단순히 확장된 것이다(Kennedy & Kennedy 1995, Meeker-Lowry 1996).

흔히 그런 제도는 지역화폐를 만드는 것을 수반하는데, 이는 지역적으로 생산되고 소비되는 재화와 서비스를 교환하는 데 사용된다. 지역화폐는 지역의 재화와 서비스의 생산으로 발생한 이윤이 먼 거리에 있는 주주에게 가는 것이 아니라, 지역사회에 그대로 남게 할 수 있다는 이점이 있다. 그것은 지역사회에다 지역사회경제에 대한 통제권을 부여하며, 어떤 이유에서든 '정규직'을 갖지 못한 사람들이 대안적 화폐로 돈을 벌 수 있게 한다. 또한 레츠는 사람들이 함께 통합되도록 하고, 그들 간의 상호의존성을 강조함으로써 지역사회를 강화할 수 있다.

많은 사람들이 일자리를 잃는 경제침체의 시대에 레츠는 많은 사람들에게 성공적인 대안이 된다. 이미 만들어진 많은 레츠가 있다는 사실은, 지구적 경제위기가 심각한 상태에 도달한다면 재빨리 주류로 등장할 수 있는, 쉽게 활용 가능한 지역사회 기반의 대안이 존재한다는 것을 의미한다.

레츠의 형태는 지역사회개발의 원칙에 나와 있듯이 지역사회마다 다소 다를 것이다. 레츠 제도들이 서로의 경험으로부터 배울 수 있지만, 레츠를 운영하는 하나의 '바람직한', '최선의' 방법이 있다고 가정하는 것은 오류이다. 실로 레츠는 지역에 기반하고 있기 때문에 다양한 접근이 가능하다. 어쨌든 그것은 '아래로부터의' 경제적 권리를 실현할 수 있는 하나의 중요한 방법이 된다.

지역사회 경제가 어떤 형태를 취하든 그것은 부와 자원에 대한 공정한 분배에 대한 생각을 반영한다. 소수가 다수를 희생시켜 부자가 되는 경우엔 경제적 권리가 인정되기 어려우며, 이는 지역사회 단위에서도 나타날 수 있다. '공평'을 보장하는 메커니즘은 접근성 때문에 조직과 절차가 지역적으로 이루어질 때 더 잘 확립되는 것 같지만 그렇다고 해서 지역사회 단위에서 행하는 모든 것이 꼭 공정하다고 볼 수는 없다.

공평equity, 다시 말해 정의롭고 공정한just and fair 것을 고려하는 것은, 지역사회 경제개발의 한 특징으로서 항상 포함되어야 한다. 인권의 틀에 따르면, 누구의 권리가 보호되고 실현될 수 있는가, 누구의 권리가 위협받고 있는가, 경제적 권리에 따르는 지역사회의 책무는 무엇인가 하는 질문들을 해 봄으로써 공평 문제를 다룰 수 있다. 또한 인권 관점은 기본적인 경제적 권리가 지역사회의 일부가 아닌 모든 사람들에게 보장되어야 함을 주장한다.

지역사회 경제개발과 '아래로부터의' 경제적 권리에 대해 고려할 때에는 항상 시장market이라는 개념을 고려해야 한다. 시장은 지구적 자본주의 시대에 물화된reified 개념이 되었다. 그것은 의료보호와 경제개발에서부터 교육, 환경보호에 이르기까지 모든 것을 결정하는 바람직한 메커니즘으로 간주된다. 나아가 시장은 그 자체의 타당성을 갖고 있고 존중해야만 하는 것으로 간주된다. 정부는 마치 '시장'이 도전받지 않는 권위를 가진 사람인 것처럼, '시장의 허락을 받지 못하는' 정책은 받아들이기를 꺼린다.

시장 이념은 인권 그리고 사회정의와 관련하여 많은 문제를 야기해왔다(Shiva 2005). 시장에 대한 맹신은 자원, 기회 혹은 권리의 분배에 있어서 공평으로 귀결되지 않았다. 시장은 교육, 의료, 주거의 공정한 제공에 효과적이지 않은 것으로 드러났는데, 그 각 경우에 일부 사람들은 시장에서 '경쟁'할 능력이 없어서 적절한 사회적 급여를 얻을 수 없는 것으로 나타났다. 이에 따라 '박탈된' 사람들을 위한 '차선책'으로서 시장과 함께 의료, 교육, 주거의 공적 급여가 필요시 되었다. 하지만 이러한 이중 체계, 즉 부자를 위한 체계와 빈자를 위한 다른 체계가 공존하는 것은, 사람들 간의 '상호의존'을 가치 있는 것으로 찬양하는, 강력한 지역사회를 만들어낼 수 없다.

하지만 시장도 나름의 쓰임새가 있고 그것 없이는 우리가 살 수 없을 것이다. 실로 위에서 언급한 레츠 제도도 시장의 한 형태이다. 수세기 동안 시장은 지역사회에 기여를 해 왔고, 상당 수준의 평등한 접근성과 욕구가 존재하는 곳에서는 재화와 서비스의 교환을 위한 좋은 메커니즘으로 존재해 왔다. 예를 들자면, 의료보호와 달리 음식에 대해서는 우리 모두가 대략 비슷한 욕구를 가지고 있고 지역 시장은 모든 이가 살 수 있을 정도의 적절한 음식 가격을 형성할 수 있다. 그러하기에 모든 사람들이 적절한 최소 소득을 갖고 있기만 하다면 시장을 통한 음식의 분배는 꽤 효과적으로 작동할 수 있다.

하지만 시장 메커니즘을 통한 음식 배분은 일부 사람들이 적절한 최소 소득을 갖고 있지 못하거나 기근시대처럼 음식의 총 공급이 부족할 때, 혹은 국내 기업이나 국제적 법인과 같은 큰 행위자가 시장을 장악하여 자신들의 이윤을 위해 조종하는 경우에는 별 효과가 없다. 그런 경우에 사람들은 굶주리게 될 것이다. 시장은 아무 경우에나 의존할 수 있는 것은 아니다.

하지만 주목할 점은 시장이 지역사회 내에 깊이 뿌리내리고 지역사회가 시장을 통제할 수 있을 때, 이윤이 먼 곳에 있는 주주에게 빠져나가지 않고 지역사회 내에 머물 수 있을 때, 시장은 지역사회 그리고 경제적 권리의 보호와 실현을 위해서 중요한 긍정적 역할을 할 수 있다는 것이다. 따라서 상인과 소비자 모두가 지역 주민인 '건강한 지역 시장들'이 존재한다면, 그것은 강하고 경제적으로 생존력 있는 지역사회임을 나타낸다. 이런 지역시장이 어떻게 가능할지는 맥락에 따라 다를 것이다. 일부 지역에서는 레츠와 같은 체계가 이 과정을 도와줄 수 있고, 다른 지역에서는 레츠 없이도 좋은 여건이 존재하기 때문에 불필요할 수도 있다. 지역사회개발의 원칙에 나오듯이 오로지 단 하나의 바람직한 방법이란 없다. 하지만 건강한 지역 시장이라는 개념은 지역사회개발과 경제적 권리의 획득에서 중요한 아젠다임에는 틀림없다.

## 공민적·정치적 권리와 공민적·정치적 개발

공민적·정치적 권리civil and political rights는 아래로부터의 인권이 위로부터의 인권과 차별화될 수 있는 중요한 한 부분이다. 공민적·정치적 권리에 대한 전통적인 '위로부터의' 관점은 그 권리를 주로 부정적으로 간주해서(4장 참고), 국가의 역할은 그 권리들의 학대행위를 예방하는 데 있다고 본다. 권리의 학대 혹은 위반에 강조점을 둔다. 국가의 대응은 그런 권리가 위협받을 때 개입하고, 그것을 보호하는 기제를 제공하는 것이다.

하지만 아래로부터의 인권의 관점에서는 이 권리들은 다른 의미를 갖는다. 5장에서 제시했듯이 권리는 실현되지 않으면 의미가 없다. 특히 공민적·정치적 권리는 사람들이 적극적으로 행사하려고 해야만 의미가 있는 것이다. 지역사회의 단위에서 이 권리는 부정적인 것에서 긍정적인 것으로 바뀔 수 있다. 그것은 단순히 보호받는 대신에 장려되고 개발될 수 있는 것이기도 하다. 다른 권리들처럼 공민적·정치적 권리가 의미하는 바를 이해하는 것은 맥락에 따라 다를 수 있다. 예컨대, 표현의 자유권은 상이한 맥락에서 상이한 것을 의미할 수 있다. 표현의 자유권은 공개적 발언을 할 수 있고, 신문에 기고할 수 있고, 대중 시위에 참여할 수 있는 권리만을 의미하는 것은 아니다. 지역사회 수준에서 표현의 자유권은 스토리텔링(문화적 권리), 강의(사회적 권리)처럼 다른 권리 범주들과 중복될 수 있다.

공민적 권리civil rights 즉, 존중받으며 존엄하게 대우받을 권리와 정치적 권리political rights 즉, 정치적 과정에 참여할 권리는 지역사회 수준에서 확고히 뿌리내리고 있어야만 잘 보장될 수 있는 것이다. 그것들이 지역단위에서 잘 자리 잡고 있다면, 중앙 단위에서 그것들을 물리적으로 강제 시행할 필요성은 거의 없게 된다. 실로 공민적·정치적 권리는 지역사회 수준에서 그 실행을 위한 적절한 조치들이 있어야만 충분히 보호되고 실현될 수 있다. 예컨대 존엄하게 대우받을 권리나 표현의 자유권이 사람들의 일상생활 속에서 실제로 누려지지 않는다면, 국가적 수준에서 그것들을 보호하기 위해 존재하는 법과 협정들의 유용성은 제한적일 것이다.

이 권리들은 지역사회 수준에서는 다르게 인식된다. 그것은 모든 사람들이 지역사회 삶에 완전히 참여할 수 있고, 존엄하고 공평하게 대우받으며, 개인의 기본적 안전이 보장되고, 아무도 차별받거나 소외되지 않도록 보장하는 지역사회 조직과 과정들이 마련될 것을 요구한다.

이를 위해 광범위한 지역사회 활동들을 이용할 수 있다. 상기 권리들이 달성되려면 실질적인 지역민의 참여가 필요하며, 그것은 그 지역의 정치적 권리와 아주 밀접하다. 효과적인 지역민의 참여를 위해서 사람들이 의사결정 과정과 지역사회의 과정들에 참여할 수 있는 다양한 방법들을 찾는 것이 중요하다.

참여는 2장에서 다루었는데, 거기서 참여는 단순히 지역사회 모임에 참여해서 의견을 말하는 것 이상의 것을 의미한다는 점을 강조했다. 참여를 이뤄내는 수많은 다양한 방법들이 있으며, 그것은 문화적 맥락과 개인의 여건에 따라 다를 것이다. 공적 회합뿐만 아니라 지역사회 조사, 토론 집단, 글쓰기 집단, 지역사회 극장, 스토리텔링 등은 사람들의 적극적 참여를 위한 방법이 될 수 있고, 그 결과 그들의 정치적 권리를 실현하는 것이 될 수 있다.

그러나 이 과정들도 일부 사람들에게는 배제적일 수 있다. 권리 기반의 지역사회활동가라면, 예컨대 사람들에게 편리한 시간을 정하고, 자녀를 맡길 수 있도록 하며, 교통편을 제공하고, 장애인이 접근하기 편리하도록 하며, 통역을 제공하고, 기타 특정 맥락에서 적절한 모든 방법을 동원하여, 모든 사람들이 이 과정들에 참여할 수 있도록 애쓸 것이다.

참여, 즉 정치적 권리의 실현이 극대화될 수 있는 또 다른 방법은, 다양한 참여 방법을 보장하는 것이다. 참여할 수 있는 토론장이 한둘뿐 이라면 일부 사람들은 불가피하게 제외될 것이다. 그러나 참여할 수 있는 더 다양한 방법이 있다면 분명 정치적 권리를 극대화할 가능성은 커진다.

지역사회 수준에서의 정치적 권리는 지역의 민주주의local democracy가 실현될 것을 요구한다. 5장에서 논의한 바와 같이 민주주의 사상은 단순히 '투표할 권리'라는 개념보다 더 복잡한 것이다. 그 논의에서 참여 민주주의와 숙의 민주주의 개념을 소개했는데, 그것들은 아래로부터의 인권의 중요한 요소들이다. 민주주의에 대한 이런 사고방식들은 민주주의를 단지 투표행위와 동일시하는 사고를 없애고, 사람들이 자신에게 영향을 미치는 결정들에 일정 역할을 할 수 있는 다른 방법들을 찾는다.

참여 민주주의는 사람들이 어떤 결정에 조언하거나 결정이 이루어진 후 그것들에 사후 반응하는 것이 아니라, 의사결정에 참여할 것을 요구한다. 이는 복잡한 현대 사회에서는 문제가 되는데, 현대사회의 많은 결정들은 전문적 지식을 요하는 것들이기 때문이다. 하지만 지역사회의 참여 민주주의 수준을 증진시키는 것이 일반적으로 가능하다. 지역사회 회합이나 구역 모임 같이 사람들이 쟁점을 논의하고 함께 의사결정에 도달할 수 있는 지역사회 단위에서의 작은 소모임들이 가능하기에 그렇다.

참여 민주주의는 어떤 합의제 형태의 의사 결정을 요구하는데, 거기서는 의사결정이 단순히 다수에 의해 이루어지지 않고, 모두가 지지하거나 아니면 적어도 반대하지 않기로 동의하는 어떤 합의에 도달할 때까지 서로 이야기하도록 요청받는다. 합의를 이루고 합의적 결정에 도달하기 위해 활용할 수 있는 수많은 기법들이 있으며, 이는 지역사회 수준에서 정치적 권리를 강화할 수 있는 강력한 방법이 된다(Gastil 1993).

반면, 숙의 민주주의는 의사결정에의 참여뿐만 아니라, 조사연구, 토론, 여러 선택안의 개발 등의 초기 단계에서부터 참여할 것을 촉구한다. 숙의 민주주의 초점은 사람들이 단지 의사결정을 위해서가 아니라, '잘 알고 있는' 결정을 내릴 수 있도록 필요한 배경을 갖추는 것을 도와주는 것이다. 따라서 거기에는 교육의 요소가 수반된다. 사람들이 심도 깊게 그 문제를 이해하려고 노력한다면 더 바람직한 결정을 내릴 수 있다는 인식이 깔려 있다. 이 또한 지역사회 수준에서의 정치적 권리를 증진시킨다. 따라서 숙의 민주주의는 아래로부터의 인권의 한 중요한 측면이다.

정치적 권리와 달리 공민적 권리는 사람들이 존엄하게 대우받고 존중받으며, 개인의 안전을 누리는 것에 대한 것들이다. 그것은 공정한 재판을 받을 권리, 재판 없이 구금되지 않을 권리, 법적 대리인을 가질 권리, 희롱과 고문으로부터 자유로울 권리·인종·민족·성·연령·신념·종교·섹슈얼리티·장애 등에 따른 차별로부터 자유로울 권리 등과 같이 좀 복잡하게 입법되는 경향이 있다.

그러나 요약하면 이것들은 모든 사람들이 존엄하게 대우받고 존중받으며, 일정 수준의 안전을 누리는 것을 보장하는 방법들이다. 지역사회 수준에서 이 권리들을 시행하고자 할 때에는 존중respect과 존엄dignity의 개념 그리고 그것들이 의미하는 바가 중요해진다. 이를 고려하는 것은 '지역사회 구성원들이 어떻게 대우받아야 하는가?' 혹은 '우리가 이 지역사회에서 어떻게 서로 간에 존경을 표하고, 아무도 방치되거나 무시당하지 않도록 할 수 있을까?'와 같은 질문으로 표현해 볼 수 있다. 이 같은 질문들은 지역사회 워크숍의 초점이 될 수 있고, 지역사회의 여러 집단들 간에 그리고 그 집단들 내부에서의 대화 주제가 될 수 있다.

정치적 권리 개발의 한 색다른 측면은, 지역사회의 목소리가 들려지고 그 목소리가 더 넓은 정치 토론의 장에서 인식되어야 한다는, 지역사회 자체의 정치적 권리political rights of the community itself가 있다는 것이다. 일부 지역사회들은 그 구성원들이 가진 연출, 로비 능력, 매체를 다루는 기술 등 덕분에 다른 지역사회보다 이런 정치적 권리를 더 잘 행사할 수 있다. 더 넓은 장에서 지역사회가 스스로의 목소리를 내도록 돕는 것은 지역사회의 정치적 개발에서 중요한 측면이다. 따라서 지역사회 기반의 인권활동가는 그 지역사회보다 더 넓은 장에서 인권을 표명할 수 있도록 지역사회의 로비 능력과 의사소통기술을 발전시키는 데 도움을 줄 수 있다.

이를 행함에 있어 지역사회 기반의 인권활동가는 가능하다면 옹호자/로비스트의 역할을 취하지 않는 것이 중요하다. 오히려 기술 공유 프로그램을 통해 지역사회 구성원들이 그 역할을 직접 할 수 있도록 보조하고 지원해야 한다. 흔히 지역사회활동가는 옹호자 역할을 맡기 쉬운데, 그것은 지역사회 구성원이 '스스로를 대변할' 권리를 행사하는 것을 막는 것이 된다. 옹호가 갖고 있는 문제와 옹호의 능력 약화disempowerment의 가능성은 7장에서 좀 더 다룰 예정이다. 처음에는 활동가가 그런 역할을 떠맡아야 하는 게 당연할지 모르나 교육과 기술 공유를 항상 기억하는 것이 중요하다. 지역사회 구성원들이 남에 의해서가 아니라 스스로 자신들을 대변할 수 있다면 궁극적으로 지역사회는 더 강해질 것이며, 자신들의 권리를 더 잘 확인하고 주장할 수 있게 될 것이다.

지역사회사업의 역할이 가진 정치적 측면은, 급진적 변화와 정치적 행동주의의 필요성을 지지하기 때문에 보통 지역사회개발에서 '급진적' 흐름으로 간주된다. 이는 알린스키Alinsky의 지역사회 조직화community organising의 유산이다. 알린스키는 본래 갈등접근을 사용하여 미국 사회, 특히 1960년대와 70년대의 시카고에서 저소득 흑인 지역사회를 조직화하였는데, 이 때 자신의 노동운동 경험에 많이 의존했다. 알린스키는 지역사회 조직화를 위한 새로운 효과적 기법을 사용했지만, 그의 활동의 많은 부분은 불리한 지역사회가 현존 정치질서 내에서 좀 더 효과적으로 경쟁할 수 있도록 도와주는 데 목표를 두었다. 그는 그 현존 정치질서에 대해서는 문제를 제기하지 않고 그대로 받아들였으며, 그저 지역사회가 그 안에서 효과적으로 움직일 수 있도록 도왔다.

이 접근은 효과적이지만 '급진적'이라 할 수 없다. 알린스키의 책이 *Reveille for Radicals*(1969)와 *Rules for Radicals*(1971)라는 제목에도 불구하고 말이다. 알린스키의 방법은 좀 다르고, 독특하고, 충격적인 정도라는 점에서 급진적일 수 있으나, 그의 정치적 목표는 지배적 질서에 의문을 제기하지 않고 체계 자체가 변화될 필요를 제시하지 않았다는 점에서 분명히 급진적이지는 않았다. 그 결과 '급진적radical'이라는 단어는 막연히 '행동주의activist'와와 동일시되었다. 하지만 급진주의로 통하는 것이 사실은 정치 과정의 다원적 성격을 무비판적으로 받아들인다는 점에서 흔히 보수적이다.

아래로부터의 인권은 사회적·경제적·정치적 질서에 보다 더 근본적인 질문을 제기하고, 그것의 근본적 변화 방향을 제시할 잠재력을 갖고 있다는 점에서 더 급진적인 것일 수 있다. 예컨대 위에서 다룬 레츠와 같은 지역사회기반의 대안적 경제체제가 은행가들의 회의장 밖에서 시위하는 시위대보다 현존 경제 질서에 도전할 잠재적 가능성을 더 많이 갖고 있는 것이다.

이 점에서 특히 국제사면위원회의 활동을 언급해 볼 가치가 있겠다. 국제사면위원회는 지역사회 집단들을 행동주의의 주요 수단으로 이용하여 공민적·정치적 권리를 위한 운동을 벌임으로써 조직의 효과성을 보여주었다. 물론 이렇게 말하면 과도하게 단순화한 것이다. 국제사면위원회가 역사적으로 평판을 얻은 것이 특히 공민적·정치적 권리 영역에서이지만, 현재는 그 강령에 공민적·정치적 권리 외에 다른 권리들도 포함하고 있다.

국제사면위원회를 처음에 그렇게 성공적으로 만든 것은 '사람들의 힘'people power을 동원하는 것이긴 했지만, 현재 그 조직은 사회운동을 펼침에 있어서 지역사회 집단들 외의 더 많은 것들을 활용한다. 보통 정교한 미디어 운동을 벌이고, 전문적 로비스트를 고용한다. 공민적·정치적 권리와 풀뿌리 지역사회 행동주의를 결합시킴으로써 국제사면위원회는 지역사회 기반의 공민적·정치적 권리를 추구한 특별한 사례가 되었으며, 그 뒤를 옥스팜과 같은 엔지오들이 뒤따랐다.

하지만 이런 엔지오들은 모더니티의 영향력에 쉽게 휘둘릴 수 있다. 인권학대의 법적 정의에 관한 '하향식'의 토론에 참여하기도 한다. 이처럼 국제사면위원회는 중앙 단위에서 전통적 방식대로 인권을 정의했으며, 지역 집단들이 인권에 대한 자신들의 이해를 표명할 수 있도록 하지 않았다. 오히려 중앙에서 정의한 인권 명분을 성공시키기 위해 지역사회를 활용하였다. 즉 지역사회 집단의 열정과 행동주의는 매우 훌륭한 인권 결과를 가져오도록 하는 데 이용되었을 뿐이다.

국제사면위원회는 많은 점에서 지역사회에 기반한 조직이라 할 수 있지만, 또한 그것은 중앙이 중심이 되어 조정되어 왔으며, 때로는 전략적·조작적 계획, 성과 지표, 경영 계획, 그리고 여타 관리지향적 모더니티의 덫에 사로잡혀 왔다.

하지만 이 논의로 해서 국제사면위원회와 유사 조직들에 대해 너무 비판적 입장을 취해서는 안 된다. (사실 필자는 이 조직과 오랜 기간 관계를 맺고 있다.) 그러한 엔지오들은 인권에 대단한 기여를 했고, 그들의 존재와 활동으로 인해 분명히 이 세상은 더 나은 곳이 되었다. 국제사면위원회의 인권운동의 중요성은 널리 인정되며 많은 나라에서 높은 평가를 받는다. 현 목적에서 중요한 점은, 국제사면위원회가 비록 인권 접근과 지역사회기반의 접근 양 측면을 결합하고 있음에도 불구하고, 이 책에서 묘사한 식의 아래로부터의 인권에 진정으로 해당하지는 않는다는 것이다.

## 문화적 권리와 문화적 개발

앞서 논의한 바와 같이 인권에 대한 지역사회개발 접근은 '인권 문화'를 확립하는 것과 관련되는데, 이는 인권과 책임이 일상 생활 경험의 일부분이 되도록 문화적 맥락 속에 배어 있는 것을 말한다. 이미 많은 경우가 그러한데, 왜냐하면 모든 문화는 아니라도 대부분의 문화 속에는 권리와 책임이라는 개념이 담겨 있기 때문이다. 꼭 그런 명칭을 쓰지는 않더라도 말이다. 이는 지역사회의 문화적 개발이 지역사회 기반의 인권에 매우 중요한 요소임을 시사한다. 문화는 사람들이 상호간의 권리와 책임을 이해하고 그것이 어떻게 이행되어야 하는지를 이해하는 맥락을 제공한다. 따라서 지역사회의 문화적 개발은 광범위한 인권과 책임을 포함하는, 보통 '문화적 권리'라고 이해되는 것보다 더 넓은 개념이다.

세계화는 무역과 재정 시장의 세계화를 의미하며 주로 경제적 형태를 띠었지만, 일종의 '문화의 세계화'도 가져왔다. 주로 미국의 소비자 문화에 기초하여 그것을 세계에 전파하는 식으로 단 하나의 '대중문화'를 형성하는 것이 경제적 세계화를 도모하기 위한 것이었다. 왜냐하면 상이한 문화적 전통과 상이한 소비자 선호를 가진 여러 시장들보다 단일한 세계시장에 물건을 파는 것이 더 용이하고 이윤을 남길 수 있기 때문이다. 따라서 세상의 각기 다른 부분에 있는 사람들이 점점 더 같거나 유사한 옷을 입고, 같은 음악을 듣고, 같은 영화와 텔레비전을 보며, 같거나 유사한 음식을 먹고, 같은 언어, 즉 영어를 사용하거나 적어도 이해할 줄 알게 된다. 그에 따른 다양성의 파괴는 지역사회와 지역문화를 훼손시키는 것이지만, 지구적 자본의 이익에는 부합하는 것이다.

지구적 문화a global culture의 도입은 많은 사람들에게 중대한 의미의 상실과 다양하지 못하고 빈약한 인간성 경험으로 귀결되었기 때문에, 지역사회의 문화적 개발 즉, 지역의 문화적 전통과 문화적 다양성의 중요성을 재천명하려는 노력을 요청하는 강력한 동기가 되었다. 이처럼 문화는 문화적 표현을 할 권리right to cultural expression와 문화유산의 보존이라는 면에서뿐만 아니라, 인권이 정의되고 시행되는 맥락이라는 면에서 인권과 명백히 연결된다. 문화적 다양성과 문화적 표현을 증진시키는 것은, 지구적 문화가 확산되고 그에 따르는 인간 경험이 동질화되는 것에 의문을 제기하는 강력한 방법이다. 세계화와 그 이면의 가정들에 대해 문제를 제기하는 것은 인권에서 중요한 것이다. 예를 들어 많은 반反세계화 저항가들은 세계화가 많은 사람과 지역사회의 인권을 파괴한다는 점을 지적한다. 따라서 지역사회의 전통과 문화적 다양성의 중요성을 밝히는 지역사회의 문화적 개발은 일반적으로 인권을 증진하는 데 중요할 수 있다.

많은 지역사회의 문화개발 프로그램들은 지역의 문화적 전통의 가치를 찾고 보존하는 데 목표를 둔다. 이는 지역의 역사에 대한 기록과 조사, 지역 박물관 설립, 지역 도서관이나 커뮤니티센터에서의 전시, 신문과 사진 자료의 보존, 기념비 설치, 저명인사의 이름을 딴 도로나 지역을 만드는 것 등의 형태를 취할 수 있다. 하지만 그런 활동들이 사람들이 지역사회의 유산을 확인하도록 돕는 데 중요하고, 또 그런 활동을 통해 현재를 만드는 데 있어서 과거 역사의 중요성을 부각시킬 수 있지만, 그래도 유산을 예찬하는 데에는 일부 문제가 있다. 다시 말해 모든 역사물 전시나 박물관 전시는 무엇이 기록할 만한 가치가 있는 것인지, 어떤 목소리가 포함되어야 하는지, 어떤 이야기가 들려져야 하는지를 결정하는 소수 사람들의 구성물construction일 수 있다는 점이다.

유산은 배타적으로 되거나 일부를 소외시키기 쉽고, 많은 사람들이 경험하는 실제와 일치하지 않는 어떤 이상화된 지역사회의 모습을 나타낼 수 있다. 보통 그런 프로그램들은 여성, 빈자, 아동, 장애인, 원주민, 소수 민족이나 소수 인종, 게이와 레즈비언 등의 목소리를 생략하거나 무시할 수 있다. 그런 집단을 포함시키기 위한 노력이 있다 하더라도 그런 역사적 '유산' 프로젝트는 항상 특정 목적을 위해 특정 정치적·문화적 맥락 속에서 이루어지는 구성물임을 이해해야 한다. 이 때문에 인권 관점에서 볼 때 그러한 역사가 구성되는 방식은 중요하다. 역사물들은 인권을 부정하는 전통을 지속할 수도 있고, 아니면 과거의 인권 침해가 투명한 조사의 대상이 될 수 있도록 표현될 수도 있다. 한 지역사회의 유산이 반드시 긍정적이지는 않다. 예컨대 인종주의, 성차별주의, 배타주의, 폭력, 원주민에 대한 착취와 강제 이주 등과 관련된 유산을 포함할 수 있다. 하지만 '유산'이라는 개념은 무언가 예찬되는 것을 의미한다. 따라서 '유산'에 대한 무비판적 수용과 찬양은 인권 이상에 도움이 되기보다 해를 끼칠 수 있다.

유산에 대해 예찬하는 것은, 1장에서 다룬 바와 같은 '차이'가 존재하는 지역사회가 아니라 '공통의 경험'에 기반한 지역사회 상에 기초하고 있기 때문에, 외부인에 배타적인 것이 될 수 있다. 과거와 달리 여행, 이민, 일자리와 다른 기회를 찾는 사람들의 이주로 개인적 이동은 세계 거의 모든 나라에서의 삶의 특징이 되었다. 경제적 불확실성, 경제적 불안정, 기후 변화는 난민들의 수를 증가시키고, 모든 지역사회는 체류 허가를 기다리는 '이방인들'에 직면할 것이다. 만약 어떤 지역사회가 자신들의 정체성을 주로 '유산'에서 찾는다면, 다른 사람들, 즉 우리에 속하지 않는 사람들not 'one of us'을 받아들이고 포용하는 데 문제가 발생한다. 지역사회가 이를 어떤 식의 위협으로 느끼게 된다면 그것은 단순한 문제가 아닐 수 있다. 정치적, 경제적 불확실성이 외국인 혐오증에 기름을 부을 수 있고, 일부 정치가들이 이를 정치적 목적으로 악용할 우려도 항시 존재할 것이다. 그런 환경에서는 구성되어 있는 이상적 유산ideal heritage을 중심으로 지역사회의 강점을 개발하는 것은 별 도움이 되지 않는다. 이런 이유로 지역사회 유산을 고려할 때는, 언제나 다양성을 살피고 다양성을 수용하려는 자세를 갖고, 비판적으로 다루어야 한다.

물론 이는 말하는 것처럼 그렇게 쉽지는 않은데, 특히 스스로 위협받고 있다고 느끼는 지역사회들의 경우에는 더욱 그러하다. 특히 '이방인'에 의한 긴 착취와 강탈의 역사를 가진 원주민 지역사회는, 새로 온 사람들과 다양성에 스스로를 개방하기란 쉽지 않을 것이다. 원주민 지역사회가 '낯선 사람'의 의도에 대해 의심하는 것은 당연하다. 그래서 그들은 자신들 지역사회의 정체성 확립과 자신들의 인권 요구를 위한 주요 조직 지점organising point으로 자신들의 문화적 유산을 이용해 왔다. 과거 '자유주의적 관용'의 희생 당사자였던 그런 지역사회에게, 갑자기 자유주의적 관용의 태도를 취할 것을 기대하는 것은 너무 비현실적이다.

이는 원주민뿐만 아니라 위협을 느끼고 생존을 위해서는 함께 뭉쳐야 하는 모든 지역사회에 해당된다. 이 경우 해결을 위해서는 5장에서 서술한 바와 같이 서로 배우고자 하는 정신과 대화가 요구된다. 이는 상호적 학습mutual learning이 이익이 된다는 것을 받아들이는 경우에만 가능하다. 흔히 원주민과 비非원주민 지역사회의 관계에는, 학습이란 일방적인 것이고 두 문화 중의 어느 하나가 명백히 우월하다는 것을 가정하는 식민주의 이데올로기가 깔려 있었다. 식민주의 이데올로기의 비극은 식민 지배자뿐만 아니라 피지배자들도 바로 그렇게 생각한다는 것이며, 자신들의 문화가 '열등'한 것으로 설득당할 수 있다는 사실이다. 이런 시각을 깨닫게 되든 아니든 식민주의 이념은 인권과 양립할 수 없으며, 지역사회의 문화적 개발의 중요한 의제의 하나는 상이한 문화적 전통이 분명히 표현되고 인정되도록 하는 것이다.

따라서 문화적 다양성을 포용하는 것은 인권 관점에서 보면 지역사회의 문화적 개발을 위한 중요한 한 요소가 된다. 그것은 강한 지역사회로 발전시키고 또 인권을 보호하기 위해서 필수적이다. 문화적 다양성은 이제 세계 거의 모든 지역에서의 삶에서 피할 수 없는 사실이 되었다. 낡은 자족적 문화 집단들의 세계는 지나갔고, 이제는 다문화적 다양성이 일반화되었다. 따라서 그러한 다양성을 개발하고 포용할 수 있는 지역사회의 능력이 중요하며, 이는 지역사회 기반의 문화 개발에 있어서 중요한 요소가 된다.

그러한 다양성을 장려하고 포용할 수 있는 여러 방법이 있다. 예컨대 도서관에 수많은 다른 언어로 된 책을 비치하고, 이중 혹은 다국적 언어로 표현한 안내문과 소식지 등을 제공하며 다문화적인 편의시설들을 이용할 수 있도록 하면 다른 여러 집단들이 받아들여지고 환영받는다고 느낄 수 있게 된다. 이것은 지역사회의 모든 사람들에게 그리고 더 넓은 사회에 말을 거는 것이다. 사람들이 다른 문화권의 음악, 춤, 미술, 음식과 공예 등을 즐길 수 있는 다문화 축제는 실질적으로 또 상징적으로 중요하다. 그것은 지역사회를 다문화적이고 포용적인 사회로 만드는데 도움이 될 뿐만 아니라, 지역사회가 자신들의 다양성에 자부심을 갖고 그것을 자기 정체성의 일부로 받아들이도록 하는 데 도움이 된다.

하지만 그런 상징적 활동이 중요하긴 하지만, 그것만으로 충분하지는 않다. 다른 배경의 출신자들이 서로 교류하고, 서로를 알게 되고, 서로의 경험을 배울 수 있도록 격려하는 것도 중요하다. 이는 보통 학교, 도서관, 지역사회센터와 같은 공용 시설들을 이용하여 이루어질 수 있다. 학교의 아이들이 문화적 경계를 넘어 친구를 사귀는 것은 그들 부모가 우정을 쌓게 되는 첫걸음이 될 수 있다. 그 다음 단계로 어떤 스포츠팀에 함께 후원하거나, 지역사회 프로젝트에 자원봉사자로서 같이 일하는 것, 여타 그와 유사한 활동들이 일어날 수 있다. 사업장 또한 중요하다. 사람들은 흔히 일터에서 만나는 사람들과 우정을 만들 것인데, 만약 지역 고용주가 포용적 고용정책을 갖고 있다면 이 또한 이후 계속적 영향을 미칠 수 있다.

지역사회 문화개발의 또 다른 특징적 측면은 참여문화의 증진이다. 1장과 2장에서 논의한 바와 같이 우리의 문화 경험의 많은 부분은 적극적 참여가 아닌 수동적 소비자로서의 경험이다. 우리는 음악을 연주하기보다 음악회에 가고 CD를 사며 아이팟으로 음악을 내려받는다. 연극에 참여하기보다 TV나 DVD로 본다. 우리는 스스로 스포츠를 하기보다 다른 사람이 하는 것을 본다. 스스로 그림을 그리기보다 그림을 산다. 그러한 문화적 활동은 단지 재능 있는 엘리트에 의해서만 행해지며, 그 밖의 모든 사람들은 그것을 구매하고 소비한다. 즉 문화적 산물은 상품화된 것이다. 그래서 문화는 자본주의 사회에 잘 맞고, 문화의 국제화는 세계화된 자본주의에 잘 맞는다.

하지만 문화가 꼭 그래야만 하는 것은 아니다. 대부분의 인간 역사에서 사람들은 자신의 문화적 오락물들을 만들었고, 단순한 수동적 소비자가 아니었다. 최근 수십 년 전까지 서구 사회에서 아마추어 연극을 하고, 집에서 음악을 연주하며, 지역 내 아마추어 스포츠에 대중적으로 참여했음을 생각해 보기만 하면, 상품화된 수동적, 소비적 문화가 비교적 최근의 현상이며 인간의 자연적 상태가 아님을 알 수 있다. 이런 이유로 지역사회 문화개발의 가장 중요한 측면 중의 하나는, 사람들이 스스로를 표현하고 지역사회의 일부를 느끼며 지역 문화를 '소유'할 수 있도록 도와주는, 지역사회 기반의 참여문화를 장려하는 것이다. 이는 문화적 권리를 실현하는 한 방법인데, 참여문화가 지역사회 기반의 인권에 기여할 수 있는 세 가지 방법이 있다.

지역사회의 참여문화가 인권에 기여할 수 있는 한 방법은, 인권교육의 형태를 통해서이다. 연극, 미술, 음악, 춤, 그리고 스토리텔링은 모두 인권 메시지를 전달하고, 사람들이 자신의 용어로 자신들의 인권을 표명하는 것을 돕는 데 이용될 수 있다. 이 생각은 파울로 프레이리(Paulo Freire, 1972,1985,1996)의 의식고양을 위한 문해교육뿐만 아니라, 아우구스토 보알(Augusto Boal, 1979)의 억압자들의 연극theatre of the oppressed 이면에 깔려 있는 것이었다. 이 양 선구자들은 의식고양에서, 그리고 사람들이 자신의 권리를 표현하도록 돕는 데 있어서 매우 큰 영향력을 미친 사람들인데, 그들 외에도 인권교육의 일부분으로서 문화활동을 활용한 수많은 사람들이 있었다. 대부분 그것들은 세계인권선언이나 인권법, 유엔기구들에 대한 강의를 하는 것보다 훨씬 더 효과적이다. 이는 공연 문화가 강한 사회, 특히 음악과 춤에 대한 강한 전통을 가진 문화권에서는 특히 그러하다. 애석하게도 대부분의 영어권 문화에서는 이것이 결여되어 있으나 아프리카와 라틴아메리카에서 중요한 부분을 차지한다. 공연, 춤, 시, 축제, 연극, 음악 등과 같은 요소 없이 아프리카나 라틴아메리카에서 인권교육을 시도하는 것은 적절치 못할 것이다.

지역사회의 참여문화가 인권에 기여하는 또 다른 방법은 소외집단 혹은 배제된 집단을 포용하는 능력을 통해서이다. 여러 사례들 중에서 호주 멜버른의 한 음악가에 의해 탄생한 Hard Knocks 합창단을 들 수 있는데, 이 합창단은 단원 구성에서 노숙인, 정신건강 문제를 가진 사람을 포함시켰다. 합창단은 엄청난 지지를 받으며 연습하고 공연했으며, CD를 발매하고 텔레비전에도 출연했다. 이는 소리를 내지 못하는 사람들에게 소리를 주는 한 방법이었지만, 또한 그것은 그 사람들에게 이전에 사회로부터 거부당했던 소속감과 자존감을 되찾을 수 있도록 하였다. 그것은 보고 듣는 방법을 통해 그들의 인권을 확고히 하고, 의심할 나위 없이 더 넓은 지역사회에서 그들을 인정하여 받아들이게끔 하였으며, 동시에 그들의 인간성도 고양시켰다. 이 외에도 신체적 그리고 지적 장애를 가진 사람들, 정신건강문제를 가진 사람, 저소득 지역에서 온 사람 등을 포함하는 수많은 유사 프로젝트들이 있었다. 참여적 문화는 자존감, 자신감 그리고 '인간 복지'human well-being를 향상시키는 데 매우 강력한 동력이 될 수 있으며, 이는 확실히 인권 차원에서 중요한 것이다.

참여적 문화가 인권을 진전시키는 데 사용된 세 번째 분야는 트라우마 회복 영역이다. 트라우마를 경험한 사람들, 특히 아동은 보통 연극, 그림, 음악, 춤을 통해 자신들에게 일어났던 것을 받아들이고 자신들의 이야기를 말할 수 있게 된다. 그것은 음악치료와 미술치료를 통해 유용한 것으로 확인되었는데, 말로 하기에 너무 고통스러운 것이 그런 식으로는 쉽게 표현될 수 있다. 이는 개인의 경우뿐만 아니라 지역사회 단위에서도 적용될 수 있다. 즉 트라우마 치료프로그램은 개인만이 아니라 지역사회를 위해서도 행해질 수 있으며, 이는 특히 영어권의 서구 사회보다는 좀 더 집단주의적 전통이 있는 문화권에서 중요하다.

지역사회의 참여문화가 인권에 기여할 수 있는 잠재력은 거의 무한하다. 음악 축제, 영화 축제, 시 낭독, 길거리 연극과 공동체 예술은 명시적이든 암묵적이든 모두 인권에 관련된 주제를 삼을 수 있다. 지역사회 자신의 다큐멘터리 영화를 제작하는 것은 지역사회개발에서 아주 오래된 전통적 사업인데, 이 또한 인권을 위한 도구로 쉽게 사용될 수 있다. 중요한 인권 개발활동은 다큐멘터리를 보여주는 것보다 그것을 제작하는 과정에서 더 잘 나타날 수 있다. 그런 다큐멘터리는 사람들이 함께 모여 자신들의 지역사회와 그 지역사회의 욕구, 그리고 지역사회 내에서 인권을 표현할 수 있는 다양한 방법에 대해 생각해 보는 기회가 될 수 있다.

또한 음악과 영화는 지역사회가 자신들 지역 밖의 인권문제들을 인식하는 것을 도와줄 수 있다. 인권의 중요한 점 하나는 사람들이 '공유하는 인간성'을 이해하고 구성할 때 국가와 문화를 넘어 그들을 연결해 주는 잠재력을 갖고 있다는 것이다. 사람들이 세계의 다른 영역, 예컨대 아프가니스탄, 수단, 티벳, 팔레스타인 지역 혹은 기타 언론에 노출되지 않는 지역에서 일어나는 인권문제들을 살펴볼 수 있다는 것은 중요하다. 영화, 시, 음악은 사람들에게 일어난 인권학대와 고통을 드러내주고, 더 복잡하게는 인권문제가 형성되고 있는 여러 문화적 맥락과 복잡 미묘한 정치를 드러내는 데 이용될 수 있다. 예를 들어 위의 네 지역의 경우, '도대체 무엇이 일어나고 있는가?, 누구의 손에, 누가, 왜 고통을 겪고 있는가'에 대한 매우 다르고 상충되는 설명들이 있는데, 그것들을 이해할 수 있게 해 준다.

지역사회 라디오와 텔레비전 또한 인권에 지대한 영향을 미칠 수 있다. 예로서, 캄보디아의 지역사회에 기반한 한 작은 인권조직은 수 년 동안 권력집단의 위협과 반대에도 불구하고 라디오 방송국을 운영하여 빈자들과 지역사회를 원조하고 있다. 지역민들에게 공적 권리formal rights에 대해 교육하고, 응당 자신들의 권리인 서비스와 급여를 거절당하거나 차별받는다고 느낀다면 무엇을 해야 하는지, 그리고 투표하기 위해서 무엇을 해야 하는지, 자신들의 정치적 대표와 어떻게 접촉할 수 있는지 등에 대해 교육하는 것을 돕는다. 이는 지식 제공과 교육의 수단으로서 라디오를 이용한 풀뿌리 수준에서의 인권교육이며, 의심할 여지없이 지역사회 수준에서의 인권 달성에 큰 변화를 가져오는 것이다.

최근 수년간 권리 기반의 지역사회 문화개발을 위한 가장 중요한 초점 두 가지는 원주민 공동체 그리고 난민과 망명 신청자들이었다. 서구 국가에서 원주민과 원주민 공동체는 드디어 자신들의 문화적 권리라는 것을 인식하기 시작했다. 또한 원주민들은 뭔가 대처해야 할 필요가 있는 '문제'나 '쟁점'이 아니라, 그 땅의 나중 점유자들이 배울 게 많은 오랜 지혜의 전통을 가진 사람으로서 간주되고 있다. 원주민과 그 지역사회에 행해져 온 인권침해는 서구 계몽주의 전통의 가장 나쁜 폐단의 하나였으며 현대 사회의 가장 중요한 인권 관심사들 중의 하나이다. 이는 원주민 문화가 존중되고, 원주민들이 존엄하게 대우받으며, 전 범위의 인권들이 다루어져야만 해결의 시작점이 될 수 있을 것이다. 이렇게 되기 위해서는 지역사회 단위에서 문화적 인식이 있어야 하며, 인권 기반의 지역사회 문화개발을 위한 원칙들을 채택할 필요가 있다.

인권학대의 또 다른 심각한 범주는 난민과 망명 신청자들이다. 서구와 비非서구의 많은 국가들은 지금 인종주의와 외국인 혐오증의 위협을 낳고 있는 '난민 위기'를 경험하고 있는데, 이는 경제적 불확실성과 정치적 불안정에 의해 더욱 악화되고 있다. 이는 심각한 인권 '위협'이며, 위에서 다룬 지역사회 문화개발이 중요해지는 부분이다. 난민과 망명 신청자들은 대부분 망명신청국과 다른 문화권 출신들이다. 따라서 앞으로 점점 심각해질 이 인권문제가 적절히 다루어지기 위해서는 그리고 인권이 진정 존중되고 실현되기 위해서는, 지역사회가 포용적이고 다양성을 지지하며 이방인을 환영할 수 있는 역량을 갖추는 것이 필수적일 것이다.

## 환경적 권리와 환경적 개발

환경위기는 우리인류에게 전혀 익숙하지 않은 도전을 제기하였다. 그것은 기본적 상태fundamental status라고 전제했던 몇 가지 가정들에 의문을 제기했다. 만약 미래에 어떤 형태의 인간 문명을 지속할 수 있는 환경이 있다면, 그것은 현재와 똑같은 모습이 아닐 것이라는 점이 명백해졌다. 환경위기의 여러 흐름들은 이전 장에서 확인했으므로 여기서 되풀이할 필요는 없겠다. 이 여러 위기들은 풍요로운 서구 사회가 주도했고 대부분의 나머지 세계들이 모방하고자 했던 생활방식의 필연적 결과이다. 지구가 인간 생존에 적합한 것으로 남으려면 근본적 변화가 필요하다는 인식이 점점 커지고 있다.

경제성장의 경우처럼 성장을 모든 것에 대한 해답으로 보거나, 또는 대도시의 성장이나 인구 증가처럼 불가피한 것으로 보는 시각에서 시급히 벗어날 필요가 있다. 계속적으로 성장만 하는 것은 이익이 되기보다 해가 되며, '지속 가능한 성장'이라는 말은 모순어법이라는 것을 인식할 필요가 있다. 그리고 비非인간 세계를 이용해야 할 '자원'으로 보는 시각을 중단하고, 대신에 4장과 5장에서 논의한 바와 같이 인간이 비非인간 세계와 연결되어 있는 것으로 보는 환경 중심적ecocentric 시각을 갖출 필요가 있다.

하지만 이런 사고는 세계 경제를 통제하는 혹은 통제하려고 하는 정책가, 정치가, 엘리트들에게는 너무 어려운 것이었다. 예컨대 기후변화 문제에 대해 그들은 그저 여느 때와 다름없는 상태business as usual가 유지될 수 있도록 하는 기술적 해결책 그리고 시장에서의 해결책을 찾아낼 뿐이다. 그런 방향에서는 여전히 성장이 이루어지고 지구의 자원은 단기적 인간의 이익을 위해 계속 약탈될 것이다. 그런 방식으로는 장기적으로 세계가 직면하는 위기를 거의 해결하지 못하며, 진정으로 지속 가능하고 환경 중심적인 미래를 창출해 내지 못할 것이다.

그런 중대한 사고의 전환을 이끌어내는 근본적 변화가 가능하다면 그 추동력은 바로, 다른 세상을 만들고자 노력하면서 국가 지도자와 국제적 지도자에게 같이 따르도록 압력을 가하는 풀뿌리 행동과 지역사회로부터 나올 것이다. 2장에서 언급했듯이, 다이아몬드Jared Diamond의 생태학적 붕괴에 직면하는 사회들에 대한 연구에 따르면, 그러한 도전에 맞설 수 있었던 사회는 위로부터의 강한 리더십 혹은 풀뿌리 단위에서의 아래로부터의 강력한 압력 덕분이었다. 현재의 세계적 생태학적 위기에서는 전자는 가능성이 별로 없고 지속 가능한 미래의 가능성은 바로 후자의 잠재성에서 찾을 수 있겠다. 따라서 지역사회 환경개발은 미래를 위해 매우 중요하다.

지역사회는 그러한 근본적 사고 전환이 가장 잘 이루어질 수 있는 맥락이다. 이윤, 투표, 예산, 주주, 로비스트의 세상에서 벗어나 그리고 정치가가 아무런 조치를 취하는 않는 기타 모든 이유들로부터 벗어나, 지역사회 사람들은 자신들이 자연세계와 연관되어 있음을 이해하고, 또 직접 진심을 다해 그 관계를 재구축할 수 있다. 자연세계는 직접적으로 그들의 일상생활에 영향을 미친다. 수많은 지역사회, 특히 원주민 공동체와 많은 비非원주민 시골 지역사회에는 연구자와 정책결정자들이 외면했던, 자연세계를 이해하고 보호하는 방법에 대한 지혜가 존재한다.

그리고 지역사회들은 자연세계의 오염과 파괴가 가져오는 부정적 효과에 대해 제대로 이해하고 있다. 특히 쓰레기 투하, 공기오염, 소음공해 그리고 자연 숲의 파괴 등에 사람들이 노출되면서 받게 되는 부정적 영향을 잘 알고 있다. 환경을 지역의 쟁점문제로 부각시키는 것은 환경

운동에 있어서 중요하다. 우리가 흔히 환경을 훼손시키는 것은, 현대의 소비자들이 보통 상점에 도달하기까지 자신들의 소비 산물이 어디서 나오는지를 잘 인식하지 못하기 때문이다. 그들은 가난한 나라의 광산의 현실, 천연자원의 고갈, 노동 착취적 공장의 실태 등에 대해 잘 모른다. 그들은 자신들이 버린 쓰레기가 모아진 후에 어디로 가는지, 그것이 독성의 쓰레기 매립지나 해양 오염을 만들어 내고, 플라스틱의 경우에는 수세기 동안 자연환경 속에 잔존하게 된다는 사실을 모른다.

환경에 대한 지역사회 기반의 접근은 환경과의 직접적 연관성을 드러내고자 한다. 가능하면 지역 내 생산과 지역 내에서의 쓰레기 처리를 장려함으로써, 또는 우리의 구매와 소비가 지구에 해를 끼치고 미래 세대에 영향을 미치는 일련의 사건들과 관련되어 있다는 것을 이해시키는 교육을 통해서 그 연관성을 끌어내고자 한다.

태양력농장 혹은 풍력농장을 포함하여 지역사회 단위에서 할 수 있는 많은 환경 프로그램들이 있다. 숲, 시내, 습지, 해안 등의 관리를 위한 지역의 자연보호단체, 카풀 이용, 대중교통이나 자전거 길 개선을 위한 로비, 바람이나 태양발전의 공동 구매, 지역사회 공동 정원, 재활용 제도, 지역사회 퇴비, 공공 신축 시 기후 기반 설계를 옹호하는 것 등이 있다 (Hopkins 2008).

각각의 지역사회들은 서로 다른 욕구와 가능성을 가지고 있을 것이다. 하지만 어떤 형태의 행동을 취하든지 간에 환경이 지역사회 행동의 주요 초점이 되어야 한다. 기후변화에 대한 관심 증대와 정부의 태만에 대한 반응으로 지역사회에서는 자생적 기후 행동집단들이 급증했으며, 이들은 국가 지도자들이 전혀 나서지 못한 부분에서 지도자로서의 역할을 하고자 했다.

뉴질랜드의 오클랜드Auckland, 와이타케레시티Waitakere City에서의 쌍둥이 강 프로젝트Project Twin Streams는 환경 기반의 지역사회개발 프로그램이 단순히 환경적 관심을 넘어 어떻게 잘 작동될 수 있는가를 보여주는 고무적인 예이다. 두 강은 교외의 저소득 지역에 있었는데, 환경이 훼손된 상태에 있었다. 그래서 사람들을 강과 그 주변 청소하기, 나무 심기 등의 활동에 참여시킬 뿐만 아니라, 그들에게 그 지역의 역사, 토종 꽃과 동물, 원주민들에게 그 지역이 갖는 중요성 등을 이해시키는 활동으로 이어지도록 하는, 지역 발의의 지역사회 프로그램을 개발하였다. 그리고 지역사회의 학교, 지역사회 집단들, 레크리에이션 단체들이 강의 한 구획씩을 책임지도록 권장하였다.

이는 다시 지역사회의 행사들, 축제, 미술, 음악, 시, 영적 문제의 탐구 그리고 더 광범위한 환경문제에 대한 이해 활동으로 이어졌다. 이 모두는 '쌍둥이 강'을 초점에 두고 있는 것이었지만 다른 지역사회개발의 목적들에도 기여하였다. 즉 상이한 연령과 문화적 배경을 가진 사람들을 함께 모으고, 지역사회 참여를 장려하며, 사람들에게 자신들의 지역적 환경에 대한 자부심과 소속감을 부여하였다. 인권 관점에서 보면 그것은 사람들에게 자신들의 문화적 표현에 대한 권리, 자유로운 결사의 권리, 교육에 대한 권리, 그리고 지역사회 구성원으로서의 더 광범위한 사회적 권리를 행사할 수 있도록 해 주었다. 이 모두는 파괴되고 흙탕물이었던 두 강에서부터 이루어졌다.

이러한 지역 기반의 사업들은 선진 국가에만 국한되지 않는다. 환경에 대한 관심이 오로지 제1세계의 문제라고 보고, 일차적 관심이 생존에 있는 빈곤국의 사람들에게는 중요치 않은 '사치'라고 보는 것은 잘못이다. 개발도상국가에서도 지역사회 단위에서 높은 수준의 환경적 인식이 있으며, 특히 그 환경이 서구의 낭비적 소비에 의해 직접적으로 영향을 받는 지역사회에서는 더욱 그러하다(Shiva 2005, Zarsky 2002). 이는 독성 쓰레기, 공장들으로부터 나온 오염, 숲의 감소, 물의 오염, 댐 건설을 위한 강제 이주, 기타 바람직하지 못한 현상 등에서 기인할 수 있다. 개발도상국에 있는 많은 지역사회 환경계획들을 보면, 환경이 파괴되어 온 방식에 대한 분노뿐만 아니라, 그것에 관련된 거대한 경제적·정치적 힘을 드러내주고 있으며, 또한 그 속에 절망으로부터 나오는 행동적 실천에 대한 의지를 담고 있다.

지역사회사업community work의 역사에서 보면, 흔히 지역사회가 동원될 수 있는 가장 용이한 문제는 이런 저런 종류의 환경문제이다. 이는 특히 고속도로의 건설처럼 도시 '개발'로 인해 지역사회와 이웃이 파괴되는 것에 대한 반응들을 보면 꼭 맞는 얘기이다. 그런 경우 사람들은 이웃의 물리적 여건에 대하여 뭔가를 하기 위해 모일 필요가 있다고 느낀다. 보다 최근에는 환경적 인식이 높아지고 지구온난화와 같은 문제에 대한 위기감이 커짐에 따라, 환경문제를 중심으로 지역사회를 동원하는 것이 이전보다 훨씬 더 수월해졌다. 사람들은 위협, 절박감, 그리고 지도자로부터 별 도움을 받지 못한다는 것을 느끼게 되는데, 이것은 지역사회 조직화를 위한 이상적 조건들이다.

이런 이유로 환경 문제는 지역사회 기반의 인권 프로그램이 시작될 수 있는 강력한 진입점이 된다. 하지만 환경과 인권 사이의 관련을 분명히 할 필요가 있다. 이는 네 가지 방법을 통해 가능한데, 그 각각은 지역사회 과정에 관련된 주제일 수 있다. 첫째, 환경문제와 그에 대한 정부의 대응 방식에 있어서 인권을 고려하는 것이 매우 중요하다. 기후변화와 사회정의를 다룬 문헌을 보면, 기후변화에 대응하기 위한 프로그램과 정책들이 약자들에게 악영향을 주어서는 안 되며, 부정의가 아니라 정의를 촉진하기 위해 사용되어야 한다는 것을 주장한다(Adger et al. 2006, Northcott 2007).

기후변화는 특히 가난하고 불리한 지역사회에 악영향을 미친다. 그래서 기후변화에 대응하는 정책은 기득권자들에게 유리하게 작용할 것이라는 우려가 있다. 예컨대 기후변화에 대응하기 위해 제안된 많은 정책들은 수많은 취약 인구의 욕구에 대응하기보다는 주로 선진국들의 풍요로운 생활양식을 가능한 한 유지할 수 있도록 설계된다. 환경 위기가 '투자 기회'라고 주장하는 사람들은 기후변화 프로그램이 지역사회보다 기업가, 주주에게 이익을 주는 것으로 정당화하려고 한다.

따라서 환경정책이 약자의 인권을 부정하지 않고 증진하도록, 적어도 존중하도록 신중한 검토를 하는 것이 중요해졌다. 좀 더 극단적으로는 환경 파시즘eco-fascism의 위험이 있는데, 예컨대 강제 이민, 물의 과다사용을 금하기 위한 사생활의 침해, '지속 가능한' 주거지로의 강제 이주 등과 같이 인권을 침해하거나 부정하는 가혹한 법을 정당화하기 위해 환경 위기를 이용하는 것이다. 셔먼과 스미스(Shearman & Smith 2007)는 지금까지 이해되고 실천되어 온 '민주주의'로는 기후변화의 위협을 효과적으로 다루기 어려운 것으로 드러났으며, 어떤 권위주의적인 체제나 근본적으로 변화된 민주주의 프로그램이 요구된다고 주장했다. 서구 사회에서 테러의 위협은 인권을 심각히 침해하는 수많은 반反 테러 조치들을 낳았는데, 마찬가지로 생태학적 위기는 일부 공민적·정치적 권리의 침해나 부정을 정당화할 위험이 있다.

인권과 환경을 연결하는 두 번째 방법은 인권으로서의 환경권에 대해 이해하는 것이다(Zarsky 2002). 이는 깨끗하고 안전한 환경은 인간의 권리이며, 따라서 지역사회 단위에서 더 나은 환경을 위해 노력하는 것은 그 자체가 환경권 실현을 추구하는 인권사업의 한 형태라는 점을 시사한다.

이를 위해서는 환경을 우리가 누리는 생활 편의시설처럼 보지 않고, 우리 인간성 실현을 위해 필요한 인권으로 볼 필요가 있으며, 지역사회의 환경 관련 행동주의를 중요한 인권사업으로 볼 필요가 있다. 이렇게 되기 위해서는 환경을 다른 권리들과 똑같이 취급해야 한다. 즉 지역사회는 자신들의 맥락 속에서 환경권이 무엇을 의미하는지, 그것이 보호되고 실현되기 위해서는 무엇을 해야 하는지 확실히 밝힐 필요가 있다. 물론 이것은 각 지역적 맥락에 따라 다를 것이다. 왜냐하면 각 지역의 환경이 다를 것이며, 환경권 충족을 위해 필요한 것은 지역적 맥락 속에서 결정되어야 하기 때문이다.

인권과 환경을 연결하는 세 번째 방법은 환경을 다른 인권들의 실현에 필수적인 것으로 보는 것이다. 환경은 많은 질병과 장애의 유발 원인이 될 수 있기 때문에 건강권과 명백한 관련이 있다. 비슷하게 안전에 대한 권리, 문화적 표현에 대한 권리, 영적 권리(즉 많은 사람들의 영적경험에 있어서 자연세계가 갖는 중요성)와도 관련이 있다.

마지막은 매우 심오한 것으로서, 우리 인간성을 자연과 분리된 것이 아니라 자연세계와 연결된 것으로 정의하고, 자연세계와의 새로운 관계를 정립할 필요성을 분명히 함으로써 인권과 환경이 연결될 수 있다 (Macy 2007). 이는 인권 관점에서 보면 아마도 지역사회 환경개발의 가장 대단한 과업이며, 일부 지역사회에서는 아직 준비하지 못한 단계일 수 있다. 하지만 인간과 나머지 세계와의 관계에 대한 우리의 이해를 재정립하고, 우리의 권리를 동물, 식물, 가이아Gaia를 포함한 전 세계의 권리에 속하는 일부로서 이해하는 데 도움이 되는 질문을 해 보는 것은 가능하다. 그러한 인식 전환은 우리가 환경적 온전성ecological sanity을 향해 나아가고자 한다면 반드시 필요하며, 이는 지역사회의 환경개발을 통해 시작될 수 있다는 것을 2장과 5장에서 주장한 바 있다.

환경과 인권 간의 이러한 중요한 연결들을 통해 환경문제를 중심으로 한 지역사회개발은 지역사회 기반의 인권 개념의 핵심이 될 수 있다. 환경개발 프로그램은 사람들이 일상생활을 유지하는 지역사회의 맥락에서 환경권이 지역적으로 실현될 수 있도록 하는 데 중요하다. 하지만 이것이 '큰' 환경적 문제의 중요성을 부인하는 것은 아니며, '큰' 환경적 문제 또한 지역에 영향을 미친다. 지구적인 것이 지역적인 것이고 지역적인 것이 지구적인 것이라 할 수 있는(5장 참고) 세계화된 세상의 현실에서는, 거대한 쟁점들이 지역공동체 사회에도 영향을 미친다. 따라서 지역사회 기반의 환경개발에는 지역공동체뿐만 아니라 세상 저편에 있는 다른 지역사회들에 영향을 미치는 환경문제, 그리고 실로 인류 문명의 미래에도 잠재적 영향을 미치는 환경문제에 대해 공교육을 행하는 것이 포함된다.

장기적으로 지역사회 기반의 환경개발의 가장 중요한 측면 중의 하나는, 땅의 욕구needs of the earth 그리고 인간이 다른 생물계와 맺는 관계와 관련하여 원주민의 지혜로부터 배우는 것이다(Knudtson & Suzuki 1992). 이미 지적했듯이 인간the human에 대한 우리의 이해를 근본적으로 재정립하는 것이 필요하며, 그것으로부터 필연적으로 인간의humam 권리라는 개념이 심오하게 재구성될 것이다.

인권의 면에서 원주민과 지역사회는 오랫동안 희생자, 즉 전 범위의 인권이 거부되고 침해당하는 객체로 묘사되어 왔다. 식민주의 시대에 원주민 자신들은 '인간'의 범주에서 배제되어 고통을 받았으며, 그래서 원주민의 권리를 확실히 하고 그 권리가 실현되고 보호되도록 하는 투쟁이 존재해 왔다. 이제 원주민들은 '문제의 일부'이거나 '희생자'로서 비춰지지 않으며, 오랜 기간 땅과 그 땅을 보호하는 방법에 대한 지혜를 가지고 있다는 점에서 오히려 해결책을 가진 중요한 존재라는 인식이 증가하고 있다. 그 지혜는 계몽주의 '문명'으로 인해 사라졌던 것이었지만, 현재의 위기에서 벗어나 진정 생태적으로 지속 가능한 미래로 가는 해법에 필수적인 것이다.

## 영적 권리와 영적 개발

인권 혹은 지역사회개발과 관련하여 영성spirituality을 논하는 것은 특히 어렵다. 지역사회와 인권, 이 양자에 많은 영향을 미친 계몽주의 전통은 영성을 잘 다루지 않았다. 사실 계몽주의는 부분적으로는 16세기와 17세기의 유럽 종교전쟁에 대한 반작용으로 등장하였으며, 우리 인간의 세상에 대한 이해와 도덕적 판단에서 종교와 미신을 제거하려고 했다. 따라서 영성은 계몽주의 사고에서 중요한 부분을 차지하지 않았다. 영성은 본질적으로 개인적 문제로서 받아들여졌으며, '합리적' 탐구의 영역으로 간주되거나 중요한 것으로 여겨지지 않았다.

물론 계몽주의 전통 내에는 늘 신학자를 포함하여 깊은 신심과 자신의 영적 측면을 강하게 유지했던 사람, 혹은 종교와 영성의 문제에 합리적 분석을 적용하고자 했던 사람이 있었다. 하지만 전체적으로 계몽주의의 이야기는 영성을 별로 중요하지 않은 것으로 취급하였기 때문에 인권과 지역사회와 같은 주제를 다루는 곳에서는 배제되는 경향이 있었다.

하지만 영성은 수세기 동안 인간 경험의 중요한 부분이었으며, 오늘날에도 지구 인구의 대부분에게 여전히 그러하다. 영성을 포함하지 않고 인간다움to be human의 의미로서 인권을 논하는 것은 대부분의 세상 현실을 부정하는 것이다. 지역사회도 마찬가지이다. 많은 사람들에게 지역사회의 개념들은 영적인 것과 밀접히 관련되어 있어 영성 없이 지역사회를 논하는 것은 무의미할 것이다.

하지만 서구 계몽주의 사고의 전통이 강하게 남아 있어, 인권과 지역사회의 일부분으로서 영성을 다루는 것은 여전히 매우 어렵다. 영성에 대한 학문적 설명들은 요점을 놓치고 있다. 영성을 탐구하기 위해서는 시, 음악, 연극, 영화, 스토리텔링 그리고 자연을 경험하는 것 등과 같은 다른 매체가 필요하다. 왜냐하면 영성은 '합리적', '분석적' 혹은 '논리적' 이해를 넘어서, 계몽주의적 합리성이 잘 인정하지 않거나 열성적 과학적 탐구에 의해서도 도달하지 못한 인간 경험의 중요 영역들에 이르는 광범위한 것이기 때문이다.

이런 이유로 인권과 지역사회의 영적 차원은 냉철한 운동가들과 지역사회활동가들에게 하나의 힘든 도전이 될 수 있다. 인권에 대한 법적 구성은 이 점에서는 별로 도움이 되지 않는다. 부족법, 이슬람법, 모세의 법 등 법의 다른 전통들은 인권을 정의하거나 보호할 때 별 가치가 없거나 중요한 것으로 간주되지 않지만, 서구 사회에서 이해되는 바의 법이야말로 아마 계몽주의 합리성의 궁극적 표현이라 할 수 있다. 하지만 우리가 전통적으로 인권을 이해하는 데 상당 부분 기초하고 있는 이 서구의 세속적 법 전통에는 영적인 것에 대한 것이 별로 없다. 여기서 논의한 인권의 다른 차원들은 계몽주의 세계관에 충분히 잘 맞을 수 있지만, 영적 권리는 잘 맞지 않는 영역이다. 영적 권리는 시인과 작가, 성직자와 신학자, 가수 그리고 배우가 관여해야 한다. 따라서 그것을 권리에 관한 법 속에 명료하게 담아내기란 확실히 어렵다.

하지만 이 문제는 인권활동가와 지역사회활동가에게만 해당되는 것은 아니다. 의료전문가, 사회복지사, 심리학자와 같은 휴먼서비스 전문가들 또한 자신들의 전문적 담론 속에 영적인 것을 포함하기 시작했지만 쉽지 않았다. 서구의 맥락에서 그러한 움직임은 여전히 초기 단계에 있지만, 그럼에도 불구하고 매우 유익한 것으로 드러났다(Gale, Bolzan & McRae-McMahon 2007). 인권도 그러한 움직임을 시작했는데 이는 종교 간의 대화에 대한 관심에서부터 추동되었다. 이에 대해서는 아래에서 더 논의할 것이다.

영적인 것을 인권과 지역사회개발 활동에 포함시키는 데는 또 다른 장애가 있는데, 영적인 것으로 통하는 많은 것들에 대한 평판이 나쁘다는 점이다. 뉴에이지 철학이 좀 특이하게 발현된 일부 형태는 그 운동에 별 도움이 되지 않았다. 왜냐하면 그것들은 쉽게 조롱거리가 되었고, 모든 문제들에 대해 쓸모없고 하찮은, 사기성의 대답들을 퍼뜨리는 사람들에 의해 사용되어 왔기 때문이다. 이는 전체 뉴에이지 운동을 비난하려는 것은 아니다. 그것은 틀림없이 많은 사람들에게 중요한 것이었지만, 뉴에이지 운동이 취한 좀 더 극단적이고 수상쩍은 형태들은 의심스러운 것들이었다.

영적인 차원에 나쁜 평판을 부여한 또 다른 흐름은, 진정한 신도들 true believers이 아닌 사람들을 배제하고 소외시키고 비난하는 행동을 취하는, 주요 종교들의 근본주의적 형태의 실천들이었다(Armstrong 2000,

Howland 1999, Sim 2004). 종교적인 것이든 아니든 모든 형태의 근본주의는 이 책에서 설명한 인권 접근을 부정하는 것이다. 근본주의자들의 확실성 그리고 타인들을 '하나의 진실'로 개종시켜야 한다는 근본주의자들의 명령은, 5장에서 논의한 대화의 접근과 정반대되는 것이다. 그것은 많은 사람들에게 종교나 영성과 관련된 어떤 것에 대해 경계하도록 만들었다.

하지만 영성이 꼭 그래야 한다는 법은 없으며 근본주의는 영성에 가치를 두는 사람들의 극히 일부 집단에 불과하다. 영성 그리고 어떤 형태의 제도화된 종교는 답을 강요하기보다는 문제를 제기하고, 여러 가능성을 열어두는 불확실성과 모호성을 받아들이며, 대화의 가능성이 존재하고, 다양성을 기꺼이 수용할 수 있다. 즉 영성은 우리가 인권, 지역사회, 지역사회기반의 인권실천을 이해하는 데 기여할 여지가 많다.

전통적인 종교기관들의 영성에 대한 여러 표현들을 보면, 인간성, 지역사회 그리고 서로 간의 권리와 책임에 관한 중요한 개념들을 탐구하고 표현해 왔다. 모든 주요 종교들에서 비록 인권이라고 명명하지는 않더라도 인권 전통들이 있음을 쉽게 확인할 수 있다(Hayden 2001). 예컨대 많은 종교적 전통들은 개인의 도덕성의 중요한 기초로서 어떤 형태의 황금률golden rule (성경 말씀으로 하자면, '다른 사람들이 너에게 해 주기를 바라는 대로 너도 그들에게 하라.')을 가지고 있다. 이는 4장에서 논의한 바 있는, 인권에 대한 전통적 이해의 핵심에 자리 잡고 있는 칸트의 정언 명령categorical imperative과 밀접히 관련된다. 흔히 성경, 코란, 모세의 법, 부처의 가르침과 기타 종교적 말씀에는 타인에 대한 존중, 외부인에 대한 환대 그리고 '인권'에 유사한 개념을 표현한 흐름들이 있다.

이런 개념들은 유럽 계몽주의보다 훨씬 더 긴 역사를 갖는다. 인권 개념의 종교적 기원에 대한 탐구는 지역사회 수준에서 인권 문화를 뿌리내리도록 지원하는 데 중요하다. 이 지역사회의 모든 사람들이 본래부터 계몽주의의 추종자이거나 계몽주의 추종자가 되고 싶어하지는 않을 것이기 때문이다.

많은 사람들에게 지역사회의 경험은 그 자체가 영적인 경험이 될 수 있다. 제도화된 종교들은 회교 사원, 교회, 절 혹은 유대교회당의 종교적 의식을 통해 오랫동안 영성을 집합적으로 찬양하는 전통을 가지고 영성을 인정해 왔다. 우리는 영성을 단지 개인의 사적 경험만이 아니라 타인과의 교감을 통해 확인할 수 있으며, 많은 사람들에게 이 영성의 공동 경험은 더 강력한 것으로 나타난다. 퀘이커 교도의 예배모임이 그 예가 될 수 있다. 설사 묵언 상태라 하더라도 사람들이 단지 함께 모이는 것만으로 영성과 공동체성이 하나가 되는 강력한 경험을 하게 된다. 흔히 수도원과 같은 종교 공동체는 영성과 공동체성의 궁극적 형태로 간주되어 왔다.

하지만 이러한 영성의 집단적 경험은 제도화된 공식적 종교 밖에서도 일어날 수 있다. 함께 음악을 연주하고 함께 춤추는 것, 특히 이것들이 정제된 예술적 표현을 넘어 극히 감정적이고 열정적인 것이 될 때 그것은 깊은 영적 경험이 될 수 있다. 이렇게 볼 때 논의한 지역사회 문화 개발의 특징적 측면들이 지역사회의 영적 개발에도 기여할 수 있고, 사람들의 영적 권리를 분명히 하고 실현하는 데 도움이 될 수 있다.

이는 영적 개발과 문화적 개발이 서로 연결된다는 것을 보여주는 중요한 예이다. 우리가 심오한 영적 경험을 할 수 있는 것은 문화적 표현을 통해서인데, 그렇다고 영성을 단지 문화의 발현으로만 보는 것은 너무 제한적 인식이다. 영성은 문화를 넘어서는 것이다. 현재의 맥락에서 특히 중요한 예를 들자면 바로 영성과 환경개발과의 연관성이다. 많은 사람들은 자신의 영성을 자연세계와 연결 지을 것이다. 이는 특히 원주민들이 갖고 있는 영적 전통에 맞는 말인데, 그들은 인간과 나머지 자연세계와의 연결을 강조한다. 이것은 등산하고, 숲을 걷고, 바다를 바라보고, 파도타기를 하고, 강변에 조용히 앉아 있고, 해변을 걷고, 꽃을 감상하고, 동물들과 함께하고, 기타 자연의 경험을 즐기는 것에서 영적인 경험을 하는 사람들에게도 해당되는 말이다. 이런 점에서 지역사회의 환경개발은 사람들의 영적 권리의 실현을 촉진한다.

제도화된 종교 내에서든 혹은 그 밖에서든 매우 다양한 영적 경험이 존재하기 때문에, 지역사회의 영적 개발에 포함되거나 포함되어야 하는 것에 대해 규정하는 일은 불가능하지는 않겠지만 쉽지도 않다. 영적 개발은 지역사회 기반의 인권의 중요한 한 측면으로서, 관련 지역사회 내의 영적 전통들을 포함하여 영적 경험의 다양성을 수용할 필요가 있다. 이런 근거로 보면, 지역사회의 영적 개발은 사람들이 자신의 방식대로 영적 경험을 할 수 있는 공간을 만들어 허용하는 것과 그 영성 경험을 정당한 것으로 인정하는 것을 포함한다.

하지만 인권 관점에서 필요시되는 또 다른 단계가 있다. 모든 권리들과 마찬가지로 영적 권리는 그 권리의 행사가 지역사회의 타인의 권리를 침해하지 않도록 제한되어야 한다. 이는 영적 권리가 타인, 특히 다른 영적 전통을 가진 사람들의 존엄과 자유를 존중하는 방향으로 이해되어야 한다는 것을 의미한다. 영성의 근본주의 형태, 즉 '진실'을 알아야만 하고 또 그 진실을 타인도 받아들이도록 만들어야 할 의무가 있다고 보거나, 혹은 타인의 권리와 자유를 제한하는 어떤 형태의 종교법이나 도덕률을 강제해야 할 의무가 있다고 보는 형태가 영적 권리라는 이름하에 아무런 문제제기 없이 퍼져나가서는 안 된다.

공민적·정치적 권리가 타인에게 미치는 영향에 관계 없이 내가 원하는 것을 맘대로 말할 수 있는 완전한 표현의 자유를 의미하지 않는 것처럼, 영적 권리가 종교에 관해 무엇이든 허용되는 그런 것을 의미하는 것은 아니다. 다른 권리들과 마찬가지로 영적 권리와 그에 필요한 제한에 대해 논의하고 협의할 필요가 있으며, 이상적으로는 그것은 인권을 추구하는 지역사회의 맥락 속에서 진실한 대화의 주제가 되어야 한다. 하지만 근본주의자들은 대화에 참여할 수 없기 때문에 이것이 말처럼 그리 쉬운 것은 아니다. 자기가 옳다고 확신하는 사람들은 다른 관점을 가진 그 밖의 다른 사람들로부터 듣고 배울 준비가 되어 있지 않을 것이기 때문이다.

하지만 보통 사람들은 영적인 것과 관련하여 대화할 자세가 열려 있다. 남이 자신을 전향시키려고 한다는 두려움만 없다면 타인의 영적 경험에 대해 이해하는 데 진정으로 관심이 있다. 종파를 초월한 종교 간의 대화는 인권을 위해 특별히 성과가 있는 영역이었는데, 이러한 대화는 지역사회 수준에서도 일어날 수 있다.

상이한 종교 간의 대화의 어려움 그리고 인권과 관련된 세속적 인본주의에도 불구하고, 종교 간의 대화는 모든 종교적 전통에 존재하는 여러 공통점들을 드러내 주며, 지역사회, 특히 상이한 종교들이 존재하는 지역사회 내에서 인권 문화를 확립하는 데 강력한 힘이 될 수 있다. 그것은 많은 사람들에게 익숙하고 편한 세계관이지만 타인을 이해하지 못하고 소외시키는 서구의 세속적 인본주의가 아니라, 지역사회 구성원들에게 익숙한 종교적 전통 속에서 지역사회 기반의 인권을 뿌리내릴 수 있게 한다.

요컨대 영적인 것은 비록 전통적으로는 종교적 표현의 자유에 대한 권리로서 단순하게 이해되었고 인권과 결부되어 생각되지 못했지만, 아래로부터의 인권의 중요한 한 요소가 된다. 영성을 인간성의 중요한 한 구성요소로 보고, 또 우리가 인간성을 어떻게 경험하는가의 중요한 구성요소로 본다면, 인권을 이해할 때 영성을 보다 더 진지하게 고려해야 한다. 특히 많은 사람들이 어떤 형태의 지역사회/공동체 속에서 집단적으로 영성을 경험한다는 점을 고려하면 더욱 그렇다. 인권과 지역사회의 영적 기반을 분명히 확인하는 것은, 서구의 세속적 전통에서 성장한 지역사회활동가들에게는 쉬운 일이 아니다. 하지만 그것은 아래로부터의 인권이 모든 범위의 인권과 인간 경험을 다루고자 한다면 필수적으로 해 내야 할 과업이다.

## 생존적 권리

이 장에서 고려할 마지막 범주는 생존적 권리survival rights이다. 이는 우리가 생존하는 데 필요한 것들, 즉 물, 음식, 주거지, 의료보호 등에 대한 권리이다. 이것들은 모든 사람들에게 해당되는 것이기 때문에 아마도 이 권리가 반대에 부딪힐 가능성은 가장 적을 것이다. 따라서 보편성이 가장 강한 권리라고 주장할 수 있다. 이것들도 역시 지역사회 기반의 인권을 발전시키는 데 중요하다.

음식은 항상 생존을 위해서뿐만 아니라 문화적 풍습에서도 중요한 것이었다. 문화는 부분적으로는 그 지역의 요리에 의해 정의되기도 하며, 여러 다른 음식을 맛보는 것이 '다문화주의'를 경험할 수 있는 가장 쉽고 안전한 방법이기도 하다. 식사를 함께 하는 것은 거의 모든 문화에서 가장 중요한 공동체 활동의 하나이며, 보통 중요한 의례나 의식과 관련되어 왔다. 성공, 성과, 승리가 있는 경우에는 흔히 잔치를 벌여 축하하였다. 이처럼 음식, 식량안보, 음식을 나누는 행위 등이 갖는 중요성으로 볼 때 음식은 지역사회를 위한 중요한 초점이 될 수 있으며, 또 그것이 기본적 인권에 해당한다는 점에서 지역사회 기반의 인권을 위한 중요한 초점이 될 수 있다.

식량안보food security는 선진국에서도 문제가 될 수 있는데(Riches 1997), 일부 중요한 지역사회개발은 푸드뱅크나 여타 형태의 음식 구호와 결부되어 이루어졌다. 예컨대 캐나다 서스캐처원Saskatchewan 주에서의 레지나 푸드뱅크Regina Food Bank는 지역사회개발을 위한 기초로서 음식에 대한 권리가 어떻게 이용될 수 있는지를 보여주는 선구자였다. 레지나 푸드뱅크 사람들을 요리교실에 참여시켜 음식과 상이한 요리 문화에 대해 이해할 수 있도록 하고 자원봉사자로 활동하게 하였으며, 푸드 뱅크가 낙인을 찍는 무상 배분의 장소가 아니라 번창하는 지역사회센터가 될 수 있도록 만들었다. 따라서 인권, 즉 음식에 대한 권리를 충족시키는 방법이 지역사회개발의 초점이 되었고 또 자존감을 고양하게 되었다.

식량안보는 선진국에서는 하나의 쟁점에 불과할 수 있지만, 세계의 많은 빈국들에서는 심각한 인권위기의 문제이다. 많은 사람들이 자주 굶주리고, 적절한 식사만으로도 쉽게 예방될 수 있는 질병과 기아 때문에 사망한다는 사실은 지구적 수치이다. 부유한 서구 사회에서 일어나는 엄청난 음식 과소비와 낭비를 고려할 때 그 부끄러움은 배가된다. 전 세계의 기아는 분명히 빈국에서의 인권 기반의 지역사회개발을 위한 초점이 되는 것이지만, 그것은 또한 서구사회의 지역사회를 위한 초점이 될 수도 있다. 예컨대 옥스팜과 같은 엔지오들은 교육 자료를 제공하거나 정부의 원조프로그램이 개선되도록 로비를 하며, 인식 제고를 촉구하고, 선진국 지역사회가 다른 나라의 기아 구호를 위한 모금활동을 하는 데 힘을 보탤 수 있다.

좀 더 적극적으로는 공동 구매, 지역사회 공동 정원, 지역사회 공동 퇴비, 영속 농업permaculture 등과 같은 것을 통해 음식은 지역사회개발을 위한 기초가 될 수도 있다. 슈퍼마켓 → 개인적 소비 → 쓰레기 처리라는 서구의 전형적 음식 순환이 유일한 방법은 아니다. 지역사회개발 프로젝트들이 재배, 구매, 나눔과 재활용에 초점을 둘 수 있다. 이는 지역사회의 부강이나 지속가능성보다 사적 소비를 강화하고 다국적 식품회사를 지원하는 것과 관련된 종래의 낭비적 방식에 문제를 제기하면서, 음식에 대한 개인적 지출의 감소, 건강한 먹거리, 사람들 간의 결속, 환경에 미치는 영향의 감소 등의 결과를 얻을 수 있다.

물도 마찬가지로 지역사회 활동을 위한 초점이 될 수 있다. 지역사회의 물 공급을 확보하고, 제한적 물 공급을 효과적으로 공유하는 방법에 대해 고민하며, 수질 개선을 추구하는 활동은, 중앙 당국에 의존하기보다는 지역사회 계획과 협동에 의해 성취될 수 있다. 물이 음식만큼 다양성을 담고 있는 것은 아니지만(신선한 물은 음식과 달리 거의 모든 곳에서 똑같이 보이고 똑같은 맛이 난다.) 똑같은 중요성을 갖는다. 물 공급을 둘러싼 갈등은 인구 증가와 물 공급량 감소로 인해 21세기의 중요한 문제가 되는 것 같다. 물의 공급, 담수화 시설, 재이용수recycled water, 물 공급과 생수 산업의 민영화 등의 이슈들을 다루고 개입하는 것에 관련된 지역사회행동이 큰 비중을 차지하게 되었다(Barlow 2007). 따라서 인권에 기초하여 이루어지는 지역사회개발은 물의 공급과 질, 접근성의 문제를 다룰 필요가 있다. 이는 지역사회 기반의 인권에서의 전형적 활동 사례에 해당한다.

주거지 또한 많은 나라들에서 매우 심오한 의의를 갖는 것이다. 주거의 물리적 형태는 지역사회의 상호작용을 촉진할 수도 방해할 수도 있다. 또 노숙이나 주거 부족문제를 다루는 주택 이용가능성에 대한 이슈들이 있다. 특히 국가 공급이 부족하고 민간 시장에 크게 의존하는 지역에서는 주택 구입능력의 문제도 있다.

더 나아가 특정 문화적 환경이나 기후 조건에서는 주택 설계가 적절한지의 문제가 있다. 예컨대, 호주 원주민 지역사회에서는 다른 마을의 친척들이 가족을 방문하는 일이 흔한데, 그 문화에서는 친척이 방문하는 동안 거주할 곳을 당연히 제공받는 것으로 기대된다. 그런데 표준 규격의 방 세 개로 된 정부 공급 주택은 핵가족에게는 알맞지만 그런 경우에는 매우 부적절하다. 이 때문에 가족들 사이에 불편함이 유발되었고, 4, 5인용으로 설계된 시설을 스무 명 정도의 사람들이 공유하는 것을 보고 놀란 정부 주택당국은 불안감을 느꼈다. 주택문제는 흔히 지역사회의 긴장과 갈등의 원천이 되기 때문에, 지역사회의 맥락에서 주거권이 갖는 의미를 적절히 잘 다루는 지역사회를 만드는 것이 지역사회개발의 한 중요한 프로젝트가 된다.

소위 '선진' 국가의 많은 지역에서조차도 주거권은 충분히 충족되지 않고 있고, 집 없는 노숙인들이 있다. 이는 많은 지역사회활동가들에게 중요한 인권문제가 되고 있다. 가난한 나라들에서는 적절한 주거여건을 갖추지 못한 수많은 사람들이 있으며, 주거가 사람들의 인간성 실현에 필요한 가장 중요한 인권문제들 중의 하나로 존재한다. 팔레스타인 지역과 같은 곳에서는 주택 파괴가 위협 수단으로 이용되어 왔는데, 이는 심각한 인권침해이다. 주거지와 쉼터의 필요성에 의해 제기되는 인권 문제는 많은 사람들에게는 매우 현실적인 문제이다. 이는 전 세계의 인권 기록이 실로 무색해지는 절망적인 부분이다. 많은 지역사회에서 주거권 문제는 지역사회 기반의 인권사업을 위한 중요한 초점이 될 것이다.

또한 주거는 사람들이 공동체 혹은 준準공동체 형태로 함께 살고 싶어 하는 지역사회에서는 중요할 수 있다. 이런 공동 주거는 원주민 공동체, 예컨대 북아메리카, 태평양 그리고 뉴질랜드 등에서는 드물지 않다. 피정이나 종교 공동체에서도 볼 수 있는데, 거기서는 함께 사는 것이 공동체를 나타내는 중요한 표현이다. 이처럼 주거는 그 자체가 지역사회의 한 표현이 된다.

의료보호health care는 빈곤국 그리고 선진 서구 국가에서도 흔히 거부되는 기본권의 하나이다. 선진국의 단적인 예로 가장 부유한 국가인 미국을 들 수 있는데, 거기서는 많은 사람들이 적절한 기본적 의료보호에 접근할 수 없다. 그보다는 덜 하지만 같은 현상을 서구 다른 나라들에서도 볼 수 있는데, 특히 의료보호가 일부 민영화되어 있는 곳이 그렇다. 하지만 많은 빈곤국에서의 의료보호 수준은 지구적 수치일 정도로 심각하다. 몇 초마다 세상의 어딘가에서 아동 한 명이 치료 가능한 질환으로 죽는다는 사실을 생각해 보기만 한다면, 현 세상에서 의료보호가 어느 정도로 심각한 인권학대인지를 깨닫게 된다.

위에서의 다른 예들과 마찬가지로 단지 중앙정부에 의해 제공되는 획일적 의료보호를 받아들이기보다 지역사회 기반의 인권 접근을 취함으로써, 어떤 종류의 의료서비스가 지역사회 주민들의 권리를 가장 잘 충족시킬 수 있는지를 분명히 확인할 수 있다. 이는 흔히 특정 집단에게 문화적으로 적절한 의료보호를 제공하는 것을 의미하는데, 이런 집단으로는 주류 서비스에 의해 잘 보호받지 못하는 원주민이나 이민자 등이 해당된다. 이것의 형태는 지역사회마다 다를 것인데, 다른 부문과 마찬가지로 의료에서도 지역사회개발의 관점이 필요하다. 또한 음식과 관련하여 논의했던 것처럼 권리 기반의 지역사회사업은 지구적 수준에서 의료문제에 대한 인식을 제고하고, 아마도 국경없는 의사회Mdecins sans Frontieres와 같은 엔지오의 도움을 얻어 가능한 지역사회의 대응책을 찾아낼 수 있을 것이다.

마지막으로, 생존적 권리의 범주에서 우리는 자연재해 문제를 고려해 볼 수 있다. 자연재해에 대비한 계획과 재해 발생 후의 지역사회의 대응, 이 둘은 인권의 문제로, 거기서는 지역사회가 가능한 한 생존적 권리가 확실히 보호될 수 있도록 보장하는 것이 중요하다. 일부 자연재해는 예측이 가능하다. 열대 해안 지역의 허리케인이나 사이클론, 주요 단층선 근처의 지진, 가뭄 지역의 산불, 폭우가 있을 수 있는 강 유역에서의 홍수 등이 그렇다.

그러한 재해가 언제 발생할지, 어느 정도 심각할지 정확히 예측할 수는 없을지라도 조만간 필연적으로 발생할 것으로 가정되고, 또 생존권에 관심이 높은 지역사회라면 이를 예측하고 적절한 조치를 취하려고 할 것이다. 그러한 조치로는 홍수가 흔한 방글라데시에서 성공적으로 이루어지는 것처럼 사이클론이나 홍수 대비의 대피소 건설, 화재나 지진 발생 위험이 높은 지역에서의 지역 건축물 규정들, 자연재해에 대처하는 방법에 대한 지역사회 교육, 지역사회 응급서비스의 조직화, 원조 요청에 응할 수 있는 숙련된 자원봉사자의 명단 관리 등이 해당될 수 있다. 이 모두는 지역사회 활동의 초점이 될 수 있고, 지역사회 기반의 생존적 권리를 위해 중요한 것들이다.

예측하였든 그렇지 못했든 간에 한 지역사회가 자연재해에 의해 강타되었을 때 복구의 중요한 측면 중의 하나는, 그 지역사회 사람들이 서로 도와주고 협동하며 일할 수 있는 능력이다. 흔히 재난이 지역사회를 더 좋게 만든다고들 하며, 최악의 극적인 상황에서 서로 도와준 지역사람들로부터 수많은 이야기들이 나온다. 예를 들자면 불타는 빌딩이나 불어난 강물에서 사람을 구출한 이야기, 주택이 파괴된 사람들과 집을 함께 사용하거나 구호의 호소에 대응하여 후한 기부를 한 이야기가 나올 수 있다.

이런 식의 지역사회 기반의 복구는 지역사회가 기존에 강한 힘을 가지고 있는 경우 잘 이루어질 수 있다. 따라서 어떤 사건 발생 이전에 바람직한 지역사회개발이 이루어진다면, 재해 발생 후에 큰 이익으로 되돌아 올 수 있다. 한 예로 호주의 빅토리아 지역에는 산불 발생 시 자원봉사 소방대원을 관리하는 조직the Country Fire Authority이 있는데, 이 조직은 산불 발생 가능성이 큰 지역에 여러 지역사회개발 사업들을 장려하고 재정을 지원했다. 이는 강력한 지역사회일수록 큰 불의 발생과 그 사후에 더 잘 대처할 수 있을 것이라고 믿었기 때문이다. 이는 생존적 권리와 아래로부터의 인권의 관점에서 이해하자면 명백히 인권사업인 것이다.

## 소결

이 장은 이전 장들에서 도출한 인권과 지역사회개발의 공통의 일곱 가지 차원들 하에, 아래로부터의 인권의 실천을 위한 몇 가지 개념들을 모아 보았다. 그것들은 처방전이 아니다. 단지 어떤 특정 상황의 맥락 속에서 이해되고 적용되어야 하는 개념이다. 이 개념들은 지역사회개발과 인권이 서로에게 풍부한 영향을 미치면서 통합되고 또 지역사회에 적절히 적용될 수 있음을 보여준다. 남은 마지막 장에서는 실천의 개념을 좀 더 구체적으로 다루면서, 실천과 관련된 이슈들을 더 살펴볼 것이다.

제7장

# 아래로부터의 인권 실천

여기서는 아래로부터의 인권 실천the practice of human rights from below에 대해 살펴볼 것이다. 아래로부터의 인권과 앞선 장들에서 탐구했던 개념들을 이해하는 것뿐만 아니라, 이러한 인권 관점을 실행한다는 것이 어떤 것인지에 대해 생각해 보는 것도 중요하다. 여기서 우리는 변호사, 지역사회개발 활동가, 엔지오 활동가 등 인권 실천가human rights practitioner가 해야 하는 것에 관심을 가질 뿐만 아니라, 아래로부터의 인권이 지역사회구성원, 참여 시민, 자원봉사자, 그리고 여타 사람들에게 무엇을 의미하는지에 관심을 기울일 것이다. 지역사회개발 접근의 중요한 점 하나는, 그것이 지역사회개발 활동가에게만 국한된 것이 아니고 전 지역사회를 참여시킨다는 것이다. 똑같은 관점을 아래로부터의 인권에 적용하면, 우리 모두는 유급 혹은 무급으로, 사회행동가로 혹은 자원봉사자로, 아니면 시민으로나 전문가로서 인권을 위해 활동하는 데 관련된다는 것을 의미한다.

## 아래로부터의 인권을 실천하는 방법

이 책에서 다루는 두 영역, 지역사회개발과 인권 중에서 지역사회개발에서의 실천에 관련된 문제는 많이 다루어지는 반면, 인권 영역의 실천에서는 별 문제가 없는 것으로 간주되곤 한다. 물론 인권 실천은 어렵고 힘이 들고 위험성도 있을 수 있지만, 본질적으로는 간단명료한 것으로 여겨진다. 예컨대 인권 실천은 옹호활동, 사건을 반反차별위원회나 법원에 기소하는 것, 유엔에 청원하는 것 등과 같이 주로 법 실무 용어로써 표현된다. 이런 것들을 행하는 데 필요한 실제 방법들은 주로 기술적인 것들이다. 관련법을 알고, 자료를 제출하며, 변론을 하는 등의 기술이 필요하다. 인권 실천은 본질적으로 인권을 지지하는 도덕적·가치적 입장에 기초하며 이러한 기교적 기술들이 혼합된 것으로 간주된다. 반면에 지역사회개발은 '실천'을 문제가 있는 것, 또 총체적인holistic 것으로서 바라보는데, 이는 아래로부터의 인권의 중요한 요소가 된다.

전통적인 인권사업human rights work은 주로 옹호의 관점에서 이해되었다. 이는 앞서 살펴본 바와 같이 주로 인권의 법적 전통 때문이다. 옹호는 변호사가 가장 잘 하는 활동으로, 법적 틀로써 인권을 이해하면 그 밖의 다른 어떤 인권 실천보다 옹호활동을 더 우선시하게 된다. 하지만 인권 실천은 옹호활동보다 훨씬 더 광범위한 것이다. 옹호활동이 중요하고 인권의 증진과 보호에서 중요한 역할을 해 왔지만, 인권사업을 오로지 옹호활동으로만 이해하는 것은 필요 이상으로 좁게 한정하는 것이다. 좀 더 넓고 총체적인 개념인 지역사회개발의 실천개념들을 이용함으로써, 우리는 아래로부터의 인권 실천을 유의미하게 확장시킬 수 있다.

이 지점에서 실천에 대한 옹호 접근이 가진 문제를 언급하는 것이 의미 있겠다. 옹호는 다른 사람의 이익을 대변하여 변호하는 활동을 수반하는데, 이는 법 전문가의 핵심적 실천 형태이다. 하지만 다른 사람의 이익을 대변하는 것은 능력을 약화시키는 것일 수 있다. 옹호에만 집중하는 것은 사람들이 스스로 자신의 이익을 대변하도록 하는 것을 약화시키며, 그들은 그럴 능력이 없다고 가정해 버리는 것이다.

1970년대에 일리치에 의해 논의된 바와 같이(Illich et al. 1977), 그것은 전문가가 가진 불능화disabling의 특성이다. 전문가들은 삶이란 복잡하고 어려워 개인이 스스로 헤쳐나가기 어렵다고 정의하며, 따라서 그들은 사람을 도와주는 '원조' 전문직helping' professions을 만들어 결과적으로 사람들의 능력을 약화시키고 권리를 박탈한다는 것이다. 이제 기술적·직업적 전문가는 우리가 '살아야 할 법한' 방식대로 삶을 산다면 필수적인 것이 되었으며, 그 결과 전문가의 권한은 강화되고 일반 시민의 능력은 약화되었다. 사람들 스스로 자신의 이익을 주장하지 않고 전문가가 대신 옹호하는 실천은 능력을 고취시키지 못하고, 일리치의 용어를 빌자면 불능화를 초래하며, 이 책의 관점에서 보자면 그것은 인권, 특히 자기표현의 권리와 양립될 수 없다.

그렇다고 옹호활동을 절대 사용해서는 안 된다는 것을 의미하는 것은 아니다. 분명히 여러 이유로 사람들이 스스로를 대변하지 못하는 경우가 있는데, 그러한 경우 옹호는 정당하다. 하지만 가능하다면 남이 대변하는 것보다 스스로 자신을 옹호하도록 돕는, 여러 다른 실천 형태들도 중요하게 다룰 필요가 있다.

## 인권교육

흥미롭게도 흔히 인권교육은 인권 실천과 별개인 것으로 생각된다. 인권 실천은 사람들이 자신의 권리를 획득하는 것으로 간주되는 반면, 인권 교육은 사람들에게 자신의 권리에 대해 가르치는 것으로 인식된다. 전통적 인권 관점에서 보면 이는 충분히 이해할 만하다. 그 둘에 요구되는 기술skills은 서로 다른데, 즉 법law이 인권 실천을 위한 당연한 전문직 영역이라면, 교직teaching은 인권교육을 위한 당연한 전문직 영역으로 간주된다.

두 전문직의 상대적 지위가 반영되어, 흔히 인권교육은 인권 실천에 비해 열등한 위치를 갖는 관계로 인식되어 왔다. 즉 인권교육은 중요한 것이긴 하지만 인권사업 중 '진정한' 활동에 부차적인 것으로 간주되었다. 하지만 아래로부터의 인권 관점에서 보면 인권 교육은 적어도 옹호만큼이나 중요하며, 어쩌면 그보다 더 중요하다고도 할 수 있을 것이다. 아래로부터의 인권은, 인권 개념을 이해하고 지역사회의 맥락 속에서 그것을 명확히 할 줄 아는, 적극적이고 참여적인 시민을 요구한다. 그러므로 인권교육은 무엇보다 중요하다.

하지만 인권교육의 전통적 관점, 즉 사람들에게 그들의 권리에 대해 가르치는 것은 아래로부터의 인권에서 요구하는 것을 결여하고 있다. 다시 말해 인권교육은 인권의 정의에 적극적으로 참여하는 시민이라는 개념을 담아내지 못하는 하향식 접근이 되기 쉽다. 예컨대, 그런 접근은 학생들에게 세계인권선언이 등장한 맥락을 고려하지 않거나 단지 인권을 정의한 하나의 시도로서 비판적 고찰을 해보지도 않고, 세계인권선언의 내용과 유엔 및 기타 조직의 활동에 대해 가르치는 경우가 해당한다.

인권교육에 대한 그런 접근은 아주 흔하다. 그것은 막연히 "인권은 중요하며 이게 바로 그거야." 하는 식으로 가르치는 것이다. 하지만 우리가 아래로부터의 인권 관점을 채택한다면, 그것은 분명히 인권에 대한 잘못된 메시지를 전하는 것이다. 인권이 우리 자신보다 인권에 대해 더 잘 아는 어떤 권위자에 의해 이미 정의되어 있으며, 우리는 무비판적으로 그 정의를 받아들여야 함을 주장하는 것이다. 인권교육에 대한 이런 접근은 보통 고지식한 보편주의의 시각에서 이루어진다. ; 인권의 보편성은 하나의 신조로 받아들여져, 그 보편성에 의문을 제기하는 것은 인권 자체의 가치에 대해 의문을 제기하는 것과 똑같이 취급된다.

인권교육에 대한 이러한 접근은 프레이리(Freire 1996)가 교육의 저축banking 개념으로 묘사했던 것과 동일하다. 교육의 '저축'에서 가르치는 것은 비판이나 수정 없이 교사의 머리에서 학생의 머리로 이전되는 것으로 보는데, 그것은 교육자가 '인권'이 무엇을 뜻하는지 알고 있고, 교육자의 과업은 이를 학생들에게 '가르치는' 것임을 뜻한다. 하지만 이런 식으로 인권을 다루는 것은 아래로부터의 인권에 위배된다.

따라서 인권교육은 학습자에게 보다 더 적극적이고 비판적인 역할을 할 것을 요구하는데, 이때 학습자들은 비어 있는 그릇이 아니라 경험, 지혜, 지식을 가진 사람으로 간주된다. 인권은 학습 커리큘럼상의 설명이거나 '학습 결과'를 상술한 것이 아니며, 바로 교육을 위한 무대arena가 된다. 이런 점에서 교사와 학습자는 제5장에서 논의한 바와 같이 적극적 대화의 관계를 형성한다. 즉 학습은 일방적인 것이 아니라 서로 간의 지혜로부터 배우고, 함께 더욱 발전하고자 하는 쌍방적인 것이다. 이때 탐구의 틀로서 인권 개념을 사용하는 의식 고양consciousness-raising은 아래로부터의 인권 교육에 중요한 요소가 된다.

아래로부터의 인권교육은 반드시 구체적 맥락과 관련되어 이루어져야 한다. 다시 말해 권리는 사람들의 생생한 체험, 특히 인권 학대나 인권 침해의 개인적 경험의 맥락 속에서 이해되어야 한다. 이에는 의료보호나 교육권이 거절당한 경험, 표현의 자유권이나 결사집회의 권리를 거부당한 경험, 사적 안전을 누릴 권리를 침해당한 경험, 적절한 소득보장을 누리지 못한 경험, 문화적 표현을 할 권리를 침해당한 경험 등이 해당될 수 있다.

이러한 권리와 관련된 경험들은 멀리 떨어져 있는 '보편적 선언'이나 권리장전의 맥락에서 이해되는 것이 아니라, 개인의 일상 경험 속에서 이해될 수 있는 것들이다. 이 과정은 사람들의 개인적 이야기, 희망, 낙담, 고통 그리고 여러 형태의 억압적 경험으로부터 시작하여, 그 다음에 자신들의 인권이 거부되었던 경험들을 명확히 표현하기 위해 권리의 언어rights language를 사용하려고 하게 된다. 이는 자신들 스스로의 방식대로 정의한 권리들을 주장하고, (국가를 포함한)타인에게 그 권리의 보호와 실현을 위해 협조해 줄 것을 요청하는 식으로 나타나게 된다. 이 과정은 또한 책임, 타인의 인지된 권리, 그리고 우리 모두가 상호적 권리와 의무의 네트워크로 연결되어 있는 점 등에 대해 깊이 되새겨 보는 과정을 겪게 된다.

이 작업은 세계인권선언, 인권법, 기타 그와 유사한 문건들과 관련해서도 이루어질 수 있지만, 그것들은 그저 특정 시기에 특별한 맥락 속에서 인간성을 표명하고자 했던 특정 시도들이었다는 점에서 고려되어야 한다. 성경과 같이 절대적 지위를 부여받은 게 아니기 때문에 그것들이 어느 정도로 지역사회의 열망을 반영하는지, 누락시킨 것은 없는지, 그것들을 어떻게 다르게 표현할 수 있는지, 그것들 중 적절치 못한 부분은 없는지 등을 알아보기 위해 조사해 볼 수 있다. 이 접근은 인권에 대한 다른 열망들도 정당한 것으로서 인정하는 것이다. 인권법이나 인권협약과 선언들은 그것들의 법적 지위 때문에 특별한 의미를 갖는 특정 사례일 뿐, 인권의 '완결판'은 아닌 것이다.

인권교육은 개인적 차원만이 아니라 집합적 수준에서도 고려될 필요가 있다. 권리는 개인의 권리로 이해될 수 있지만, 우리가 권리와 책임이 지역사회에서 서로 연결되어 있는 것으로 이해한다면 권리에 대한 궁극적인 이해는 집합적인 것이 된다. 5장에서 논의한 것처럼 인권은 인간적 지역사회와 분리되어 이해될 수 없다. 따라서 인권교육에서는 사람들을 자신의 인간성을 홀로 경험하고 행동하는 원자화된 개인으로 보지 말고, 지역사회개발의 틀 내에서 이해해야 한다.

그러한 의식 고양 교육은 몰가치한 환경에서 이루어질 수 없다. 인권은 논쟁적이고 정치적이란 점에서 매우 중요한데, 인권을 탈脫정치화하는 인권교육은 쓸모없고 궁극적으로는 부절한 것이 된다. 이 점은 인권교육에 대한 기관과 조직의 후원에서 중요하다. 후원단체가 어떤 형태의 '정치적 중립성' 혹은 '객관성'을 요구받거나 '비정치적'인 태도를 가질 것을 요청받는다면, 효과적인 인권교육에 참여하는 것은 어렵게 된다. 인권교육은 필연적으로 논쟁을 불러일으킬 수밖에 없으며, 특정 이익집단, 특히 권력 집단에게는 위협이 되는 것이다.

이런 이유로 인권교육은 '정치적이지 않아야 함'을 요구받는 정부의 교육기관들보다는 엔지오나 지역사회 집단에 의해 더 잘 이루어진다. 인권은 정치적이다. (그것이 꼭 어떤 정당의 정강과 같은 것은 아닐지라도) 인권교육은 정치적 활동이며, 본질적으로 논쟁의 여지가 있다. 인권 교육자는 그것을 인정할 필요가 있고, 자신들이 논쟁의 여지가 없는 객관적·가치중립적 교육을 하고 있는 것처럼 가장하고 있다는 것을 인식할 필요가 있다.

인권교육의 가장 효과적 형태 중의 하나는 인권의 모범사례를 본받도록 하는 것이다. '나는 바담 풍 해도 너는 바람 풍 해라' 라는 오래된 속담은 어떤 경우에서든 나쁜 교육 실천이며, 우리가 인권을 다루고자 할 때 특히 피해막심한 것이 될 수 있다. 학창시절이 오래 지난 사람들은 보통 자신들이 가르침을 받았던 것에 대해 기억이 흐려져 있지만, 자신들이 어떤 대우를 받았는지에 대해서는 명확히 기억할 것이다. 오랜 인상을 남기는 것은 바로 사람들이 어떻게 대우받았는가이다. 자신들이 친절하게 대우받았는지 아니면 학대받았는지, 자신들의 말을 잘 들어주었는지 아니면 거부당했는지, 자신들의 생각이 인정받았는지 아니면 무시당했는지, 자신들이 차별받았는지 아니면 자신들의 생각이 받아들여졌는지, 자신들이 창의적으로 생각하도록 격려받았는지 아니면 순종적으로 따르라고 강요받았는지 등에 대해 잘 기억한다.

인권의 모범을 보여주는 것은 인권의 내용을 가르치는 것보다 더 강한 인상을 줄 수 있다. 학교는 강의목차에 인권을 포함시키는 것 대신에, 학생들 간의 괴롭힘, 다양성을 포용하는 것, 차별에 저항하는 것, 민주적 의사결정을 도입하는 것, 모든 학생의 생각을 존중하고 존엄하게 대우하는 것 등에 대해 효과적으로 그리고 건설적으로 다루는 데 집중함으로써 인권을 더욱 효과적으로 가르칠 수 있다.

물론 이는 학교를 넘어 지역사회 단위에서 모든 연령대까지 포괄하는 교육에 확대 적용할 수 있다. 인권을 받아들이거나 증진시키고자 하는 모든 조직은 그것이 가르치는 바를 실천해야 하며, 사람들을 존엄하게 대우하고 포용하는 실천들을 엄중히 준수해야 한다. 불행히도 인권을 지향하며 일한다는 일부 엔지오, 정부 조직과 기업들은, 그들의 자원봉사자, 직원, 지역사회 구성원들을 대우함에 있어서 모범이 되지 못한다. 이는 그 조직의 목적goal이 그 조직이 처한 맥락context과 분리되어 있기 때문이고, 그 조직의 목표와 수단이 서로 분리되어 있기 때문이다. 2장에서 다루었듯이 수단과 목표는 분리될 수 없으며, 이 점은 특히 아래로부터의 인권을 실천할 때 중요한 점이다.

## 이론과 실천

이론과 실천의 관계는 문제가 많고 복잡한 것이다. 여기서는 이 문제를 깊이 있게 다루지 않겠지만, 이론/실천의 이원론theory/practice dualism을 둘러싼 몇 가지 문제들을 확인하고, 아래로부터의 인권에 유의미한 이론과 실천에 대한 접근을 논의할 것이다.

'이론과 실천을 어떻게 연결할 것인가?'는 휴먼 서비스의 여러 영역에서 흔히 다루는 질문이다. 그런데 이런 질문 자체가 그 문제의 본질을 드러낸다. 즉 '이론'과 '실천', 양자가 분리되고 잠재적으로 양립 불가능한 것으로 간주되다 보니, 자연히 어떻게 그 둘을 '연결시킬 것인가'에 대한 관심이 생기는 것이다. 그것은 그 둘을 분리된 것으로 보는 데서 금방 이분법적 대립물로 보게 만들며, 우리는 앞서 다룬 모더니티의 덫에 다시 걸리는 것이다. 이론과 실천이 이런 식으로 간주된다면 당신은 '이것 아니면 저것' 식으로 어느 하나만 가질 수 있다. 둘 중 어느 하나만 할 수 있으며 양자를 다 할 수는 없다. 어떻게든 하나는 다른 하나를 배제하며, 따라서 당신은 이론가가 되거나 아니면 실천가가 되는 것이다.

이는 '이론 그리고 실천'에 대한 매우 제한적 시각이며, 실로 이 표현에서 '그리고'라는 용어 자체가 이 분리를 더욱 강화한다. 그 관계는 명백히 문제가 있어, 더 깊이 생각해 볼 필요가 있다. 불행히도 인권을 다룬 문헌들에서는 이 점이 분명하지 않다. 인권 영역은 너무도 간단히, 단순하게, 철학이나 법학의 전문 학술지에 연구논문을 쓰는 이론가와 인권학대를 예방하기 위해 노력하는 활동가로 분리해 왔다.

이들 각 집단은 서로에 대해 어떤 불신을 갖고 있다. 이론가들은 활동가들을 세부적 전문지식이 없는 지적이지 못한 사람, 그리고 인권에 대한 열정 때문에 가끔은 일을 더 그르치는 열성분자로 본다. 반대로 활동가들의 입장에서 인권 이론가들은 즉각적이고 강력한 개입이 필요한 심각한 인권학대가 있는데도 인권 스콜라주의의 사치에 빠져 있는 사람으로 볼 수 있다. 아래 헤세Hesse와 포스트Post가 쓴 인권 책의 도입부분에서 발췌한 내용을 보면, 일반적으로 학자와 활동가 사이에 그러한 분리가 존재한다고 생각하고 있었음을 알 수 있다.

> 과거에는 전통적 지식 분야의 학문은 불행히도 학문과 옹호활동을 구분 짓는 경계선 때문에 인권 공동체와도 분리되어 존재했다. … 우리는 이 오래된 구분을 지우고, 학문영역과 인권 공동체 사이의 근본적 관계 회복을 위해 노력해야 할 것이다. 우리는 이 학문의 객관적인 성격에다 인권의 도덕적·실천적 절박성이 담기도록 함께 묶어야 할 것이다. 이는 쉽지 않겠지만, 우리가 현재 직면하는 신세계 질서에 개입할 혁신적이고 효과적인 전략을 찾는다면 다른 대안이 없다.
>
> Hesse & Post, 1999, p.23

이렇게 해야 할 필요성은 지난 10년 간 지속되어 온 것인데, 여기서 이것을 인용한 것은 그 주장의 논지 때문만은 아니다. 헤세와 포스트가 사용한 바로 그 자구 표현과 이들이 문제를 제기할 때 한 가정들이 그 문제의 성격과 해결의 어려움을 보여주기 때문이다.

첫째, 학문은 당파적이어선 안 된다고 전제하는, '학문과 옹호활동 간의 경계선'을 가정하고 있다. 실로 학문은 '객관적인' 것으로 간주된다. 하지만 이는 준準과학적 객관성이라는 개념에 기초하는 학문에 대한 좁은 시각이다. 그것은 많은 주요 학문, 특히 인권 영역의 많은 학문이 변명의 여지없이 매우 당파적이었다는 것을 간과한다. 로크에서부터 밀까지, 루소에서 마르크스까지, 울스튼크래프트에서 아렌트까지, 플라톤에서 데리다까지, 학자들은 인권과 그것이 의미하는 바에 대해 진지하게 사고했을 뿐만 아니라, 자신들이 생각하기에 인권이 존중될 수 있는 더 나은 사회 형태에 대해 강력히 옹호했다.

이들은 '현실 세계'를 외면하는 초연한 사상가들이 아니었다. 그들은 자신의 사상을 통해서뿐만 아니라 많은 경우에 직접적 행동을 통해 현실 세상에서의 변화를 만들어 내려고 했다. 사실 현실에 초연한 학자라는 개념은 사상의 역사 그리고 정치철학의 역사와 잘 맞지 않는다(Watson 2005). '인권 이론'에 중요하게 기여했던 대부분은 그러한 상아탑 속의 존재를 받아들일 수 없었던 학자들로부터 나왔다고 말하는 것이 타당할 것이다. 인권 학문이 현실에 초연한 철학가의 영역일 필요는 없다. 인권 학문은 활동가를 추동해 내는 것과 동일한 도덕적 절박성moral urgency에 의해 힘을 얻을 수 있다. 모든 학문, 특히 인권과 같은 분야의 학문은 가치에 기초한다. 이런 관점에서 '객관적 학문'을 '도덕적 그리고 정치적 절박성'과 대조적인 것으로 보는 것은 터무니없다. 그 둘은 헤세와 포스트가 암시한 것처럼 양립할 수 없는 것이 아니다.

헤세와 포스트에 대해 지적할 두 번째는, '인권 공동체human rights community'와 옹호를 대략 동일시한다는 것이다. 즉 인원활동과 인권 실천을 바로 옹호활동으로 간주하는 이런 관점의 한계는 이미 다루어서 재론할 필요가 없다. 이 점에서 헤세와 포스트의 '인권 공동체'와 인권 실천에 대한 이해는, 인권학문의 경우와 마찬가지로 인권의 주류 담론의 영향을 받아 한계를 보였다고 지적할 수 있겠다.

마지막으로 헤세와 포스트는 해결책으로서 객관적인 학문을 인권의 도덕적·실천적 절박성과 함께 묶어야 함을 제시했다. 그것들을 함께 '묶는다'라고 표현한 것은 그것이 자연스럽게 이루어질 수 있는 쉬운 결합이 아니라는 것을 나타낸다. 본질적으로 서로 반대가 되는 것이어서 필요하다면 강제로 묶어 같은 방향으로 가도록 할 필요가 있다는 것이다. 하지만 그런 연결은 필연적으로 안정적이지 못하며, 그 둘 간의 분리를 성공적으로 극복할 수 있는 이론/실천의 단단한 기초가 되지 못한다.

헤세와 포스트는 중요한 문제점들을 확인시켜 주었지만, 그에 대한 해결이 필요하다는 점에 대해서만 동의할 수 있겠다. 그 문제들을 표현함에 있어서, 그들은 많은 전통적 인권 담론의 가정들을 담고 있었다. 그 전통적 인권 담론의 가정들은 인권 영역에서 이론/실천의 이슈들을 개념화해 온 방식이 부적절했음을 보여준다. 그것은 헤세와 포스트뿐만 아니라 다른 많은 인권 필자들도 따르던 가정들이었다. '이론'과 '실천'의 관계 그리고 그 둘의 인지된 차이를 연결하기 위해 행해져야 하는 것에 대해서 단순하고도 부적절한 개념화가 이루어져 왔듯이, '이론'과 '실천' 양자의 개념화는 제대로 이루어지지 않았다.

아래로부터의 인권은 이론과 실천에 대한 보다 더 정교한 이해를 제시해 줄 뿐만 아니라 동시에 그것을 필요로 한다. 이 접근의 핵심은 이론과 실천이 분리되어 이해될 수 없고, 각각이 서로의 일부분임을 주장하는 것이다. 사실 어느 쪽도 다른 한 편 없이는 의미가 통할 수 없다. 실천이 이론과 완전히 분리된다면 경솔한 반주지주의反主知主義 anti-intellectualism가 된다. 준거의 틀과 비판적 성찰은 사라지고, 단지 행위 자체를 위해 행하게 된다. 이 때 실천가는 '무엇을', '왜' 라고 질문하지 않고, '어떻게' 만 질문하게 된다.

물론 그러한 실천은 잠재적으로 위험한 것이다. 그것은 생산적이지 못하고, 이론이 없다면 예측도 불가능하기 때문에 필연적으로 예상치 못한 결과를 얻게 될 것이다. '해야 할 바람직한 것'과 '그것을 행할 바람직한 방법'이 자명하다고 생각하는 사람, 그리고 심사숙고하고 비판하고 분석할 시간이 없는 사람은 아무리 잘해도 비효과적이고, 최악의 경우에는 해를 끼칠 수 있다. 분명히 실천은 실천가가 처한 상황들을 구체화하고 이해할 수 있게 하는 이론이란 것, 즉 어떤 원칙들, 개념, 준거 틀, 경험적 지혜 등이 필요한 것이다.

흔히 '이론'은 '상식'과 같은 것으로 보일 수도 있는데, 실천의 기초로서 상식은 신중히 고려되어야 한다. 상식은 공통의 경험을 한 '느낌'이 반영된 것으로, 중요한 지혜일 수 있다. 아래로부터의 인권 개념이 '아래로부터의' 지식과 지혜로 된 지역사회개발 원칙들을 포함하는 것이라면(2장 참고), 인권 실천에서 상식은 중요한 위치를 차지할 수 있다. 복잡한 개념들을 설명하기 위해 거창한 말을 구사할 줄 아는 전문가의 지식만이 '중요한 것으로 간주되는' 지식에 해당한다고 가정하는 것은, 지역사회의 지혜는 무시하고 전문가에게만 특권을 부여하는 것으로서 아래로부터의 인권에서 허용될 수 없다. 그래서 상식은 중요할 수 있다.

하지만 그것 또한 한계가 있다. "그게 바로 상식이야."라는 표현은 흔히 어려운 질문이나 다른 새로운 관점에 대한 질문을 시도하거나 고려조차도 않고 쉬운 해결법을 채택할 때 사용된다. 앞선 장들에서의 논의에서 볼 때, 인권과 지역사회개발 모두 간단하거나 논쟁의 여지가 없는 명료한 개념들이 절대 아니다. 그런데 '상식 접근'은 이러한 복잡성을 인정하지 않는다. '상식'으로 간주되는 생각들은 언제나 권력층의 지배적 담론 내에서 구축되는 것이어서 그 지배 담론들에 대해서는 문제를 제기하지 않는다. 하지만 그런 담론에 문제를 제기하는 것이야말로 대단히 중요하며, 인권과 지역사회에 대해 새롭게 사고rethinking하는 데 있어서 꼭 필요한 것이다.

따라서 상식만을 실천의 기초로 삼기에는 충분치 않을 것이다. 일상의 지식은 특정 맥락 속에서 구체적 지혜가 되도록 입증되고 활용되어야 하지만, 이는 실천가와 지역사회가 다른 질문과 주장에 대해서도 차단하지 않고 받아들일 수 있도록 개방적 방식으로 이루어져야 한다. 실천은 이론에 근거해야 하며 이론과 분리되어서는 안 되지만, 이론을 단지 '상식'이나 '널리 알려진 일반적 지식'과 동일한 것으로 이해해서는 안 된다. 오히려 우리는 특이한 비非상식적 지식을 찾아 그것을 우리의 세계관을 확장하는 데, 그리고 새로운 질문을 하고 새로운 해답을 찾는 데 활용할 필요가 있다.

이는 엘리트에 의해서만 이루어지거나 제한적 방식으로 이루어져서는 안 된다. 다양한 문화적·지적 배경을 가진 사람들은 그들의 지식과 지혜를 서로 함께 나눌 수 있으므로, 지역사회개발에서 '이론'을 개발하고 활용하는 경험을 해볼 수 있는 방법을 찾는 것이 과제이다. 여러 개념들ideas이 중요하며, 따라서 인권 실천에 대해 반反주지주의적 입장을 취하는 것은 충분치 않다. 인권사업에 참여하는 사람들은 스스로가 깨닫든 깨닫지 못하든 복잡하고 어려운 도덕적·정치적 질문들에 대해 늘 고심하고 있다. 바로 이 점을 의식적으로 인식할 수 있다면 그들의 활동은 좀 더 효과적인 것이 될 것이다.

지역사회개발의 관점에서 보면 '이론'은 엘리트의 것으로 간주되어서는 안 된다. '이론'은 지역사회개발 과정의 일부로서 개발되는 것이며, 대학 졸업자뿐만 아니라 그 외 모든 사람들이 관계되는 것이다. 여기서 그람시(Gramsci 1957)의 일선 지식인the street-level intellectual이라는 고전적 개념이 중요하다. 그것은 지식인이 일상과 분리되어서는 안 되며, 그 둘이 함께 통합되어야 함을 나타낸다. 즉 참여적 지식인과 깊은 사상을 가진 활동가는 결국 하나이며 같은 것이다. 학문적 관점에서 보면, 이는 생활체험lived experience에 대한 비판적 관여critical engagement로부터 이론이 구축되는, 소위 근거 이론grounded theory이 중요하다는 것을 의미한다(Strauss & Corbin 1990).

이 관점에서 보면 '이론'은 인권 실천과 분리될 수 없으며 실천의 필수요소이다. 실천은 행하는 것뿐만 아니라 배우는 것이며, 이론은 이해하는 것일 뿐만 아니라 행하는 것이다. 이는 5장에서 다루었듯이 사회과학에 대한 비판적 접근에 해당하며, 그러한 비판 패러다임은 아래로부터의 인권에 내재하는 것이다. 그것은 마르크스, 베버, 푸코, 데리다와 같은 이론가의 업적처럼 거대 이론이 존재할 수 없음을 의미하는 것은 아니다. 오히려 그 거대 이론의 통찰이 일상생활 속에서 사람들에게 이해될 수 있어야 하고, 또 경험에 비추어 문제제기해 볼 필요가 있다는 것이다. 동시에 사람들의 학습과 이해 즉, 아래로부터의 지혜는 개발 과정의 일부로서 인정되고 구축될 필요가 있다.

이론은 정태적인 지식의 집합체가 아니다. 물리학에서조차도 과학 이론은 항상 잠정적인 것이며, 늘 검증되고 수정되고 확장되고 또 발전한다. 이는 지역사회개발에서도 마찬가지다. 이론과 지식은 계속되는 발견의 여행을 하고 있는 과정들이다. 어떤 형태의 지식도 금기로 간주되어서는 안 된다. 개인적 경험, 직관, 예술, 시와 스토리텔링, 민속 신화 등으로부터 나온 지식은, '증거에 기반한' 지식이나 조사 연구 혹은 법원을 통해 엄밀히 검증된 지식만큼이나 중요한 것이다.

이처럼 이론과 실천을 불가분의 것으로 보는 개념은, 마르크스주의자들은 이것을 프랙시스praxis라고 하는데, '이론과 실천을 연결 짓고자 하는' 논의 자체를 무의미한 것으로 만든다. 그 둘은 필연적으로 서로 관련되므로, 그 둘을 연결하는 것이 문제가 될 수 없다. 그것이 문제가 된다고 보는 것은, 위에서 다룬 헤세와 포스트가 암시한 바와 같이 이론과 실천 양자를 좀 제한적이고 전통적인 의미로 이해하는 경우일 뿐이다. 하지만 여기서 설명하는 보다 유기적인 관점에서 보면, 이론이 곧 실천이고 실천이 이론이다. 지역사회개발의 관점에서 보면 양자는 모두 지역사회개발 과정 속에 포함되며, 전문가 – '전문적' 실천가이든 학자이든 – 의 소유물이 아니라 지역사회의 것이다.

## '어떻게 할 것인가'에 대한 문제

위에서 묘사한 이론과 실천 간의 유기적 관련성, 그리고 5장과 6장에서의 논의처럼 그 양자가 지역사회의 구체적 맥락에 따라 행해져야 할 필요성을 고려하면, 지역사회개발의 관점에서 인권 실천을 어떻게 할 것인가how to do it에 대한 간단한 해법이란 있을 수 없다. 이는 2장에서 논의한 바와 같이 '과정'의 중요성 때문이다. 예컨대 '쉬운 5단계의 지역사회개발'을 구체적으로 제시해 준다는 것은 전문가가 지역사회보다 그 과정에 대해 더 많이 알고 있다는 것을 가정하는 것이기 때문에, 지역사회개발과정을 거역하는 것이 된다. 지역사회가 아래로부터의 인권을 중심으로 그들의 생각과 과정들을 어떻게 진전시킬 것인가는 지역사회마다 다를 것이며, 2장에서 살펴본 일반적 지역사회개발 원칙들을 적용한다 하더라도 구체적 '전략'이나 '전술'에 초점을 두기 위해서는 반드시 그 지역사회의 구체적 맥락 속에서 이루어져야 한다.

이 때문에 인권 '실천'은 흔히 생각하는 것보다 더 큰 문제이다. 그것은 기술적 훈련을 통해 학습될 수 있는 간단한 방법론'how to' steps의 문제로 볼 수 없다. 아래로부터의 인권을 다루는 사람들은 누구나 특별한 접근을 필요로 하는 특유의 상황에 직면할 것이다. 물론 분명히 다른 지역사회기반의 인권사업(혹은 인권기반의 지역사회사업)으로부터 배울 수 있는 교훈이 있겠지만, 각 상황은 스스로의 대응법이 필요하다. 이때 인권활동가를 어떤 규정된 절차를 따르는 기술자로 보지 말고, 광범위한 지식이나 개념 도구, 준거틀을 독특하고 고유한 상황에 적용할 줄 아는 일선 지식인으로 간주하는 것이 더 바람직할 것이다.

이는 기술적 대응이라기보다는 좀더 '전문적'인 것이다. 하지만 '전문적'이라는 용어는 경멸적인 의미를 띠어 왔고, 권력의 행사나 오용, 엘리트주의, 그리고 지식과 기술의 독점과 관련이 깊어, 아래로부터의 인권 논의들에서 잘 수용되는 용어는 아니다. 하지만 이 책에서 다루는 실천 형태와 관련하여 전문주의professionalism의 두 가지 긍정적 측면이 있다. 하나는 윤리 기준을 유지한다는 것인데, 이는 이미 목적과 수단의 논의에서 언급한 바 있다. 다른 하나는 광범위한 지식과 이해를 어떤 독특한 상황에 맞게 잘 적용해야 할 필요가 있다는 점이다. 이 두 가지 외에, '전문주의' 모델이 아래로부터의 인권에 기여할 것은 그다지 많지 않은 것 같다.

따라서 '어떻게 할 것인가'에 대해 지시적으로 규정하고 있는 자료들을 사용하는 것은 제한적으로 이루어져야 한다. 상이한 지역사회들 사이에 어떤 공통성을 가정하고 과잉 단순화하는 자료들은 실천의 현실을 제대로 반영한 것이 아니다. 그것들은 지역사회와 함께 일하는 것에 대해 합리적이고 준準과학적인 접근을 강조하지만, 지역사회와 함께 일하는 데에는 오히려 과학보다는 예술이 더 적절할 수 있다. 따라서 아래로부터의 인권은 창조적 활동이 된다고 볼 수 있는데, 그럼에도 불구하고 이러한 창의성의 중요성은 인권 문헌들에서 거의 경시되어 왔다. 그것은 인권교육과 관련해서는 좀 중요하게 다뤄지긴 했다. 창의적 인권활동가라는 개념에 대해 이 장 후반부에서 다루겠지만, 여기서 중요한 점은 인권활동가는 '어떻게 할 것인가'의 해법에서 암시하는 단순한 기술자, 그 이상이 되어야 한다는 것이다. 물론 아래로부터의 인권에도 불가피하게 어떤 기술적 요소가 있을 것이나, 그것은 상상력, 창의성, 위험, 모험, 시, 스토리텔링, 그리고 여타 창의적 측면이 함께 요구된다.

## 연역적 그리고 귀납적 실천

인권 실천가들이 '실천'을 시작하는 여러 가지 방법을 고려해 볼 때, 실천의 연역적 방법과 귀납적 방법을 구분해 보는 것이 유용하겠다. 이는 5장에서 언급한 바 있는, 인권에 대한 추론적discursive 이해와 반성적reflective 이해의 구분을 반영한다.

권리에 대한 추론적 접근을 반영하는 연역적 실천은, 협약·조약·선언·헌장 등에 담겨 있는 권리의 정의를 받아들이며, 그 개념들이 현실화될 수 있도록 하는 실천 방법들을 찾고자 한다. 그것은 인권에 대한 국가의 의무 전통과 잘 부합하며, 따라서 인권 실천이란 인권을 실행implementing 하는것으로 본다.

반대로 귀납적 실천은 구성되는 권리 전통과 잘 맞는다. 그것은 특정 상황의 현실, 예를 들면 어떤 지역사회문제, 가족 갈등이나 차별에 대한 불만 등에서 출발하고, 지역사회개발 접근을 사용하여, 여러 행위자들에 의해 중요한 것으로 간주되는 권리의 쟁점들을 밝히고자 한다. 이때 행위자들은 가능하다면 인권 헌장 등과 관련하여 자신들의 권리를 분명히 표현하고, 그 권리들이 실현될 수 있는 방법을 찾도록 도움을 받게 된다.

이 두 대조적인 접근은 라이헤르트(Reichert, 2003)와 아이프(Ife, 2008)가 쓴 인권과 사회복지에 관한 서로 다른 두 책에서 예를 찾을 수 있다. 이 두 책은 인권 기반의 사회복지실천이라는 동일한 주제에 대해 매우 다른 접근을 취했다. 이 두 실천 형태는 모두 중요하고 유용하지만, 아래로부터의 인권 맥락에서는 인권 실천에 대한 귀납적 접근이 확실히 적절한 것이라 할 수 있다.

## 인권을 정의하는 지역사회

이 책에서 주로 주장하는 바의 핵심은, 지역사회 자체가 스스로 인권을 정의할 수 있어야 한다는 것이다. 타인에 의해 우리의 권리가 정의되도록 하는 것은 그 자체가 인권 학대라 할 수 있다. 따라서 자신들의 권리에 대한 주인 의식을 갖고 '인권 문화'가 지역사회에 뿌리내릴 수 있도록, 지역사회의 사람들이 인권의 정의에서 발언권을 갖는 것이 중요하다.

하지만 이것이 세계인권선언, 유엔 협약, 국가의 인권법 등이 무가치하다는 것을 의미하는 것은 아니다. 그 문건들은 그 법적 의미뿐만 아니라 상징적 힘 때문에 중요한 것들이다. 하지만 그것들이 인권에 대한 완결판은 아니다. 그것은 인권을 정의하려고 한 특정 시도들이며, 보편성을 주장하지만 그래도 특정 시대의 특정 정치적·문화적 맥락 속에서 만들어진 것이다. 지역사회의 사람들은 그것들을 '성서'처럼 받아들이기보다 비판적으로 바라보고, 자신들의 '특정 맥락' 속에서 인권이 그들에게 의미하는 바를 생각해 볼 권리가 있다.

하지만 지역사회와 지역사회 집단이 자신들의 인권을 정의하도록 고무함에 있어서, 그것이 단지 그 지역사회의 이익만을 고려하는, 좁고 이기적인 인식 과정이 되지 않도록 만드는 것이 중요하다. 권리 요구는 그저 이기적이고 자기 이익만을 반영할 수 있다. 일반적으로 집단들이 자신의 이익을 대변하는 다원주의 사회에서는, 권리를 정의하는 지역사회의 과정이 단지 권리의 언어를 빌어 지역의 '요구사항들'을 제시하는 과정으로 변질될 위험이 있다.

하지만 4장에서 논의한 바와 같이 보편성이 갖는 명백한 문제점에도 불구하고, 인권 개념은 어떤 보편성 개념을 담고 있다. 여기서 인권은 우리가 모든 인간에게 적용되기를 희망하는 것임을 의미하는 열망적 보편주의 개념이 중요할 수 있다(더 상세한 논의는 제4장을 참조하라). 이는 사람들에게 협소한 자기 이익을 초월하여 생각하고, 보다 칸트적 시각을 가질 것을 요구한다. 4장에서 논의했듯이 인권은 항상 보편적이면서도 맥락적 준거틀을 동시에 가져야 할 것이다.

요컨대, 지역사회를 강조함에 있어서 지역의 맥락이 너무 강하면 보편성이 사라지게 될 위험이 있다. 따라서 인권을 정의하는 지역사회는 자신의 경계를 초월하여 모든 이들의 권리와 책임을 고려해야 한다. 지역사회 단위에서 만들어진 인권 진술은 인간성에 대한 넓은 관점을 담아내야 하며, 따라서 전 세계 맥락에서의 인권에 대한 논의가 어느 정도 필요시 된다. 이 때 세계인권선언은 그러한 논의를 위한 좋은 기초자료가 될 수 있다. 그것을 근거로 지역사회는 어떤'권리들'이 포함되고 배제되는지, 그리고 그 권리들이 어떻게 글로 표현되는지 등에 대해 생각해 볼 수 있다.

## 인권 매트릭스

이 책에서 분명해졌듯이, 인권 개념은 복잡하고 논란의 여지가 많다. 그 개념에 대한 이해와 그것이 제기하는 문제와 딜레마에 대한 숙고 없이 지역사회가 인권을 정의할 수 있다고 생각하는 것은 순진한 것이다. 그래서 인권 매트릭스human rights matrix 워크숍은 지역사회나 지역사회 집단이 인권 개념에 대해 숙고하고, 자신들을 위한 스스로의 정의를 도출해 낼 수 있는 한 방법이 된다.

아래는 인권을 고려할 때 지역사회에 제기되는 많은 질문들을 정리한 것이다.

1. 문화적, 종교적, 철학적, 이념적 전통들과 권리의 이해에 대한 질문들. 이 질문들은 인권이 형성되는 상이한 문화적, 종교적 전통이 있음을 강조하며, 상이한 철학과 이념에 따라 '권리'의 의미에 대한 생각이 다름을 강조한다.
2. 인권에 대한 개인적 그리고 집합적 이해에 대한 질문들. 이는 권리는 개인이나 집단에 부여될 수 있고, 이것이 우리가 인권에 대해 생각하는 방식에 영향을 미친다는 점을 강조한다.
3. 공적 그리고 사적 영역에서의 인권에 대한 질문들. 공적으로 정의된 권리들이 어떻게 가족이나 가구로 옮아가는가?
4. 인권에서 법원과 법적 절차의 역할에 대한 질문들. 어떤 권리가 재판에 회부될 수 있고 어떤 권리는 그렇지 못한가? 권리에 관한 법의 역할은 무엇인가? 그것들은 어떻게 시행되는가?
5. 권리는 성, 인종, 계급, 섹슈얼리티, 연령, 장애 등의 억압적 구조나 담론과 어떻게 관련되는가? 어떤 집단이 특히 인권 학대에 취약한가? 인권사업은 이런 문제를 중심으로 조직된 행동집단과 어떻게 연결되는가?
6. 권리와 책임은 어떻게 연결되는가? 누가 혹은 무엇이 인권의 획득, 보호에 책임이 있는가? 개인, 가족, 지역사회, 국가, 민간 부문의 책임은 무엇인가?
7. 권리는 세대 간에 어떻게 이해될 수 있는가? 미래 세대의 권리에 대한 우리의 책임은 무엇인가? 과거의 인권침해를 해결해야 하는 우리의 책임은 무엇인가?
8. 교육과 의식고양의 면에서 그리고 인권에 대한 지역의 인식을 촉

진하는 데 있어서 무엇을 해야 하는가? 인권을 촉진하고 보호, 실현하기 위해 어떤 조치가 취해져야 하는가?

분명히 이러한 질문들의 표현방식은 지역사회나 집단에 따라 달라져야 할 것이다. '재판에 회부될 수 있는', '이념적', '담론' 등과 같은 용어는 일부 사람들은 받아들일 수 있지만 많은 사람들에게는 생소할 수 있다. 위의 질문들은 단지 지역사회나 집단이 인권에 대한 기본적 문제들을 이해하는 데 도움이 될 만한 주제들을 제시한 것일 뿐이다.

이 질문들은 6장에서 논의한 인권의 7가지 범주인 사회적, 경제적, 공민적/정치적, 문화적, 환경적, 영적 그리고 생존적 권리 각각에 구체적으로 적용될 수 있다. 이는 이 책 부록에 적은 것처럼 56개의 셀을 가진 '인권 매트릭스'로 만들어질 수 있는데, 이 매트릭스를 기초자료로 하여 전체 지역사회의 인권 워크숍을 열 수 있다.

이 워크숍에서 소규모 집단으로 구성된 사람들에게 위 질문들과 관련된 어떤 특정 권리 세트에 대해 생각해 보도록 하고, 이어서 다른 권리 세트에 대해서도 고려해 보도록 한다. 이런 식으로 이용할 수 있는 모든 질문 목록을 포함하여 전체 과정에 대하여 부록에 제시해 두었다. 이는 인권에 관한 지역사회 워크숍을 하는 데 아주 효과적인 방법으로 드러났다.

이런 워크숍은 하루가 족히 걸릴 수 있는데, 시간이 가능하다면 이틀까지 연장하여 실시할 수도 있다. 이는 인권의 복잡성과 그것이 가진 풍부한 잠재적 특성을 부각시키는 데 도움이 된다.

그리고 모든 집단들에게 자신의 생각을 종이나 컴퓨터에 쓰도록 하며, 워크숍 말미에는 그 생각들을 모아 지역사회 집단의 인권 선언이 되는 문건으로 만들 수 있다. 이는 지역사회가 진정 인권에 포함되는 것이 무엇인지에 대해 숙고하고, 스스로 인권의 소유자라는 느낌을 얻을 수 있는 훌륭한 방법이 된다.

이 매트릭스는 그저 하나의 틀이라는 점을 강조해야겠다. 즉 상이한 맥락들에서는 그 질문들을 바꾸고 절차를 수정하는 것이 적절할 수 있다. 이 장 앞부분에서 논의했듯이, 지역사회개발에 대한 '방법론' 접근은 보통 효과가 없다. 반면 여기서 제시한 매트릭스는 실천에서 유용한 과정인 것으로 나타났다. 다만 필요하다면 구체적 상황 속에서는 수정될 필요가 있는 과정이다(부록 참조).

## 인권을 증진시키는 지역사회

지역사회기반의 인권은 지역사회 단위에서 인권을 정의하는 것, 그 이상을 의미한다. 그것은 인권 문화가 만들어질 수 있도록 인권들을 증진시킬 필요가 있음을 요구한다. 이는 지역사회기반의 인권교육으로도 부를 수 있는데, 이에 대해서는 이 장 앞부분에서 어느 정도 다루었다.

지역사회기반의 인권교육을 고려함에 있어서 중요한 하나는, '좋은 소식'과 '나쁜 소식'의 균형을 맞추는 것이다. 인권은 흔히 고문, 재판받지 않은 살인, 실종, 대학살, 인종 학살, 기근, 질병과 기타 재앙들 등과 같은 '나쁜 소식' 이야기로 도배되는 것 같다. 이는 많은 사람들이 거리감을 느끼게 만들 수 있다. 그런 과다한 나쁜 소식들은 결과적으로 사람들이 인권을 외면하게 만들 수 있다.

따라서 인권에 대한 '좋은 소식'을 섞는 노력이 필요한데, 이는 인권을 통해 성취될 수 있는 것을 보여주고, 인권을 찬양함으로써, 절망뿐만 아니라 희망의 메시지가 있다는 것을 보여주는 것이다. 하지만 이러한 인권 찬양이 너무 과도하면, '인간 정신human spirit'의 찬양에만 빠져 사람들이 당면한 인권문제의 긴급성을 깨닫지 못하게 할 수도 있다.

따라서 긍정적인 것과 부정적인 것의 신중한 혼합을 통해, 희망과 절박성을 함께 느끼도록 할 필요가 있다. 예컨대 특정 나라에서의 심각한 인권 유린을 보여주는 영화가 있다면(나쁜 소식), 조직가들은 국제사면위원회, 옥스팜 또는 특정 집단이 정보 검색대를 운영하여 사람들에게 변화를 이뤄내는 것을 보여주거나, 어떤 성공 이야기를 제시하는 것(좋은 소식)을 도울 수 있다. 마찬가지로 인권 달성을 축하하는 인권 축제가 있다면(좋은 소식), 대응해야 할 필요가 있는 심각한 인권 유린에 대한 전시회를 열 수 있다(나쁜 소식).

그런데 많은 인권교육 사업들은 좋은 소식 아니면 나쁜 소식에 집중하는 경향이 있다. 이는 각각 그 나름대로 능력 약화disempowerment를 가져올 수 있다. 하지만 한 행사에서 '좋은 소식'과 '나쁜 소식'을 병치하는 것은 창조적인 불협화음을 가져올 수 있다. 이 때 사람들은 그들의 희망과 절망을 모두 경험할 수밖에 없으며, 불편한 질문들을 하고 그에 대한 가능한 해결법을 생각해야만 할 것이다.

이러한 균형의 필요성은 지역 수준에서 인권문제를 다룰 때에도 해당된다. 한 지역사회가 성취한 것을 축하할 뿐만 아니라 그것이 직면한 문제와 쟁점들도 함께 강조할 필요가 있다. 그 둘을 함께 공유해야만 어떤 형태의 적절한 조치가 나타날 것이다. 문제에만 몰두하는 것이 무언가를 성취하는 데 있어 무력감과 체념을 낳을 수 있는 한편, 문제에 직면하지 않으면서 성과만 축하하는 것은 자만심에 빠진 무대책과 현실 안

주를 낳을 수 있다.

지역사회 단위에서 인권이 증진될 수 있는 여러 방법이 있다. 이는 지역사회의 문화적 전통에 맞게 이루어지는 것이 중요하다. 축구에 푹 빠져 있는 지역사회라면 특별한 축구경기, 예컨대 난민들과 장기 거주자들 간의 경기, 혹은 상이한 종교 집단들 간의 시합을 조직할 수 있다. 그런 경기에는 반대하는 움직임이 있기도 하지만, 그 반대에도 불구하고 단지 팀을 가질 수 있게 되었다는 사실만으로 특정 집단은 그들이 원하던 지역사회의 인정을 받은 것이 될 수 있다. 어떤 경기에 참여하는 것은 효과적으로 사람들을 통합하는 방법이 되는데, 특히 바비큐 행사나 소풍 같은 사회적 행사가 뒤따르고, 가족들이 와서 경기를 본 후 그 사회적 행사에 참여하도록 독려된다면 더욱 효과적이다.

그러나 다른 지역사회에서는 축구경기가 여러 이유로 매우 부적절한 것이 될 수 있다. 하지만 음악제, 영화제, 지역사회 미술 행사, 연극 제작이나 스토리텔링 등과 같이 조직할 수 있는 다른 활동들이 있다. 예컨대 특정 나라나 지역에 초점을 둔 특별한 저녁행사가 있을 수 있다. 이는 그 나라의 문화와 음식에 대한 축전이자 그곳의 인권문제에 집중하는 기회가 될 수 있다.

영화는 인권교육을 위한 매우 강력한 매체일 수 있으나, 다시 말하지만, 인권영화제는 '좋은 소식'과 '나쁜 소식'의 메시지를 동시에 가져야 하며, 또한 차후에 조치를 취하기를 바라는 사람들에게 여러 방안들을 제시해 줄 수 있어야 한다. 또 영화는 다른 접근방법들과 함께 사용될 수 있는데, 춤과 노래의 '행복'한 결과에 대응하여 '나쁜 소식'을 제공하기 위해 축제와 함께 병행될 수 있다.

어떤 상황에서는 대회competitions가 인식을 향상시키는 좋은 방법이 될 수 있는데, 특히 학교에서 그렇다. 인권에 대한 시 대회, 짧은 글짓기 대회, 미술 경연, 사진 경연, 춤 경연 등은 실제 수상보다는 교육적 요소에 강조점을 둔다면, 참여한 학생들에게 또는 학생들의 작품을 보거나 듣는 사람들에게 아주 유용한 것이 될 수 있다. 하지만 이런 경연대회는 단점이 있다. 불가피하게 '우승자'를 발표하고 '패자'의 발표를 누락시킴으로써, 인권과 포용성의 개념에 반하는 메시지가 전달될 수 있다. 이는 특정 지역사회에서는 중요한 문제일 수 있으며, 일부의 경우 대회는 매우 부적절한 것이 될 수 있다.

이런 형태의 인권교육 중 일부는 의도치 않게 다른 곳, 즉 다른 나라와 지역사회에 존재하는 인권문제에만 집중할 수 있다. 이는 인권을 '우리'와 관계된 어떤 것이 아니라 '그들'에게만 관련된 것으로 인식하는 경향을 강화시키며, 사람들이 자신의 인권에 개입하는 것에서 벗어나 대중매체가 관심을 두는, 최근의 문제 지역에서 발생한 것에만 관심을 집중하게 만든다. 다시 말해 이것은 균형의 문제이다.

한 지역을 넘어 보다 폭넓은 인권 관점을 갖고 타국에서의 인권 위반의 심각성을 인지하는 것은 중요하다. 하지만 우리 자신의 지역사회, 그것이 세계화를 통해 다른 곳에서 발생하는 일과 관련되어 있다는 것, 그리고 우리 지역의 맥락 속에서 인권을 경험하는 것, 그리고 그 권리가 실현되어야 할 필요성에 관심을 집중하는 것도 중요하다. 지역적인 것이 지구적인 것이고 지구적인 것이 지역적인 것이 되는 세계화의 시대에(5장 참고), 인권에 대한 이해에서 이 양자는 반드시 포함되어야 하며, 그렇지 않다면 지역적인 것 혹은 지구적인 것을 보지 못할 위험이 있다.

지역사회개발의 관점에서 중요한 점은 모든 지역사회에서 잘 작동되는 단일한 접근은 없다는 것이다. 적절한 형태의 지역사회기반의 인권교육을 고안해 내는 것은 지역사회의 특성, 그것의 전통, 문화, 자원, 그리고 여타 요소에 달려 있다. 적절한 형태의 인권교육을 결정하는 것은 그 자체가 지역사회개발 프로젝트이며, 무엇이 적절하고 성취 가능한 것인지 도출해 내기 위해 지역사회의 여러 사람들을 함께 모을 수 있는 기회가 되기도 한다.

가끔 지역사회는 국내 혹은 국제 인권 프로그램에 참여하는 것이 적절할 수 있다. 한 예로, 도시들이 인권 도시로서의 정체성을 갖추고 실제 인권 도시로서의 기준을 갖추도록 장려하는 유엔의 '인권 도시Human Rights Cities' 프로그램이 있다. 이는 타당한 이유로 일부 도시에는 매우 부적절한 것일 수 있으나(예컨대, 주변의 시골 지역과 분리되어 하나의 '도시'로서의 정체성을 가지고 싶지 않은 도시), 여타 도시의 경우 그것은 인권 의식을 향상시키고 지역사회 기반의 인권을 촉진하는 매우 좋은 방법이 될 수 있다.

또 지역 매체의 이용은 지역사회기반의 인권교육의 중요한 한 요소가 될 수 있다. 지역신문에 인권자료를 삽입하거나 지역 소식지를 만드는 것, 지역 라디오 방송국에 참여하는 것, 토크백 라디오나 지역사회 텔레비전을 활용하는 것 등은 모두 인권에 대한 지각과 인권에 개입할 수 있는 방법에 대한 인식을 고양시키는 데 유용하다. 이것들은 인권문제가 그 지역사회 주민들의 이야기를 통해 제시되어 사람들이 쉽게 참여할 수 있도록 해 주는 방법들이다.

이 전통적 매체와 함께 인터넷, 휴대폰을 포함한 '뉴 미디어'는 그 기술을 쉽게 이용할 수 있는 지역사회라면 매우 효과적으로 이용될 수 있다. 또한 이것은 젊은이들이 지역사회기반의 인권에 참여할 수 있는 방법이 될 수 있는데, 그들은 지역의 각종 위원회에 있을 다수의 사람보다 이 뉴미디어에 대해 더 많은 식견을 갖고 있을 것이다. 그들에게 필자를 포함하여 부모 세대가 잘 모르는 이 방법을 통해 인권교육의 전략들을 설계하고 실행하도록 요청할 수 있다.

지역사회 수준에서 인권을 증진시킬 수 있는 기타 다른 방법들은 이 장의 다른 부분들과 이전 6장에서 논의되었다. 다른 단락에서 다뤄진 방안들도 대부분 인권교육과 인식 증진을 위해 사용할 수 있다. 인권교육은 실로 지역사회 인권교육 접근들 중 가장 효과적이지 않다고 볼 수 있는 학교와 공교육의 교실을 넘어 다른 영역으로 확장될 수 있다.

## 인권을 보호하는 지역사회

권리의 보호는 지역사회기반 인권의 중요한 요소이다. 여기서 지역사회는 학교, 병원, 경찰, 상인, 정부, 지역 클럽과 단체들 등과 같은 여러 기관들이 인권 원칙들을 따르도록 그들의 활동을 감시하는 데 적극적 역할을 한다. 이 인권 원칙은 인권법이나 헌장에 포함되어 있거나, 위에서 다룬 바와 같은 지역사회개발과정, 예컨대 인권 매트릭스 워크숍의 결과로 나타나는 지역사회 스스로의 기대치가 드러난 것일 수 있다.

하지만 인권사업을 문서로 만드는 것만으로는 충분치 않다. 이러한 문건이 지역 관료, 정치가, 대중 매체, 학교장, 경찰서장, 지역 법률상담센터 등과 같은, 조치를 취할 수 있는 자들에게 전달되는 것이 중요하다. 따라서 지역사회기반의 인권에서는 자료 수집/분석과 의사소통/옹호의 기술 모두를 필요로 한다.

일부 지역사회에서 이는 상당한 위험을 무릅쓰고 행해질 수 있다. 이라크의 용감한 학생들을 예로 들 수 있는데, 이들은 전쟁 중 모든 편에서 자행된 인권학대를 포함하여 미군 침공 이후 이라크에서의 인권 유린에 대해 기록하려고 했다. 본질적으로 인권 감시활동은 그런 관심을 달갑게 생각하지 않는 권력자들의 활동에 대해 의심하고 조사하는 것이기 때문에, 별로 위험하지 않은 상황에서조차도 위험 요소가 있을 수 있다.

지역사회기반의 인권의 다른 측면들과 마찬가지로 이 감시활동을 행하는 '바람직한' 방법이란 없다. 그것은 카메라나 캠코더의 사용, 녹음, 필기, 자료 분석, 통계 분석, 면접, 자료제출 요구 등의 활동이 수반될 수 있다. 가끔 지역사회 집단들은 청문회를 열거나 사람들에게 정보제공을 요청함으로써 '주민 청문회'를 마련할 수 있다(예컨대 Briskman, Latham & Goddard 2008 참고). 하지만 이 모든 활동들은 특정 상황에서는 적절하지만 다른 상황에서는 그렇지 않을 수 있다. 각 활동들이 가능한지 각 활동의 서로 다른 가능성을 인식하고, 적절할 것으로 보이는 것을 활용해야 하며, 아니면 누군가의 상상력을 이용해서 뭔가 색다른 것을 도출해 내야 한다. 또한 통계분석이나 법 관련 자료의 해석 같은 부분에서는 지역사회가 전문지식을 찾을 필요도 있다.

이를 달성할 수 있는 한 방법은, 여러 지방 당국과 기관들의 활동에 대해 법 규정, 조직의 명시된 목표(예컨대 전략적 계획이나 소비자 권리헌장 등에서의 목표), 그리고 지역사회의 기대 등 세 가지를 기준으로 비교하고 감시할 수 있는 인권 보고 카드human rights report card를 만드는 것이다. 이러한 세 세트의 기준을 앞서 묘사한 인권의 7가지 범주에 적용하면, 아래에서 보듯이 인권 보고 카드의 견본으로 사용할 수 있는 간단한 도표를 만들 수 있다.

**인권 보고 카드/ 인권 계획 〈견본〉**

| | 법적 규정 | 명시된 목표 | 지역사회의 기대 |
|---|---|---|---|
| 사회적 권리 | | | |
| 경제적 권리 | | | |
| 공민적/정치적 권리 | | | |
| 문화적 권리 | | | |
| 환경적 권리 | | | |
| 영적 권리 | | | |
| 생존적 권리 | | | |

어떤 한 조직이 법 규정은 충족시키지만 지역사회의 기대를 충족시키지 못할 수 있는 것처럼 법적 규정, 명시적 목표, 지역사회의 기대는 꼭 똑같지 않을 것이기 때문에, 이 세 범주의 기준을 모두 포괄하는 것이 중요하다. 일부 경우에는 지역사회 기대를 측정하는 것이 불가능하거나 혹은 조직의 명시적 목표가 모호할 수 있는데, 그런 경우에는 이 카드가 지역사회 기대를 더 잘 확인할 수 있는 방법들을 찾아내거나 조직이 일련의 인권문제에 관해 자신들의 정책을 분명히 하도록 요청할 수 있는 방법들을 찾아내는 데 이용될 수 있다.

이 '보고 카드'는 학교, 경찰의 관할구역, 병원, 지방의회 등과 같은 조직에, 보다 야심차게는 지역사회 전체에 적용될 수 있다. 일부 범주들을 수정하거나 제외할 필요가 있을 수 있지만, 그 카드는 모든 지역사회개발과정에 기본적인 것이다. 아이디어는 항상 받아들이고 필요하다면 수정해야 하며, 무비판적으로 채택해서는 안 된다. 조직이나 지역사회는 그 기준을 어떻게 잘 충족시켰는가에 대해 평가받게 되는데, 10점 기준으로 점수평가를 하거나, 문자 등급을 매기거나, 기타 평가방법을 사용할 수 있다. 아니면 그 기준을 충족했는가의 여부에 따라 단순히 합격/불합격의 경우로 처리할 수도 있다. 이 과정으로부터 다음 해의 더 나은 성과를 위해 적용할 수 있는 일련의 권고나 행동계획이 나올 수 있다. 그래서 이 견본은 인권계획human rights plan을 위한 견본이 되기도 한다. 이 인권계획을 통해 법적 규정, 명시적 목표, 지역사회 기대가 충족될 수 있도록 하는 여러 희망 목표들이 확인될 수 있다.

하지만 일부 경우에 그러한 '보고 카드'와 '계획' 접근은 적절하지 않을 수 있다. 결국 이것들은 모더니티의 확실성을 추구하는 방법들이며, 포스트모던 세상의 지역사회개발보다는 계몽주의의 모더니티 세상과 더 잘 맞는 것이다. 따라서 '보고 카드'와 '계획'과 같은 기법들이 타당한 환경에서만 유용성을 갖는다. 그리고 그것은 인권에 기반한 지역사회 집단들이 지방 당국이나 관리자들과 같은 언어로써 의사소통을 원활히 할 수 있도록 도움을 줄 수 있는 방법이다. 바로 이 점에서 매우 유용하지만 그것들이 인권 준수에 대한 어떤 '진실'을 드러내 준다고 생각하고 싶은 유혹은 떨쳐야 한다. 그것들은 항상 정치적 맥락 속에서 이해되어야 하며, 이 책에서 다루는 다른 모든 접근들과 마찬가지로 비판적으로 사용되어야 하고, 맥락상 적절한 상황에서만 활용되어야 한다.

## 전체 지역사회들을 아우르는 인권

지역사회기반의 인권이 오로지 그 지역사회 주민들만의 권리 그리고 지역사회 자체만의 권리를 의미하는 것은 아니라는 점을 강조할 필요가 있다. 인권 개념은 누군가의 인접 환경을 넘어 인류humanity의 개념까지 확대되어야 한다. 앞선 논의에서 특히 인권교육, 의식고양과 관련하여 이에 대해 언급하였는데, 그것은 세계화 시대에서의 인권을 고려하는 것으로 확대되어야 한다.

5장에서 논의했던 바와 같이 지구적인 것이 지역적인 것이고 지역적인 것이 지구적인 것이 되는 이때에, 지역사회 수준에서 이루어지는 모든 인권 프로젝트에는 지구적 요소가 들어가 있을 것이다. 앞서 인권을 정의하는 지역사회에 대해 논의하면서, 그 정의가 특정 지역사회의 구성원뿐만 아니라 모든 사람들의 권리에 적용되어야 함을 강조했다. 이러한 열망적 보편주의는 지역사회가 반드시 자신의 경계를 넘어 폭넓게 보도록 하는 핵심 열쇠가 된다.

2장과 5장에서 논의한 '아래로부터의 세계화'에 대한 문헌들을 보면(Brecher & Costello 1994, Falk 1993), 세계화를 단순히 지구적 자본의 이익에 부합하는 변화로서 이해하지 말고, 풀뿌리 단위의 지역사회와 주민들의 이익에 부합하며, 이윤의 세계화가 아니라 '사회정의의 세계화'와 관련되는 대안적 세계화가 가능함을 인식해야 한다고 주장한다. 현대의 커뮤니케이션 기술 덕택에 자본은 사이버 공간을 통해 즉각적으로 이동할 수 있게 되었고, 그로 인해 '위로부터의 세계화'가 가능하게 되었지만, 그 똑같은 기술 덕분에 사람들과 지역사회 집단들은 서로의 경험과 성공, 좌절을 나누고 유례없는 연합과 광범위한 행동을 형성할 수 있게 되었으며, 그 결과 '아래로부터의 세계화'가 가능하게 되었다.

이러한 커뮤니케이션 기술은 사회운동, 특히 환경운동에 의해 효과적으로 이용되었으며, 이제 인권 행동주의의 큰 부분을 차지한다. 지역사회들은 이제 세계 저편에 있지만 같은 문제, 같은 위기, 같은 딜레마를 경험하는 다른 지역사회들과 연결될 수 있다. 이제 기술은 보편과 맥락 사이의 이분법처럼, 지역적인 것과 지구적인 것 사이의 이분법이 해체될 수 있게 한다. 지역사회기반의 인권은 지구적 인권운동이며, 그 운동에 의해 영향을 받고, 또 그 운동에 기여할 수 있다.

지역사회는 유사한 위기에 직면한 지역사회 그리고 다른 연합체들이나 엔지오와 연결됨으로써, 자신의 지역적 정체성을 유지하고 지역의 인권문제를 다루면서도 지구적 관점을 취할 수 있다. 지역적 수준과 지구적 수준 모두에서 조치를 취할 필요가 있는데, 지역사회는 이 양자에 모두 개입할 수 있다. 미래의 성공적인 인권 엔지오는 이런 식으로 지역적인 것과 지구적인 것을 모두 포괄할 수 있어야 할 것이다. 이는 인터넷 시대가 도래하기 전, 지구적 인권운동 조직이면서 동시에 지역사회집단에 강한 뿌리를 둔 조직으로 발전한 국제사면위원회가 그 선구자였다.

이것이 어떻게 작동될 수 있는지를 보여주는 많은 예들이 있다. 어떤 국가의 한 지역사회가 다른 국가의 지역사회와 결연을 맺어 서로에게서 배우게 되는 경험은 흔한 일이다. 그런 사업은 흔히 지역정부 당국에 의해 이루어져, 관심 있는 시민들이 쉽게 참여할 수 있는 방법을 제공한다. 인터넷 웹페이지, 토론 집단 등은 정보교환을 위해 점점 더 많이 이용되고 있다. 또한 개인이나 지역사회가 특정 문제, 주로 인터넷을 통해 생산된 문제를 중심으로 대중운동에 참여하는 것도 쉬운 방법이다.

하지만 전 세계가 인터넷과 연결되는 것은 아니며, 인터넷 기반의 사회운동은 강력하기는 하지만 많은 사람들과 지역사회, 흔히 가장 심한 인권학대를 경험하는 사람들을 배제한다는 점을 기억해야 한다. 국제적으로 지역사회들을 연결하는 다른 방법들로는 방문, 편지쓰기, 국제적 엔지오를 통해 일하는 것 등이 포함될 수 있다. 이것들은 구식으로 보일지 모르나, 세계의 많은 사람들에게는 그것들이 그들이 할 수 있는 전부인 경우가 많다. 지역사회기반의 인권은 디지털 소외digital divide가 강화되는 배타적 방식으로 이루어져서는 안 될 것이다.

## 지역사회기반의 인권실천가

이 마지막 부분은 지역사회기반의 인권실천가와 관련된다. 하지만 이 용어가 단지 지역사회 단위에서 인권사업에 종사하는 사람들만 지칭하는 것으로 생각해서는 안 된다. 그런 배타적 이해는 '실천'을 어떤 고귀하고 독점적인 것으로 이해되도록 만든다. 하지만 누구나 지역사회기반의 인권을 '실천'할 수 있다. 고용된 인권활동가, 지역사회 운동가, 지역사회기반의 사회복지사, 지역 법률상담센터의 변호사, 지역사회 보건간호사, 교사, 경찰 등의 관련 분야 전문가, 자원봉사자 혹은 2장에서 논의한 지역사회개발의 관점에서 보면 상당한 지혜와 전문성을 가졌지만 인권에 '전문성'이 없다고 간주되는 관련 시민 등 모두가 해당될 수 있다.

지역사회개발의 관점에서 보면 누구나 인권에 참여할 수 있으나, 참여하는 사람들의 수를 극대화하는 것 자체도 중요하다. 이런 면에서 '실천가'라는 용어는 지역사회 수준에서 유급이든 무급이든, 자격이 어떠하든, 인권을 위해 일하는 모든 사람을 지칭한다.

## 지식, 가치, 그리고 기술

실천을 논의하는 데 유용한 틀은 실천을 지식knowledge, 가치values, 그리고 기술skills의 세 가지 요소를 포함하는 것으로 인식하는 것이다. 이 각각은 그 자체로 중요하며, 또한 다른 것들과 서로 상호작용한다. 좋은 실천은 이 세 가지 모두를 포함해야 한다.

지식과 가치를 가졌으나 기술이 없는 사람은 제한적으로만 유용하다. 그들은 행할 필요가 있는 것에 대해서는 잘 생각해 내지만, 사실 실제로는 무언가를 잘 하지 못하는 독특한 '안락의자[책상머리] 혁명가'armchair revolutionary가 된다. 이들은 비효과적이긴 하나 적어도 큰 해를 불러일으키지는 않는 것 같다.

가치와 기술은 있으나 지식을 결여하고 있는 사람은, 이론처럼 보이는 것에 대해서 불신하고, 이해나 접근이 어려운 지식들보다 '상식'을 선호하며, 강한 반反지성적 입장을 취하는 생각 없이 무모한 실용주의자unthinking pragmatist가 된다. 그런 사람은 자신들의 행위와 그 맥락에 대해 비판적 이해를 하지 못하기 때문에, 의도치 않게 해를 끼칠 수 있다.

하지만 무엇보다 가장 나쁜 것은 지식과 기술은 있으나 가치를 갖고 있지 못한 사람이다. 이들은 기술자이며, 자신들이 무엇을 하는지, 왜 그리고 어떻게 해야 하는지에 대한 도덕과 윤리적 문제에 관심이 없다. 이는 효율성과 효과성 가치는 높이 평가하나 가치 문제는 다루지 않으며, 도덕관념이 없는 도구적, 기술 중심적 실천으로 귀결된다. 이는 잠재적으로 아우슈비츠로 가는 길the road to Auschwitz이 될 수 있다.

지식, 가치 그리고 기술은 서로 상호작용한다. 그 상호작용은 '실천'상의 많은 문제점을 낳지만 동시에 아주 흥미로운 점도 만들어낸다. 연구가 '객관적'이고 '가치중립적'일 수 있는지의 여부에 대한 활발한 논의에서 분명히 알 수 있듯이, 가치와 지식의 교집합은 과학과 사회과학의 철학에서 중요한 관심이 되어 왔다. 현재의 사회과학에서는 드문 엄격한 실증주의의 입장을 취하지 않는 한, 지식과 가치는 명확히 독립적으로 존재할 수 없다. 오히려 각자는 서로에게 영향을 미친다.

우리의 지식은 가치에 기초한다. 가치는 우리가 생각하기에 어떤 지식이 중요한지, 그 지식을 어떻게 수집할지, 지식을 어떻게 해석할지 그리고 실로 우리가 세상에 대한 지식을 어떻게 '구성'할지를 결정한다. 어떤 연구가 아무리 객관적인 것처럼 진행될지라도 '객관성'이 구성되는 방법, 바로 그 자체가 가치에 기초하고 있는 것이다.

그리고 가치가 지식에 영향을 미치는 것과 마찬가지로, 지식이 가치에 영향을 미친다. 지식의 습득은 자신의 가치를 재평가할 수 있도록 하며, 따라서 지식에 대해 개방적 태도를 가진 사람, 다시 말해 항상 배우려고 하는 사람은 가치에 대해서도 개방적 태도, 즉 새로운 지식에 비추어 가치 입장을 재고하려는 태도를 취한다.

이러한 지식과 가치 간의 내재적 연결은 인권과 관련하여 중요하다. 어떤 인권 '지식'도 가치중립적이지 않다. 실로 인권은 매우 가치지향적인 것으로서 그에 대해서는 변명할 필요조차 없는 것이다. 결국 인간성humanity은 단지 '인간에 대한 지식'이 아니라 가치에 관한 문제이다.

또한 인권은 지식이 가치에 심오한 영향을 미칠 수 있는 영역이다. 많은 인권활동가들은 처음에는 지식에 의해 행동의 동기화가 이루어졌다. 난민 가족들이 거부당하는 것을 목격하거나, 르완다, 딜리, 스레브리니차, 캄보디아, 수단, 기타 분쟁지역에서의 대량학살이나 인종학살에 대해 알게 되고, 재판 없이 투옥되는 것과 수백 만 명의 아이들이 예방 가능한 질병으로 사망하는 것 등에 대한 지식에서 출발한 것이다. 지역사회에 기초한 인권실천가는 지식과 가치를 분리할 수 없으며 그렇게 하려고 해서도 안 된다. 지식과 가치의 상호작용에 대해 살펴보고 그것이 지역사회 수준에서 어떻게 작동하는지에 대해 탐구해 보는 것은, 실천에 대한 비판적인 반성적 접근critically reflective approach to practice을 개발하는 데 도움이 된다. 그것은 지식이나 가치를 당연한 것으로 받아들이지 않고, 각각이 서로 다른 편의 입장에서 의문을 던져 보는 접근이다.

지식과 기술 간의 관계는 이미 이론과 실천과 관련하여 논의한 바 있어 여기서 되풀이할 필요는 없다. 이론과 실천은 각기 분리되어 이해될 수 없고 그 둘은 필연적으로 상호 관련된다는 이 장 앞부분의 논의가 기억날 것이다. 사실 그 각각을 이해하기 위해서는 다른 하나가 필수적으로 요구된다. 따라서 지역사회기반의 인권실천가라면 항상 각각을 다른 하나와 관련하여 이해하고자 할 것이며, 만만치 않은 이론/실천 관계를 정립하기 위해 애쓸 것이다.

기술과 가치 간의 관계는 지역사회기반의 인권활동가의 기술skills이 오로지 기술적technical이고 가치중립적일 수 있는가 하는 질문을 제기한다. 하지만 기술이 인권 목적을 위해 사용되고 있다면 그런 주장을 하기는 어려운데, 인권은 '인간성의 가치'라는 어떤 해석에 기초하고 있는, 분명히 가치 지향적인 것이기 때문이다.

여기서 수단과 목표에 대한 논의를 다시 상기하는 것이 중요한데(2장 참고), 그 논의에서는 지역사회사업에서 수단과 목표를 분리하는 것이 가능하지 않다는 것을 주장하였다. 인권사업에서 보자면 이는 인권의 달성을 '목적'으로 전제하고 기술은 '수단'을 의미하는 식으로, 기술과 가치 간에 명확한 구분이 이루어질 수 없음을 의미한다. 즉 인권사업에서의 기술은 가치중립적일 수 없다. 기술 자체가 인권 원칙에 포함되어야 하며, 따라서 기술은 필연적으로 가치 지향적이다. 6장에서 인권에 기초한 모든 조직은 활동을 수행하는 방식에 있어서 인권을 준수하는 것이 중요하며, 또 그것은 마찬가지로 지역사회에 기초한 모든 인권실천의 경우에도 적용된다는 것을 제시하였다. 칸트와 간디가 목적이 수단을 정당화하지 않고 부패한 수단은 목적을 부패시킨다고 주장했듯이, 스스로 인권 원칙을 지키지 않는 인권사업은 자멸한다. 인권활동가가 사용하는 기술과 절차들은 반드시 그 자체가 인권 가치에 기초해야 하며, 따라서 기술과 가치는 필연적으로 연결되는 것이다.

### 지식

지역사회기반의 인권에 적절한 많은 지식들이 있다. 한 지식영역은 '전통적' 인권 현장에 해당하는 것으로서, 다양한 국제적, 지역적, 국내적 인권 기구들과 그 작동방식에 대한 지식들, 그리고 사람들의 인권이 보호 실현되도록 하거나 위반된 인권을 개선하기 위해 행할 수 있는 법적 방법에 대한 지식들이 있다.

하지만 아래로부터의 인권 관점에서 보면 이는 단지 시작에 불과하다. 지역사회기반의 활동에 함축된 인권 시각은, 인권이 비석이나 국제법에 새겨져 있는 것이 아니라 항상 재구성되는, 문제가 많은 개념으로 보기 때문에, 3장과 4장에서 논의한 바와 같은 인권을 둘러싼 이론적이고 철학적인 문제들에 대해 좀 더 깊은 이해를 하는 것이 중요하다. 지역사회의 사람들은 자신들의 맥락 속에서 인권을 표명하고자 할 때 이러한 문제들을 다루는 것이 중요하다. 따라서 지역사회 기반의 인권활동가는 이러한 철학적이고 이론적인 문제들을 잘 알아야 하고 그에 관련된 문제들을 제기할 수 있어야 한다.

지역사회개발에 대한 지식과 지역사회의 개념들 또한 지역사회기반의 인권활동가들에게 꼭 필요한 것이다. 지역사회는 인권만큼이나 문제가 많은 개념이어서 지역사회활동가가 단지 그것을 단순하고 자명하며 문제가 없는 것으로 받아들이는 것은 위험하다.

지역사회기반의 인권을 '실천' 하고자 하는 모든 사람들에게 분명히 관련되는 지역사회와 공동체들, 그리고 지역사회개발에 대한 방대한 이론들이 있다. 책의 앞부분에서 제시한 바와 같이 지역사회와 인권 개념은 불가피하게 서로 관련되어 있지만, 그것들은 각각 따로 개념화되고 이론화되었다. 따라서 전통적으로 이 두 개념에 대한 관련 이론들이 존재해왔다. 5장에서 지역사회기반의 인권 혹은 아래로부터의 인권이라는 개념을 처음 만들어 그 둘을 통합하려고 시도했는데, 이 개념들 또한 지역사회기반의 인권활동가에 의해 다루어질 필요가 있다.

또한 지역적으로 또 맥락 속에서 이해되는 지식 영역이 있다. 바로 지역사회 자체에 대한 지식이다. 즉 지역사회의 역사, 문화, 인구, 자원, 잠재성, 전통과 특징, 물리적 위치, 자연 환경, 인공적 환경 등에 대한 지식이다. 그 지역사회에 살고 있는 지역기반의 지역사회활동가들에게는 이것들이 쉬울 수 있으나, 그들조차 모르는 점이 있을 수 있다. 활동가는 지역사회 내의 어떤 이민자나 원주민의 전통과 문화에 대해 잘 모를 수 있다. 지역민이 지역사회에 대해 응당 다 알고 있을 것이라고 추정하는 것도 오류이다. 특히 높은 이동성과 문화적 다양성이 존재하는 도시 지역사회에서는 더욱 그러하다.

중요한 또 다른 지식 영역은 '광범위한 환경'에 대한 종합적 지식이다. 정치 구조와 과정에 대한 지식, 광범위한 사회문제들, 이를테면 아동보호, 가정폭력, 빈곤, 범죄, 경제적 문제, 난민과 쉼터를 필요로 하는 사람, 기후 변화, 경찰의 부패 등에 대한 지식이 그 예이다. 이 모두는 지역사회의 환경을 나타낸다. 활동가가 이에 대해 더 많이 알수록 지역사회 수준에서 이 문제들을 인권 문제로 잘 다룰 수 있을 것이다. 이에 덧붙여 재원, 교수, 교육기관, 훈련지도자와 촉진자 등과 같은 광범위한 자원들에 대한 지식도 추가될 수 있다.

이런 여러 형태의 지식들은 다양한 원천에서 나올 수 있다. 분명히 지역사회개발, 인권 혹은 그 관련 분야나 직업에 대한 학위처럼, 적절한 공식적 교육을 통해 주어지는 자격이 있다. 하지만 똑같이 중요한 다른 지식원이 있으며, 관련 학위를 가진 사람만이 지역사회기반의 인권영역에서 일할 수 있다고 생각해서는 안 된다. 이런 지식 원천으로는 독서, 인터넷의 방대한 자원들, 동료나 친구들과의 비공식적 토론, 그리고 단지 지역사회에서 살아온 경험, 인권을 실행하려는 노력 등이 포함된다.

활동가의 지식에서 매우 중요한 요소는 자신이 모르고 있다는 것을 아는 것이다. 아무리 지식이 많은 활동가일지라도 항상 부족한 공백이 있으며, 상대적으로 간과하는 영역이 있을 것이다. 활동가는 다른 영역으로부터 전문지식을 구할 필요가 있고, 더 추가적인 지식을 얻기 위해 노력해야 할 것이다. 지역사회 활동가는 결코 모든 것을 알지 못하며, 지역사회사업을 하기에 충분한 자격을 갖추거나 완전한 준비가 될 때까지 기다리는 것은 영원히 해결되지 못할 과제이다. 지역사회사업은 공식적이든 비공식적이든 계속되는 학습의 과정이다. 그것은 지식이 지속적으로 발전하는 것일 뿐만 아니라 경험과 성찰로부터 나오는 지혜가 증대하는 과정인 것이다.

### 가치

실천가들에게 중요한 가치는 인권이 어떻게 구성되든 분명히 인권에 부합하는 가치들이어야 하며, 이 관점은 아래로부터의 인권의 모든 측면에 스며들어야 한다. 이 점에서 2장에서 논의했듯이 수단과 목표는 분리될 수 없으며, 인권은 인권활동가가 단지 성취하고자 하는 결과가 아니라 그들의 일을 행하는 방식에 영향을 주는 것이어야 한다. 즉 윤리는 인권 사업의 필수 요소이다. 이는 동료와 지역사회 구성원들을 가치 있게 대하고, 관용적이고 존중하는 절차를 사용하며, 반드시 관련된 모든 이의 권리가 보호되고 실현될 수 있도록 하는 것을 포함한다.

지역사회기반의 인권의 가치는 사회정의의 개념도 포함한다. 사회정의는 인권, 그리고 이 책에서 다룬 다른 가치들, 즉 다양성의 가치, 다양성과 상호연관성 양자의 생태학적 가치들, 지속 가능성, 보전 등과 밀접히 관련된다.

활동가는 어디서 이 가치들을 이끌어내고 발전시킬 수 있을까? 가치의 개발은 사회화, 경험, 교육, 정서와 영감 등을 포함하는 복잡하고 논란의 여지가 있는 문제이다. 이것들은 아래에서 다시 한번 언급하겠지만, 여기서는 지식과 마찬가지로 누군가의 가치 입장value position을 발전시키는 과정은 끝이 없는 과정임을 기억하는 것이 중요하겠다. 따라서 지역사회기반의 활동가는 자신의 가치에 대해 비판적으로 인식하고, 항상 대화와 확인 그리고 새로운 도전의 경험에 개방적이어야 한다.

## 기술

아래로부터의 인권의 실천에 사용할 수 있는 많은 기술들이 있지만, 지역사회 인권활동가를 위한 단일의 '기술 세트'는 없다. 여러 활동가들은 일을 하는 데 있어 상이한 강점들을 가지고 있으며, 상이한 방식으로 일할 것이다. 이 기술들에는 옹호, 합의 도출, 교육, 의사소통, 의식 고양, 집단 촉진, 대인 기술, 매체의 이용, 갈등의 조정, 협상, 대중 프리젠테이션, 글쓰기, 조사연구, 자료 분석, 조직화, 자료 보존 등과 같은 것이 포함된다. 이 기술들의 일부는 당연히 모든 지역사회 활동가들이 갖고 있는 것이겠으나, 다른 기술들은 어떤 식으로든 개발되어야 할 것이다. 일부 기술의 경우 활동가는 내가 할 수 있는 것이 아니라는 결론을 내리고 특정 과업을 수행할 수 있는 다른 사람을 찾아야만 할지 모른다.

지역사회사업에서 기술은 전통적 방식으로 학습될 수 없다. 기술을 배우는 것이 아니라, 기술을 개발하는 것에 대해 생각해 보는 것이 더 유용하다. 위에서 언급한 기술들 대부분은 단순히 가르칠 수 있는 것이 아니고 단계별 매뉴얼도 별 쓸모가 없다. '기술을 개발한다'는 생각은 지역사회활동가가 성장하며 그 과정에서 변화한다는 것을 시사한다. 실로 기술 개발의 과정은 지역사회 개발과정과 다르지 않다. 그것은 급히 이루어질 수 없고 자신의 속도로 이루어져야 하며, 결과를 엄밀하게 상술할 수 있는 것이 아니다. 따라서 지역사회개발 교사들에게는 기술 개발이 일어나고, 목표와 결과를 설정한 학습과정을 육성할 수 있는 환경을 제공하는 것이 중요하다.

기술을 학습하는 가장 좋은 방법 중의 하나는, 다른 사람들을 관찰하고 타인과 협동적으로 일해 보는 것이다. 이는 다른 활동가가 행하는 모든 것을 따라 하라는 것이 아니라 그들이 어떻게 일하는지, 타인의 활동으로부터 얻을 수 있는 아이디어는 없는지에 대해 숙고해 보는 것이다. 팀이나 파트너로서 협동하여 일하는 것은 한 활동가가 다른 이의 멘토가 되어 상호 간에 건설적 비판을 하면서, 공동의 노력을 해 볼 수 있는 기회가 된다.

### 지식, 가치, 기술을 공유하는 것

중요한 지역사회개발의 한 원칙은, 지식, 가치, 기술이 독점적 전문주의라는 이름하에 장벽을 둘러치지 말고 두루 공유되어야 한다는 것이다. 이는 지역사회개발의 능력 고취라는 목표에 해당되는 것인데, 그것을 통해 지역사회 주민들은 스스로의 지식, 가치, 기술을 개발하여, 지역사회개발 활동가에 의존하지 않고 스스로 많은 역할을 수행할 수 있게 된다.

예컨대, 어떤 정치가에 대한 로비를 계획할 때, 유급의 지역사회활동가만이 경험이 있고 그 일을 효과적으로 진행할 수 있는 자신감을 가지고 있을 수 있다. 하지만 훌륭한 지역사회 활동가라면, 혼자서 정치인을 상대하기보다 다른 지역사회구성원들이 대표단의 일부가 되도록 할 것이다. 그들은 또한 차후에 다른 사람들이 로비를 할 수 있도록 다른 지역사회 구성원들과의 모임을 논의할 것이다. 매체 발행, 인터뷰, 조사, 회의 도우미 등도 마찬가지로 이루어질 수 있다. 이 활동들은 모두 학습 기회가 된다. 이런 식으로 책임은 함께 공유되고, 자신감과 자기 이미지가 개발되며, 지역사회는 더욱 강해질 수 있다.

위의 예는 기술을 공유하는 것에 대한 것이나, 지식과 가치에도 똑같이 적용할 수 있다. 토론 집단, 영화, DVD, 컴퓨터 이용, 그리고 단순한 비공식적 토론, 예컨대 지역사회 회합을 위한 커피를 만드는 동안의 토론 등을 통해 지식을 나눌 수 있다. 가치를 공유하는 것은 좀 힘들 수 있는데, 하지만 사람들이 자신의 가치, 그리고 자신이 생각하기에 중요한 것, 희망, 꿈, 두려움 등에 대해 이야기할 수 있는 환경은 조성될 수 있다. 인권의 진술은 가치를 진술한 것이므로, 인권에 초점을 두면 가치를 논할 좋은 기회가 된다. 가치 태도value position를 충분히 공유하거나 인권의 이면에 깔린 가치와 이념에 대해 충분히 숙고하지 않고서, 한 지역사회나 집단이 '인권 매트릭스'와 같은 과정을 밟는 것은 불가능하다.

실로 인권이 지역사회개발에 포함된다면 사람들은 지식, 가치, 기술을 개발할 권리가 있다고 주장할 수 있을 것이며, 그 결과 자신과 타인의 권리를 더욱 적절히 표명하고 옹호할 수 있게 될 것이다. 따라서 지역사회기반 인권의 모든 단계에서 지식, 가치, 기술을 공유하는 것은 건강한 지역사회개발의 원칙일 뿐만 아니라 인권 실천의 한 형태가 된다.

## 계속되는 여정

과정과 결과의 문제는 2장에서 다루었다. 여기서는 지역사회개발과 아래로부터의 인권에서의 과정의 중요성을 강조해야겠다. 우리가 인권이 의미하는 바가 무엇인지, 인권을 달성하기 위해 무엇을 해야 하는지를 찾아내는 것은 바로 과정, 즉 계속되는 여정ongoing journey을 통해서이다. 그것은 결코 종착점이 없는 여행이다. 인간을 하나의 이상ideal, 완전한 인간으로 정의하려는 시도는 아우슈비츠의 망가진 가스실의 폐허 속에나 존재하고, 마찬가지로 완벽히 이상적인 지역사회를 만들려는 노력은 스탈린주의의 공산주의의 폐허 속에나 있을 뿐이다. 20세기의 역사는 우리에게 완전한 인간과 완전한 지역사회를 향한 야망의 위험성을 분명히 알려주었다. 이는 계몽주의 모더니티의 필연적 종착점이었으며, 지역사회기반의 인권은 그런 그릇된 이상주의를 피해야 할 것이다.

중요한 것은 종착점end이 아니라 여정journey이다. 지역사회기반의 인권이 가진 풍부한 잠재성이 실현될 수 있는 것은 최종 '도착'에 대한 기대 때문이 아니라, 움직이면서 우리가 겪는 것들에 대해 밝히고, 새로운 길과 방향을 찾는, 그런 여정을 통해서이다. '인간성'은 여러 시대와 장소에 따라 재구성되는 것이기 때문에, 인권의 본질은 항상 진행 중인 것work-in-progress이 될 것이다. 예컨대, 세계인권선언 시대의 인간성 해석에는 현재의 '인간'의 이해에 매우 중요한 긴급성을 갖는 자연세계와의 상호관련성은 포함되지 않았다. 하지만 이 해석조차도 미래 시대에는 분명히 계속 변할 것이다.

또하나의 계속되는 여정은 공유의 인간성shared humanity이다. 5장에서 논의했듯이 공통의 인간성common humanity에 반하는 개념으로서 공유의 인간성을 전제하면, 인간 그리고 그에 따른 인권은 계속되는 프로젝트가 된다. 공유란 우리가 기여할 수 있는 부분에 대해서는 기여하고, 우리가 필요로 하는 것을 얻어간다는 것을 의미한다. 따라서 공유의 인간성은 우리가 '인간성'을 이해하는 데 기여할 수 있는 부분은 기여를 하고, 또 그와 비슷한 타인의 기여로부터 우리가 필요한 것을 얻을 수 있는 계속적 과정이 된다. 이 때 인간성은 정적이지 않고 역동적인 것이 되며, 우리는 더 이상 유일한 이상적 인간을 찾아 어떤 궁극적 목적지에 도달하는 것에 관심을 둘 필요가 없게 된다. 지역사회도 마찬가지이다. 그것은 정태적이거나 어떤 도달해야 할 목적지일 수 없다. 우리가 모더니티의 확실성을 추구하는 것을 거부하고 과정을 신뢰할 수만 있다면, 지역사회는 새롭고 기대되는 길이 열리는, 흥분, 희망, 실망, 꿈, 마법과 행복이 나타나는 계속되는 여정일 것이다.

지구적 자본과 문화, 매체의 영향력에도 불구하고 지역사회는 특정 맥락 속에서 이해되는 경향이 있었지만, 인권은 4장에서 논의한 '순진한 보편주의'의 문제점에도 불구하고 보편적인 것으로 이해되는 경향이 있었다. '지역사회기반의 인권' 혹은 '아래로부터의 인권'이라는 개념을 통해 지역사회와 인권을 통합하기 위해서는 그 각각을 다른 하나의 면에서 이해할 필요가 있고, 4장에서 다룬 것과 같이 보편성과 맥락을 통합할 필요가 있다. 따라서 그것은 인권에서의 가장 곤란한 문제들 중의 하나를 해결하는 유망한 방법이 된다. 보편과 맥락 사이의 긴장, 그 양자를 통합할 필요성은 지역사회기반의 인권을 이해하는 데 핵심이 된다.

지역사회기반의 인권의 또 다른 핵심은 이 책의 계속되는 주제인 다양성이다. 이 책에서 묘사한 아래로부터의 인권의 희망을 실현시키고자 한다면, 인권 개념과 지역사회 개념에는 다양성이 포함되어야 한다. 이는 순응과 동일성을 추구하는 모더니티 프로젝트에 의문을 제기하며, 아래로부터의 인권이 인류의 미래에 대한 전망으로서 성장과 동일성이 아니라 지속 가능성과 다양성의 세계관을 추구하도록 만든다.

## 영감과 희망

현 시대에서 중요한 사회·경제적, 정치적 변화를 추구하는 사람들에게 중요한 문제점의 하나는, 더 나은 미래에 대한 희망을 담은 전통적 이념들이 거의 신뢰를 잃고 있다는 것이다. 사회주의는 스탈린식 공산주의에 의해 신뢰를 잃었다. 사회민주주의는 적어도 영어권 국가에서는 영국 노동당의 '제3의 길'과 동일시되고 변질되었다. 시장 이데올로기와 자유방임 자본주의는 2008-9년의 전 세계 재정위기로 인해 불신 받게 되었다.

세속적 서구 사회에서 전통적 종교들은, 근본주의의 단순함에 매료된 사람들 외에 소수의 사람들에게만 호소력을 갖는다. 계몽주의가 약속한 인본주의적 대안 또한 20세기의 전쟁과 대학살, 그리고 19세기에 절정이었지만 21세기에서조차도 영향력이 남아 있는 식민주의에 의해 신뢰를 잃었다. 그런 많은 약속들이 거짓으로 드러난 이때에 사람들이 더 나은 세상에 대한 약속 혹은 언덕 위의 불빛light on the hill*에 대해 공감하기란 쉽지 않다. 인권 자체도 서구의 세속적 휴머니즘과 강하게 연결된다면, 마찬가지로 신뢰를 잃고 새로운 대안적 비전을 필요로 할 것이다.

그렇다면 지역사회 인권활동가는 어떤 형태의 영감inspiration과 희망hope을 되찾기 위해 어디를 향해야 할까? '인간 정신의 승리the triumph of the human spirit' 같은 모호한 이야기는, 그런 정서가 여전히 강할지라도 이제 더는 적절하지 않은 것 같다. 이 책 내내 인권과 지역사회개발의 핵심 개념들, 즉 인간과 지역사회 개념이 재고될 필요가 있고, 그 각각은 상대편에 비추어 고려될 수 있음을 제시했다. 분명히 계몽주의의 모더니티의 속박에서 벗어나 다양성을 지지하고, 보편성과 맥락 간의 긴장관계를 극복하며, 소비 증가와 성장이 아닌 지속 가능성을 추구하고, 비非인간세

* 호주 노동당(the Australian Labor Party)의 캐치프레이즈

계와 새로운 계약을 필요로 하는 대안적 세계관으로 이동할 필요가 있다. 생태학적 위기는, 장기적으로 지역사회와 인간성을 존중하는 어떤 형태의 '인간 문명human civilization'이 지속되기를 바란다면, 그러한 변화 외에는 대안이 없음을 시사한다.

그러한 근본적 사고의 전환을 위해 영감의 원천은 중심부가 아니라 주변부로부터 나올 것 같다. 학문이 분명 중요하긴 하지만 세상을 보는 유일한 방법은 아니다. 그리고 일부 전통적 학문, 특히 경제학과 '사회과학들'은 해결책이 아니라 오히려 문제가 되었다.

미드글리(Mary Midgley, 2001)는 지도에 비유하였다. 지구의 동일한 부분이 여러 다양한 지도에서 다르게 그려질 수 있다.. 한 지도는 길과 철로를 나타낼 수 있고, 또 다른 것들은 물리적 특징, 초목 양태, 인구밀도, 지리적 형태, 언어 분포, 정치적·행정적 경계, 군사적으로 전략적 중요성을 갖는 물체, 레크리에이션과 오락, 할인점 장소 등을 보여줄 수 있다. 그것들 모두는 이 지구의 똑같은 부분들을 다르게 보여주는 것이고, 그 각각은 정확한accurate 것이지만 매우 다르게 보인다. 어느 것도 다른 것보다 더 '타당'하거나 더 '사실'이라고 말할 수는 없다.

학문은 우리에게 우리의 사회적 세상social world에 대한 어떤 '지도'를 제공해 준다. 한 지도는 어떤 목적에는 유용하겠지만, 그만큼 똑같이 중요하고 또 다른 목적을 위해서 더 유용성을 가진 또 다른 지도도 있다. 관심을 두는 것이 '인간성humanity'이라면, 분명히 '인간the human'을 과학적 연구의 대상으로 삼는 것뿐만 아니라, 인간과 그것의 문제적 본성problematic nature을 연구초점으로 삼는 분야들, 즉 인문학을 활용하는 것도 중요하다. 철학, 역사, 문학, 시, 미술, 음악, 영화 그리고 연극은 인간성과 그것의 문제점에 대해 많은 것을 이야기해 주는데, 그럼에도 불구하고 그것들은 인권 혹은 지역사회개발이 논의되고 연구될 때에는 흔히 경시된다.

하지만 그런 분야들은 우리가 '고정관념에서 벗어나 생각하는 것'을 돕고, 우리의 선입견에 도전하며, 엉뚱하고 불가능할 것 같지만 실은 우리에게 필요한 아이디어들을 제공해 준다. 인문학은 인권에 대해 이야기해 줄 수 있는 게 많다. 피카소의 게르니카, 오웬의 시, 딜란의 노래, 하벨의 연극, 쇼스타코비치의 교향악, 디킨즈의 소설, 홉스봄의 역사 기록, 칸트의 철학, 그리고 인권뿐만이 아니라 인간성, 자연세계와 지역사회에 대한 심오한 것들을 말하고자 했던 수많은 철학자, 역사가, 작가, 시인 그리고 예술가 등에 대해 생각해 보기만 해도 알 수 있다.

위의 예들은 물론 모두 서구사회 출신들이지만, 아랍과 라틴 아메리카의 시인들, 아프리카 음악가들, 호주 원주민 예술가들, 중국과 인도 철학자들 등 다른 문화권 출신의 위대한 사상가와 창의적인 예술가들도 그들에 필적하는 사람들이다. 하지만 주류 인권 담론에서는 이들을 주로 생략하거나 아니면 경시하였다. 이들은 인권과 지역사회의 현장에서 중요한 역할을 하는 것으로 간주되어야 함에도 불구하고, 거기서 주변적인 것으로 간주된다.

지역사회개발의 관점에서 보면 가장 큰 변화의 전환점에 이를 수 있는 것은, 고급문화의 한계에서 벗어나 흔히 지역사회 수준에서 표현되는 창조적 예술을 통해서이다. 길거리 연극, 지역 예술가, 연극 워크숍, 지역 음악가, 공동체 비디오, 스토리텔링 축제 같은 것들 말이다.

이는 인권과 지역사회개발에서 전통적인 지식의 중요성을 부정하는 것은 아니다. 변호사, 사회학자, 정치가 그리고 경제학자 모두는 물리학자가 이 환경 위기의 시대에 기여하는 것과 마찬가지로 중요한 기여를 한다. 하지만 지역사회 기반의 인권활동가가 다른 원천으로부터 통찰력을 찾는 것도 중요하다. 즉 꿈꾸고, 시를 읽고, 음악을 듣고, 영화를 보며, 그러한 매체들을 인간성과 지역사회에 대한 중요한 질문을 하고 답을 구하는 데 이용할 수 있어야 한다. 예술가들은 흔히 남들이 하지 않거나 할 수 없는 질문들을 할 수 있으며, 남들이 감히 제시하지 못하는 엉뚱한 '답'을 제시할 수도 있다.

아래로부터의 인권 맥락에서 보면 인권사업은 창조적인 것이어야 한다. 간단한 교과서식 해결책이 없을 때 실천가는 상상력을 동원하고, 다양한 원천으로부터 영감을 얻어서 창의적인 대안을 내놓을 수 있어야 한다. 창의성은 흔히 대부분의 인권활동가가 다루어야만 하는 관리지향적, 기술관료적, 법적 담론들 속에서 좌절되고 만다. 하지만 그런 담론들을 재검토하고, 대안들을 그리며, 그 담론들에 영향을 주기 위해서는 창의성이 필요하다. 인권활동가는 지역사회개발 접근을 통해 지역사회와 관계함으로써 관리지향적이고 질서정연한 하향식의 모더니티 세상에서 결여하고 있는 영감과 희망을 발견할 것이다.

인권, 특히 지역사회 기반의 인권을 위한 가장 성공적 방법의 하나는, 문을 여는 것이다. 이는 전통적 담론의 경계를 넘어 다른 원천의 지식, 지혜, 탐구에 개방적이어야 함을 의미한다. 다른 사람들, 다른 지식 분야, 다른 생각들에 대해 개방적이어야 한다. 또한 인권이라는 것을 궁극적 목적을 향해 단선적으로 나아가는 진보로 보지 않고, 행동과 이해를 위한 수많은 가능성을 찾아나가는 것으로 보면서 새로운 방향에 개방적인 태도를 지녀야 한다. 아래로부터의 인권은, 우리가 그 수많은 가능성들을 보고 따를 수 있는 용기와 상상력을 가지고 있기만 하다면, 그 가능성은 바로 지역사회 단위에서 찾을 수 있음을 시사한다.

부록

# 인권 매트릭스

## 워크숍 개요

1. 인사말 등이 이루어진다. 촉진자는 그 워크숍의 프로그램을 소개한다.
2. 촉진자facilitator는 매트릭스의 가로축에 사용되는 7가지 차원을 확인하며, 인권의 여러 상이한 차원들에 대해 발표한다.
3. 촉진자는 다양성을 강조하면서, 인권의 문화적, 종교적, 철학적 그리고 이념적 기원에 대한 생각들을 발표한다.
4. 참여자는 일곱 집단으로 나뉜다(큰 집단의 경우 7의 배수로). 각 집단에게 사회적 권리, 경제적 권리 등 권리의 한 범주를 할당하고, 그 권리 범주에다 이전 발표에 나온 개념들을 적용해보도록 한다. 각 집단은 인권의 문화적, 종교적, 철학적 그리고 이념적 전통에 대한 질문꾸러

미를 받고, 종이에 자신의 생각을 적도록 한다.

5. 각 소집단은 다른 사람들이 질문하고 제안할 수 있는 시간을 부여하고, 다시 전체 집단에게 간단히 보고한다.
6. 촉진자는 권리의 개인적 그리고 집합적 개념에 대해 간단히 발표한다.
7. 각 집단은 다른 권리 범주를 부여받고(예컨대, 처음에 사회적 권리를 할당받은 집단은 경제적 권리를 할당받을 수 있다), 개인적/집합적 권리와 관련된 새로운 질문꾸러미를 받아 그 과정을 되풀이한다.

이 과정(3단계에서 5단계)은 총 8개의 질문꾸러미가 권리의 7범주에 다 적용될 때까지 반복된다. 즉 매트릭스의 총 56개의 섹션이 완성되고, 총 56장의 종이가 모아진다(혹은 7집단 이상이 있다면 더 많이 될 것이다.).

다음 과업은 56장의 종이를 가져와서 여전히 똑같은 제목을 사용하여 그 생각들을 하나의 문건으로 종합하는 것이다. 이는 큰 집단으로부터 선발된 한 소집단에 의해 이루어지는 것이 이상적인데, 다른 어떤 상황에서는 시간과 여타 요인에 따라 촉진자가 행하는 것이 더 나을 수도 있다. 그러고 나면 이 문건은 인권에 대한 그 집단 자신의 선언이 될 수 있다. 그것은 이어지는 토론에 사용하거나 행동계획을 개발하는 데 이용될 수 있으며, 혹은 그것을 수정하기 위해 추가적 과정을 거칠 수도 있다.

적당한 기술technology을 사용할 수 있고 그 집단이 충분히 컴퓨터를 사용할 줄 안다면, 휴대용 컴퓨터를 종이 대신 사용할 수 있으며, 그 과정은 컴퓨터로 저장되고 모든 집단들이 공유할 수 있는 매트릭스를 만들 수 있게 된다.

전 과정은 적어도 만 하루 동안, 이상적으로는 이틀이 걸릴 것이다. 하지만 시간이 부족하거나 집단이 너무 작아 7집단으로 나누기 어렵다면 좀 더 간소화된 버전으로 개발할 수 있다.

## 토론을 위한 질문

(어떤 특정 집단을 위해서는 자구 표현을 바꾸어야 할 것이다.)

1. **문화적, 종교적, 철학적 그리고 이념적 전통과 권리에 대한 이해**
   문화, 철학, 종교 그리고 이데올로기에 의해 형성된, 상이한 세계관들로부터 나오는 인권에 대한 상이한 구성들constructions이 있다.

   a. 각 인권 범주는 상이한 문화적 전통들에서 어떻게 이해되는가?
   b. 각 인권 범주는 상이한 종교적 전통들에서 어떻게 이해되는가?
   c. 서구권과 비非서구권의 사상에서 이러한 권리들의 철학적 기초는 무엇인가?
   d. 이 권리들은 상이한 정치 철학/이데올로기, 예컨대 자유주의, 사회주의, 보수주의, 무정부주의, 녹색이념, 신자유주의 등과 어떻게 관련되는가?

2. **권리에 대한 개인적 그리고 집합적 이해**
   인권은 개인적 권리(한 개인의 권리) 그리고 집합적 권리(한 집단의 권리)로 이해될 수 있다.

a. 특정 개인에게 '속하는' 권리로서, 각 인권 범주는 어떻게 개별적으로 이해될 수 있는가?
b. 특정 지역사회, 사회적 집단, 문화적 집단, 국가 혹은 사회에 '속하는' 권리로서, 각 인권 범주는 어떻게 집합적으로 이해될 수 있는가?
c. 각 인권 범주에서 개인적 그리고 집합적 이해 사이의 긴장은 어떻게 나타나는가?

### 3. 사적/가정 영역 그리고 공적/시민의 영역에서의 권리

인권은 공적 영역public sphere뿐만 아니라 가정 영역domestic sphere에도 적용된다. 예: 시민 사회에서의 표현의 자유권과 가족 내에서의 표현의 자유권.

a. 각 인권 범주는 어떻게 가족이나 가구의 사적 영역에 적용되는 것으로 이해될 수 있는가?
b. 각 인권 범주는 어떻게 지역사회, 사업장, 국가 혹은 시민사회의 공적 영역에 적용되는 것으로 이해될 수 있는가?
c. 주로 가정 영역에 국한되어 생활하는 사람들, 예컨대 수많은 여성과 아동, 수발자carers에 의존하는 사람, 수발자 본인 등에게 이러한 구분은 어떤 함의를 갖는가?

### 4. 권리와 법원과 법, 재판 등을 통한 보호

a. 이 권리들은 어느 정도 재판을 통해 보호될 수 있는가? (법, 법원,

법적 조치, 기소 등과 같은 법적 절차를 통해 보호되고 보장되고 실현될 수 있는가?)

b. 권리들의 재판가능성은 어떻게 향상될 수 있을까?
c. 권리들의 재판가능성의 한계는 무엇인가?
d. 이런 권리들의 법적 구성은, 우리가 이 권리들을 이해하는 방식과 그것을 보호하기 위해 행동하는 방식에 제약을 가하는가?

**5. 권리와 억압: 계급, 성, 인종, 연령, 장애, 섹슈얼리티**

인권침해는 억압받거나 박탈된 집단에서 더 자주 발생하고 또 더 심각하다.

a. 계급, 인종, 성gender, 연령, 장애, 섹슈얼리티 등의 구조와 담론들은 각 권리 범주의 보호와 실현에 어떻게 영향을 미치는가?
b. 각 권리 범주와 관련하여, 취약집단 혹은 권력이 없는 집단의 인권을 보호하기 위해 어떤 특별한 조치가 취해져야 하는가?
c. 인권사업과 불리의 구조와 담론을 극복하려는 사회운동은 어떤 관계인가?

**6. 책임: 개인, 가족, 지역사회, 시민사회, 국가, 세계**

모든 권리는 책임을 의미하며, 인권의 실현과 보호는 그에 따르는 책임이 구체화되고 이행되지 않으면 의미가 없다.

a. 인권은 행사되지 않는다면, 그것을 갖는다는 것은 별 의미가 없다. 각 권리 범주에 있어 그것들이 실제로 행사되도록 보장해야

할 책임은 무엇인가?

b. 각 권리 범주와 관련하여, 그 권리를 책임 있게 행사할 권리를 요구하는 사람이나 집단의 의무는 무엇인가?

c. 다른 시민이 각 범주 내의 자신의 권리를 행사할 수 있도록 보장해야 하는 사적 시민private citizen의 책임은 무엇인가?

d. 각 인권 범주가 전문가의 활동 과정에서 촉진되고 보호될 수 있도록 해야 하는 전문가(예: 교사, 의사, 성직자, 변호사, 의료인, 엔지니어, 건축가, 개발 활동가 등)의 책임은 무엇인가?

e. 각 인권 범주의 실현과 보호를 위한 지역사회의 책임은 무엇인가?

f. 각 인권 범주의 실현과 보호를 위한 국가의 책임은 무엇인가?

g. 각 인권 범주의 실현과 보호를 위한 기업의 책임은 무엇인가?

h. 각 인권 범주의 실현을 위한 지역적 그리고 지구적 조직의 책임은 무엇인가?

7. 과거와 미래 세대에 대한 세대 간 책임

인권에 동반하는 책임성은 현재에만 존재하는 것은 아니다. 우리는 과거의 인권 침해에 대한 책임을 인정하고 미래 세대에 대한 책임도 인정한다.

a. 각 인권 범주의 경우, 현재 책임을 져야 하는 과거의 인권 침해가 있는가? 그렇다면 그 책임은 무엇이며, 누가 그 책임을 져야 하는가?

b. 각 인권 범주의 경우, 미래 세대의 인권을 보호해야 하는 현 세대

의 책임이 있는가? 그렇다면 그 책임은 무엇이고, 누가 그 책임을 져야 하는가?

**8. 교육, 대화의 촉진, 의식 고양, 지역사회 인식, 행동**

인권은 사람들이 그것을 인식할 때, 또 자신과 타인 모두의 권리를 구성하고, 요구하고 보호하고 촉진함에 있어서 자신들의 역할을 인식할 때만이 실현될 수 있다.

a. 각 인권 범주의 경우, 그 권리의 의미와 실현 보호를 둘러싼 공적 논의가 어느 정도로 활발한가?
b. 각 권리 범주에 대한 지역사회의 인식은 어떻게 개선될 수 있는가?
c. 개인과 집단이 권리에 대한 자신의 시각에 대해 토론하고 논쟁하고 구성하는 데 참여하도록 어떻게 독려할 수 있는가?
d. 각 인권 범주의 경우, 권리와 그것의 의미에 관한 대화에 참여해야 하는 중요한 집단은 누구인가?
e. 각 인권 범주의 경우, 인권에 대한 의식을 고양하는 데 있어서 정부, 지역사회집단, 교육기관의 역할은 무엇인가?
f. 각 인권 범주의 경우, 그것들이 보호되고 존중되고 실현되기 위해서 지역사회 내에서 이루어져야 할 조치는 무엇인가?

## 매트릭스 (Matrix)

| | 사회적 권리 | 경제적 권리 | 공민적/정치적 권리 | 문화적 권리 | 환경적 권리 | 영적 권리 | 생존적 권리 |
|---|---|---|---|---|---|---|---|
| 권리의 예 (누락된 것도 있음) | 가족생활, 사생활, 레크리에이션/여가, 교육, 파트너의 선택, 라이프 스타일, 섹슈얼리티, 주거 | 기본적 생활수준, 생계유지, 노동, 사회보장, 저축, 지출의 선택 | 자유로운 의사 및 집회, 투표, 공정한 재판, 공직 피선거권, 조직에의 참여, 노조와 파업에의 참여 | 문화적 표현, 문화적 관습, 의상, 종교적 표현, 지적재산, 원주민의 땅에 대한 권리 | 무공해, 무독성, 야생성, 아름다움, 지속 가능성, 땅에 대한 접근성 | 선택의 자유, 종교적 표현, 풍습, 개인적 성취, 신성시되는 땅/물건 | 생명, 음식, 물, 쉼터, 옷, 의료, 안전 |
| 문화적, 종교적, 철학적 그리고 이념적 전통과 권리에 대한 이해 | | | | | | | |
| 권리에 대한 개인적 그리고 집합적 이해 | | | | | | | |
| 사적/가정 영역과 공적/시민의 영역에서의 권리 | | | | | | | |

| | | | | | | | |
|---|---|---|---|---|---|---|---|
| 권리와, 법원 과 법, 재판 등을 통한 보호 | | | | | | | |
| 권리와 억압 :<br>계급, 성(gender),<br>인종, 연령, 장애,<br>섹슈얼리티 | | | | | | | |
| 책임 :<br>개인, 가족, 지역사회,<br>시민사회, 국가, 세계 | | | | | | | |
| 과거와 미래 세대에 대한 세대 간 책임 | | | | | | | |
| 교육, 대화의 촉진,<br>의식 고양<br>지역사회 인식<br>행동 | | | | | | | |

# 참고문헌


Ackerly, B. 2008, *Universal Human Rights in a World of Difference*, Cambridge University Press

Adger, W.N., Paavola, J., Huq, S. & Mace, M.J. (eds) 2006, *Fairness in Adaptation to Climate Change*, CambridgeMass.: MIT Press

Alinsky, S. 1969, *Reveille for Radicals*, New York: RandomHouse

Alinsky, S. 1971, *Rules for Radicals: A Practical Primer for Realistic Radicals*, New York: Random House

Angle, S. 2002, *Human Rights and Chinese Thought: A Cross-Cultural Inquiry*, Cambridge University Press

Appelbaum, D. 1995, *The Vision of Kant, Shaftesbury Dorset: Element Books*

*Armstrong, K. 2000, The Battle for God: Fundamentalism in Judaism, Christianity and Islam, London: Harper-Collins*

*Ashworth, G. 1999, 'The silencing of women' in Dunne, T. & Wheeler, N.J. (eds) Human Rights in Global Politics, Cambridge University Press*

*Aziz, N. 1999, 'The human rights debate in an era of globalization' in Van Ness, P. (ed.), Debating Human Rights: Critical Essays from the United States and Asia*, London: Routledge, pp. 32–55

Baldissone, R. 2009, *A time of openings: beyond modern fundamentalisms*, Perth: Curtin University of Technology (unpublished PhD thesis)

Barlow, M. 2007, Blue Covenant: *The Global Water Crisis and the Coming Battle for the Right to Water*, Toronto: McClelland & Stewart

Bauer, J. & Bell, D. (eds) 1999, *The East Asian Challenge for Human Rights*, Cambridge University Press

Bauman, Z. 1993, *Postmodern Ethics*, Oxford: Blackwell

Bauman, Z. 1995, *Life in Fragments: Essays in Postmodern Morality*, Oxford: Blackwell

Bauman, Z. 2001, *Community: Seeking Safety in an InsecureWorld*, Cambridge: Polity Press

Beardsworth, R. 1996, *Derrida and the Political*, London: Routledge

Beetham, D. 1999, *Democracy and Human Rights*, Cambridge: Polity Press

Bello, W. 2002, *Deglobalization: Ideas for a New World Economy*, New York: Zed Books

Bentham, J. 2001, 'Anarchical fallacies: a critical examination of the Declaration of Rights' in Hayden, P. (ed.) 2001, *The Philosophy of Human Rights*, St Paul: Paragon House

Boal, A. 1979, *Theatre of the Oppressed*, London: Pluto Press

Bobbio, N. 1996, *The Age of Rights* (trans. A. Cameron), Cambridge: Polity Press

Bornstein, D. 2004, *How to Change the World: Social Entrepreneurs and the Power of New Ideas*, Oxford University Press

Boucher, D.&Kelly, P. (eds) 1998, *Social Justice: from Hume toWalzer*, London: Routledge

Brecher, J. & Costello, T. 1994, *Global Village or Global Pillage: Economic Reconstruction from the Bottom Up*, Boston: South End Press

Brems, E. 2003, 'Protecting the rights of women' in Lyons, G. & Mayall, J. (eds), *International Human Rights in the 21st Century: Protecting the Rights of Groups*, Lanham Md: Rowman & Littlefield

Briskman, L., Latham, S. & Goddard, C. 2008, *Human Rights Overboard: Seeking Asylum in Australia*, Melbourne: Scribe

Bronk, R. 2009, *The Romantic Economist*, Cambridge University Press

Brown, C. 1999, 'Universal human rights: a critique' in Dunne, T. & Wheeler, N.J. (eds), *Human Rights in Global Politics*, Cambridge University Press

Bryant, B. (ed.) 1995, *Environmental Justice: Issues, Policies and Solutions*, Washington DC: sland Press

Brysk, A. (ed.) 2002, *Globalization and Human Rights*, Berkeley: University of California Press

Bryson, L. 1992, *Welfare and the State: Who Benefits?*, London: Macmillan

Bryson, L. & Mowbray, M. 1981, *'Community: the spray-on solution'*, Australian Journal of Social Issues, 16 (4), pp. 255–67

Buber, M. 2002, *Between Man and Man*, London: Routledge

Calhoun, C. 1995, *Critical Social Theory: Culture, History and the Challenge of Difference*, Oxford: Blackwell

Caney, S. & Jones, P. (eds) 2001, *Human Rights and Global Diversity*, London: Frank Cass

Carroll, J. 2004, *The Wreck of Western Culture: Humanism Revisited*, Melbourne:

Scribe

Carter, A. 1999, *A Radical Green Political Theory*, London: Routledge

Cassese, A. 1990, *Human Rights in a Changing World*, Philadelphia: Temple University Press

Castells, M. 1997, *The Information Age: Economy, Society and Culture, vol. 2, The Power of Identity*, Malden Mass.: Blackwell

Chile, L. (ed.) 2007, *Community Development Practice in New Zealand: Exploring Good Practice, Auckland*: Institute of Public Policy, AUT

Considine, M. & Painter, M. (eds) 1997, *Managerialism: The Great Debate*, Melbourne: Melbourne University Press

Craig, G. 2007, 'Community capacity-building: something old, something new . . . ?' *Critical Social Policy*, 27 (3) pp. 335–59

Craig, J. 1993, *The Nature of Co-operation*, Montreal: Black Rose

Crotty,M. 1998, *The Foundations of Social Research:Meaning and Perspective in the Research Process,* Sydney: Allen & Unwin

Dalacoura, K. 2003, Islam, *Liberalism and Human Rights*, London: Tauris & Co.

Daly, H. 1997, *Beyond Growth: The Economics of Sustainable Development*, Boston: Beacon Press

Davis, M. (ed.) 1995, *Human Rights and Chinese Values: Legal, Philosophical, and Political Perspectives*, New York: Oxford University Press

Diamond, J. 1998, Guns, *Germs and Steel: A Short History of Everybody for the Last 13,000 Years*, London: Vintage

Diamond, J. 2005, *Collapse: How Societies Choose to Fail or Succeed,* New York: Viking

Diesendorf,M. & Hamilton, C. (eds) 1997, *Human Ecology, Human Economy: Ideas for an Ecologically Sustainable Future*, St Leonards NSW: Allen & Unwin

Douzinas, C. 2000, *The End of Human Rights*, Oxford: Hart Publishing

Douzinas, C. 2007, *Human Rights and Empire: The Political Philosophy of Cosmopolitanism*, Abingdon, Oxon: Routledge-Cavendish

Doyal, L. & Gough, I. 1991, *A Theory of Human Need*, London: Macmillan

Drengson, A. & Inoue, Y. (eds) 1995, *The Deep Ecology Movement: An Introductory Anthology,* Berkeley: North Atlantic Books

Durkheim, E. 1933, *The Division of Labor in Society* (trans. G. Simpson), New York: Free Press

Dyer, G. 2008, *Climate Wars*, Melbourne: Scribe

Eckersley, R. 1992, *Environmentalism and Political Theory,* New York: SUNY Press

Ekins, P. &Max-Neef,M. (eds) 1992, *Real-Life Economics: Understanding Wealth Creation*, London: Routledge

Falk, R. 1993, 'The making of global citizenship' in Brecher, J., Childs, J. & Cutler, J. (eds), *Global Visions: Beyond the New World Order*, Boston Mass.: South End Press,

pp. 39–50

Falk, R. 2000a, *Human Rights Horizons: The Pursuit of Justice in a Globalizing World*, New York: Routledge

Falk, R. 2000b, 'Global society and the democratic prospect' in Holden, B. (ed.), *Global Democracy: Key Debates*, London: Routledge, pp. 162–78

Falk, R., Ruiz, L.&Walker R. (eds) 2002, *Reframing the International: Law, Culture, Politics*, New York: Routledge

Fay, B. 1975, *Social Theory and Political Practice*, London: Allen & Unwin

Fay, B. 1987, *Critical Social Science*, Cambridge: Polity Press

Foucault, M. 1970, *The Order of Things*, London: Routledge

Foucault, M. 1986, 'Truth and power' in Rabinow, P. (ed.), *The Foucault Reader: An Introduction to Foucault's Thought*, Harmondsworth: Penguin Books

Freeman, M. 2002, *Human Rights,* Cambridge: Polity Press

Freire, P. 1972, *Cultural Action for Freedom*, Harmondsworth: Penguin Books

Freire, P. 1985, *The Politics of Education: Culture, Power, and Liberation* (trans. D.Macedo), Westport Conn.: Bergin & Garvey

Freire, P. 1996, *The Pedagogy of the Oppressed*, Harmondsworth: Penguin Books

French, M. 1992, *The War Against Women*, Oxford: Blackwell

Gale, F., Bolzan, N. &McRae-McMahon, D. (eds) 2007, *Spirited Practices: Spirituality and the Helping Professions*, Crows Nest NSW: Allen & Unwin

Galtung, J. 1994, *Human Rights in Another Key*, Cambridge: Polity Press

Gandhi, M. 1964, *Gandhi on Non-Violence: Selected Texts from Mohandas K. Gandhi's 'Non-Violence in Peace and War'*, Merton, Thomas (ed.), New York: New Directions Publishing

Garkawe, S., Kelly, L. & Fisher, W. 2001, *Indigenous Human Rights*, Sydney: Sydney Institute of Criminology Monograph Series no. 14

Gastil, J. 1993, *Democracy in Small Groups: Participation, Decision Making and*

*Communication*, Philadelphia: New Society Publishers

George, V. & Wilding, P. 1994, *Welfare and Ideology*, London: Harvester Wheatsheaf

Gewirth, A. 1996, *The Community of Rights*, University of Chicago Press

Goodale, M. (ed.) 2009, *Human Rights: An Anthropological Reader*, Oxford: Blackwell

Goodale, M. & Merry, S. (eds) 2007, *The Practice of Human Rights: Tracking Law Between the Global and the Local*, Cambridge University Press

Goodin, R. 1995, *Utilitarianism as a Public Philosophy*, Cambridge University Press

Gramsci, A. 1957, *The Modern Prince, and Other Writings*, New York: International Publishers

Hamilton, C. 2003, *Growth Fetish*, Crows Nest NSW: Allen & Unwin

Havel, V. 1991, *Vaclav Havel: Open Letters*, London: Faber & Faber

Havel,V. 1992, *SummerMeditations: on Politics*, Morality and Civility in a Time of Transition, London: Faber & Faber

Hayden, P. (ed.) 2001, *The Philosophy of Human Rights*, St Paul: Paragon House

Held, D. 2006, *Models of Democracy*, 3rd edn, Stanford Calif.: Stanford University Press

Henderson, H. (with Simran Sethi) 2006, *Ethical Markets: Growing the Green Economy*, White River Junction Vt: Chelsea Green

Herbert, G. 2003, *A Philosophical History of Rights*, New Brunswick NJ: Transaction Publishers

Hesse, C. & Post, R. (eds) 1999, *Human Rights in Political Transitions: Gettysburg to Bosnia*, New York: Zone Books

Hines, C. 2000, *Localization: A Global Manifesto*, London: Earthscan

Hobbes, T. 1968, *Leviathan*, Harmondsworth: Penguin

Honoré, C. 2005, *In Praise of Slow*, London: Orion Books

Hopkins,R. 2008, *TheTransitionHandbook:Creating Local SustainableCommunities Beyond Oil Dependency*, Sydney: Finch Publishing

Howland, C. (ed.) 1999, *Religious Fundamentalisms and the Human Rights of Women*, New York: Palgrave

Hunt, L. 2007, *Inventing Human Rights: A History*, New York: Norton

Ife, J. 2002, *Community Development: Community-based Alternatives in an Age of*

*Globalisation*, 2nd edn, Melbourne: Pearson

Ife, J. 2006, 'Human rights beyond the three generations' in Porter, E.J.&Offord, B. (eds), *Activating Human Rights*, Oxford: Peter Lang, pp. 29–46

Ife, J. 2007, 'Cultural relativism and community activism' in Reichert, E. (ed.), *Challenges in Human Rights: A Social Work Perspective*, Columbia University Press, pp. 76–96

Ife, J. 2008, *Human Rights and Social Work: Towards Rights-based Practice*, rev. edn, Cambridge University Press

Ife, J. & Tesoriero, F. 2006, *Community Development: Community-based Alternatives in an Age of Globalisation*, 3rd edn, Melbourne: Pearson Illich, I., Zola, I., McKnight, J., Caplin, J. & Shaiken, S. 1977, Disabling Professions, London: Marion Boyars

Ishay, M.R. (ed.) 1997, *The Human Rights Reader*, New York: Routledge

James, R. 2001, *Practical Guidelines for the Monitoring and Evaluation of Capacity-Building: Experiences from Africa*, occasional paper no. 36, Oxford: INTRAC (The International NGO Training & Research Centre)

Keck, M. & Sikkink, K. 1998, *Activists Beyond Borders: Advocacy Networks in International Politics*, Ithaca New York: Cornell University Press

Kennedy,M. & Kennedy, D. 1995, *Interest and Inflation Free Money: Creating an Exchange Medium thatWorks for Everybody and Protects the Earth*,Gabrioloa Island, BC, Canada: New Society Publishers

Kenny, S. 2006, *Developing Communities for the Future: Community Development in Australia*, 3rd edn, South Melbourne: Thomson

King, M.L. 1969, *Where do we Go from Here: Chaos or Community?* Harmondsworth: Penguin

Klein, N. 2007, *The Shock Doctrine: The Rise of Disaster Capitalism*, London: Allen Lane

Knudtson, P. & Suzuki, D. 1992, *Wisdom of the Elders*, Sydney: Allen & Unwin

Korey,W. 1998,*NGOs and theUniversalDeclaration ofHuman Rights: 'ACuriousGrapevine'*, New York: Palgrave

Kristol, I. 1989, '"Human rights": the hidden agenda' in Laqueur, W. & Rubin, B. (eds) *Human Rights Reader*, rev. edn, New York: Meridian

Kumar, K. 1995, *From Post-Industrial to Post-Modern Society: New Theories of the Contemporary World*, Oxford: Blackwell

Laber, J. 2002, *The Courage of Strangers: Coming of Age with the Human Rights Movement*, New York: Public Affairs

Larsen, M. 2000, 'Imperialism, colonialism, postcolonialism' in Schwarz, H. & Ray, S. (eds) *A Companion to Postcolonial Studies*, Malden Mass.: Blackwell

Lauren, P. 1998, *The Evolution of International Human Rights: Visions Seen*, Philadelphia: University of Pennsylvania Press

Levinas, E. 1998, *Entre Nous: Thinking of the Other*, New York: Columbia University Press

Levinas, E. 2006, *Humanism of the Other*, Urbana: University of Illinois Press

Lewis, J. (ed.) 2003, *The New Rights of Man: An Anthology of the Events, Documents and Speeches that have Shaped Western Civilisation,* London: Robinson

Locke, J. 1967, *Two Treatises of Government*, Cambridge University Press

Lovelock, J. 1987, *Gaia: A New Look at Life on Earth*, Oxford University Press

Lovelock, J. 2006, *The Revenge of Gaia: Why the Earth is Fighting Back – and How We Can Still Save Humanity*, London: Allen Lane

Lovelock, J. 2009, *The Vanishing Face of Gaia: A Final Warning*, Camberwell Vic.: Allen Lane

Lyons, G.&Mayall, J. 2003, 'Stating the problem of group rights' in Lyons,G.&Mayall, J. (eds), *International Human Rights in the 21st Century: Protecting the Rights of Groups*, Lanham Md: Rowman & Littlefield

MacCulloch, D. 2003, *Reformation: Europe's House Divided 1490-1700*, London: Penguin

Macy, J. 2007, *World as Lover, World as Self: Courage for Global Justice and Ecological Renewal,* Berkeley Calif.: Parallax Press

Mandela, N. 1994, Long Walk to Freedom: the Autobiography of Nelson Mandela, Boston: Little Brown.

Mander, J. & Goldsmith, E. 1996, *The Case Against the Global Economy and for a Turn Towards the Local*, San Francisco: Sierra Club Books

Marshall, P. 1992, *Demanding the Impossible: A History of Anarchism*, London: Harper Collins

Marx, K. 1954, *Capital: A Critique of Political Economy*, vol. 1,Moscow: Progress Publishers

Max-Neef,M. 1991, *Human Scale Development: Conception, Application and*

*Further Reflections*, New York: Apex Press

McCashen, W. 2004, *Communities of Hope: A Strengths-based Resource for Building Community*, Bendigo: St Luke's Innovative Resources

McCowan, L. 1996, *A Social Work Approach to Post-Genocide Trauma Recovery for the Rwandese Community*, Newcastle NSW: University of Newcastle

McKibben, B. 2008, *TheDeep Economy: TheWealth of Communities and the Durable Future*, New York: Holt Paperbacks

McLaren, P. & Lankshear, C. (eds) 1994, *Politics of Liberation: Paths from Freire*, London: Routledge

McLaren, P.&Leonard, P. (eds) 1993, *Paulo Freire: A Critical Encounter*, London: Routledge

Meadows, D.,Meadows, D. & Randers, J. 2004, *Limits to Growth: The Thirty Year Update*, London: Earthscan

Meckled-García, S. & C¸ ali, B. (eds) 2006, *The Legalization of Human Rights: Multidisciplinary Perspectives on Human Rights and Human Rights Law*, Abingdon, Oxon: Routledge

Meeker-Lowry, S. 1996, 'Community money: the potential of local currency' inMander, J. & Goldsmith, E. (eds), *The Case Against the Global Economy and for a Turn Towards the Local*, San Francisco: Sierra Club Books

Meijer, M. (ed.) 2001, *Dealing with Human Rights: Asian and Western Views on the Value of Human Rights*, Utrecht: HOM

Midgley, J. 1997, *Social Development: The Developmental Perspective in Social Welfare*, London: Sage

Midgley, M. 2001, *Science and Poetry*, London: Routledge

Mill, J.S. 1906, *On Liberty*, London: Everyman's Library

Mitchell, A. 2008, *Seasick: The Hidden Ecological Crisis of the Global Ocean*, Millers Point NSW: Murdoch Books

Monshipouri, M., Englehart, N., Nathan, A. & Philip, K. (eds) 2003, *Constructing Human Rights in the Age of Globalization*, Armonk New York: M.E. Sharpe

Moussalli, A. 2001, *The Islamic Quest for Democracy, Pluralism and Human Rights*, Gainesville, Fla: University Press of Florida

Naess, A. 1989, *Ecology, Community and Lifestyle*, Cambridge University Press

Nancy, J.-L. 1991, *The Inoperative Community*, Minneapolis Minn.: University of Minnesota Press

Nicholls, A. 2006, *Social Entrepreneurship: NewModels of Sustainable Social Change*, Oxford University Press

Nirmal, C. 2000, *Human Rights in India: Historical, Social and Political Perspectives*, New Delhi: Oxford University Press

Northcott, M. 2007, *A Moral Climate: The Ethics of Global Warming*, London: Darton Longman & Todd

Orend, B. 2002, *Human Rights: Concept and Context*, Peterborough Ont.: Broadview Press

Paine, T. 1994, *The Rights of Man/Common Sense*, London: Everyman

Parekh, B. 1999, 'Non-ethnocentric universalism' in Dunne, T. & Wheeler, N.J. (eds), *Human Rights in Global Politics*, Cambridge University Press, pp. 128–59

Peet, R.&Hartwick, E. 2009, *Theories ofDevelopment: Contentions, Arguments, Alternatives*, 2nd edn, New York: The Guildford Press

Pereira, W. 1997, *Inhuman Rights: The Western System and Global Human Rights Abuse*, Penang: The Other India Press, The Apex Press and Third World Network

Peterson, V.&Parisi, L. 1998, 'Are women human? it's not an academic question' in Evans, T. (ed.), *Human Rights Fifty Years On*, Manchester University Press

Plummer, J. 2000, *Municipalities and Community Participation: A Sourcebook for Capacity Building*, London: Earthscan Publications

Pogge, T. 2008, *World Poverty and Human Rights: Cosmopolitan Responsibilities and Reforms*, 2nd edn, Cambridge: Polity Press

Pojman, L. 2006, *Terrorism, Human Rights and the Case for World Government*, Lanham: Rowan & Littlefield

Postman, N. 1993, *Technopoly: The Surrender of Culture to Technology*, New York: Random House

Rajagopal, B. 2003, *International Law from Below: Development, Social Movements and Third World Resistance*, Cambridge University Press

Ray, L. 1993, *RethinkingCritical Theory: Emancipation in the Age ofGlobal SocialMovements*, London: Sage

Rees, S. & Rodley, G. (eds) 1995, *The Human Costs of Managerialism: Advocating the Recovery of Humanity*, Sydney: Pluto Press

Reichert, E. 2003, *Social Work and Human Rights: A Foundation for Policy and Practice*, New York: Columbia University Press

Rendel, M. 1997, *Whose Human Rights?* Oakhill Staffordshire: Trentham Books

Reynolds, H. 1998, *This Whispering in Our Hearts*, St Leonards NSW: Allen & Unwin

Riches, G. (ed.) 1997, *First World Hunger: Food Security and Welfare Politics*, New York: St Martin' s Press

Roberts, P. 2004, *The End of Oil: On the Edge of a Perilous New World*, Boston: Houghton Mifflin

Roemer, J. 1999, 'Does democracy engender justice?' in Shapiro, I. & Hacker-Cordon, C. (eds), *Democracy's Value*, Cambridge University Press

Rosenau, P. 1992, *Post-Modernism and the Social Sciences: Insights, Inroads and Intrusions*, Princeton University Press

Rothman, J. 1974, 'Three models of community organisation practice' in Cox, F., Erlich, J., Rothman, J. & Tropman, J. (eds) *Strategies of Community Organization: A Book of Readings*, 2nd edn, Itasca Ill.: F.E. Peacock

Rousseau, J. 1968, *The Social Contract*, Harmondsworth: Penguin

Said, E. 1993, *Culture and Imperialism*, New York: RandomHouse

Said, E. 1995, *Orientalism*, Harmondsworth: Penguin

Samuel, R. 1975, *Village Life and Labour*, London: Routledge

Sarantakos, S. 1998, *Social Research, 2nd edn*, South Yarra Vic.: Macmillan

Saul, J.R. 2002, *On Equilibrium*, Camberwell Vic.: Penguin

Saward, M. 1998, *The Terms of Democracy*, Cambridge: Polity Press

Schumacher, E.F. 1973, *Small Is Beautiful: A Study of Economics as if People Mattered*, London: Blond & Briggs

Schmale, W. (ed.) 1993, *Human Rights and Cultural Diversity*, Goldbach, Germany: Keip

Schwarz, H. & Ray, S. (eds) 2000, *A Companion to Postcolonial Studies*, Malden Mass.: Blackwell

Seed, J., Macy, J. & Fleming, P. 2007, *Thinking Like a Mountain: Towards a Council of All Beings*, Gabriola Island, BC: New Catalyst Books

Seidman, S. (ed.) 1994, *The Postmodern Turn: New Perspectives on Social Theory*, Cambridge: Cambridge University Press

Sellars, K. 2002, *The ise and Rise of Human Rights*, Phoenix Mill: Sutton

Shearman, D. & Smith, J.W. *2007 The Climate Change Challenge and the Failure of Democracy*, Westport Conn.: Praeger

Shragge, E. 2000, *Community Economic Development: In Search of Empowerment and Alternatives*, 2nd edn, Montreal: Black Rose

Shiva, V. 2005, *Earth Democracy: Justice, Sustainability and Peace*, London: Zed Books

Sim, S. 2004, *Fundamentalist World: The New Dark Age of Dogma*, Cambridge: Icon Books

Sinclair, R. 1988, *Democracy and Participation in Athens*, Cambridge University Press

Smillie, I. 2001, 'Capacity building and the humanitarian enterprise' in Smillie, I. (ed.), *Patronage or Partnership: Local Capacity Building in Humanitarian Crises*, Bloomfield Conn.: Kumarian Press

Spratt, D.&Sutton, P. 2008, *Climate Code Red: The Case for Emergency Action*, Melbourne: Scribe

Stiefel, M.&Wolfe,M. 1994, *A Voice for the Excluded: Popular Participation inDevelopment, Utopia or Necessity?* London: Zed Books

Strauss, A. & Corbin, J. 1990, *Basics of Qualitative Research: Grounded Theory*, Procedures and Techniques, Newbury Park Calif.: Sage

Tascón, S. 2009, 'Australia's border protection: morphing racial exclusion into terror[ism]', in Wynterdyk, J. & Sundberg, K. (eds), *Transforming Borders in the Al Qaeda Era*, London: Routledge

Tascón, S. & Ife J. 2008, 'Human rights and critical whiteness: whose humanity?' *International Journal of Human Rights*, vol. 12, no. 5

Taylor, C. 1989, *Sources of the Self: The Making of Modern Identity*, Cambridge University Press

Terkel, S. 2004, *Hope Dies Last: Keeping the Faith in Difficult Times*, New York: New Press

Thoreau, H.D. 1983, *Walden and Civil Disobedience*, Harmondsworth: Penguin

Tönnies, F. 1955, *Community and Association* (trans. C. Loomis), London: Routledge

Touraine, A. 1995, *Critique of Modernity*, Cambridge Mass.: Blackwell

Tutu, D. 1999, *No Future Without Forgiveness*, London: Random House

Uhr, J. 1998, *Deliberative Democracy in Australia: the Changing Place of*

*Parliament*, Cambridge University Press

Uhr, J. 2000, 'Testing deliberative democracy: the 1999 Australian republic referendum', *Government and Opposition*, 35 (2), pp. 189–211

Van Ness, P. (ed.) 1999, *Debating Human Rights: Critical Essays from the United States and Asia*, London: Routledge van Ufford, P. & Giri, A. 2003, A Moral Critique of Development: In Search of Global Responsibilities, London: Routledge

Watson, P. 2005, *Ideas: A History from Fire to Freud*, London: Phoenix

Williamson, T. 2003, *Making a Place for Community: Local Democracy in a Global Era*, London: Routledge

Wilson, R.A.&Mitchell, J. (eds) 2003, *Human Rights in Global Perspective: Anthropological Studies of Rights*, Claims and Entitlements, London: Routledge

Wittgenstein, L. 1974, *Tractatus Logico-philosophicus* (trans. D.F. Pears&B. F.McGuinness), London: Routledge & Kegan Paul

Wollstonecraft, M. 1975, *A Vindication of the Rights of Women*, Harmondsworth: Penguin

Woodiwiss, A. 2006, 'The law cannot be enough: human rights and the limits of legalism' in Meckled-García, S. & C¸ ali, B. (eds), *The Legalization of Human Rights: Multidisciplinary Perspectives on Human Rights and Human Rights Law*, Abingdon, Oxon: Routledge

World Commission on Environment and Development 1987, *Our Common Future*, Oxford: Oxford University Press (the 'Brundtland Report')

Yankelovich, D. 1999, *The Magic of Dialogue: Transforming Conflict into Cooperation*, London: Nicholas Brealey

Young, R. 2001, *Postcolonialism: An Historical Introduction*, Oxford: Blackwell

Zarsky, L. (ed.) 2002, *Human Rights and the Environment: Conflicts and Norms in a Globalizing World*, London: Earthscan

# 아래로부터의 인권

지역사회개발을 통한 인권의 실현

저자 · 짐 아이프
역자 · 여지영

발행인 · 이명묵
편　집 · 이현정
표　지 · 손주리

발행일 · 2018. 2. 26.
발행처 · 인간과복지
신　고 · 제311-2011-42호
주　소 · 서울특별시 은평구 구산동 191-1
전　화 · 02-383-0743
팩　스 · 02-382-3486
E-mail · hwbook22@daum.net
홈페이지 · www.hw-book.co.kr

값 · 15,000원

ISBN 978-89-8007-209-5 93330